权威·前沿·原创

皮书系列为
“十二五”“十三五”国家重点图书出版规划项目

四川蓝皮书
BLUE BOOK OF SICHUAN

四川文化产业发展报告（2018）

ANNUAL REPORT ON CULTURAL DEVELOPMENT OF SICHUAN (2018)

主　编／向宝云　张立伟
副主编／彭　剑

社会科学文献出版社
SOCIAL SCIENCES ACADEMIC PRESS (CHINA)

图书在版编目(CIP)数据

四川文化产业发展报告.2018／向宝云，张立伟主编.--北京：社会科学文献出版社，2018.6

（四川蓝皮书）

ISBN 978－7－5201－2761－5

Ⅰ.①四… Ⅱ.①向… ②张… Ⅲ.①文化产业－产业发展－研究报告－四川－2018 Ⅳ.①G127.71

中国版本图书馆CIP数据核字（2018）第088372号

四川蓝皮书

四川文化产业发展报告（2018）

主　　编／向宝云　张立伟

副 主 编／彭　剑

出 版 人／谢寿光

项目统筹／郑庆寰

责任编辑／王　展　郑庆寰

出　　版／社会科学文献出版社·皮书出版分社（010）59367127

地址：北京市北三环中路甲29号院华龙大厦　邮编：100029

网址：www.ssap.com.cn

发　　行／市场营销中心（010）59367081　59367018

印　　装／三河市龙林印务有限公司

规　　格／开　本：787mm×1092mm　1/16

印　张：23.75　字　数：357千字

版　　次／2018年6月第1版　2018年6月第1次印刷

书　　号／ISBN 978－7－5201－2761－5

定　　价／99.00元

皮书序列号／PSN B－2006－074－1/8

四川蓝皮书编委会

主要编撰者简介

向宝云 四川省委宣传部副部长，研究员，文学博士。主要研究方向为文艺学、中国现当代文学、文化产业。在《新华文摘》《学术月刊》《光明日报》等报刊上发表学术论文80余篇，出版《曹禺悲剧美学思想研究》等著作。多项成果获四川省哲学社会科学优秀成果奖二等奖、三等奖，四川省文学奖，四川省文艺评论一等奖、二等奖，四川省“五个一工程”理论文章奖等。

张立伟 四川省社会科学院四川省网络舆情研究中心副主任，研究员。主要研究方向为新闻宣传、媒体竞争、文化产业。有独立专著5部，学术论文200余篇；两次获中国新闻奖论文二等奖；六次获四川新闻奖论文一等奖；五次获四川省哲学社会科学优秀成果奖。

彭　剑 四川省社会科学院新闻传播研究所所长、研究员，四川省学术技术带头人后备人选。主要研究方向为新闻学、新媒体和文化创意产业等。主持两项国家社科基金课题，在《人民日报》《社会科学研究》《中华文化论坛》等发表论文60余篇，多篇对策建议被四川省委、省政府主要领导批示，获四川省第十六次哲学社会科学优秀成果奖二等奖。

摘　要

《四川文化产业发展报告（2018）》整合学术研究机构与文化管理部门的力量，是年鉴与研究的结合，既有年鉴的事实和数据，又有研究的理论与智力支撑。立足四川、放眼世界，既总结四川文化产业的前沿发展，又对全球文化产业的重要问题有独到研究。

本报告共六部分：一是总报告，论决胜文化小康中四川文化产业的继往开来。二是发展前沿，分析四川出版振兴、四川媒体融合发展、藏羌彝文化产业走廊建设、四川文化众筹等。三是聚焦决胜文化小康，分析四川历史名人文化资源、四川乡村旅游提档升级、川剧振兴与转型发展、“一带一路”建设与四川文化产业“走出去”等。四是行业报告，分析四川音乐产业、四川中医药文化产业、四川博物馆业、四川羌族传统音乐可持续发展、川西传统村落旅游消费等。五是区域报告，分析达州、攀枝花、雅安等地的文化产业发展。六是附录，是2017年四川文化产业大事记。

以上六部分，总分结合、纵横交错，有助于读者了解四川文化产业发展的总体态势与前沿变化，认清存在的问题与困难，努力从经验的探索走向规律的把握。

关键词： 四川　文化产业　文化小康　行业　区域

Abstract

Annual Report on Cultural Development of Sichuan (2018) integrates the power of academic research and cultural sector. It is the combination of yearbook and research, which involves not only the facts and data of yearbook, but also the theory and intellectual support of study. It stands on the basis of Sichuan and takes a broad view at the world, both summarizes the frontier development of Sichuan cultural industry, and has a unique study on the important problem in global culture industry.

This report includes six parts: Part One is the general report, which analyzes the continuing with the past and opening up the future of Sichuan cultural industry in winning the cultural well-off. Part Two is the development frontier, which analyzes Sichuan publishing industry revitalization; Sichuan media convergence development; Zang, Qiang and Yi cultural industry construction; Sichuan cultural crowdfunding, etc. Part Three focus on winning the cultural well-off, which analyzes Sichuan historical celebrity cultural resources, Sichuan rural tourism upgrade, revitalization and transformation of Sichuan Opera, the Belt and Road Initiative and Sichuan cultural industry's going out, etc. Part Four is the industrial report, which analyzes Sichuan music industry, Chinese medical culture industry in Sichuan, Sichuan museum industry, Sichuan Qiang tradition music, tourism consumption of traditional villages in western Sichuan, etc. Part Five is the regional report, which analyzes cultural industry development in Da Zhou, Pan Zhihua, Ya An, etc. Part Six is the appendix: the 2017 chronicle of Sichuan cultural industry events.

In summary, the above six parts include both generality and monograph, combine with vertical analysis and horizontal comparison. It will contribute for readers to understand the overall situation and detail venation of Sichuan culture industry development, recognizes existing problems and difficulties, and then sublimates from the empirical explore to the grasp the regularity.

Keyword: Sichuan Cultural Industry; Development Frontier; Cultural Well-off; Industry

目　录

Ⅰ　总报告

Ⅱ　发展前沿

Ⅲ　聚焦：决胜文化小康

Ⅳ 行业报告

Ⅴ 区域报告

Ⅵ 附录

皮书数据库阅读**使用指南**

CONTENTS

I General Report

Ⅱ Development Frontier

Ⅲ Focus: Win the Cultural Well-off

Ⅳ Industrial Reports

Ⅴ Regional Reports

Ⅵ Appendix

总 报 告

General Report

B.1

决胜文化小康：四川文化产业的继往开来

向宝云　彭　剑　黄维敏　杨嘉嵋*

摘　要： 本报告聚焦四川决胜文化小康的创新实践，包括三部分。一是从文化小康入手，分析文化小康基本内涵、重要功能，文化小康发展战略地位和发展路径。二是回顾四川文化小康的发展历程及成就，分析供给侧改革、城镇化、融合发展、文化扶贫、“互联网＋”等一系列为四川建成文化小康打下坚实基础的措施。三是分析四川文化产业进入新时代的新作为：

* 向宝云，四川省委宣传部副部长、研究员，研究方向为文艺学、中国现当代文学、文化产业；彭剑，四川省社会科学院新闻传播研究所所长、研究员，研究方向为新媒体传播、文化创意产业；黄维敏，四川省社会科学院文学与艺术研究所副研究员，研究方向为中国古代文学、文化产业；杨嘉嵋，四川省社会科学院新闻传播研究所副研究员，研究方向为新媒体、文化产业。

构建充满活力的文化体制机制；建立富有效率的文化创新体系；发展独具特色的创意文化产业；挖掘积淀深厚的传统文化产业；以“一带一路”建设为契机实施“走出去”战略等。并讨论四川文化产业以新发展理念为引领开启新征程。

关键词： 文化小康　新发展理念　文化产业　四川

党的十八大和十九大先后提出到2020年全面建成小康社会的奋斗目标。全面小康是一个多元并包的价值体系，涵盖经济、政治、文化、社会和生态五个方面。文化小康被纳入全面小康的价值内涵之中，充分反映了我党对全面小康的深刻认识、系统理解和高度重视，体现出全面小康建设满足人们美好生活需要的伟大实践价值。

近年来，四川以文化小康理念为引领，取得了文化产业与事业的繁荣发展，谱写了四川文化发展继往开来新篇章。

一　文化小康：四川文化产业发展的理念引领

党的十八大报告首次正式提出“全面建成小康社会”。十九大报告再次明确从现在到2020年是全面建成小康社会决胜期。全面小康包括经济、政治、文化、社会和生态五大内涵。文化小康被纳入全面小康的内涵之中，充分表明其在新时期的重要地位。文化小康与经济小康从物质与精神两方面满足人民群众对美好生活的需求，二者犹如车之两轮、鸟之双翼。全面小康以经济小康为根基，离开了经济根基，全面小康就不可能实现；文化小康是全面小康的本质体现，为全面建成小康社会提供文化滋养，没有文化小康，全面小康就失去了精神支撑。

文化小康是四川文化产业发展的理念引领，时任四川省委书记王东明同志在四川省第十一次党代会上明确提出全面建成小康社会，加快建设美丽繁荣和谐四川的奋斗目标。文化小康的理念主要体现在促进人的全面发展，满足人民群众对美好生活的需要，满足人的自我发展和全面发展，成为全面小康的经济支柱、精神家园和智力支撑等诸多方面。

（一）文化小康理念：促进人的全面发展

1. 满足人民群众对美好生活的需要

新时期文化小康的首要使命就是通过加强社会主义精神文明建设，不断提高文化生产力，满足人民群众对美好生活的需要。习近平总书记在十九大报告中指出，我国社会主要矛盾已经从“人民日益增长的物质文化需要同落后的社会生产之间的矛盾”转化为“人民日益增长的美好生活需要和不平衡不充分的发展之间的矛盾。”

四川文化产业正体现出人民日益增长的美好生活需要和不平衡不充分的发展之间的矛盾。四川文化产业经过十多年深化改革和发展，基本满足了人民“物质文化需要”，但离满足“美好生活需要”仍有差距。究其实质，“美好生活需要”表达的是一种生活质量追求，既反映出人们对物质生活和非物质生活的满意度和幸福度的评价，也反映出人们对更安全、更健康、更满意和更幸福的生活的向往。“美好生活需要”同时尊重个体多元化、个性化的价值追求，涵盖了人们生理的、物质的、生态的、精神的、自我实现的多重需要。因此，四川文化小康的使命是大力发展文化事业与文化产业，不断满足人民群众在价值实现、精神提升和文化获得等方面更高层次的需要。

2. 满足人的自我发展

提升国民的文化素质，满足人的自我发展需求，是文化小康理念第二层含义。作为西部大省，国民素质与社会文明程度显著提升是四川全面小康的重要目标之一。生产力的发展和社会的进步，为人的自我发展提供了坚实的物质基础，同时也对四川省国民素质提出了更高要求。

四川与全国同步进入全面建设小康社会阶段，意味着社会经济发展从主要依靠工业经济迈向依靠知识经济、创意经济，这使以人的知识和创新能力为特征的文化资源占据主导地位、发挥主体作用。因此，文化经济的发展对四川省国民素质提出了更高的要求。人的文化素养是指个人的才智、能力和内在涵养，包含政治素养、思想道德素养、科学素养、创新素养、审美素养、专业素养等多重素养。四川要实现文化小康，不仅需要进一步加强文化产业人才的培育，还需要加强文化产业消费群体的培育，为社会大众在自我发展过程中提供更多知识、技能、教育和学习资源，让个体提升文化素养，更好地为四川省全面建成小康社会奉献才智。

3. 满足人的全面发展

小康社会的最终目标是人的自由、全面发展，因此，满足人的全面发展是文化小康理念的第三层含义，也是文化小康的终极目标。习近平总书记在十九大报告中多次指出要“不断促进人的全面发展”，这是对马克思主义“人的全面发展”理论的继承和发展，蕴含着宝贵的人类文明价值。就整个社会而言，人的全面发展是指整个人类社会在经济、政治、文化、社会、生态等各方面共同进步，物质文明、政治文明、精神文明、生态文明全面协调发展。

四川省经济、社会、文化虽取得长足发展，但与东部沿海地区相比仍然存在差距。大力促进四川省人民群众的全面发展，包括劳动能力、智力体能、道德品质、身心健康、审美鉴赏等仍然是经济社会的重要目标。人的全面发展很大程度上是由精神文化生活的富裕来体现的。因此，文化小康建设的目的，就在于从社会化与个性化两个层面，以人的全面自由发展为价值取向和根本目标，促进人的体力和智力全面、和谐、充分发展，让人的天赋才能得到充分延展和发挥，自我价值得到充分实现和彰显。

（二）战略地位：全面小康的文化支柱

文化在四川全面小康中的战略地位体现在三方面。一是文化软实力和文化自信为四川省全面建成小康社会提供经济支柱；二是文化作为精神家园，为整个社会提供凝聚力和创造力；三是文化小康为四川省全面建成小康社会提供智力支撑，引领经济建设的正确道路和方向。

1. 经济支柱

文化小康并不是一个空泛的概念，而是自有其目标体系和指标权重。从国家层面看，党的十八届五中全会对于在文化建设方面全面建成小康社会提出了四个目标，包括显著提高国民素质和社会文明程度，使中国梦和社会主义核心价值观更加深入人心，基本建成公共文化服务体系，以及将文化产业发展成为国民经济支柱性产业。由此可见，文化产业成为国民经济支柱性产业的目标要求，正是文化小康作为经济支柱的重要体现。《四川省“十三五”文化发展规划》也明确了将文化产业作为国民经济支柱性产业的奋斗目标，省委计划通过五年努力，将文化产业在GDP中的占比提升到5%，充分表明文化小康在四川经济社会发展中的支柱地位。

2. 精神家园

党的十八大以来，以习近平同志为核心的党中央提出“文化是民族的血脉，是人民的精神家园”的重要论述。文化是一个民族的精神家园，也是一个民族的核心价值体系。作为一种精神形态的存在，文化既是维系国家、民族、社会协调一致的基本精神和价值系统，也是个人所拥有的行为规范、思维方式、价值观念及心理结构的总和。对于地方来讲，文化又何尝不体现出精神家园的作用？一些地方特色文化携带着一个地方的集体记忆与文化基因，因而也成为地方人民共同的精神家园。从四川来看，作为中华文化重要组成部分的巴蜀文化是四川人民的精神家园，是四川实现文化小康必须坚守的文化与价值阵地。

3. 智力支撑

文化小康可以为四川省全面建成小康社会和实现中华民族伟大复兴中国梦的四川篇章提供智力支撑。在四川省全面建成小康社会，面临着人口多、底子薄等许多困难，任务繁重而艰巨，需要做出长期的艰苦努力，找准政策着力点，攻坚克难。但是，仅有勇往直前的闯劲是不够的，还必须有足够的智慧和智力保障。文化小康的战略地位之一就是为全面建成小康社会提供智慧与智力保障，提供思想动力和行动指南。文化小康的重要意义也在于能够为社会培养拥有全面科学文化素养的高科技人才、专业技术人才、智库人才、管理人才，为全面建成小康社会提供坚实的人才与智力支撑。

（三）小康路径：四川文化产业的发展突破

文化小康是四川省文化产业发展的理念引领，实现文化小康则是四川省文化产业发展的重要目标，也是四川省建设文化强省的必由路径。当前四川文化产业已经走过了资源依托型的传统发展阶段，未来在“互联网+”“文化+”的推动下，将迎来一个飞速发展的时期。四川省文化产业的发展存在着总体水平偏低，区域和城乡文化发展不平衡、不充分的劣势，与人民对美好生活的需要还存在较大的距离，与文化强省的目标也存在很大距离，实现文化小康的任务十分艰巨。

四川省拥有丰富的自然资源和历史文化资源，将资源优势转化为产业优势，将科技与文化相结合，紧紧抓住“一带一路”建设、藏羌彝文化产业走廊、长江经济带等机遇，加快形成具有比较优势和地域文化特色的新形态和新业态，重塑文化产业的新版图与新结构，通过文化体制改革、文化创新驱动，激活文化创造活力，是当前及以后很长一个时期文化产业发展的重要目标。具体而言，四川文化产业应通过转型升级、结构调整、动力转换和共享发展等创新路径去推动实现文化小康。

1. 转型升级助推文化小康

供给侧结构性改革提供转型升级的强大动能，可以助推文化小康发展。“十三五”时期是文化产业加速推进转型升级的时期，过去以需求侧为主的发展思路将向以供给侧为主的思路转变。供给侧结构性改革的最终目标在于扩大有效供给和引导优质供给，以此推动产业形态优化、空间布局集约化和经济结构合理化。供给侧结构性改革既涉及体制机制改革，也包括政策法规的调整。要通过深化文化体制改革和完善政策法规，破解一切体制机制障碍，优化企业生态系统，激发文化创新活力，培育文化消费市场，创造文化需求，释放消费动能，促进文化供给从同质化到精品化的转变。

在全面深化改革的大背景下，加强供给侧结构性改革是四川文化产业转型升级的题中之义。目前四川文化消费结构较为单一，具有较高附加值的文化产品较少，传统文化产业的产品和服务无法满足人民群众日益增长的美好生活需要，市场不完善不成熟，消费供给的缺口无法得到填补，从根本上抑制了文化产业的转型升级发展。近 5 年来，四川省相继出台了一大批涉及文化产业的重要政策和规划。随着文化产业政策体系的日趋完善，一个以四川省政府、四川省文化厅为主导，多部门合力推动的文化产业发展和转型升级大格局已经形成。四川将通过供给侧结构性改革破除体制壁垒和机制束缚，激发文化创新活力，培育文化消费市场，释放文化消费动能，推动文化产业转型升级。

现代高新技术助力传统文化产业转型升级。当今时代，互联网、云计算、物联网、大数据、VR（虚拟现实）、AR（增强现实）、人工智能等新技术的广泛应用，以及基于社交网络和分享经济的文化服务和商业模式等一系列新事物的诞生，不断与文化产业碰撞出创意的火花，推动了传统文化产业的转型升级。最近两年，四川省文化产业中以“互联网 +”为主要形式的文化信息传输服务业发展迅猛。随着文化产业与科技融合，四川省文化产业的数字化、网络化进程大大提速，据统计，2016 年四川省规模以上文化信息传输服务业营业收入达 38.69 亿元，同比增长 174.8%。2018 年四川文化产业将更多地发挥科技创新型、文化创意型产品的优势，通过文化创新驱动，更高效地激活文化创造力，大力推动传统文化产业的转型升级。

跨界融合推动“大文化产业”的升级发展。所谓“大文化产业”是相对于传统文化产业而言的，传统文化产业是按照工业化生产与再生产来定义的一系列活动，而“大文化产业”则指充分利用创意设计，借鉴现代高新技术，将优秀传统文化和先进文化的核心价值物化为有形可见、有实用价值、有内涵和艺术性的产品，让消费者在享受和体验高品质创意化产品的同时得到精神与心灵的愉悦与提升的一系列活动。“大文化产业”从实质上讲就是文化更加自觉、主动地向全产业链深度植入、渗透和融合。文化产业的跨界融合是全方位多产业融合，是横向拓展、纵向延伸的融合，通过与相关产业的融合创新，不断向一、二、三产业和上、中、下游产业链纵横延展和渗透，产生出“1+1+1>3”的效应。当前，以“文化+农业”“文化+工业”“文化+旅游”“文化+体育”“文化+康养”“文化+特色小镇”为基本模式和主要特征的融合产业正在四川省各地蓬勃兴起，不断地催生出新业态和新产业，比如工业旅游、工业创意设计产业、农业旅游、农业文创产业等。这些都是在“文化+”推动下传统文化产业向“大文化产业”转型升级的结果。

2. 结构调整推动文化小康

文化产业结构也是文化产业创新发展的必由之路，通过结构调整推动文化小康再上新台阶。文化产业结构是由诸多方面组成的，其中产业生产力结构、产业规模结构、区域空间布局结构、产业人才结构是结构调整的关键所在。

一是产业生产力结构调整。文化产业与高科技具有很强的关联性与融合度，高科技是文化产业的第一生产力。文化产业只有充分调整自身的结构性矛盾，才能与现代高新技术实现对接，从而极大地提升文化生产力。调整文化产业生产力结构也是四川省文化产业在“十三五”时期的重要任务。四川省文化产业落后于东部发达地区，大多数文化企业运用现代高科技开发文化资源、改造传统文化产业、创新文化载体及其表现形式的能力还比较弱，特别是在应用网络、数字、人工智能等高科技技术方面还有很大的提升空间。四川省应大力促进文化与科技融合，借助科学技术和先进生产方式，积极利用互联网、物联网、云计算、大数据、人工智能等新技术，推动文化产业向高科技方向发展，大力依靠科技创新的强大动能，使四川获得“后发赶超”的发展优势。

二是产业规模结构调整。文化产业要打造具有国际竞争力的品牌，获得国际竞争力，参与国际市场的竞争，就必须走规模化、集约化、专业化发展之路，推动一般产品结构向品牌产品结构升级。四川省文化企业总体规模少、小、弱，只有走集约化、规模化发展道路，才能打造拥有国际竞争力的品牌企业，才能参与国际市场的竞争。四川省首先应支持一定数量发展潜力大、市场前景好、产业关联性强的文化企业通过融资、兼并和重组建立企业战略联盟；其次应推动国有文化企业和民营文化企业以股权或者其他方式展开合作，扶持有发展潜力的中小型文化企业发展；最后应通过招商引资引进大项目，形成“龙头引领、项目承载、规模经营、集群发展”的行业发展态势，以此推动四川文化企业规模化、集约化发展。

三是区域空间布局调整。首先应选择历史文化条件优越和经济发达的地区作为文化产业布局的集聚区，在此基础上促使合理分散和均衡发展，然后再依托各地特色文化资源布局具有差异化竞争优势的特色产业。四川文化产业“十三五”规划确定了“一核四区”的区域空间布局，也就是在发挥成都文化产业发展核心区带动作用的基础上，以重大特色文化产业项目为载体，借助“一带一路”建设、藏羌彝文化产业走廊、长江经济带和特色小镇建设等机遇，充分挖掘地域特色文化资源与产业资源，形成特色鲜明、差异化竞争的区域文化产业发展格局。

四是产业人才结构调整。当前科技与文化融合催生了一大批文化产业新业态与新形态，也对人才结构提出了新的要求，科技融合型人才成为当前文化产业急需的紧缺人才。目前四川文化产业从业人员在知识结构、能力结构、年龄结构等方面都存在与文化产业转型升级不适应的情况。一般性文化产业人才过多，创意设计人才、技术管理人才匮乏，新兴业态的专业人才太少，不适应文化产业作为国民经济支柱性产业的发展需求。应积极开展人才引进工程，结合当前“一带一路”建设、藏羌彝文化产业走廊、特色小镇的规划，以“学校＋产业园区”为培养模式，大力引进和培育科技融合型人才、创意设计人才和技术管理人才。

3. 动力转换加速文化小康

文化产业是创新驱动型产业，创新创意是其内生动能。创新既是文化形态发展的需要，又由文化本质决定。文化产业的创新一方面是科技创意与传统产业深度融合后的迭代创新；另一方面则是将文化创意和设计服务与一、二、三产业深度融合而实现的“文化＋”跨界融合创新。

迭代创新与融合创新共同构成文化产业动力逻辑的主体。一方面文化产业借助科技力量实现自身转型升级，通过把握科技的规律、掌握科技的特点，着力营造创新驱动“新经济”发展的生态环境，通过文化产业要素创新，重塑了经济发展新的动力结构。另一方面，文化产业不断突破行业壁垒，与制造业、农业、旅游业、建筑业、体育业、休闲业、会展业、商贸业等相关业态进行融合，通过与科技、创意、资本、市场、人才、品牌、渠道等相关要素的深度融合，发挥出推动经济转型升级“动力器”的作用。四川省推动文化产业动力转换，必须坚持以下两条发展原则。

一是以市场为主体，构建创新链条的共生系统。以“共生生态”的构建为基础，建立文化产业集群，构建产、学、研、政、企、银等协同创新生态系统，促进资本、人才、技术等要素流通。在共生网络中，创意阶层、基础配套设施营造者、制度和法制环境建设者、金融服务提供者、消费反馈者等共同推动着发展动力的更新、换档、提速、超越。

二是以跨界思维改造传统产业，推动融合创新。以“大文化产业”为纽带，建立经济发展纵横时空动力机制，构建文化资源的共享型消费模式。将传统生产活动和传统文化资源在市场化的环境下转化成高端优质的文化商品，建构起文化经济的新秩序，推动文化与信息化的深度融合，文化与城镇化的良性互动，以供给侧结构性改革去适应和引领消费趋势基础上的裂变式创新。

4. 共享发展提升文化小康

互联网时代的到来使“共享经济”成为经济发展新模式，各类共享经济平台也应运而生。共享经济平台融合创意、硬件、软件、资本等诸多要素，形成极具包容性的文化商业生态系统。因此共享经济能够提升文化小康发展水平。文化产业与共享经济的契合度很高，传统文化产业在纵向的产业链上存在重重壁垒，在产业横向发展上也存在各种地域和行业壁垒，这些问题导致信息不对称，供需关系失调，人才、资金、资源无法实现最优配置。共享经济则有效解决了文化产业在技术、融资、信息、市场、人才、地域等诸多方面的难题。四川省文化产业长期以来受限于人才、地域、资金等劣势，而共享经济打破了传统的地域、人才、资金等限制，使四川的资源优势能够借助共享经济平台得到最大限度的开发和利用。可以说，共享经济为地处西部地区的四川文化产业提供了极好的机遇和平台。

一是“文化+科技”共享经济平台。“文化+科技”共享经济平台是文化产业共享平台最广泛的发展模式，创造出了动漫、数字出版、网络游戏、数字视听等新型文化业态。以影视业为例，传统影视行业的运作模式包括创作、融资、宣传、发行等环节，需要投入较多的时间成本和人力成本，而现在越来越多的优质文化IP产品如游戏、动画、文学等借助“文化+科技”共享经济平台，可以以非常灵活的方式实现全产业链IP转化、传播、销售。借助“文化+科技”共享经济平台，四川省以网络视频、动漫游戏、数字音乐、数字电影、移动多媒体广播电视、公共视听载体、手机出版、数字出版等为代表的新兴文化产业蓬勃兴起。

二是“文化+金融”众筹融资平台。长期以来，文化产业融资是一个难题。文化企业是轻资产、见效慢的产业，存在的变数很多，市场销售很难预估，消费群体不确定，一般投资者或金融机构不太愿意投资文化产业。最近几年迅速发展起来的以互联网众筹融资为特点的融资平台，成为解决文化产业融资困难的重要手段，对促进文化产业的发展作用巨大。众筹融资平台的引入，为四川省文化产业提供了全新的商业发展模式。众筹融资平台对于四川文化产业规划和建设的落地，产业链的延伸，文化衍生品的开发生产，以及文化品牌的培育都发挥了不可替代的作用。

三是“文化+产品”共享经济平台。为文化知识和产品共享付费、以交换方式换取文化共享资源也成为文化产业共享经济的一种主流模式。通过“文化+商品”的共享经济平台，文创产品、网络文学、网络视频等产品的市场活力得到进一步激发和释放，在线文娱产品也得到大力发展，成为共享消费的热点。最近两年涌现出诸多“文化+产品”的共享经济平台，知识经验分享平台有在行、知乎、慕课、自得网等，咨询与知识销售平台有saihu师父、知见、大咖说等，影视口碑与大众消费分享平台有豆瓣、大众点评等，视频内容分享平台有优酷、爱奇艺、土豆等。这些均为文化产业的知识与产品共享经济提供了崭新平台。

四是文化企业信息服务共享平台。互联网为文化企业，特别是小微文化企业搭建了信息服务共享平台，可以促进文化企业的信息共享。四川省小微文化企业数量众多，分布在全省各地，它们虽然在解决就业方面发挥了重要作用，却存在经营能力脆弱、地区发展很不平衡的问题。信息服务共享平台可以打破小微文化企业发展的时空限制，对小微企业实现有效的整合和集聚，从而提升文化资源的配置效率。

二 迈向文化小康：四川文化产业五年成就

近年来，四川根据“十二五”时期制定的文化强省战略，通过供给侧改革、城镇化、融合发展、文化扶贫、“互联网+”等一系列文化发展创新的改革措施，推动文化产业总体实力不断增强，产业活力大幅提升，为四川实现文化小康打下了坚实基础。

（一）供给侧改革：四川文化产业发展新动力

2015年，四川根据中央提出的供给侧改革的战略思路，深入推进改革，着力提高四川文化产业供给体系的质量和效率，增强了文化产业持续发展的动力。

1. 创造新供给，提升文化产出质量

从供给端切入，通过优化调整产业结构、缓解供需矛盾，全面提升各产业要素的生产效率，促进经济健康发展，是供给侧结构性改革的关键。自2003年启动深化文化体制改革以来，四川文化产业释放出巨大能量。“十二五”期间，四川文化产业增速明显高于同期GDP增长速度。据统计，2014 年，四川省文化产业实现增加值 1059.4 亿元，增长19.4%①。文化体制初次改革红利的边际效益呈现递减态势，四川文化产业出现有效供给不足、无效供给剩余的局面，因此，四川文化产业应大力推进供给侧结构性改革。

一是从文化资源中挖掘新领域。四川文化资源富集，历史文化资源包括水井街酒坊遗址等 230 处全国重点文物保护单位和李劼人旧居等 965 处省级文物保护单位②，成都、自贡、宜宾、泸州、乐山、阆中、都江堰、会理等 8 个国家历史文化名城；自然生态文化资源有各种各级文化旅游资源 4000 余处③。挖掘和升级利用已有的文化资源，成为近年来四川文化产业转型升级的重点方向。同时，四川还加大了对民族文化资源、红色文化优势资源以及汶川特大地震后形成的地震文化资源等的开发力度。

二是从文化服务中发掘增量。四川省于 2014 年、2016 年相继出台服务业发展推进政策，为文化服务业打开了较大发展空间。其间，出台了《推进文化创意和设计服务与相关产业融合发展专项行动计划（2014—2020 年）》，通过文化数字内容双向融合工程建设，为文化数字化发展打下坚实基础。如推动建立四川动漫素材库和作品展示平台、数字化影视娱乐传播平台，构建国家级电子竞技中心，加快“宽带四川”的建设，极大地提升了文化服务能力和水平。

三是以信息科技再造传统产业。据报道，2016 年四川省科技厅等部门对全省 107 所高校、274 家院所和 42 家军民融合类单位进行摸底调查，筛选梳理出 100 项高校、科研院所重点推进成果转化项目，涵盖新一代

① 梁伟华：《四川文化产业：“十三五”如何跨越成支柱》，http://www.sc.stats.gov.cn/tjcbw/scsq/2016/201301_245/tbbd/201606/，2018 年 4 月 10 日。

② 四川省政府办公厅：《四川省人民政府关于公布四川省全国重点文物保护单位和省级文物保护单位保护范围的通知》，http://www.sc.gov.cn/10462/10883/11066/2014/11/5/10317614.shtml，2018 年 4 月 10 日。

③ 向宝云等：《供给侧改革：四川文化产业发展新引擎》，《四川文化产业发展报告（2017）》，社会科学文献出版社，2017，第 15 页。

信息技术、高端装备制造等15个成果转化专项[①]。为了让科技更有效地助力文化产业发展，四川一方面完善成果转化分配机制，推进扩大科技成果混合所有制改革试点范围；另一方面加快推动四川文化产业形成新模式与新业态，培育了新华文轩、索贝数码、梦工厂等一批文化科技创新企业。

2. 释放新需求，抓住供给侧机遇

新需求既是四川文化产业着力的机遇，也是四川文化产业发力的支点。四川文化产业通过挖掘因社会需求变化、产业跨界、社会结构变迁等产生的结构性机会，加大改革力度，有力释放出新需求。

一是新传播技术升级产生新受众。互联网新传播技术的升级换代，互联网新产品，促进了新传播技术下数字受众的大幅增加。截至2016年12月，四川省网民规模达3575万人，较2015年增长9.7%；移动互联网用户规模达到6358.4万人，较2015年增长16.1%。从四川网民年龄分布看，19~30岁的网民合计占比达到51.1%[②]。其中年轻网民包括在校学生、职场新人以及事业处于起步阶段的新兴人群，应着力开发这类新受众成为四川文化产业发展的消费动力。

二是产业跨界释放新需求。2014年10月，四川省正式印发《四川省深化文化体制改革实施方案》，要求创新文化产业业态，推动文化产业与体育业、旅游业、电影产业、农业生态、城乡建设等跨界融合发展。如“峨影·1958”项目整合利用峨眉电影制片厂的优质资源，利用该厂区长期闲置的审片厅、看片厅、音乐棚、混录棚、动效对白录音间、众多影视道具资源以及厂区绿化园林和大量名贵树木景观等资源，将其建设成为集互动体验、影音娱乐于一体的全国首家园林式影城。在这一产业跨界融合的过程中，市场空间得到进一步拓展。

① 张岚：《四川推动重大科技成果转化到“十三五”末将达2000项》，《四川日报》2016年9月19日第3版。

② 中国互联网络信息中心、四川省互联网信息办公室：《2016年四川省互联网发展状况报告》，http://news.west.cn/18906.html，2018年4月10日。

三是社会结构变迁催生新市场。新型城镇化对四川社会结构调整有着重要影响。一方面，四川以人的城镇化为核心，在城镇化的过程中着力塑造文化与自然相互融合的城市风貌，促进了历史文化遗产、历史文化名城名镇、历史文化街区、民族风情小镇文化资源的挖掘。另一方面，四川城镇化产生大规模农村人口转移和生活方式变革，创造出巨大的消费需求和文化消费市场。

3. 两端发力产生合力效应

文化供给与文化需求共同构成文化经济运行的整体形态。只有文化供给与需求相匹配，文化经济才能获得健康、持续发展。一段时间以来，四川文化产业的有效供给不足、无效供给过剩，文化技术改造、文化经费投入不足，导致供给质量不够，供给产品有限。在需求端，文化消费水平低，文化消费档次不高，甚至低俗庸俗文化需求普遍存在。对此，四川着力改善文化产品和服务的供给环境、优化文化产品的供给机制、激发文化市场主体活力以提升供给侧的创新创造能力，从而满足市场新需求。2016 年 12 月 27 日至 2017 年 4 月 10 日，成都举办了“丝路之魂　敦煌艺术大展暨天府之国与丝绸之路文物特展”，这次大展是一次典型的供给侧改革范例。在没有任何前期相关展览的基础上，四川借力 28 省文博单位，举办这次展览，创造出 108 万人次观展的纪录。这次展览以文化供给侧结构性改革的方式，创新出全新的文化产品供给模式，培养和引导了新的文博消费需求。此外，四川还在需求端倡导和培育文化消费新观念，加强对文化产出的管理和引导，刺激文化消费，如利用各地区节庆、展览、演出等开展丰富多彩的文化活动。

（二）城镇化：重构四川文化产业新版图

2012 年，党的十八大提出新型城镇化发展方略，2014 年国家发改委发布和出台城镇化相关配套政策。新型城镇化战略被提升到一个前所未有的高度。新型城镇化带来的发展空间和人口红利成为四川文化产业向纵深发展的重要机遇。

1. 抢抓城市文化产业机遇

不同于传统城镇化进程，新型城镇化更注重发掘城市文化资源。2012年，四川省政府通过《四川省人民政府关于加快推进文化产业发展的意见》，提出“一核四带”产业布局，形成了四川文化产业发展的新版图。这一方案为四川文化、城市文化产业带来巨大增量空间。

首先，四川形成新的城市文化产业中心。以成都为核心，依托川东、川西、川南、川北片区，紧扣特色文化资源，结合城市定位，发展独具特色的城市文化产业。通过核心极谋划，争取把成都建设成四川文化产业的中心区，充分发挥成都对四川文化产业的辐射引领作用。有了成都作为核心极的文化产业布局，其余各市州的文化产业可围绕成都，形成本区域的特色文化发展规划，谋篇布局。

其次，新市民群体成为城市文化产业的新消费动力。新市民是指在我国工业化和城镇化进程中由大量农村富余劳动力进城而形成的新增城市人口，据显示，2017年，四川城镇化率达到50%，城镇人口超过4200万。扣除城市人口自然增长部分，四川未来城市化将吸收农村人口800万以上。

再次，四川将形成新的文化产品供给。新的市民群体必然会有新的文化需要。文化产品只有满足这种需要，做到适销对路，才能使新市民群体享受到基本的公共文化服务。从2012年开始，“四川省财政每年安排10亿元公共文化服务体系建设专项资金，政府购买公共文化服务是其中一个重要项目。2015年，省财政共计投入9600万元用于购买公共文化服务”①。四川各地市也加大公共文化投入。成都市每年投入1000多万元采购公益性演出；自贡市每年推出“主题演出季”，以政府采购形式打造特色文化品牌。大力推动学习科学文化与文化消费相结合，提高新市民素质，积淀文化底蕴，才能为文化产业提供了更广阔的市场。

2. 立足农村文化产业特色

城镇化必然带来土地集约化、人口集中化、农业现代化。有关统计显

① 《2015年四川省投入9600万元购买公共文化服务》，http：//ccn. people. com. cn/n/2015/0817/c366510 - 27473360. html，2018年4月10日。

示，2011 年四川农村承包耕地总面积为 5800 万亩，其中流转面积为 1000 万亩，占全省农村承包耕地总面积近 1/5。流转面积的增长为农村文化产业的发展提供了物理空间和物质基础。四川雅安碧峰峡利用周围的各种资源进行集聚和整合，形成了规模化经营，创造了独具特色的旅游体验。成都华侨城欢乐谷的成功运营，也在于集合经营模式，形成大型主题旅游乐园。

3. 四大城市群——形成多点多极支撑

根据中央推进新型城镇化的精神，四川重点打造成都、川南、攀西、川东北四大城市群。四大城市群人口充足、资源丰富，是四川多点多极发展的重要基础。

一是以成都为中心，重点发展成都文博创意产业。打造以成都、绵阳为代表的科技文化产业；打造以新津宝墩古城、都江堰芒城、郫都区三道堰、广汉三星堆为代表的古蜀文化产业，形成成都核心区文化产业集群。

二是立足川南深厚文化底蕴，把握川西自然生态和人文特点，重点打造餐饮、旅游等文化产业。川酒“六朵金花”在川南城市群就占据了一半，要借此把川南打造成独具特色的中华酒文化重镇。

三是依托攀西城市群发展文化产业。攀西城市群面积约为 6.7 万平方公里，包括攀枝花市、凉山州以及雅安市除主城区、名山区外的城镇。该区域文化资源丰富，民族文化特色较为突出，因此，应着力打造以彝族歌舞、民族风情为代表的民俗文化品牌；打造西昌休闲文化产业；推出火把节、彝族年等节庆品牌；深度挖掘攀钢、西昌卫星发射基地等工业旅游品牌。

四是依托川东北城市群发展文化产业。川东北拥有众多“红色文化”遗产和遗迹，拥有独具价值的自然生态资源，还拥有许多重要的人文景区资源，可通过深度挖掘，建立独特的文化竞争优势。

（三）融合发展：再造四川文化产业新业态

2012 年以来，文化产业的融合发展成为我国文化产业发展的重要方向，这也是再造四川文化产业的重要契机。

1. 文化产业与高端制造业的融合

2014 年 2 月 26 日国务院发布《关于推进文化创意和设计服务与相关产业融合发展的若干意见》，将创意设计产业与相关产业的融合发展推到了新时期文化发展的高度。2014 年 9 月，四川省政府办公厅发布了《推进文化创意和设计服务与相关产业融合发展专项行动计划（2014—2020 年）》，提出“支持基于新技术、新工艺、新设备、新材料、新需求的应用设计和文化内涵开发。推动制造业由生产型制造向服务型制造转变。”[①] 该计划还提出加强数字设计与工业软件在产业改造升级上的合作，鼓励制造企业开展体验、展示、博览、文化集聚区等新营销模式的推广运用，推动文化创意和设计服务渗透到制造业产品生产、销售流通、宣传推广全过程。

2017 年 7 月，四川印发《四川省深化制造业与互联网融合发展实施方案》，提出“到 2018 年底，发展培育 5～10 家在全国具有较大影响的互联网制造龙头企业双创平台；在装备制造等制造业重点行业骨干企业，互联网‘双创’平台普及率达到 80%；力争培育 5～10 个特色专业电子商务平台和生产性服务业平台。到 2020 年，培育 10 个全国领先、行业主导的制造业与互联网‘双创’平台”。[②] 以核心城市成都为例，2017 年 11 月 10 日，第四届成都创意设计周登场，主打“文创 +”融合发展，用文化创意驱动成都产业升级。成都创意设计周的“金熊猫文创设计奖”参考全球三大设计奖之一的 iF 设计奖评奖机制，着力推进文创与产业融合，实现农业、商业、制造业、旅游业等行业附加值的提升。[③] 这些举措的推出，极大地促进了成都文化产业的融合发展。

---

① 四川省政府办公厅：《四川省人民政府办公厅印发推进文化创意和设计服务与相关产业融合发展专项行动计划（2014～2020 年）的通知》，http://www.scics.gov.cn/html/4215.html，2018 年 4 月 10 日。

② 《四川深化制造业与互联网融合提出具体 7 项重点任务》，http://www.cinic.org.cn/xy/sc/394369.html，2018 年 4 月 10 日。

③ 欣怡：《“文创 +”融合发展成都努力打造享誉全球的“文化创意之城”》，《四川日报》2017 年 11 月 9 日，第 7 版。

2. 文化与服务业融合

四川文化消费群体巨大，服务业发展空间不可限量。2014 年，四川服务业增加值首次突破万亿元大关，成为全国 12 个服务业总量超万亿元的省份之一。

在文创与服务业融合方面，四川主要从如下方面着手。

一是加速文化旅游业的深度融合。整合发掘四川独有的民族民俗文化和历史文化资源，重点开发藏羌彝文化、古蜀文明、三国文化、熊猫文化、农耕文化、红色文化、民俗文化等系列文化旅游产品，打造大香格里拉、大九寨、大成都、大熊猫等旅游品牌。同时，利用创意设计打造文化商圈，促进特色文化市场和特色商业街区、特色古镇、名人故居等的开发。

二是与特色农业融合。一方面推进农业与文化、科技、生态、旅游的融合发展，提升农产品附加值，提高农业品牌知名度和美誉度。另一方面大力发展休闲农业，加快美丽新农村建设，拓展农业产业功能。打造特色农产品观光走廊，强化农副产品的地理标志，建设特色农产品展览展示馆（园）等，推进文化与特色农业的深度融合。

三是通过文化与体育融合，拓展体育产业发展空间。积极培育市民运动健身休闲市场，引导社会大众体育消费，推动健身娱乐业和体育培训业的发展。依托四川各地自然人文资源和节庆活动，发展富有地方特色的体育健身服务项目，推动建设运动休闲类体育产业基地，培育体育竞赛表演市场。

四是通过数字内容产业发展，提升文化服务业水平。特别是以成都为中心，加快文化产业和信息产业的深度融合。大力发展网络电视、数字音乐、数字影视和数字出版等业务，全面普及推广“数字家庭”，推动数字出版与智能终端相结合。

3. 推进文创与城市融合

文化创意产业是城市的灵魂产业，城市因文化创意而富有厚重感和历史感。在四川推进文创与城市融合的发展中，成都市走在各市州前列。

成都具有十分厚重的文化资源和符号。从历史久远的金沙遗址、都江堰到武侯祠，成都都有自己鲜明的文化印记。成都的文创与城市融合也更加引人注目。一是抓住文化创意的艺术源头，注重对原创艺术家的培养和吸引。

如白鹭湾的蓝顶美术馆，聚集了众多中国当代著名的艺术家。艺术家的聚集，为文创产业提供了核心要素，抓住了原创艺术家，就抓住了创意的源头。二是让艺术与创意产业结合。将版画、漆器、陶艺、蜀绣这些古老的传统的技艺，以及成都的非物质文化遗产与现代原创艺术个性化的表达相结合，创造出新的创意产品，将其发展成为文创产业链的一部分。三是创意与城市空间的结合。位于成都市中心的红星路35号，体现出“创意”与“产业”相结合的特色，其用积木般堆砌的建筑风格，形成了极具现代气息的几何造型。这样，成都市通过创意人才聚集，搭建了全新产业链。四是通过活动支撑城市文创发展。成都创意设计周树立了成都创意设计产业形象，提升了创意产业发展环境，深入地推进了“文创+”融合发展的理念在成都落地。

（四）文化扶贫：补齐四川文化产业短板

十八大以来，四川省委、省政府把扶贫开发作为一项全局性任务来部署推进。目前，四川已经由解决温饱、巩固温饱成果、加快脱贫致富，向全面小康的历史性阶段迈进，但四川仍是全国六个重点扶贫省份之一，剩下的贫困人口数量多，脱贫难度大。对此，四川注重发挥文化在脱贫攻坚工作中“扶志”“扶智”的作用，激发脱贫群众的内生动力，补足文化产业发展短板，确保贫困地区与全国同步进入全面小康社会。

1. 文化扶持，保障百姓基本文化权益

2015年10月，四川出台《四川省文化惠民扶贫专项方案》，方案明确了四川省贫困地区的文化建设目标和重点，特别是加强对百姓基本文化权益的落实，加大对四川省贫困地区文化基础设施的建设力度。在加大基础文化设施建设力度方面，提出到2019年，要完成6242个未通广播的贫困村应急广播“村村响”工程，实现11501个贫困村阅报栏全覆盖。其次，加大文化供给力度，精确输送惠民文化产品。明确“每年的文化惠民演出将在每个乡镇不少于5场、每个行政村（社区）不少于1场”①。再次，针对贫困

① 《四川：文化助力精准扶贫》，《中国文化报》2016年5月27日，第1版。

地区文化遗产保护不足问题，推动遗产保护工作。将项目、资金、人才、技术等向贫困地区倾向；加强四川少数民族地区文化传承人的培训工作，在北川、理县等地大力开展羌绣传承人群培训。最后，加大对基层尤其是“三区”县文化干部人才的培养培训力度，提高县级文化人才素质，增强基层公共文化服务能力。2017 年 3 月，四川开展“千村文化扶贫行动”，支持建设 3700 个贫困村综合文化服务中心，支持建设 2500 个贫困村文化室①。这些举措，从根本上保障了贫困地区广大群众的文化权益。

2. 文化“造血”，产业带动群众创业脱贫

文化扶贫不仅需要在文化和精神层面给予贫困地区以扶持，还需要文化“造血”，以文化带动产业的发展，使群众通过创业脱贫。其根本途径在于提高贫困地区群众的文化素质和科技水平，培养其发展经济的能力。在《四川省文化惠民扶贫专项方案》中，四川提出要“指导支持贫困地区因地制宜做好文化与旅游、农业、生态等融合发展规划，发展特色文化旅游，打造红色文化旅游、藏羌彝民族文化等特色文化品牌，推动贫困地区特色文化产业园区发展，培育当地骨干文化企业等”②。阿坝州茂县永和乡纳普村，是一个有 278 户村民（其中 56 户贫困户），人均年收入不到 2000 元的村子。村里古羌文化资源多，却缺乏开发。2015 年 7 月，四川省文化厅帮扶阿坝州茂县成立纳普古羌文化传播有限公司。通过公司运营，将中断了近 30 年的茂县纳普村水龙节成功恢复，吸引了 2000 多人观光旅游，带动了古羌文化传播，促进了村民收入提升。此外，四川还推动了《藏羌彝文化产业走廊总体规划》落地，加快国家藏羌彝文化产业走廊（四川区域）文化产业项目实施，探索建立文化产业园区（基地）对口帮扶机制，增加文化产业项目扶持渠道。

---

① 《四川文化惠民扶贫“绣花”实施“千村文化扶贫行动”》，http：//www. sc. gov. cn/10462/12771/2017/3/31/10418749. shtml，2018 年 4 月 10 日。

② 李思忆：《〈四川省文化惠民扶贫专项方案〉解读以文化人让贫困群众精神“富起来”》，《四川日报》2015 年 10 月 13 日，第 4 版。

3. 以文化人，提升群众文化教育水平

四川贫困地区的教育相对落后，人们思想观念跟不上时代发展。对此，四川坚持扶贫与扶智相结合，从教育投入入手，加强普惠教育，让贫困家庭孩子拥有更多的学习机会，通过教育这一根本方式来阻断贫困的代际传递。

一是加强基础教育。2015 年 7 月 16 日，四川通过《中共四川省委关于集中力量打赢扶贫开发攻坚战确保同步全面建成小康社会的决定》（简称《决定》），《决定》提出健全学前教育资助政策，对贫困家庭子女免收保教费；支持贫困地区办好综合高中，改善普通高中办学条件；实施民族地区免费教育计划；对乡村教师实施专项支持计划，加强贫困地区教师培训，提升贫困地区教师教学技能。

二是改变贫困地区群众观念。破除普遍存在的“等、靠、要”等不良观念，树立积极向上、穷则思变的进取精神，提高贫困地区群众文化素质和进取意识；通过组织群众性文化活动，让贫困群众观赏和感受优秀文化成果，形成积极向上、奋发有为的精神面貌。

三是推动基层文化人才队伍建设。通过举办讲座、展览等形式，开展面向贫困地区群众的文化培训，达到提升贫困地区人们的文化素质，树立新思想、新观念的目标。2017 年四川省文化厅印发《四川省文化厅 2017 年文化惠民扶贫工作方案》，提出“结合全省现代公共文化服务体系建设培训班”，“扶持培养贫困地区文化创意人才，组织不少于 100 人次的贫困地区文化产业相关人才培训班”，“加大对基层尤其是‘三区’县文化干部人才的培养培训力度”等措施[①]。

（五）“互联网 +”：助推四川文化产业发展

2015 年，李克强总理提出“互联网 +”行动计划，将“互联网 +”上升为国家战略。“互联网 +”这一战略迅速引领了国内文化产业创新方向，也给文化产业发展滞后的四川带来了文化跨界创新和跨越发展的新机遇，成

① 《四川省文化厅 2017 年文化惠民扶贫工作方案》，http：//www. sccnt. gov. cn/xwhfp/whhmfp_zt/201707/t20170725_ 27380. html，2018 年 4 月 10 日。

为四川文化产业增长的新动能。

1. “互联网 +”引领产业革命

根据国家战略指引，2015 年 6 月，四川发布《四川省 2015 年“互联网 +”重点工作方案》，将在制造、能源、金融等 13 个方面实现重点突破，以“互联网 +”引领一场新的产业革命。

从本质看，“互联网 +”主要是“推动移动互联网、云计算、大数据、物联网等与其他产业的结合，从而推动传统产业转型和升级”。据《2016 四川省互联网行业发展报告》，截至 2016 年 12 月，四川省网民规模达 3575 万人，较上一年增长 9.7%。移动端各项指标增长显著。截至 2016 年 12 月，四川省移动互联网用户规模达到 6358.4 万，较 2015 年增长 16.1%①。

为充分挖掘四川庞大的互联网使用者资源，四川文化产业以“互联网 +”为依托推进产业变革。一是加强互联网与传统文化产业融合发展。运用互联网思维，以互联网新技术为依托，改造传统文化产业发展模式，打开传统文化产业新的发展空间。二是利用“互联网 +”优势，推进对文化产业的数字化改造，大力发展数字内容产业，或通过对传统内容的数字化改革，形成新的内容产业增长点。三是运用“互联网 +”，做好文化产业的整合营销、受众市场开发与文化产品的提档升级。以四川科幻领域的“互联网 +”为例，2015 年，成都举办了以“玩出个未来”为主题的科幻嘉年华活动。此次活动，科技形式丰富，线上线下体验活动独具创意，极大地提升了中国科幻文化的创意能力，增强了四川科幻文化的品牌影响力。

2. 进军在线文化产业

进军在线文化产业，主要依托数字技术、互联网技术与移动通信技术等新兴科技，为受众提供文化相关信息服务。由于在线文化产业通过新技术平台能够营造出很好的共享、互动氛围，极大地提升了消费者参与度和互动性，吸引了大批年轻受众的参与。因此，布局和发展在线文化产业成为文化

① 《“2016 年四川省互联网行业发展报告”发布会召开：四川网民规模已达 3575 万!》，http://www.sohu.com/a/144052851_614790，2018 年 4 月 10 日。

产业发展的重要方向。

2015年来，四川加快了对在线文化产业的发展布局。一是瞄准“掌上文化”发展机遇。随着以3G、4G技术为代表的手机无线上网内容服务业务的发展，年轻一代感情的交流、信息的传播、文化的消费越来越多地通过网络或移动终端来实现，形成了更便捷、亲民、参与性强的文化消费模式，包括“掌上图书馆、手机媒体、移动视频、手机电视、手机上网、无线搜索、手机音乐、手机网游”等新兴业态”[①]。因应这些变化，四川加大三网融合建设力度，着手下一代广播电视网和交互式网络电视等平台建设，着力培育扶持一批与此相关的文化高新技术企业。二是加快进军数字内容产业，在文化消费产品和服务方面，国产的电影、动漫、游戏消费状况都有了较大提升，在西部地区，国产动漫产品消费状况还首次超过了日本动漫产品。三是加快传统文化产业的转型升级，充分运用“互联网+”思维改造传统产业的发展方式、营销模式和运营策略。四是大力构建互联网文化服务体系。通过成立文化企业服务中心，实现了网络培训、在线管理咨询、投融资服务等多种服务功能的结合。

3. 开拓地市州数字文化消费市场

四川文化产业以成都为核心增长极，集聚了许多优秀的文化产业。但四川地域广阔、人口众多，尤其网民群体大，这为四川发展数字文化产业提供了丰厚土壤。开拓地市州数字文化市场成为四川文化产业发展的蓝海。

四川下辖1个副省级市，17个地级市，3个少数民族自治州，各区域之间经济发展不平衡。一是做好对市场的了解和评估，把握市场规模和消费情况，瞄准细分市场，因地制宜，凸显特色。二是通过法律法规规范数字文化产品市场，保证市场按规范运行，严惩扰乱市场秩序者。打击劣质商品销售者，杜绝市场欺骗欺诈行为，保证数字文化产品市场的良性运行和可持续发展。三是加大对公益性数字文化产业的投资。可通过国家加大对公益文化产

① 张祥合、王丹：《数字出版的概念、特征及相关技术分析》，《长春师范学院学报》（人文社会科学版）2013年第5期。

业的投资，保证公共文化的均等化。四是重视年轻的数字文化消费者。从统计看，网民群体中年轻人较多，他们受教育程度较高，接受新事物能力较强，消费意愿也较高，因此，应重视与年轻数字文化消费者的对接，顺应数字文化消费者的年轻化趋势。五是利用数字产品的成本优势。数字文化产业与传统文化产业不同之处在于数字文化产品的制作成本相对较低，其价格可成为竞争优势之一，有利于占领更多市场份额①。

4. 实现“线上线下”融合

文化产业发展同其他产业一样，需要不断创新商业模式，通过商业盈利模式的创新确保产业的生存和发展。对于四川文化产业来说，借助“互联网 +”思维，运用移动互联网、大数据和物联网等工具，实现传统产业链、价值链重构是其必由之路。其中，寻求从线上到线下的融合发展是实现盈利模式创新的重要切入点。

一是加强“线上 + 线下”销售渠道建设。将线上销售和线下销售渠道进行整合，利用线下体验，发挥线上便利，为用户提供全方位服务。例如文化产业中的电影、旅游、图书等具有体验性的文化产品，便可采用线上购买、线下消费的方式。二是从线下到线上的运用。消费者可以在实体店先行体验，然后在线上购买创意产品。二是加强粉丝经营。即通过社交媒体凝聚忠实用户，收集忠实用户反馈意见，改进产品和服务。三是自建平台，减少中间环节，打通产业链。线上与线下融合的关键在于平台的畅通性和便利性，需要形成与市场的高效对接机制。当前不少互联网企业都形成了较好的商业平台，如淘宝、京东、Uber、滴滴等都是运用平台型思维的典范。

三　新时代新作为：四川文化产业的再出发

党的十九大报告明确指出，中国特色社会主义进入了新时代，新时代要有新作为，四川文化产业需要在新时代以新发展理念为引领，开启发展新征程。

① 向宝云等：《四川文化产业发展报告（2016）》，社会科学文献出版社，2017，第 18 页。

（一）以“新发展理念”引领文化小康建设

党的十八届五中全会提出的创新、协调、绿色、开放、共享的发展理念，是在分析国内国际发展趋势的基础上形成的，也是针对我国各项产业发展中的问题和困境提出来的。五大“新发展理念”为四川文化产业发展指明了新的方向，也赋予了文化小康建设目标和发展要求。

1. 坚持创新理念，为文化产业提供动力支持

以“创新”引领文化产业和文化小康发展，就是不断推进文化的理论创新、实践创新和制度创新。首先，推进理论创新，准确把握四川全面建成小康社会阶段文化领域面临的机遇和挑战，着力挖掘四川优秀传统文化和革命文化的时代价值。其次，推进实践创新，构建文化产业发展的新方法和新路径，包括全面推进文化内容形式的创新——重点关注四川历史名人研究、优秀传统文化实现创造性转化和创新性发展以及“巴蜀文化名作工程”等领域。[①] 作为科技大省，通过推进“跨界融合”“科技引领”“版权衍生”等，推动四川文化整体业态创新，大力发展文化创意、文化融合、网络动漫、数字传输等新兴产业[②]。最后，推进制度创新，适时出台新政策、新法规，引领、推动、保护四川文化产业良性发展，建立健全统一、开放、竞争、有序的现代市场文化体系。当前，《四川省非物质文化遗产条例》《四川省公共文化服务保障条例》《四川省娱乐场所管理办法修正案》等法规的出台为文化产业发展提供了刚性保障。

2. 坚持协调理念，促进文化产业均衡发展

协调发展就是牢牢把握文化产业整体布局，正确处理文化与经济社会发展关系，有效推动文化产业向国民经济支柱性产业迈进。四川省位于我国西南地区，是西部最受瞩目的文化大省。由于历史、地理、政策等综合因素，

---

① 帅胤：《紧扣五大发展理念　厚植文化发展优势》，《宜宾日报》2016年11月14日，第3版。

② 帅胤：《紧扣五大发展理念　厚植文化发展优势》，《宜宾日报》2016年11月14日，第3版。

与发达的东部地区相比，四川的经济社会发展相对落后，存在公共文化设施共享程度不足、高品质文化产品供需不平衡、文化软实力有待提升等问题。坚持协调发展，有利于推动文化发展实现城乡均等、供求平衡、双效统一。

一是加大落后地区的文化供给。四川集革命老区、少数民族地区、边疆地区、贫困地区于一体，还是劳务输出大省，应重点关注川北川东革命老区、甘阿凉等地区高龄群体、残障群体、农民工、农村留守妇女儿童等特殊群体的文化需求，在精准把握当地文化产品缺口的基础上，实现文化重点工作和公共文化资源向城乡基层倾斜。二是促进文化产业在行业层面协调发展。在重点打造知名国有文化企事业单位的同时，给予民营或小微文化企业优惠的政策、人力和资金支持。三是推动文化产品数量质量协调发展。供求失衡即文化产品数量质量出现“有高原、缺高峰”的现象，文化精品供不应求，需通过改善供给结构扩大优质供给、减少无效供给；通过“大数据”技术调查四川不同受众群体的文化喜好、消费习惯，有针对性地实施“巴蜀文化名作工程”和文化供给侧改革。四是实现文化产业双效统一、协调发展。坚持社会效益为首位是文化领域供给侧改革的准绳，应促进文化经济效益和社会效益统一，为“文化兴川”提供平等环境。

3. 坚持绿色发展，为“文化兴川”提供良好条件

绿色发展即遵循文化发展规律、自然发展规律、社会发展规律，以绿色文化净化社会文化环境，建立可持续发展的健康文化生态体系。一是推动文化产业转型升级，从资源消耗型向科技创新型转变，致力把文化产业打造为名副其实的低碳产业和绿色产业。[①] 二是借助智能技术，提升文化产业资源利用率，降低四川文化资源消耗，加大对金沙文物、蜀地文献史古籍、川剧川酒川茶等不可再生和稀缺文化资源的保护力度；运用互联网、人工智能等高新技术实现文化资源保护与治理并重，文化资源利用与再生并重。三是以文化精品引领社会绿色文化心态。优质文化精品通常在洞察历史、现实和人性中释放强大的正能量，鼓励社会追求正确的价值观念和精神信仰，塑造健

① 王东明：《坚定以五大发展理念引领四川未来》，《求是》2016 年第 5 期。

康、纯净、积极、阳光、公正的绿色文化心态。2017 年火爆荧屏的电视剧《索玛花开》是由中央电视台、凉山文化广播影视传媒集团有限公司联合出品的脱贫攻坚主题剧，其以不惧挫折、力争上游、公正无私、聪慧豁达等价值观获得了全国观众的一致赞赏，口碑和收视双丰收。四是打造风清气正的互联网文化。“互联网是当前工作的最大变量”，[①] 加强互联网内容建设，培育健康积极、向上向善的绿色网络文化，特别是瞄准青年群体的新媒体产品，尤其要注重题材、内容和方式的“绿化”。

4. 坚持开放发展，为“文化兴川”提供战略路径

开放发展是文化繁荣的基础，是文化走向更广阔天地的最佳战略路径。一是充分利用开放机遇。当前，应充分利用“一带一路”建设、长江经济带战略和四川自贸区建设为文化产业“走出去”和“引进来”提供的机遇，坚持开放发展思路，不断加强四川与其他区域的文化交流与贸易。依托具有较大影响的“中国文化节”和“海外中国文化中心年度合作”等国家重点文化交流项目，推动举办“古蜀文明展”“巴蜀文化展”，促进四川文化产业融合与繁荣。二是全方位提升四川文化的开放水平。在异质文化融合的基础上，充分激活“三微一端”新媒体的传播优势，在激烈的国内国际文化竞争中，发出四川声音，讲好四川故事，传播四川思想，阐释四川价值观。三是推广巴蜀文化品牌，深度挖掘四川文化特色。四川文化内涵丰富，种类繁多，可在享有盛誉的川剧、川酒、川菜、川茶中发掘亮点，增强巴蜀文化的影响力和美誉度，为文化的开放交流、互品互鉴奠定对话基础。四川文化企业可考虑在中国“台北国际礼品文具暨伴手礼名品展”“美国演艺出品人年会”等展会中大力推广成都动漫游戏、金沙三星堆遗址、自贡彩灯等巴蜀文化品牌。四是搭建四川文化海外输出平台。组建跨国文化集团，搭建海外国际营销大平台，以“高效低耗”的行动推动四川文化产品取得高额商业利润；实施“康巴卫视印度落地工程”；推动新华文轩海外电子商务平台建构活动等。五是加强文化知识产权保护。在开放的同时注

---

① 王东明：《坚定以五大发展理念引领四川未来》，《求是》2016 年第 5 期。

重保护，尤其是对具有易复制性的文化创意产业来说。四川省通过出台政策，加大知识产权改革力度，推进知识产权领域的创新，着力建设知识产权强省，主动参与国际文化贸易规则的制定和调整，这些举措都有利于形成四川文化产业的核心竞争力。

5. 坚持共享发展，增强群众文化获得感

坚持共享发展是中国特色社会主义文化的重要价值取向，体现出互联网时代、智能化时代文化发展的优越性。共享发展为“文化兴川”提供利益归属，使所有社会个体均享有更强烈的文化获得感和幸福感，进而提升中华民族的整体文化素养。

一是发动四川人民广泛参与文化建设事业。坚持文化建设为了人民、依靠人民、成果由人民共享的原则，倾听和反映四川人民的文化诉求，使文化产品能真正表现四川人民的生活、情感、命运，成为广大群众喜闻乐见、感同身受的文化精神食粮。通过政策优惠、政府投入、市场手段，加大政府对文化产品、文化活动和文化服务的供给，让四川人民有意愿、有能力、有机会、有渠道共享多元化的文化成果。二是促进文化与互联网共享经济的有机融合，其主要体现于知识技能领域，主要表现形式为由第三方（可以是商业机构、组织或者政府）创建的、以信息技术为基础的市场平台，文化知识技能的分享或项目的资金筹集等①。当前，“文化 + 科技”“文化 + 服务”“文化 + 活动”等都是文化产业发展的新方向，是文化产业模式创新的重要抓手。2017 年 1 月 15 日，四川省文化馆通过中国文化网络电视、国家数字文化网对第六届少儿新春联欢会进行全程直播。之后，还运用“互联网 + 文化活动”理念，开展线上线下相结合的互动交流，展示了四川省公共文化服务的共享实践。

（二）构建充满活力的文化产业体制机制

文化产业体制机制是文化产业发展的直接动力与资源保障，构建充满活

① 《互联网共享经济下的文化产业发展走向分析》，http：//www. ocn. com. cn/chanye/201706/jzfix22085145. shtml，2018 年 4 月 10 日。

力的四川文化体制机制是“十三五”时期四川文化产业建设的重点关注领域，需把握文化创作生产、传播、消费的特点，转变文化宏观管理体制职能，进一步发挥市场在文化资源配置中的重要作用，促使文化资源实现科学合理的分配运用。

1. 简化文化宏观管理职能，引导文化产业发展活力

首先，文化管理体制功能由繁转简。文化宏观管理体制由“办文化”向“管文化”转变，建立党委和政府监管有机结合，宣传部门有效主导的国有文化资产管理模式，实现“管人、管事、管资产、管导向”相统一。2017年上半年，四川成功组建了文资委和文资办，赋予企事业单位更多的法人自主权，这是四川文化体制机制创新的重大举措。①

其次，积极引进国内国际优质文化产业。进一步降低四川文化产业市场准入门槛，简化准入程序，积极引进更多优质文化产业，发挥具有良性刺激作用的“鲶鱼效应”。当前，入驻四川的国际文化企业有近30家，还可引进世界排名靠前的时代华纳公司、迪士尼公司、维亚康姆公司、维珍集团、路透集团、德国贝塔斯曼集团、索尼公司、环球唱片公司、新闻集团等，将四川文化产业的发展活力引导至与国际文化巨头的交流、借鉴、吸收和超越，大大加速自身发展。

最后，构建更精准的文化产业公共服务平台。在“大数据”背景下，粗放统计已失去指导意义，四川文化产业发展亟须由精准数据构成的行业信息支持，从而在正确的轨道上焕发活力。建构“本地化”文化产业的精准评估统计指标体系势在必行。以四川文化创意产业为例，指标体系可包括产业规模影响指标（软件业、房地产业、技术服务业以及教育四个行业的产值指标）、经济结构影响指标（轻重工业比例对比）、要素吸引力指标（资本、收入、劳动力、环境要素的政策扶持和市场收益）等。

2. 创新富有文化特色的企业制度，激发市场主体发展活力

首先，推动文化企业特殊股份管理制度试点，即创始人股东在股份制改

---

① 程文雯：《六个关键词读懂四川重点改革任务2020年完成》，《华西都市报》2014年10月17日，第2版。

造和融资过程中有效防止恶意收购，并始终保有最大决策权和控制权的制度设计。① 此制度设计有利于激发文化产业的进取心和创造力。2017 年《国家“十三五”时期文化发展改革规划纲要》规定，对从事互联网新闻信息服务、网络出版、信息网络传播视听节目服务等的互联网企业，开展特殊股份管理制度试点。

其次，创新文化投融资体系。由于四川文化项目数量众多，文化产业需不断“输血”以增强实力。拓宽社会资本进入领域，推广政府和社会资本合作（PPP）模式，鼓励社会资本参与文艺院团等国有文化单位转企改制，重大文化设施建设运营，非物质文化遗产保护利用，图书馆、文化馆等公共文化设施建设运营。同时，创建四川文化金融合作示范区，促成文化、金融、财政多部门协调运作，构建多层次文化企业投融资风险补偿分担机制，赋予文化产业强大的生命力。2016 年，四川省政府《关于创新重点领域投融资机制鼓励社会投资的实施意见》出台，不仅落实了社会资本参与的文化领域，还明确了税收优惠政策，促进了文创产品的跨界融合，增强了“输血造力”的支持度。

再次，推进文化市场主体实现“大众创业、万众创新”。文化产业中最具活力的市场主体当属企业、组织与个体，需持续激发三者的创造力和影响力。龙头文化企业品牌建设和“专、精、特、新”小微文化企业扶持“两手抓，两手都要硬”；积极培育核心竞争力强和知名度美誉度较高的文化企业和产品品牌，力争进入世界同行业前列；推动在四川大学、四川省社会科学院、西南财经大学、电子科技大学、四川师范大学等建设一批文化品牌智库和实验室，定期发布四川文化产业品牌权威排行榜，以“良性竞合”的方式激励四川文化企业推广巴蜀文化品牌的积极性和进取心。加大政府向文化类社会组织购买服务的力度，将适合由社会组织提供的事项交由文化类行业协会、民办非企业单位等承担。逐步实施“巴蜀文化名家工程”“地方戏曲人

① 张玉岩：《混改员工持股效率最高明年改革重点就推它》，《齐鲁晚报》2016 年 12 月 2 日，第 2 版。

才扶持工程”“全省基层公共文化服务培训计划”“基层优秀文化人才递进培养计划”，切实培养一批四川文化原创人才和国际文化经营管理人才。

最后，大力释放和激活社会文化消费需求。鼓励四川各地结合已有的四川艺术节、四川电视节等节庆、展览活动，打造一批知名度和美誉度较高的文化消费活动品牌；通过政府购买、税费补贴、积分奖励等方式激发城乡社会大众的文化消费意愿，鼓励文化企业在商演中安排一定数量的低价场次或门票，鼓励网络文化运营商开发更多低收费文化产品和活动，大力促进数字文化消费。

3. 加大政策法治保障力度，保护文化产业市场活力

首先，建构法规保障长效机制。当前，四川亟须出台“四川省非物质文化遗产条例”“四川省公共文化服务保障条例”“四川省文化市场综合执法”“四川省文化产业促进条例”等地方法规，修订《四川省〈中华人民共和国文物保护法〉实施办法》等，为文化产业发展提供刚性护航。

其次，规范国有文化资产管理。四川省文资委的重要职能之一是建立健全党委、政府监管国有文化资产流程，保障国有资产保值增值。

再次，加强财政支持。优先支持甘孜、阿坝、凉山等“三区”和农村文化建设；加强非遗生产性保护，通过政府购买、项目补贴、定向资助、贷款贴息等多元手段鼓励、吸引非公有资金参与四川文化产业发展。[①]

最后，强化实施评估监督。根据《四川省“十三五”文化发展规划》部署，对规划项目的实施进度进行持续追踪和监测分析，对规划实施效果进行评估监督，形成规划项目实施的良性循环。

（三）建立富有效率的文化科技创新体系

随着高科技产业换代速度越来越快，文化与科技融合创新的实质就是互联网和智能时代人类社会文化生产、传播、消费体系的创新。文化科技创新

---

① 《文化部“十三五”时期文化发展改革规划》，http：//www. wenming. cn/whhm_ pd/yw_ whhm/201702/t20170223_ 4075700_ 3. shtml，2018 年 4 月 10 日。

体系是政府、科研机构、企业、个体、市场等多元创新主体相互影响、相互作用形成的社会系统，旨在将前沿科技与文化产业深度融合，创造出高附加值的文化产品与服务。这种创新体系打破了工业革命以来社会文化既有的运作模式，超越了文化产业在时间和空间的旧有束缚，在全世界范围内呈现出规模化、集成化、科技化、专业化、精细化等特征。当前，在创新发展中还存在不少问题和困境，如科技应用不到位、文化原创能力缺乏、协同创新体系和成果转化系统尚未成熟等，影响了文化科技创新体系的效率和运作，应建立富有效率的文化科技创新体系。

一是运用前沿科技成果，催生新型高效文化业态。运用云计算、人工智能、物联网等以“快速、高效、环保”为特质的前沿科技成果，实施数字文化资源的应用与服务。首先，开展智慧广电建设。开发智能电视操作系统和融合终端，发展“电视 + 语音 + 互联网 + 智能家居 + 智慧城市”等综合业务。其次，推动数字出版创新。发展绿色印刷——采用环保材料和工艺，实现印刷品再利用再循环，大大减少印刷污染；发展纳米印刷——制版流程非常简单，大大降低时间和资源成本，避免环境污染，图文质量大幅度提高。最后，实现文艺展演智能化。加快新型灯光、音响、机械、视效、特效、智能展示等研发应用，提升艺术展演的数字化、网络化、智能化水平。

二是以文化科技融合为抓手，实施高效文化创新工程。首先，实施“互联网 + 文化”工程。整合四川公共数字文化管理和服务平台，将互联网的创新成果深度融合于文化产业链条的每个环节。其次，实施“文化四川云”（“文化大数据”）工程。国务院 2015 年印发《促进大数据发展行动纲要》，明确提出要建设运用“教育文化大数据”。四川将在“文化四川云”的基础上，进一步建立文物保护数字化管理和展示平台，加强四川文物、四川非遗保护中的高科技应用。如运用互联网远程监测考古现场、文物库房日常动态，VR、AR、MR 等现代智能技术也将用于创建网上文化设施的虚拟展示等。再次，实施“文化装备系统提升”工程。当前，四川的影视、舞台、影院、印刷、游艺娱乐装备等发展滞后问题较为突出，文化设备产业链不完善、国产品牌设备产品竞争力薄弱、文化企业国际竞争力不强。“十三五”时期是我国提升文化技术装备水平的战略机遇期，应抓住机遇迅速提升四川文化核心装备质量。

三是建立健全协同机制，促进文化科技成果高效转化应用。文化科技创新体系的效率不仅取决于成果数量，还取决于其转化效率。但综观现状，文化科技系统普遍存在“重研究、轻转化”的弊病，有价值的研究成果难以在短时间内转化为文化发展动力。这就要求建立健全协同机制，促进各类创新要素有序流动、综合集成和高效利用，推动文化科技成果高效转化应用。依托“互联网+”，推动东西南北中、线上线下的成果转化应用；培育新型研发机构、研发中介、研发服务外包业态，围绕重点文化项目，形成分工合作、资源共享的跨区域跨专业转化应用网络；依托省内高校和国内国际知名文化科技企业展开合作，推动产、学、研、用深度融合、无缝对接、协同发展。

（四）发展独具特色的创意文化产业

据《四川省“十三五”文化发展规划》，“十三五”期间，四川省将大力发展创意文化产业，逐渐将其提升至支柱性产业地位。进一步发展文化创意产业。首先，四川文化创意产业具有独特的发展优势。市场规模优势：截至 2015 年，四川文化创意产业单位数量达 13151 家，吸纳就业人数超过 14 万人，年均增长率为 86.1%。市场主体优势：大量民营资本进入文化创意产业，为产业输入“血液”和活力。全省有 13 个国家级文化产业示范园区，5 家民营文化企业，43 个省级文化产业示范园区。[①] 此外，三星堆、金沙遗址、凉山彝族国际火把节、康定情歌节、都江堰放水节也成为知名文化旅游品牌。

其次，四川文化创意产业发展举措有力。应在已有的“一核四区”基础上创新文化区域格局：充分发挥成都文化产业核心区的作用，打造成德绵

---

① 杨嘉嵋：《四川文化创意产业发展报告》，《四川文化产业发展报告（2017）》，社会科学文献出版社，2017。

文化创新示范带；重点发展巴蜀文化、红色文化、三国文化等；加快推进藏羌彝文化产业走廊、国家生态旅游融合发展实验区建设，推出一批新文化旅游品牌。同时，促进数字创意产业蓬勃发展，加快研发 AR、VR、MR 交互娱乐引擎开发，互动影视等领域的前沿科技设备；提升创意设计产业更上一个台阶，将文化元素用于制造业研发、设计等价值链高端环节，实现“四川制造”向富有文化内涵与特色的“四川创造”转变。

二是发展音乐产业。首先，四川在音乐产业领域具有政策优势。2016年11月，《成都市人民政府关于支持音乐产业发展的意见》明确提出着重加强对音乐产业的领导和支持，建立归口管理和牵头管理机制，对国内国际在成都注册设立区域总部的音乐企业、音乐人才、原创音乐等都均给予奖励或补贴。截至2017年底，政府在凤凰山熊猫音乐产业园、格莱美音乐主题基地、香港艺能亚欧文创科技娱乐总部、成都西部音乐灯光公园等项目上投资220亿元，另有10个音乐产业项目落户成都。[①] 2017年11月26日，《中国音乐产业发展指数研究报告》指出，成都的“城市音乐企业指标”以及“音乐产业行政支持度指标”双双位列全国副省级城市第一名[②]。其次，四川着力打造国家音乐产业高地——加快建设国家音乐产业基地，以东郊记忆国家音乐产业基地为重点，以成都演艺中心、省级文化艺术中心、天府新区文化艺术中心为载体，形成高端优势显著的现代音乐体系，将成都打造成为“中国音乐之都”和领先全国的音乐生产地、版权交易地和演出聚集地。

（五）挖掘积淀深厚的传统文化产业

“十三五”时期，要释放传统文化产业的新活力，亟须审视四川传统文化产业发展的重点，遵循文化规律，科学挖掘其内涵。

一是实施巴蜀优秀传统文化传承工程。借助“互联网 + 巴蜀文化”行

---

① 覃贻花：《投资总额超220亿10个音乐产业项目落户成都》，《成都晚报》2017年9月27日，第3版。

② 《成都：从选秀之城到音乐之都》，https：//www. sohu. com/a/207281330_ 99922511，2018年4月10日。

动，实施一批巴蜀文化重点项目和工程。四川确定了一批包括文学、影视、戏剧、美术等在内的巴蜀文化传承工程项目，如“振兴川剧”工程，建设传统文化实践（传习）基地，推进戏曲进校园和基层文艺院团。同时，与巴蜀文化相关的网络文艺作品、网络原创作品发布平台建设和版权开发、文艺评奖等也应是重点扶持对象。

二是实施古蜀文明传承创新工程。文物是不可再生的历史文化资源，是区域和国家的“金名片”。加强文物保护、管理和利用对传承和挖掘四川优秀传统文化具有重要意义。建立国际古蜀文明研究基地，实施古蜀文明探源研究和蜀王世系探索与断代工程；实施三星堆遗址、金沙遗址、川渝石窟、茶马古道、巴文化遗址等古蜀文明遗址保护利用工程，通过延续利用古蜀文明遗址的文物古迹和历史建筑，保护文化的多样性；2012 年，“藏羌碉楼与村寨”“中国白酒老作坊”已成功列入“中国世界文化遗产预备名单”。四川省文化厅认为，蜀道是我国乃至世界上保存最完好的文化线路之一，是最有竞争力冲刺世界文化遗产名录的项目之一，推动古蜀文明、蜀道申报世界文化遗产项目,[①] 将有效提高四川文化旅游业的知名度。

三是实施“智慧博物馆”体系工程。各地市州可以人工智能技术为依托，全面打造“智慧博物馆”体系，增强社会公众与文物的文化深度体验、提高文物的保护级别。“智慧博物馆”是高清晰、多功能、智能化、高灵敏的综合系统，包括数字图书馆、数字文化馆、数字博物院等，可实现“互联网+”和“文化+”的深度融合。目前，四川博物院、金沙遗址博物馆等正在建设的数字博物馆高科技应用到位。VR、AR、3D 打印让静态文物“活”起来；地面地图浮现的 3D 模型，让市民可以“实地”参观金沙遗址、蜀王墓、永陵博物馆、双眼井等知名文化地标；公众足不出户就能在锦点网或 APP 上搜寻、欣赏、品鉴、评论虚拟珍藏文物，大大提高市民对传统文化的了解、热爱和保护程度。

四是实施四川文化名人研究及文化传承工程。打造文化艺术的“四川高峰”，其核心工作就是培养多位巴蜀文化名家。据四川省文化厅介绍，力

① 董世梅：《聚焦四川“十三五”规划》，《四川日报》2015 年 12 月 3 日，第 1 版。

争到2020年培养造就50名左右巴蜀文化名家，以亮丽的“文化名人品牌”效应有效推广巴蜀文化。[①] 该项目的遴选标准为在国内国际有较高知名度和影响力、与巴蜀文化相关的文化名人。同时，依托“天府英才”“千人计划”等吸引海内外专业化、高层次文化人才进驻四川。召开国际性大型巴蜀文化研讨会，为四川文化名人建立作品数据库，使“巴蜀文化名家”在国内国际文化舞台上成为四川的“文化脸谱”。

（六）以“一带一路”为契机实施“走出去”

四川处于陆上丝绸之路和海上丝绸之路的重要交汇点。四川应借助“一带一路”契机，将丝路元素与四川文化紧密结合，打造四川特色文化品牌；培育一批具有国际竞争力的外向型文化企业；培养一批文化原创人才和国际文化经营管理人才；多层次全方位地推广以熊猫文化、古蜀文化、三国文化、非遗文化、藏羌彝文化为代表的四川特色文化品牌。

一是以丝绸之路为主题创作文化精品。以川剧、影视、动漫、曲艺、皮影、杂技、民族歌剧、民族歌舞等文化形式传播古丝绸之路上的蜀锦蜀绣、川茶川盐、古币交子等四川特色文化。西北丝路开通之后，成都成为当时丝路商品的货源地以及全国的织造中心，在丝路沿线国家具有极高的知名度和影响力，如今必将发挥更强的文化功能。2017年6月15日，四川省人民对外友好协会率领川剧大师、川菜名厨、文化专家登上“盛世公主号”邮轮，在海上丝绸之路上以“东坡味道”为主题展现了川菜的巨大魅力。该活动以非遗作品为主题弘扬了巴蜀文化，为沿线国家人民代表奉上了视觉、知觉和味觉的魅力盛宴，博得了一致好评与热情赞誉。[②] 2017年6月，自贡市发布环球灯会计划：未来5年内，自贡将在国内外100个城市至少举办100场次灯会。[③]。

---

① 董世梅：《聚焦四川“十三五”规划》，《四川日报》2015年12月3日，第1版。

② 孙牧宁：《“盛世公主号”邮轮走海上丝绸之路介绍中国四川文化》，《四川日报》2017年6月18日，第4版。

③ 顾强：《灯会走入世界：自贡发布未来5年环球灯会计划》，《华西都市报》2017年11月3日，第3版。

二是物质遗产和非物质遗产合作交流。与“一带一路”沿线国家就物质遗产和非物质遗产开展合作交流。如在文物保护利用和考古方面合作，逐步推出四川与沿线国家增进文化深度认知、激发文化合作意愿的“蜀道与丝路”文明对话、文物精品展会；与“一带一路”沿线国家开展非物质遗产项目的合作交流，提升“中国成都国际非遗节”的知名度和美誉度。2017 年 11 月 27 日，首届联合国海陆丝绸之路城市联盟 · 丝绸之路非遗大会正式召开，推动巴蜀文化高标准、多渠道、高科技、更全面地打造具有国际竞争力的品牌文化产品。

三是推进对外文化贸易合作。文化产业和产品实施“走出去”战略，不仅可以在国际范围内有效传播四川文化内涵，还可以通过出售文化产品（音乐产业、文化旅游、演艺娱乐、动漫游戏、创意设计、数字文化）获得高额经济收入。四川的川剧、川乐、川酒、川菜、川茶具有强大的潜在国际影响力，需要以国际化的表达形式进入世界各国的审美视野，可借助“中国西部国际博览会”“香港国际授权展”等平台，将巴蜀文化产品“卖出去”。

四是打造交流互鉴文化平台。借助“四川音乐博览会”、“四川设计展”、“丝绸之路艺术展”、“成都国际青年音乐周”、“南充国际木偶艺术周”、“‘一带一路’图书馆、书店与城市国际论坛”等重要节庆、论坛活动，打造四川与“一带一路”沿线国家交流互鉴的文化平台。同时，探索互联网文化平台，利用现代信息技术推广巴蜀文化在海外落地，使丝路沿线国家人民摆脱时间、空间、金钱和体制束缚，自由搜寻、浏览、欣赏、评论、传播巴蜀文化。

五是积极引进优秀外来文化。在四川举办国际文化节、国际文化研讨会、国际文化展会等，打造国际文化产业园区，开展“丝绸之路文化使者”“意会中国”“中国—中东欧国家舞蹈夏令营”等活动。① 2016 年 12 月，成

① 李彩霞：《四川文化融入“一带一路”战略实施意见》，《四川日报》2017 年 6 月 12 日，第 1 版。

都举办了迄今为止最大规模的以丝路为主题的“敦煌文化艺术大展”，丝路沿线国家70余家文博机构的200余件艺术珍品极大地激发了四川人民对中东欧国家文化的好奇与热情。未来五年，四川将进一步引进歌剧、交响乐、美术、创意设计等优秀文化项目，进一步促进巴蜀文化和外来文化在专业化、国际化和创意化方面的融合发展。

发展前沿

Development Frontier

B.2

四川出版振兴报告

嘉东波　余 波　古艳睿*

摘　要： 本报告调研了振兴四川出版战略取得的成效：产业竞争力不断增强，四川出版呈现积极向上发展势头；拓展优质出版资源，四川出版品牌影响力大幅提升；持续深化改革创新，推动数字出版产业升级发展。在此基础上，本报告深层剖析实施振兴四川出版战略面临的主要问题和瓶颈，最后提出持续推进振兴四川出版战略的思路和建议。

关键词： 出版业　文化产业　四川

* 嘉东波，四川省委宣传部出版处处长；余波，四川省委宣传部出版处副处长；古艳睿，四川省委宣传部出版处主任科员。

2017 年 5 月 24 日，四川省第十一次党代会报告明确提出实施振兴四川出版战略，为四川出版振兴发展提供了重大历史机遇。2017 年 9 月 25 日，全省出版工作会议成功召开，这次会议是四川省出版界一次里程碑式的会议。会议指出，当前和今后一个时期，全省出版工作要把握正确政治方向、出版导向和价值取向，以出精品力作为中心，以改革创新为动力，以人才兴盛为基础，以转型升级为突破，全面振兴四川出版。力争到 2020 年，四川出版整体实力进入全国前列，建成西部出版发行中心，建成全国出版强省。会议强调，全省出版战线要深化思想认识，切实增强坚定文化自信、传承中华文脉的使命感，加快发展、创新发展的紧迫感，抢抓机遇、重振辉煌的自信心，全力以赴打好攻坚战、翻身战。要坚持内容为王，塑造四川出版良好品牌形象，持续提升四川出版的传播力、影响力；全面深化改革，不断激发四川出版发展的动力活力；推动创新发展，大力推动传统出版与新兴出版相融合、对内出版与对外出版相统筹、“出好书”与“读好书”相衔接，努力拓展出版事业的新业态新空间；强化工作保障，全力推动全省出版事业大发展大繁荣。会议为四川出版加快迈进全国第一方阵指明了前进方向，进行了科学谋划、总体布局和制度设计，极大地鼓舞了出版战线的信心，激发了出版界的活力。振兴四川出版已经成为四川宣传文化系统、四川出版界的共识，形成了“领导重视、各方响应、协调配合、心齐劲足”的良好局面。

持续推进振兴四川出版战略，必须坚持以习近平新时代中国特色社会主义思想为指导，深入学习贯彻落实党的十九大精神和省第十一次党代会、省委十一届二次全会精神，积极构建现代出版体系，坚持问题导向，直击实施振兴四川出版战略的短板和痛点，以更加强有力和更具针对性的措施激发活力，全力推进四川出版健康持续发展。

一　实施振兴四川出版战略的实践和成效

党的十九大鲜明提出要坚定文化自信，推动社会主义文化繁荣兴盛。

四川出版行业贯彻落实中央精神和省委决策部署，把振兴四川出版战略向纵深推进，坚持内容为王，精耕出版主业，推动社会效益和经济效益迈上新台阶。

（一）产业竞争力不断增强，振兴四川出版呈现积极向上发展势头

2017 年，四川出版经济规模重返全国前十，新华发行集团重回“中国文化企业 30 强”，文轩出版增速全国第一。全省全年出版图书种类、出版发行行业营业收入、出版业规模同比增长幅度较大。

1. 生产规模不断扩大。2017 年，四川出版图书 13621 种、增长 25.22%，全行业总收入 929 亿元、增长 9%。

表 1　图书出版总量规模

指　标	2015 年	2016 年	2017 年
品种(种)	10038	10878	13621
总印数(万册)	24805	24296	—
总印张(千印张)	1933377	1967669	—
平均定价金额(元)	30.56	32.72	—

2. 图书销售和利润大幅增长。以新华文轩为例，2017 年，文轩大众出版销售码洋首次突破 15 亿元大关，达 15.48 亿元，比 2016 年约增长 84.29%，比 2015 年约增长 184.55%，进入一个新的量级（见图 1）。其中，文轩渠道实现销售收入 5.67 亿元，同比增长 78%，实现利润 4921 万元，同比增长 735%。8 家大众出版社在 2016 年总体扭亏的基础上利润大幅增长，全部实现盈利。

3. 全国市场排名大幅上升。2016 年文轩出版码洋约为 2.70 亿元，码洋占有率为 0.84%，总体市场排名为第 19 位，较 2015 年上升了 7 个名次。2017 年，文轩出版码洋约为 5.24 亿元，码洋占有率为 1.27%，同比增长 51.19%，总体市场排名为第 15 位，比 2016 年上升 4 个位次，比 2015 年上升 11 个位次，增速在全国 35 家出版集团中连续两年排名第一（见表 2）。

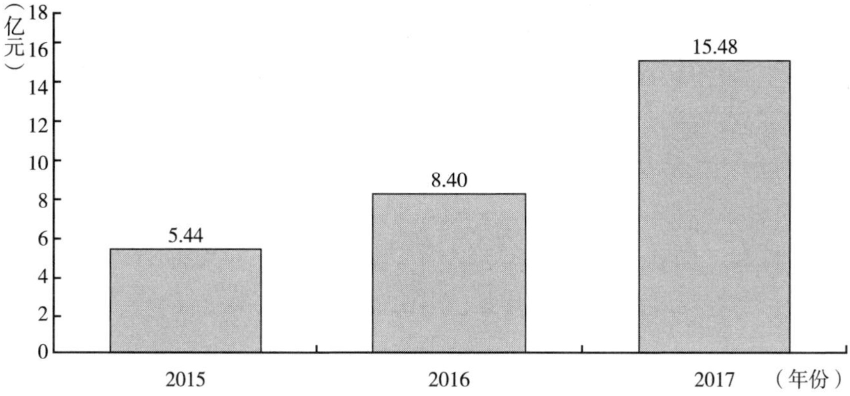

图1　文轩大众出版总体销售码洋

表2　文轩出版市场情况

指　标	2015 年	2016 年	2017 年
出版码洋(亿元)	1.25	2.70	5.24
码洋占有率(%)	0.52	0.84	1.27
总体市场排名	26	19	15

据开卷市场调查，四川少年儿童出版社的码洋占有率在全国580多家出版机构综合排名中排第47位，同比攀升38位，在少儿类图书市场占有率排名中居7位，同比攀升8位；四川天地出版社在全国出版社的市场占有率综合排名中跃居第83位，同比攀升70位。文轩在线成为全国第三大图书电商。

4. 资源整合探索战略发展新模式。以新华文轩为例，2017年新华文轩利润登上9.1亿元的新高峰，其产业结构更趋合理，出版板块已经成为文轩新的经济增长点和发展引擎。“产品+渠道”的产业构架已经形成，“线上+线下”的传播构架日趋完善，“产业经营+资本经营”的经营构架取得长足进步。新华文轩大胆探索集成化服务与运营商业一体化模式，对内整合原天地出版社、华夏盛轩、中盘事业部，将优质的选题策划资源与渠道资源聚集在一起打造四川出版品牌；对外将决策、运营和发行中心定位在出版资源富集的北京，形成跨区域出版新平台，打通线上线下市场关节，积极扩大文轩网和出版物供应链协同交易平台覆盖面，有计划有步骤地不断接入国内外优质出版发行单位。2017 年新接入 8 家出版社，切实加大了网络平台与线下出版、生产、销售互补力度，提升了供应链运行效率。2017 年，新华文轩三大发行渠道的川版书销售呈现高速增长态势，有力地支撑了出版的发展。销售本版图书码洋达 5.37 亿元，同比增长 67.84%，其中，文轩网销售 1.02 亿元，同比增长 181.17%；中盘渠道销售 3.54 亿元，同比增长 48.17%；零售渠道销售 8067 万元，同比增长 184.06%。

（二）拓展优质出版资源，四川出版品牌影响力大幅提升

四川出版单位以内容建设为根本，立足主题出版和文学、少儿、教育、科幻、古籍、科技、辞书、艺术、民族语文等板块的良好基础和独特优势，统筹推动选题，努力集聚了一批名作家、名作品、名编辑，推出了一批精品力作，逐渐树立“四川出版，品质至上”的良好整体品牌形象。

1. 重大项目强势推进。依托四川厚重、丰富的历史文化，深入挖掘出版资源，组织实施“四川历史名人丛书”“刘诗白全集”等重大出版工程。其中，四川历史名人文献、研究、传记、历史小说、普及读物等 5 个系列 77 种图书已按照“新创精品、传世力作”的要求全面启动；《“江口沉银”历史文献汇编》（6 卷）初稿完成；国家古籍项目《大明一统志》（8 卷 420 万字）、《羌族石刻文献集成》（4 卷 280 万字）等顺利出版；《王火文集》（10 卷）已于 2017 年 8 月出版问世。

2. 持续推出各类“双效”精品图书。高扬时代主旋律，推出主题出版优秀图书《红船》《我的 1997》《社会主义核心价值观与当代中国发展》《太空日记》《蛟龙逐梦》等。其中，《红船》连续加印 16 次，总销量逾 10 万册，英文、阿拉伯文等版本即将在国外出版，成为主题出版的“现象级”产品；《太空日记》荣获“中国好书”奖。2017 年度销售 10 万册以上的川版大众图书达 52 种，诞生了“米小圈”“汪汪队”两条亿元图书产品线。据北京开卷权威发布，2017 年 1 月至今，四川少年儿童出版社的《米小圈上学记》系列图书累计发行 712 万册，总发货码洋达 1.17 亿元，成为四川迄今为止销量最大的原创大众图书，该书讲述了米小圈这个可爱机灵的小学

生既快乐又烦恼的故事。目前，四川少年儿童出版社通过开展“北猫哥哥的作文魔法”、校园讲座等活动和研发“米小圈”广播剧、书包等衍生品继续深耕“米小圈”产品线。四川天地出版社的“汪汪队”系列图书成为四川继“米小圈上学记”之后又一条亿元图书产品线。该系列图书填补了“儿童安全救援”的市场空白，通过立体营销进入儿童畅销书行列，荣获京东图书2017年度十大畅销新书奖。

3. 国家级项目和国家级大奖数量创历史新高。2017年，四川15个作品获得第四届中国出版政府奖，入选总数比第三届增加60%。20个项目获得国家出版基金，作品版权登记量突破14万件，创造了历史新纪录。其中，新华文轩捷报频传，3种图书获第五届中国优秀出版物奖，3个项目入选年度国家古籍整理出版专项经费资助项目，12个项目入选年度国家出版基金资助项目。四川人民出版社“社会主义核心价值观与当代中国发展”丛书、天地出版社《我的1997》入选中宣部、国家新闻出版广电总局2017年主题出版重点出版物选题。四川科技出版社《天父地母》荣获“京东文学奖”、第28届中国科幻“银河奖”“最佳原创图书奖”。另外，四川民族出版社16个出版项目入选国家“十三五”重点图书出版规划项目，在全国580多家出版机构中排第10位。

4. 出版“走出去”成果丰硕。四川出版紧紧围绕“一带一路”建设和国家向西开放战略，积极“走出去”，争当行业开放主力军，成功举办了香港书展四川主题活动，展示了美丽繁荣和谐四川的良好形象；“澳洲文轩网”等海外文化平台项目建设大力推进，切实推动了四川出版“走出去”，积极提升了四川出版的整体影响力。2017年，全省输出版权180余项，较2016年增长28.7%。

（三）持续深化改革创新，推动数字出版产业升级发展

充分认识信息网络技术对出版产业产生的革命性影响，把握全新出版发展格局；抢抓信息网络技术发展的机遇，大力推动传统出版与新兴出版融合发展；主动占领出版发展的制高点；注重数字化呈现，整合内容资源、作者

资源、品牌资源，利用阅读终端设备、手机 APP 等，做到同一内容、多元呈现、多端传播，走出一条融合出版发展之路。

1. 数字出版产业继续保持高速发展。2017 年，全省数字出版物、网络游戏作品数量大幅增长。出版生产流程数字化率显著提升，图书出版生产流程数字化率从 50% 提升到 100%，报纸、期刊从 26% 分别提升到 100%、90.39%。出版内容的数字化比重大幅增大，图书出版单位新增内容数字化率平均达到 98.75%，存量出版内容达到 64.44%。

全省现有网络出版单位 43 家，2017 年资产总额突破 100 亿元。全省数字出版实现销售收入约 160.5 亿元，总体保持平稳：游戏企业营业收入超 120 亿元，出版物电子商务销售收入 15 亿元，网络音乐销售收入 16.2 亿元，网络音像出版销售收入 0.55 亿元，网络文学和数字图书销售收入 6000 万元，数字教育收入 6 亿元，网络报刊收入突破 1 亿元。

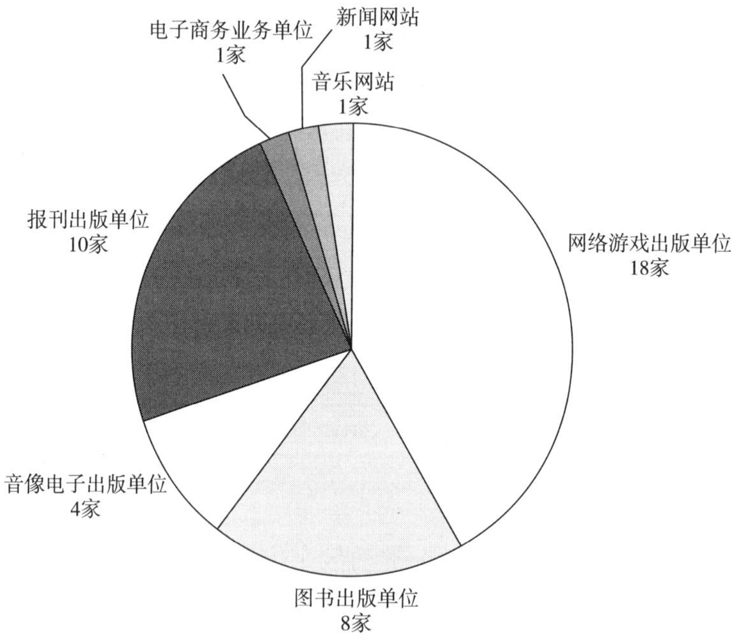

图 2　四川省网络出版单位

2. 数字出版产品数量和质量显著提升。2017 年四川省共出版电子书约 3000 种，其中四川文艺出版社、四川大学出版社出版品种突破 1000 种，位居前列。积极打造网络文学出版大省，全面启动省重点网络出版项目，2017 年推出网络文学作品 5500 余部，出版网络文学作品 2700 余部，同比增长 10%。四川省报刊出版单位以“中央厨房”建设为龙头，加快推进采编流程数字化、集约化再造，全省主要的新闻性报刊单位均已完成“中央厨房”建设。网站、微博、微信、客户端、手机报、手机网、电子阅报栏等多形态多终端的现代立体传播体系已具雏形。2017 年获得总局批复出版运营的网络游戏有 192 款，同比增长 436%，《剑侠世界》《花千骨》于 2017 年 5 月入选 2016 年度“中国原创游戏精品出版工程”，入选数排名全国第五。《唐诗宋词名人漫画传记——漫画杜甫》入选 2017 年“原动力”中国原创动漫出版扶持计划。

3. 探索融合出版，拓展“数字 +”出版业务。积极开展“数字 + 音乐”出版，咪咕公司凭借中国移动客户规模优势和咪咕系全媒体资源优势，通过丰富的场景入口、海量的用户数据和多元化的媒介资源，融合人工智能，开启全场景品牌沉浸全新时代。目前已汇聚超过 1700 万首歌曲，拥有彩铃、付费会员、数字专辑、衍生品、新型演艺等多种音乐业务，累计销售收入超过 50 亿。新华文轩旗下“中国西部音乐基地”搭建音乐从创作到出版推广的全流程平台，开发独具特色的熊猫、巴蜀人文、藏羌彝、蜀乐等音乐及周边相关产业，平台现有原创音乐 2500 首，歌手 800 余人。积极拓展“数字 + 游戏”出版业务。2017 年全省游戏出版业爆发强劲增长势头，按程序报送国家新闻出版广电总局的网络游戏共计 311 款，其中移动游戏 293 款，占 94.2%；网页游戏 5 款，占 1.6%；APP 游戏 13 款，占 4.2%，反映出移动网络游戏市场是最具市场活力的领域。

二　新形势下四川出版面临的挑战和机遇

四川出版最近两年虽然已经走出低谷，但还存在很多薄弱环节和深层次问题，必须深刻认识其在新形势下面临的挑战与机遇，进一步找准原因，明确发展方向。四川出版面临的挑战和短板主要有以下五点。

（一）产业竞争力亟待提升

“小而散”是四川出版社、期刊社、发行企业、印刷企业一个重要的特征，资源、投入比较分散，缺乏具有强大竞争力的龙头企业，导致一些出版社选题策划落后、内容建设滞后、运行效率低下，市场竞争力严重不足，没有突出的“看家本领”。特别是随着全国出版集团回归主业、聚焦主业、挺拔主业、纷纷上市，集约化、规模化、同质化竞争带来的风险日益增大。各地出版企业集团化发展战略趋势明显，均瞄准A股上市、资本运作、体制改革、数字化、国外布局等主体战略，呈现“大同小异”又“各有千秋”的局面。

（二）创新能力有待进一步激活

创新是引领发展的第一动力，出版作为典型的文化创意产业，在激烈的竞争中，唯创新者进，唯创新者强，唯创新者胜。目前，四川出版战线也都在求新求变，但是由于对当前现代传播格局的深刻变革、技术创新发展的认识不充分，很多出版单位对自身和市场的精准定位不足，在内容建设方面缺乏中长期规划，在产品宣传推广方面方式较为传统和单一，原创产品、支柱产品较为缺乏。

（三）品牌建设能力普遍不足

树立出版品牌不仅是出版产业发展的要求，也是社会文化进步的一种表现。随着出版业竞争日趋激烈，出版品牌的打造逐渐成为出版人在各项竞争中宣传企业形象、发挥特色优势甚至走向国际舞台的必由之路。四川出版战线在深化改革、加快发展的进程中积极探索，也涌现了一系列品牌打造、品牌营销、品牌传播的经典案例。但是大部分出版单位品牌建设的意识和能力还不强，缺乏对出版资源的集聚和整合，市场定位不准，没有发挥自己的优势和特色，没有形成营销动力强的系列产品集群，缺乏规模效应和品牌效应。

（四）图书衍生产业链开发不完善

互联网多媒体时代，IP 数量呈井喷式增长。打破单一纸介质出版形态，围绕图书 IP 做深度开发，按照阅读需求多介质呈现，多渠道传播内容资源，提升内容资源的多方式变现能力是图书出版业持续发展的大势所趋。具体来讲，就是以图书 IP 为中心，打造影视、网游、动漫、音乐、玩具、有声读物、主题公园等泛娱乐衍生产品的全运营模式，借助互联网平台打响知名度，利用社交化的阅读分享模式，提升内容增值能力，最终推动纸质图书的阅读与销售，将图书产品的“剩余价值”发挥到极致。四川很多出版社对图书 IP 的深度挖掘和开发远远不够，致使出版资源整合不够深入，选题的变现能力不强，已经落后于这一轮图书 IP 开发大潮。

（五）出版人才队伍缺乏

人才是第一资源，是支撑产业持续发展的第一要素。振兴四川出版，实现出版转型升级，专业化队伍建设是关键。目前，四川出版人才队伍的总体质量与全国先进水平存在一定差距，人才结构和布局不尽合理，高层次人才数量不足，水平亟待提高，特别是新媒体人才、复合型人才和创新型人才等高端人才缺乏。出版业高端人才培养机制尚未形成，人才激励制度建设起步晚，人才激励、人才资源开发投入不足，人才流失问题突出。出版单位普遍存在人才不足，人才流失严重、新老骨干人才难以接续等问题，亟须在“用好现有人才、稳定关键人才、引进高端人才、培养未来人才”方面同步发力，全面提升四川出版战线产业人员的业务专业化水平。

三　振兴四川出版面临的机遇和优势

（一）政策拉动，振兴四川出版形成共识

党中央高度重视文化建设，出台了一系列支持文化事业产业繁荣发展的

优惠政策，为出版业发展带来了前所未有的大好机遇。中央和四川省高度重视文化事业和文化产业的发展，出台了一系列的支持政策，政策环境空前改善，财政在文化领域的投入大大加强，各种政策支持力度空前加大。在振兴四川出版战略指引下，出版业士气大振、面貌一新，已经走出低谷，呈现积极向上的发展势头。

（二）市场拉动，文化消费成为新的亮点

随着新常态下经济结构的调整、发展方式的转变，消费市场发生了结构性的变化，出版市场空前繁荣，大众化的个人文化消费需求将随着经济的发展和经济发展方式的转变呈现出蓬勃增长之势。公共文化服务投入持续增长，将拉动出版产品的公益性消费。据国家统计局统计，2017 年上半年，全国居民人均教育文化娱乐消费支出 869 元，增长 10.0%，占人均消费支出的比重为 9.8%，超过了衣着消费、生活用品及服务消费和医疗保健消费所占比重，文化消费快速增长。四川有 9000 多万人口，是全国第四人口大省，文化消费市场巨大，2016 年文化消费指数已进入全国前 10。成都以外的省内二线城市潜在的消费市场还未被完全发掘，与省外文化企业竞争压力较小，发展前景广阔。

（三）技术拉动，新型出版业态蓬勃发展

数字出版技术的新发展必定带来新业态、新产品、新服务层出不穷，催生出多种新的出版产品形态，电子书、有声书、AR 书、VR 书、玩具书、立体书等将成为市场新宠；新媒体、新技术、新业态与新营销同步拓展，内容创新与营销创新同体共生趋势明显，线上线下共存共荣。以内容为王、版权为重，以智能化、移动化丰富传播渠道和出版内容，以大数据提升管理效能越来越成为出版业发展的必然趋势。如新华文轩开发的“新华云图智能书店”作为中国图书出版发行行业和四川文化产业领域唯一入选项目，参加“砥砺奋进的五年大型成就展”，得到了一致肯定与好评，已经在北京、四川等地得到推广。四川教育出版社开发的“基于 AR 技术的学

科教材教辅解决方案”亮相2018北京图书展，在全国首创将AR、3D视频技术运用于教辅图书出版，以“文轩地理AR教育探究解决方案”开发集硬件、软件、服务平台于一体的整体解决方案产品，取得了良好的市场效益。

（四）基础良好，拥有丰厚的出版资源和独特优势

四川拥有厚重丰富的出版资源，如以中小学课程教育、辅导读物为重点的教材系列，以古蜀文明、巴蜀文化为标志的传统文化系列，以红军长征、川军抗战为代表的革命文化系列，以藏羌彝为主的民族文化系列，以餐饮旅游、医药康养为特色的休闲养生系列等。近年来四川在全面创新改革、精准扶贫精准脱贫、抗震救灾和恢复重建、绿色发展等各个方面都创造了好经验好做法，这些都是很好的出版选题资源。全省有16家图书出版社，种类齐全、专业齐备，涵盖大众出版、教育出版、专业出版三大领域，经过60年发展形成了一支水平较高的编辑队伍。全省有109所高校和众多科研院所，科研实力雄厚，很多学科在全国处于领先地位，为出版业发展提供了智力支持和高层次的作者、读者资源。“十二五”时期，四川出版体制完成了集团化改革的阶段性任务，出版在文化领域率先推进政企、政事、政资、管办“四分开”，实现印刷复刻单位、发行单位、经营性图书音像电子出版社、非时政类报刊出版单位转企改制“四到位”，推动公益性出版单位编辑宣传和生产经营“两分离”。新华文轩是国内出版传媒业唯一的“A＋H”双上市公司，横跨双资本市场，这有助于新华文轩积极巩固发展出版传媒主营业务，稳妥拓展其他文化产业和资本经营业务，实现实业经营和资本经营进一步振兴发展。

四　振兴四川出版的举措和对策建议

深入学习贯彻党的十九大精神，严格落实全省出版工作会议要求，把握正确政治方向、出版导向和价值取向，以改革创新为动力，以转型升级为路

径，以人才兴盛为基础，以振兴四川出版为目标，努力建成与全省经济社会发展总体水平和人民群众精神文化需求相适应的出版行业生态，全面提升四川出版在全国的影响力、传播力、竞争力。

（一）加强顶层设计，推进跨越式发展

牢牢把握新的历史方位和坐标，深入实施振兴四川出版战略，加快构建四川出版现代产业体系和市场体系，大力提升出版产业竞争力，培育新型出版业态。

一是积极搭建制度体系框架。围绕出版行业特点和工作重点，制定出台四川出版中长期发展规划、期刊质量提升工程行动计划、重点出版项目管理办法、四川出版人才队伍建设意见等一系列配套政策文件，建立健全振兴四川出版的政策支持体系。

二是构建大出版工作新格局。筹备成立振兴四川出版工作领导小组，加强总体谋划和统筹协调，充分发挥把方向、编规划、定思路、出政策、抓落实的作用。组建四川出版内容建设委员会，全面启动全省出版内容建设中长期规划编制工作，对四川未来 5 年重大出版项目进行系统规划。筹建全民阅读研究中心，成立全民阅读联合会，切实加强对全民阅读工作的指导。进一步建立完善出版物、期刊、印刷、发行、图书评论等行业协会组织，充分发挥社会组织作用，拓宽社会资源，促进四川出版健康有序发展。

三是建立健全管理机制。研发四川出版信息管理平台，全面覆盖出版各领域各行业，及时掌握四川出版重大项目推进等最新情况。建立完善导向管理问责机制，层层传导压力，进一步加强出版导向管理，努力实现社会效益与经济效益相统一。完善出版审读机制，对出版物全方位严格把关。建立图书评论机制，搭建起作者、读者和出版社之间的信息交流渠道。建立完善奖励机制和考核评价机制，明确考核指标，严格规范管理。

（二）以创新发展为动力，推进体制机制改革

改革创新是实现出版产业发展的强大动力。积极稳妥推进出版资源战略

优化布局，持之以恒推动体制机制改革，进一步完善出版单位法人治理结构，建立极具文化亮点的现代出版企业制度。

一是推进出版业战略布局调整。统筹省内出版力量，充分挖掘地方出版资源，支持出版单位优先出版四川各地作品，形成以成都为核心、以市州为支撑的多点多极出版发展格局。凝聚省外出版力量，深入挖掘外地出版资源，支持出版单位在文化资源富集地设立分支机构，形成以四川为根基、以全国为延伸的全域全时出版发展格局。推动新华文轩出版传媒股份有限公司成立出版子集团，建设主业突出、多元发展、全国一流的出版传媒集团。推动四川出版集团有限责任公司改组为国有资本投资运营公司，成为振兴四川出版的重要战略投资者。推动省内几个大的出版发行单位的并购重组，引导几大集团将更多资源用于反哺出版，促进出版的持续健康发展。

二是推动出版业供给侧结构性改革。坚持以推进供给侧结构性改革为主线，紧紧围绕不同群体多样化精神文化需求，找准市场契合点，把握受众阅读习惯的变化趋势，不断优化供给结构，提高优质出版物供给能力，减少低端供给和无效供给，做好图书“去库存”工作，增加图书出版有效供给。

三是推动出版企业内部改革，做优做强主业。支持出版单位做强，通过划拨、返还、注资、划转股权等方式，做实出版单位固定资产和流动资产，打造具有品牌优势和市场竞争力的综合性、专业性出版企业（集团）。实施出版单位分类改革，推动出版单位建立健全内部管理运营机制，充分赋予实体独立运营的业务部门和分支机构权力，激发其主动创新能力。推动出版单位加强对内容资源的质量管理、品牌管理、版权管理，鼓励智力、版权、技术等生产要素参与收益分配。健全绩效考核办法，对出版单位创作生产部门和经营管理部门实行差异化考核，推动资源资金和收入分配向内容创作生产部门和岗位倾斜，形成有效的激励和制约机制。出版单位、上市出版公司应设置总编辑，统筹重大选题策划，组织重点产品生产，履行内容把关终审职责。

（三）整合资源、实施重点项目，系统推进重大出版工程

深入研究地方出版资源开发、出版人才队伍建设、出版融合创新、重大出版工程推进、期刊结构调整、电子音像出版转型、数字出版产业园区建设、实体书店建设、民营书业发展等重大工程，创新思维，细化分工，落实责任，明确人员、时间、进度，实行项目化推进，力求有针对性地解决制约四川出版发展的难点、瓶颈问题。

一是推出系列重大出版精品工程。深耕巴蜀沃土，依托四川独特、厚重、丰富的历史文化，深入挖掘优秀传统文化、红色革命文化、多样民族文化、悠久农耕文化、丰富民俗文化、休闲养生文化等出版资源，着力打造“四川历史名人丛书”、“‘江口沉银’文献丛书”、古蜀文明、“巴蜀全书”、脱贫攻坚、抗战后方、长征精神、高铁技术、口腔医学等重大出版工程。认真执行“一社一工程”的要求，指导出版社紧紧结合专业优势，研究制定重大出版规划，推出各具特色的系列精品，积极探索四川出版特色化、差异化、个性化发展道路，不断激发创新创造活力。

二是推进期刊质量提升工程。推行期刊供给侧结构性改革，改造存量“去产能”，压缩或者调整同质化低端化的杂志；“调结构”，推进期刊走内涵式发展道路，调整办刊定位、优化产品结构、深化内容建设，在细分市场和垂直领域拓展新的发展空间；以传统期刊资源优势打磨细节，以新媒体融合思维拓展品牌构建视野，以新媒体信息技术提升内容质量，创造审美价值，丰富阅读体验，延伸品牌效应，开拓多元化期刊市场，以品牌实现社会效益和经济效益的双赢。

三是实施数字化出版工程。鼓励传统出版单位开展网络出版业务，推动出版单位采用新技术和现代出版方式改造传统出版流程，加快存量出版资源数字化转换，提升新增出版内容资源同步数字化率。加快国家数字复合出版工程应用，以 ISLI、DCI、MPR、CNONIX 等重点标准为基础进行内容生产、内容交易、版权保护。加快四川国家“出版融合发展重点实验室”“新闻出版科技与标准跨领域综合重点实验室”建设，推动建立多层

次多维度省级数字出版实验室，完善四川新闻出版业科技创新体系。重点建设完善出版资源数据库、电子商务发行平台、版权交易平台，推动引导出版单位对接新闻出版广播影视传播服务平台，实现全省出版资源全网络多终端覆盖。推动数字出版园区（基地）建设，依托相关文化创意产业园区推动“智慧出版”，打造数字出版龙头企业，创建国家级数字出版产业基地。

（四）构建优质公共服务体系，打造“书香天府·全民阅读”品牌

坚持以人民为中心，科学构建优质阅读服务体系，持续推进重大出版惠民工程，认真抓好农家书屋、社区书屋、寺庙书屋的提档升级，切实保障各族群众的文化权益。

一是构建全民阅读体系。加强公共阅读服务体系建设，构建全域覆盖、全民参与和全时推进的体制机制；扎实推进全民阅读“七进”活动，开展中华优秀传统文化经典诵读、四川历史名人主题阅读等活动；结合乡村振兴战略，开展“耕读传家”乡村阅读创新行动；抓住重点人群，扎实推进全民阅读“七进”活动，营造爱读书、读好书、善读书的社会风气。

二是加强“书香天府·全民阅读”品牌建设。精心谋划首届四川阅读大会，鼓励和推动各市州、各县（市、区）开展各具特色的全民阅读活动，形成良性互动和学习借鉴氛围，培育和巩固“书香天府·全民阅读”活动品牌。

三是提升社会参与度。充分发挥热心阅读推广的社会名人、文化名家的作用，鼓励广大志愿者加入阅读推广人队伍，支持文化团体、教育机构和其他社会组织提供公益阅读服务，提升全民阅读社会参与度。

（五）加强人才队伍建设，锻造优秀出版“川军”

培养造就一支政治坚定、业务精湛、作风优良的出版工作队伍，形成出版人才队伍建设与出版产业相互促进、协调发展的良性格局，保障四川省出版业的人才培养有序发展。

一是健全人才发展体制机制。完善人才政策体系，健全投入保障、教育培训、考核评价、选拔任用、流动配置和准入退出机制，推动优秀出版资源向四川聚集。实施“人才兴社”战略，建立以能力和贡献为导向的人才激励机制，鼓励面向全国公开招聘社长。分类实施领军人才、编辑业务、项目运作、市场营销、经营管理培训。建立川籍作家资源库，搭建交流合作平台。

二是优化出版单位人才结构。着重完善人才遴选制度，优化出版人才的学历结构、年龄结构、职称结构，重点培养扶持一批青年拔尖人才，提升四川省出版业未来人才竞争力。同时制定新闻出版名家、学科带头人、领军人才、高级经营管理人才评价指标体系，加大以高层次人才为重点的人才选拔力度。

三是培养造就高层次领军人才。实施领军人才培养计划，培养造就一批成就突出、影响广泛的高层次领军人才。鼓励高端人才猎头等专业化服务机构参与人才引进，建立有利于高层次领军人才参与创新决策、凝聚创新人才、整合创新资源的新机制。探索高层次人才、急需紧缺人才职称直聘办法。依法保护领军人才创新收益，进一步营造尊重、关怀、宽容、支持领军人才干事创业的社会文化环境。

B.3

四川媒体融合发展报告

石本秀　秦　天*

摘　要： 2016年以来，媒体融合发展已经成为四川传媒业的共识，媒体融合进程已经从简单相加走向相融。四川媒体纷纷制订符合自身发展的媒体融合战略，以提升四川媒体融合程度：政策与市场“两只手”共同促进融合提速；新闻入口与平台成为媒体抢占的高地；主流媒体借助技术变革发出时代最强音；新技术催生媒体进化；直播带来新闻传播新视觉；媒体多元经营实现突破；互联网公司渗透传统媒体。但与此同时，传统媒体惯性思维不可低估，其带来的新媒体产品思维不足，运营中投入与产出不相匹配，融资渠道不畅，技术手段缺乏竞争力，媒体融合“贫富不均”现象突出等问题，对四川媒体融合发展造成了一定阻碍。四川媒体要以开放共享、跨界协作思路创新媒体机制，构建媒体价值认同，树立新一代媒体人行业准则。政府应加强对媒体的扶持资金投入，协调各方建立健全媒体融合评估和新媒体监管制度。

关键词： 媒体融合　“互联网+”　产品思维　四川

* 石本秀，四川大学锦城学院教授，新媒体研究所所长，研究方向为新媒体传播及运营；秦天，四川大学文学与新闻学院研究生，研究方向为传播学。

一　媒体融合现状扫描

2017年10月18日至24日，举世瞩目的中国共产党第十九次全国代表大会在北京胜利召开。十九大会议期间，川报集团新媒体集中力量，通过整合《四川日报》、川报观察APP、四川在线、华西手机报、四川日报微博微信、四川新闻APP等多个平台资源，强化媒体融合，注重报、端、网联动，搭建专题，共发布文字和图片稿件共计600多篇（幅），视频类产品5个，特邀网评员撰写的原创评论200余篇。通过深化融合的互动、参与，讲好了四川故事，传播了四川强音，赢得了网友的认可和全国媒体的点赞，创下了融合报道新高度。

这一融媒体战役中，以强时效、重参与实现会内、会外“同频共振”的川报观察频频出彩。其精心策划推出的视频类互动游戏H5《总书记说了这一句，大家都在喊安逸》，邀请世界各地的人一起跟着总书记学说四川方言，并用不同语种表达安逸，24小时内全网点击量突破300万，四川文化名人、网络“大V”李伯清、米瑞蓉等争相转发并参与测试，持续掀起转发狂潮，以实际行动为四川“打call”。本次十九大报道中，川报观察累计推出十九大相关大专题3个，大型融媒体策划报道6个，涵盖文字、静图、视频、动图、AR、直播、H5、游戏、富媒体专题等多种形态，不仅通过川报集团旗下新媒体矩阵和21市州政务新媒体发起“大合唱”，还借助腾讯、今日头条、UC、土豆、优酷、秒拍等门户型APP进行海量分发。后台数据显示，十九大报道有效覆盖省内外网友8000万人，并实现了真正的亿级传播。

四川广播电视台也在十九大这个主题报道上重拳出击，充分利用四川观察APP等融媒体的优势，充分体现融合报道移动优先的导向，从当下最流行的媒体手段——直播、短视频、动漫、航拍——入手，分类发布十九大报道千余条，各类报道的传播总量突破亿次大关。四川广播电视台的十九大报道“中央厨房”整合采访、编辑和技术三股力量，运用最新的VR技术

（摄像机拍摄的是实景演播厅画面，经过编辑机的实时处理，呈现在观众眼前的是嵌入了3D 动画效果的画面），为十九大的主题报道增添了一抹技术色彩。

四川观察 APP 在十九大期间打造的《对话党代表》《代表读报告——这些句子很精彩》《主播跑盛会》等专题报道，不仅在本系统内的电视台、广播电台、移动端推送，还在央视新闻、腾讯视频、优酷视频等众多中央媒体和网络平台播发，点击量突破亿次。

总而言之，四川各大媒体在十九大报道中充分利用融合媒体的多种优势，为创新重大主旋律报道提供了新的样本，展现了四川媒体融合发展的新成就。

四川媒体融合如雨后春笋，茁壮成长。各路媒体纷纷在媒体融合的征途上励精图治，成绩骄人。

——《四川日报》官方微博 2015 年荣获全国党报官微十强，2016 年被评为最具传播力微博，是当年全国唯一上榜的省级党媒；

——川报观察 APP 在中央网信办“中国主流媒体 APP 排行榜 2017 年 9 月榜”中排第 17 名；

——川报全媒体集群和华西都市报“封面传媒”双双入围 2016 年“全国报刊媒体融合创新案例 30 佳”；

——四川观察 APP 入选“2017 四川广电媒体融合创新十佳案例”榜首；

——成都商报旗下微信公众号“成都商报房产发布”入围“年度房产企鹅号”，并一举拿下“年度最佳表现奖”，成为唯一有新媒体品牌获此项殊荣的全国都市报；

——“微成都”微信公众号荣获“2016 年全国最具潜力政务头条号”。

四川省媒体纷纷制订出符合自身发展的媒体融合战略，从平台、技术、入口、采编流程、主流强音等各方面加速媒体融合进程，抢占融合媒体高地。总之，2017 年四川媒体融合已经迈向平台结构重组、产品要素重构、传播形态重塑的深度融合的新阶段。

（一）政策与市场“两只手”，共促媒体融合提速

1. 政策利好助推媒体融合

推动传统媒体和新兴媒体融合发展是中央着眼于巩固宣传思想文化阵地、壮大主流思想舆论做出的重大战略部署。2014 年媒体融合发展上升到国家战略的高度。政策上的利好强力推动着四川的媒体融合进程。

党的十八届三中全会提出，要整合新闻媒体资源，推动传统媒体和新兴媒体融合发展。2014 年 8 月，习近平同志主持召开中央全面深化改革领导小组第四次会议，审议通过《关于推动传统媒体和新兴媒体融合发展的指导意见》（以下简称《意见》）。《意见》指出，推动传统媒体和新兴媒体融合发展，要遵循新闻传播规律，强化互联网思维，坚持传统媒体与新兴媒体优势互补、一体发展。推动传统媒体和新兴媒体在内容、渠道、平台、经营、管理等方面的深度融合，合力打造一批形态多样、手段先进、具有竞争力的新型主流媒体，确保融合发展沿着正确方向推进。①

四川在省级层面相继出台政策文件，推动媒体融合进程。2014 年 10 月出台的《四川省深化文化体制改革实施方案》，为四川从 2014 年到 2020 年的文化体制改革指明了前进方向，对其中的 19 个方面、88 项具体工作做出了战略安排，其中重点强调了媒体融合发展的重要性，要求以新技术驱动各媒体转型升级，使传统媒体和新兴媒体在内容、渠道、平台、经营、管理等方面深度融合，建立健全正确的舆论导向机制，构建强大的舆情媒体网络。② 2016 年四川多次召开报纸、期刊、广播电视台、出版社媒体融合发展推进会，形成了《推进新闻出版广电传统媒体和新兴媒体融合发展实施方

① 《习近平主持召开中央全面深化改革领导小组第四次会议强调，共同为改革想招，一起为改革发力，群策群力把各项改革工作抓到位，李克强刘云山张高丽出席》，《人民日报》2014 年 8 月 19 日，第 1 版。

② 《四川省出台深化文化体制改革实施方案》，http：//www. sc. gov. cn/10462/10464/10797/2014/10/18/10315904. shtml，2014 年 10 月 18 日。

案》，构建起的融合项目跟踪服务机制初见成效。2017 年 2 月四川省人民政府办公厅印发《四川省“十三五”文化发展规划》（以下简称《规划》）。《规划》提出四川省将加快媒体融合发展，“十三五”期间实现媒体数字化率、融合率达到 100%；推出 2 ~ 3 个在全国有较强影响力的融合发展新媒体产品，建成 3 ~ 5 个有强大实力、传播力、影响力和公信力的新型媒体集团，形成 5 ~ 8 个全国知名新型媒体。①

成都市作为四川省省会，2016 年 7 月发布了《成都市媒体融合发展实施方案》（以下简称《方案》）。《方案》提出，将全力打造以成都传媒集团和成都广播电视台为龙头的“纸、网、移、微、博、视”六位一体综合性新媒体平台。

从中央到地方，四川省各级政府已经将媒体融合发展作为各自媒体宣传工作的优先级事项。各级政策相继出台，必将推动四川媒体融合再上新台阶，在媒体融合发展大潮中不断探索出适合四川发展的媒体融合路径。

2. 传媒产业化促进媒体融合发展进程

传媒集团化标志着四川传媒产业化进程进入一个新阶段。其中一个重要的观念转变便是新闻产品不仅仅被看成意识形态的宣传品，而且在很大程度上被视为信息产品的新认知。信息产品与宣传产品的最大不同，是围绕受众开展互动交流，这与过去主观、单向、被动的媒体产品大相径庭。特别是随着网络技术和互联网的兴起，传播、互动、交流、参与已经成为媒体数字化时代的必然法则，传统媒体要迈入产业化的快车道，传统媒体的数字化转型是必由之路。

四川媒体走过了数字化转型、全媒体、媒体融合三个阶段。传统媒体在数字化转型阶段以产品功能为转型核心，实现了内容为王与形式网络化相加的“物理反应”；之后进入了以产品渠道终端与互联网平台对接

① 《四川省“十三五”文化发展规划》，http://www.sc.gov.cn/10462/10778/10876/2017/6/2/10424302.shtml，2017 年 6 月 2 日。

为核心的全媒体阶段，实现了媒体内容与传播形式相融的“化学反应”；目前正进行以平台结构重组、产品要素重构、传播形态重塑为核心的媒体融合阶段。

得益于第一个阶段四川第一新闻门户网站——四川在线的转型实践，四川日报报业集团将旗下的12个子媒体的全部内容搬上了网页，走入了数字化天地。四川广电与四川电信“三网融合”战略的启动，带来数字电视与IPTV的全新视域。《成都商报》将报纸新闻数字化创建了成都全搜索网站，如今该网站已经发展成为成都地区著名的社区生活门户网站。四川新闻网作为新闻网站践行者，是四川第一个从网络平台发轫的新闻网站。

得益于第二阶段的全媒体推进，四川各大传统媒体纷纷依托自身媒体资源，构建起全媒体的格局。通过数年的媒体转型和新媒体传播模式创建，以四川日报报业集团、成都日报报业集团为代表的四川省报业和以四川广播电视台、成都广播电视台为代表的四川省广播电视等传媒，纷纷构建全媒体集群矩阵，新闻产品创新、生产流程再造、采编人员转型、体制机制创新等各方面都迈上了新台阶。

以乐山新闻网为龙头的四川各市州党媒纷纷开通新闻网站，其主流媒体的重大新闻逐渐被搬上互联网。以雅安新闻网、泸州新闻网、宜宾新闻网为代表的新闻门户网站还开通了市长访谈、市民直通车等网络问政渠道，将传统的民声表达同互联网的互动特点相结合，成绩斐然。

得益于第三阶段的媒体全面融合，四川各大媒体逐步实现了网站结构优化和适配移动终端全面升级，并开启了APP3.0版本的迭代升级。四川省媒体旗下的官方微博、官方微信公众号等媒介形态，也始终坚持深度融合、采编一体化的运作模式。

川报集团旗下媒体纷纷建立起配套的微信、微博、微视频和APP（简称“三微一端”）。四川党端即川报观察初步建成了四川媒体融合“中央厨房”和全媒体平台。川报观察APP已经完成3.0版本的重大迭代升级，推出市州观察系列产品，深入乡镇街道，涵盖各级政府部门、企事业单位和高校，精准抵达核心用户群，探索为全省21市州183县（市、区）建设四川党端分平台。川报观察同时积极探索依托互联网公司、通信运营商、手机生产厂商等开展市场推广渠道建设，2019年力争成为覆盖千万级用户的区域第一新闻APP。

川报集团旗下的封面新闻作为“内容+技术”双轮驱动下的新生代资讯APP，致力于为用户提供优质、精准、深度的报道。其抓取的资讯通过大数据分析挖掘、机器人写作、关键词抓取、兴趣推荐等，能够精准描绘用户画像。此外，封面新闻还推出了主打私人订制、实时刷新功能的“新闻盒子”。

成都传媒集团针对新媒体业务的版图不断扩张，目前已建成拥有6报5刊、14个网站、14个APP、40个微博、60个微信的传播载体。

四川党建期刊集团以“党建视点”“藏地阳光”“看四川”“生活之友”“藏彝羌民文出版”为代表的一批新媒体平台和产品陆续上线，基本形成网站、微信、微博和APP等一系列新媒体产品，实现了纸质书报刊与网络和移动终端的全面互动。

市州媒体融合进程也可圈可点。乐山新闻网加快推动传统媒体和新兴媒体从相“加”迈向相“融”，着力打造以“乐山发布”为龙头的新型主流媒体品牌，实现了“中央厨房”式的采编流程，实现了对信息资源的高度整合和高效利用。乐山新闻网受市级相关部门的委托，在海棠社区发布“征集令”，广泛征求群众意见建议，到活动结束，经梳理归类，共整理出城市、交通、教育等七大类56个问题。乐山市很快组织力量对这些问题逐一进行认真研究，并拿出了具体意见，开创了乐山首创的“网络决策咨询”的网络对话形式。从一份报纸到北纬网的抢滩上线，再到如今“7网1报1台1APP”的网群融合发展，雅安日报传媒集团已经建成了一个全新的媒体网群。2017年7月，遂宁报业集团“融媒小厨”正式“开张”，“策、采、编、发”系统全面上线，融媒体运营模式正式形成。泸州新闻网“有话请您说——泸州市网络问政平台”，邀请泸州市食药监局副局长徐云刚做客“新闻会客厅”，接受在线访谈，就餐饮服务环节、保健食品等问题与广大网友在线交流。基于食品安全问题的广泛关注度，该期访谈节目受到极大关注，随即被人民网、新华网等门户网站转载，各平台累积点击量达27.5万人次。

（二）新闻入口与平台成为媒体抢占的高地

媒体融合的突出表现是传播平台的转移与搭建，从抢占新闻入口发力，从而获得用户流。四川传统媒体从原有传播平台、传播手段更新至新平台、新手段的过程中，呈现两种模式：一是自建媒体平台，二是媒体平台入驻。目前，这两种方式在四川的媒体融合进程中均有出现，并都取得了一定的成效。

1. 自建海量用户平台初现规模

2017年新年伊始刮起旋风的四川区域移动新闻APP四川观察率先抢滩登陆，抓住了2016年以来我国新闻APP纷纷抢占的“直播＋新闻短视频”高地的时机，把“政经第一屏”视为自身特色，充分展现四川本土媒体的独家优势。四川观察手捧国内第一家广电区域政经新闻APP的桂冠，这既是呼应习近平总书记“2·19”重要讲话的举措，也是践行媒体融合发展的鲜明要求。四川观察APP以“把握政经脉动，事事先人一步”为宗旨，突出视频直播、原创短视频，可谓卡位精准、视角独特和颇具创新。以2017年九寨沟地震为例，截至2017年8月15日12点四川观察APP视频在全网流量数据为近4610万次，覆盖平台包含央视网、新华网、人民网、凤凰网等国内所有主流媒体，以及新浪、梨视频等国内一线商业视频网站。可以说，以视频起家的四川观察在“直播＋新闻短视频”的风口上抢占了用户入口。

四川是多民族聚居的省份，四川党建期刊集团打造的“藏地阳光”藏汉双语全媒体集群，为藏族同胞提供了新媒体产品。藏地阳光依托《四川党的建设》藏文版、藏区寺庙刊物《多彩哈达》《宣讲必读》和藏地阳光网的内容优势，整合四川民族出版社藏文出版中心、四川新世纪出版传媒有限公司数字出版资源，建设服务藏区、宣传党的民族宗教政策、普及法律法规知识、传播藏文化的藏地阳光融媒体集群，以提升藏区宣传功能，形成集团藏文主流媒体刊网互动、线上线下连通，实现四川藏区包括全国其他四省（区）藏区在内的藏文宣传全域覆盖、立体传播和多媒体互动。2017 年，藏地阳光藏汉双文网站完成升级改版，藏地阳光双文微信公号、藏地阳光双文 APP、藏地阳光双语微视频等系列新媒体产品得到完善。

除了传统媒体转型建立起的新闻平台，互联网公司的目光也投向了四川，志在整合四川本地媒体，打造现象级的传媒产品。如阿里巴巴公司依托其强大的数据资源和先进的技术手段，整合用户资源，与四川日报报业集团携手打造“封面新闻”。大本营设在成都的“封面传媒”欲携手 BAT 的龙头网络企业打造一个个性化定制的新型主流媒体。作为一个移动媒体平台，“封面传媒”从新闻 APP 起家，以 Thecover. cn 网站为基础，覆盖常规的“三微一端”、论坛、智库等平台，逐步推出多个垂直细分领域的产品矩阵。

2. 平台入驻有声有色

通过平台入驻的方式，四川传统媒体拓展了自身的传播渠道，壮大了自身的传播声音。入驻“三微一端”平台已经成为传统媒体融合发展的标配。依托信息的“病毒式”、裂变式传播，媒体信息在微博、微信上的传播速度快，影响力大。四川省传统媒体通过在各类媒体平台上开通账号，不间断地发布集图片、视频、音频等形式于一体的信息。

截至 2017 年 9 月 15 日，《华西都市报》《成都商报》《四川日报》等传统媒体的新浪官微分别拥有 1222 万、993 万、643 万粉丝。借助高粉丝数与裂变传播，传统媒体在微博领域拥有强大的“传播力”。借助媒体的巨大粉丝数量与“病毒式”传播，传统媒体在“微领域”坐拥巨大的“微传播力”。自 2015 年起，四川省众多微信公众号开通文章评论功能，这为媒体与用户之间的双向沟通与互动搭建了新平台，进一步提高了媒体社交化传播的影响力。

表1　四川主要媒体自建平台对比

APP 名称	所属媒体/集团	创办时间	栏目设置	定位	是否有直播栏目
封面新闻	四川日报报业集团	2016 年 5 月	封面、精选、天下、千面	年轻群体	是
成都商报	成都商报	2014 年 1 月	最成都、爱上钓鱼、成都伙食、成都出发、成都财经等	成都本土人群	是
四川观察	四川广播电视台	2017 年 1 月	洋洋大观、主播读诗、新闻重播	政经人群	是
四川发布	四川新闻网	2015 年 11 月	头条、推荐、VR、政务、常务会、发布会、党建等	政务服务	是
微成都	成都晚报	2014 年 11 月	推荐、本地、社区、活动、专题	生活服务平台	是
锦观	成都日报	2015 年 1 月	闻、观、评、问	创新为主的新闻资讯平台	是
今日党建	四川党建期刊集团	2017 年 8 月	资讯、市州、廉政、学习	提供党建工作动态	否
in 成都	成都全搜索	2011 年	新鲜事、大成都、同城活动等	成都本地化生活服务应用	否
川报观察	四川日报报业集团	2014 年 12 月	今日、时局、财经、舆情	倾力服务于海内外所有关注四川的人们	是

表2　四川主要媒体入驻新浪微博对比

微博名称	认证单位	粉丝数（人）	日均更新数(条)	条均评论数(条)	定位
一点橙子	成都市广播电视台	10.4 万	31	1	成都本土新闻
成都日报锦观	成都日报	408.1 万	12	2	权威、深度、责任
四川日报	四川日报	644.5 万	28	28	解读政经新闻、分享吃耍攻略
封面新闻	封面传媒	252.7 万	25	26	本地民定位、“90后”人群
华西都市报	华西都市报	1224.1 万	38	69	西部第一主流大报
四川观察	四川广播电视台新媒体	4.8 万	11	1	看见四川，独家短视频

续表

微博名称	认证单位	粉丝数（人）	日均更新数(条)	条均评论数(条)	定位
四川新闻网	四川新闻网	80.3 万	28	1	四川权威发布
四川党的建设杂志	四川党的建设杂志	5623	1	0.3	提供党建工作动态
成都全搜索新闻网	成都全搜索新闻网	29 万	37	4	成都人民群众的“全叔”

注：统计截止时间为 2017 年 9 月 22 日。

（三）技术融合重塑传播逻辑，平等视角发出主流媒体时代最强音

1. 党媒借力技术融合，弘扬主旋律、发出最强音

以“川报观察”为代表的四川党媒，依靠技术融合得以重塑传播逻辑，于互动与人格化的平等视角中，始终坚守弘扬主旋律、发出最强音的媒体使命。

川报观察 APP 服务中心大局，创新主题宣传取得新成效，推出了一大批以短、新、快为特征的融媒体“爆款”产品，做到了矩阵化发声、创新性突破、权威性首发。不论是在全国两会、四川省两会、四川省党代会以及其他四川重大会议、重要主题报道中，还是在九寨沟地震、茂县山体坍塌等重大突发事件的报道中，川报观察均做到了原创首发、独家深入，并通过及时辟谣、重磅直播树立了党端的权威性。2017 年全国两会期间，川报观察率先在全球知名社交媒体 Twitter 上开通账号“Love Sichuan”，这是全国首个开通海外社交媒体账号的省级媒体，向世界传递了和谐美丽的四川画卷。川报观察还通过矩阵化方式塑造对外宣传平台。通过推出“市州观察”“厅局观察”“政能量”等一系列产品，塑造四川良好开放的对外宣传平台，党委、政府与百姓良好沟通的有效互动平台，党员干部掌握中心思想的新型学习平台，整合优势资源的政务服务延伸平台。

四川观察 APP 依托于其强大的母体——四川广播电视台，在把握政经脉动方面显示出巨大优势。四川观察 APP 基于传统广电的巨大公信力，以

互联网表达方式呈现内容，成为全国广电系统标杆式的互联网移动端产品。

2017 年 5 月 24 日开幕的四川省第十一次党代会成为四川党媒党端放大招、争相传递好声音的最佳时机。四川观察 APP 利用自身强大的视频优势，专题推送《王东明同志配音，航拍党代会报告》。该视频以四川省第十一次党代会为背景，将王东明同志所作的党代会报告音频与航拍的壮美四川画卷相结合，再加上动画助阵，推出当天即突破十万阅读量，被网友称为最“美”报告解读。加上四川观察 APP 会前推送的时政脱口秀《洋洋大观》暖场，以及多个充满创意的新媒体产品，四川观察 APP 成功地让党代会相关报道刷屏朋友圈，成为彼时四川网友最关注的热点。

2. 新运用、新手段，助推党媒引舆论、聚人心

传媒业的新技术、新应用，通过平等视角的传播提升了新闻报道的感染力；多载体、多渠道扩大报道覆盖面，以互动人格化的平等视角发挥了强有力的舆论引导和凝聚人心的作用。

作为成都地区最大的社区生活门户网站，成都全搜索新闻网运用音频视频、动画游戏、H5 页面等网友喜闻乐见的互联网产品，创新开展以“文明成都‘雷’厉‘锋’行”为主题的网络文明传播活动，开发萌版微信小游戏——“人人体验当雷锋”，邀请萌娃变身 MV 主角——童声唱雷锋，建立网络舆论阵地——发起话题说雷锋，这些产品充分引导网友在体验游戏、观看视频时学习雷锋精神，搭建起良好的网络舆论平台。

在出现负面舆情时，成都全搜索新闻网主动引导。在遇雾霾、高温电荒、成都机场 X 射线安检仪等关系市民生活的重大舆情时，成都全搜索新闻网均主动进行舆论疏导，将其向正面引导。全搜索“传真机”频道，全年发布辟谣文章 500 余条，屏蔽虚假不实言论 6000 余条，有效地阻挡了大批谣言在成都流传，净化了网络环境，将真相还给市民。网站的“全叔读报”“全叔百科”等特色栏目，实现对舆论的正向引导，加强权威声音的传播效果，成为四川和成都的辟谣平台。

主流媒体在纷繁复杂的互联网时代中，起到了传播主流声音、发出时代

最强音的职能。媒体融合的不断推进，为发出时代最强音创造了更多方式与手段。

（四）新技术催生媒体进化，人工智能带来新闻传播新视觉

无人机、AR、VR 等新技术被认为有望重塑当代传媒业。以智能设备为代表的传媒业新技术颠覆了传统的新闻采编全过程，让新闻采编流程搭上了新技术的顺风车。传感器、人工智能软件等一系列新技术在新闻生产中的应用让新闻内容更加可靠，新技术不断助推新闻信息传播的实时性、有效性，让新闻事实能够全方位、立体、快速地传播给受众。新手段、新科技不断推动媒体融合发展的进程，让各种传媒手段、技术手段相互融通。

四川日报报业集团已完成四川党端服务器、H5 应用平台、VR 设备、直播设备、音视频制作等硬件配置，初步建立起媒体融合技术研发基地，加速媒体技术进化能力，增强研发能力。川报观察 APP 已经进行了 3.0 版本升级，把数据抓取、无人机航拍、短视频、移动直播、AR、VR 等最新技术运用到传媒产品的研发、制作过程中，有力提升了四川新闻报道的传播力、影响力、创新性。

四川日报报业集团旗下的封面新闻 APP 是“技术 + 内容”的新生代 APP。封面新闻以技术驱动为先导，实现了内容传播因人而异。封面新闻利用数据挖掘、机器人学习写作、兴趣推荐算法等，颠覆了传统意义的编辑推送，通过用户在使用过程中的自主选择跟踪新闻动态、添加兴趣标签、完成机器识别与持续学习等，最终形成“因人而异、千人千面”的个人专属新闻流。封面新闻 APP 不断推进智能交互，采用机器人聊天增强黏性。面对人工智能浪潮，封面新闻在人工智能上持续发力。2017 年 5 月 4 日，封面新闻 APP 3.0 版本正式上线，新版本算法推荐更加成熟和优化，拥有了机器人写作技术，自主开发的“小封机器人”1.0 版上线，实现了机器人聊天功能。2017 年 7 月 13 日，微软“小冰”机器人正式入驻，“小冰”“小封”相结合，快速提升了机器人聊天功能，充分满足了不同受众的个性化需求。

封面新闻抓住了短视频和直播的风口，封面直播长期居于今日头条视频直播榜前三名，多次位列榜首。以九寨沟地震报道为例，封面直播达到了单场2000万人关注的高位。封面新闻直播视频团队在地震发生后，一共制作了70余个短视频，从救援、灾情进展等多角度报道了灾难，共计获得观看量1.2亿余次。其中，视频报道《四川九寨沟7.0级地震现场直击多方救援》《地震发生时九寨千古情正在表演汶川地震场景结果真的地震了》《四川九寨沟7.0级地震6路记者赶赴震中》《九寨沟景区通报灾情：火花海决口受损严重》等全网阅读数量均超过了100万次，创下了四川省新闻直播的新高度。

成都全搜索网站也致力于打造西部最具影响力的直播平台“直播天府”。成都全搜索正在依托全搜索“爱看”网络电视，整合四川广电网络成都分公司无线数字图像传输系统、光纤网络及发射台站资源，全力打造直播天府数字直播新媒体，建设西南地区最具影响力的直播平台。直播天府将整合全搜索“爱看”网络电视的内容生产能力和成都广电无线数字图像传输系统，在全国范围内率先打造一个集PC端（成都全搜索新闻网）、电视端（成都广电数字电视用户）、手机端（成都全搜索in成都、成都广电手机APP）为一体的三屏合一的大型直播平台，同时联动腾讯、搜狐、爱奇艺等视频平台，面向全球讲出成都故事，传播成都声音，深度发掘地域文化特质，加大天府文化品牌打造和营销力度。

（五）媒体多元经营实现突破，互联网公司渗透传统媒体

互联网公司对于传媒产品的渗透速度可谓惊人，以BAT为代表的互联网公司，以自身强大的技术手段和领先的互联网思维日益改变着传统媒体的格局。四川传统媒体积极对接互联网巨头公司，利用其强大的影响力，充分发挥互联网企业的竞争优势，颠覆了众多传统媒体的做法与手段。阿里巴巴与四川日报报业集团强强联手打造的封面新闻，是二者优势互补的最新传媒产品，是川报集团发展、改革、创新、创业“四位一体”融合发展的新成果，是被誉为“中国第一都市报”——《华西都市报》媒体融合的

最新成果。

封面传媒大大突破了原有营收方式，目前共创新出四种营收模式。一是符合互联网资讯产品的信息流广告，包括开机屏、焦点图、信息流、投放图文广告、H5 等多种形式，这些形式既体现了纸媒时代的“硬广”特征，又充分体现了网络时代的技术特征。二是内容制作类广告，比如封面直播、短视频制作、VR 制作、“有画说”视频等品牌栏目植入，契合当今互联网时代的“全视频”特征，利用最新成像技术为产品做推广服务。三是技术外包服务，通过封面传媒强大的技术团队，实现 iOS、安卓、数据等技术外包，以此营收技术收益。四是通过构建的产品矩阵及泛内容生态平台拓展多元化收入，如利用封面数据、封面号、封面智库、封面舆情、封面云商等产品矩阵拓展收入，充分利用超大的数据流和用户信息，为有需求的客户提供详尽的数据分析和合理化建议。

四川新闻网站 2001 年成立之时被确定为四川省委宣传部下属事业单位。2012 年 5 月 8 日和 2012 年 9 月 30 日四川省文化体制改革和文化产业发展领导小组分别作出《关于同意四川新闻网站转企改制工作方案的批复》（川文改〔2012〕3 号）和《关于同意调整四川新闻网站转企改制工作方案的批复》（川文改〔2012〕5 号）的决定，同意手机报公司承接四川新闻网站全部资产、负债、人员和业务，并更名为四川新闻网有限公司，完成了四川新闻网站的转企改制工作。2015 年 1 月，证监会发布了拟登陆深交所创业板的企业名录，四川新闻网名列预披露招股说明书的企业中。四川新闻网招股说明书显示，四川新闻网成功上市之后，将会把募集到的资金用于新闻移动端综合服务平台搭建、全媒体采编平台改造升级等内容。四川新闻网已经成为四川传媒集团中成功进行资本运作的代表。

成都传媒集团与腾讯签订战略合作协议，双方已经在用户云平台、腾讯云·新媒体创新中心、智能广告营销、智慧会展、智慧社区等多个“互联网+媒体”项目上进行深度合作，成都传媒集团以此与互联网大鳄开展多元经营。成都传媒集团与腾讯合作共建的“用户云平台”，依托腾讯在云计算、网络安全服务、用户分析、数据挖掘等方面多年积累的技术能力，对数据进行深度整合、挖掘和分析展现，最后实现对内进行新媒体精准营销、对外提供舆情和行政服务等“互联网＋媒体”融合发展的新产品和商业模式。双方合作共建的腾讯云·新媒体创新中心围绕培训、沙龙、线上教育等开展运营，实现“双创”收入。

腾讯公司整合产品资源，与成都传媒集团开展了不同形式的多种深度合作。一是成都传媒智能广告平台同腾讯的社交平台（微信、QQ等）实现全方位对接，达到优势互补的目的；二是依托腾讯强大的大数据分析功能，锁定目标人群，依托成都媒体的属地优势，开展培训、沙龙等一系列落地活动，共同开拓市场；三是联动双方优势，共同为彼此发展中遇到的问题出谋划策，进行规模化复制和产出。

二　问题剖析

媒体融合成为中央和地方媒体统一贯彻的发展战略。以中央媒体为代表的“媒体国家队”，依托于政策、媒体地位、媒体品牌等优势，走在了融合发展的前列。四川省的省市级媒体相继推出了融合发展战略，通过统一部署和指导进行集团化转型，取得了一定成效。但四川部分媒体融合发展受资金、理念、技术等各方面短板的限制，呈现不均衡、不充分的特点，仍有较大发展空间。

（一）传统媒体思维成为媒体融合发展桎梏

面对媒体融合的浪潮，四川各大媒体摩拳擦掌，“两微一端”（微信、微博、APP）甚至“三微一端”逐渐成为四川省各大媒体的标配。然而，仅仅借用互联网技术来实现媒体融合的目标是远远不够的，传统媒体中的惯性思维成为目前媒体融合发展最大的限制。传统媒体专注于信息的生产，因其掌握着传播渠道和平台资源，往往以自我为中心，不会过多考虑受众的感受与需求。而新媒体时代传播规则被颠覆，面对以受众为中心的多向传播的新媒体特征，四川省多数媒体的认知需要一个转型的过程。传统媒体惯性思维难以放弃，成为进军融合媒体征途上的“拦路虎”。

正如麦克卢汉所言：“任何媒介（即人的任何延伸）对个人和社会的任何影响都是由于新的尺度产生的；我们的任何一种延伸（或曰任何一种新的新的技术），都要在我们的事务中引进一种新的尺度。”[①] 按照麦克卢汉的观点，互联网作为一种延伸，必然带来了新的尺度，而适应新尺度的方式便是在媒体运营的全过程运用互联网思维。然而目前四川媒体融合现实却令人担忧：虽然报纸、电视、广播纷纷建立起了新媒体平台，但大部分新媒体平台只是将所属“母体”媒体的内容搬上新媒体平台，新媒体平台内容建设参差不齐，同时也面临着资金、技术、人才的困境。这样一来，直接造成内容冗杂等诸多问题。

（二）媒体投入与产出不相匹配

媒体融合过程中，新媒体如何实现盈利，一直是被关注的焦点。目前，四川省的川报集团和成都传媒集团等传媒机构，双双以大手笔推进媒体融合进程，但众多传媒产品处于高投入低产出的模式之中。

一方面，大多数媒体坚持“内容为王”的策略，由此带来了不小的成本压力；另一方面，众多新媒体企图通过高成本的内容生产吸附更多广告，而这一策略在品牌效应尚未显现的时候，并不会带来可期的收入。四川省多家新媒体深陷高投入低产出泥潭。

以四川报业集团封面新闻为例，其目前的成本费用主要集中在人工成本、采编成本和技术开发成本三个方面。封面新闻在人员配备上非常强大，目前的项目团队超过了 200 人，同时封面新闻还在全球范围内招兵买马，大量招募技术人员。这带来的无疑是巨大的经济压力。

然而，传媒产品想要实现盈利，最重要的是用户积累和吸附广告。一方面，迅速扩大用户规模是封面新闻亟须解决的难题。一般来说，活跃用户要

---

① 〔加拿大〕马歇尔·麦克卢汉：《理解媒介——论人的延伸》，何道宽译，译林出版社，2011，第 18 页。

达到百万甚至千万级别，新闻 APP 才有盈利的可能。而处于起步阶段的封面新闻扩大活跃用户规模必定要经历一个长期积累的过程。封面新闻以“网络原住民”为目标用户，主打“80 后”“90 后”年轻群体。这一分众目标的确定，并不能吸引大量的普通人群，这为封面新闻早期集聚用户带来极大的挑战。另一方面，封面新闻设想通过精准投放吸引用户，再由大量用户流量吸引广告商，从而获取收益。封面新闻当前集聚的影响力发生在 APP，在新闻 APP 产生的广告收入属于不稳定收益，广告变动性大、转移性强，这将极大削弱用户体验质量。

尽管封面新闻是由川报集团和阿里巴巴共同打造的新媒体产物，在创办初期的盈利压力不是很大，有着强大的资金和技术支持，但其盈利模式仍然是一道绕不过去的坎。

（三）在资本运营方面，融资渠道不畅限制媒体融合

2017 年 5 月，国家网信办审议通过《互联网新闻信息服务管理规定》（以下简称《规定》）。《规定》要求，任何组织不得设立中外合资经营、中外合作经营和外资经营的互联网新闻信息服务单位。互联网新闻信息服务单位与境内外中外合资经营、中外合作经营和外资经营的企业进行涉及互联网新闻信息服务业务的合作，应当报经国家互联网信息办公室进行安全评估。还强调了非公有资本不得介入互联网新闻信息采编业务。①

艰难行走在媒体融合荆棘道路上的四川媒体，一方面对于媒体融合投入产出不相匹配的“烧钱”模式深感无奈，另一方面又要面对事业体制这一在资本运营方面的最大制约因素。国家对于传媒产业发布的各项指导性文件形成了传媒产业资本运营的政策条件，这导致了传媒集团缺乏对媒体资产灵活的处置权和运营权，这给四川传媒业的资本运作实践，带来许多政策性障碍和体制性难题。

---

① 《国家网信办公布〈互联网新闻信息服务管理规定〉》，http：//news. xinhuanet. com/politics/2017 -05/03/c_ 1120907239. htm，2017 年 5 月 3 日。

（四）在技术方面，技术不足导致市场竞争力缺乏

媒体融合是以传媒科技的发展为基础的，新媒体形态的融合对传媒技术的要求不断增长。传媒技术的不断升级催生了更高级的媒介形态，而传播技术的滞后则会直接影响传媒手段的传播效果，进而限制媒体融合的进程。

四川媒体融合程度较低的现状，很多受制于技术不足带来的市场竞争力缺乏。作为曾经四川省第一家门户网站的成都全搜索，早在2006年就因技术领先开拓了市场领先的格局，一度成为成都地区最大的社区生活门户网站，引领全国生活门户网站的潮头。特别是成都全搜索的优势经营项目市民团购“百团大战”、旅游门票“限时秒杀”和成都观影卡“限时抢票”曾经风靡在线市场，占据着成都1/3的垂直市场份额。但随着民营资本入侵生活门户类网络平台，大型互联网公司在生活服务方面进行大手笔技术开发，成都全搜索曾经忠实的消费者被商业网站更加先进而人性化的技术软件APP抢夺，昔日的优势日渐式微。成都全搜索因为国有控股网站在投融资方面的诸多限制，在同行商业网站资本和技术的较量中不可避免地失利。与此同时，传媒门户网站的传统广告模式被新的技术和市场赶超，经营模式受到巨大挑战，在整个经营转型期间的阵痛凸显无疑。

（五）媒体融合“贫富不均”现象突出

作为中央针对媒体发展的全国性战略，媒体融合成为从中央到地方各级媒体一致响应的国家战略。各级媒体纷纷引入技术和人才，对原有媒体形态、传媒技术、融合手段升级换代。但这一战略并不是在全省“遍地开花”，而是出现“贫富不均”的现象。

以四川日报报业集团、四川广播电视台、四川新闻网、成都传媒集团为代表的四川“媒体先锋队”走在了四川省媒体融合发展的前列。依托政策、媒体地位、媒体品牌等优势，省级媒体和成都媒体纷纷抢占先机，迈出融合发展的步伐，在组织机构、新闻生产流程、媒体经营等各方面进行大刀阔斧

的改革，并取得了不凡的成绩。但省内二级城市媒体融合发展的脚步则显得较为迟缓，媒体融合发展不充分、不均衡的问题较为突出。

省内二级城市主要出现了运行机制体制缺陷、资金缺乏、技术瓶颈带来的人才缺乏，新闻产品弱势等问题。省内大多二级城市均研发上线了“两微一端”平台，但其运行机制与体制都是依照传统媒体而来。在产品形态、生产流程和用户互动、传播技术化等方面的相对滞后，造成地方媒体融合步伐滞后的现状。

三　未来愿景展望

（一）以开放共享、跨界协作思路创新媒体机制

媒体融合的前提是思维的转变。随着新媒体理念的转变，媒体应在内容、渠道、平台、技术、经营、市场等确立共融互通的理念。媒体融合不应是“你死我亡”的战争，而应实现开放共享、跨界协作发展。

2016 年 2 月 19 日，习近平总书记在“党的新闻舆论工作座谈会”上提出了“九个创新”，即党的新闻舆论工作必须创新理念、内容、体裁、形式、方法、手段、业态、体制、机制，增强针对性和实效性。同时，要推动融合发展，主动借助新媒体传播优势，抓住时机、把握节奏、讲究策略，从时度效着力，体现时度效要求。①

2016 年 8 月，国家通讯社——新华社率先创新媒体机制，新华社全媒体平台正式上线发布。该平台协同内容集成、信息发布、版权保护等功能，以崭新的融合媒体助力国家通讯社的媒体融合进程。新华社以全息化、直播态“现场新闻”为标志的新版 APP，构建了集新闻采集与加工、生产与传播、反馈与分析于一体的现代化新媒体运行系统。

---

① 《习近平在党的新闻舆论工作座谈会上强调，坚持正确方向创新方法手段提高新闻舆论传播力引导力，刘云山出席》，《人民日报》2016 年 2 月 19 日，第 1 版。

全国新闻工作者协会副主席、四川广播电视台台长刘成安对此深有感触，他认为，面向未来，广电媒体要充分运用新技术新应用创新媒体传播方式。推进媒体融合，广电媒体具有独特的优势：大小屏互动，一键分发，都能有效拓展影响和实力。广电媒体不搞大而全，只要深耕和凸显视频新闻和直播的广电长项，就能把握住未来。在与各新兴媒体同台竞争时，广电媒体不必惊慌，要看清自身优势，顺势而为，沉着应战，开放共享、跨界协作。以“携手并肩”的姿态，共谋发展新机制。

“以开放共享、跨界协作的思路，创新媒体机制，深化新媒体理念”已经成为从中央到地方的共识，四川省媒体只有实现由传统媒体理念向新媒体理念与思维的转变，不断创新理念，突破桎梏束缚，才能更好地实现媒体融合的愿景。

（二）加强扶持资金投入和多元化资本经营，增强传媒集团整体实力

放眼国家宏观层面，对权威主流媒体开办的新媒体采取扶持政策，集中优势资金扶持优势媒体，使其在互联网阵地的争夺中占据优势地位是当务之急。四川省委、省政府在资金投入方面要加强保障预期。全国不少省市已出台政策给予党端媒体制度性资金安排，对其进行扶持。

在媒体融合发展的进程中，四川省传媒集团应该充分发挥互联网的平台优势，集合广告投放、网上商城、线下服务等多元商业渠道，拓展盈利方式与途径，以实现传媒集团的盈收。通过打造媒体品牌，利用品牌价值延续和重构媒体的公信力和影响力，在品牌价值中获取更大收益。

当今互联网巨头在网络空间的影响力巨大，四川省传媒集团应该加强与以 BAT 为代表的互联网公司的合作，充分利用互联网公司的技术优势，加大对传统媒体业务的改造升级力度，推进新技术融合研发。随着移动宽带的发展和基础网络环境的进一步优化，互联网视频和直播将继续保持强劲的发展势头，移动广告业也将伴生发展，市场前景广阔。四川省媒体要充分利用技术手段进行商业模式探索，发挥传媒集团自身优势与互联网企业的竞争优势。

总之，媒体融合是一项消耗时间、精力、资金的“持久战”，持续的资金投入能为媒体转型与融合提供强有力的保障。从 2015 年起，为了寻求更大的资金支持，众多传统媒体走上了多元资本发展道路，纷纷登陆资本市场。在资本运作上，四川省媒体应该借助媒体资源整合重组的契机，通过资源整合重组、投资收购、融资上市，拓宽募集资本渠道，进一步完善资金链。

（三）以产品思维构建融合媒体价值认同，树立新一代媒体人行业准则

可视化、社交化、数据化、移动化、智能化等新媒体的技术特点，将对未来传媒业的信息传播方式、信息产品生产、信息产品形态产生新的价值认同，这一深刻影响，将成为媒体融合的核心。

在信息传播方式上，手段由单一变为多维、立体、视频、跨屏、移动，全程性传播将成为主流信息传播方式。

在信息产品的生产上，以大数据、人工智能技术为首的技术革新将改变新闻生产流程。以“社交媒体 + 读者互动”为主的用户生产内容在新闻内容中日益重要并更加多样。用户参与将不仅仅体现在用户意见反馈、用户跟帖、评论等新闻生产的末端，而是将贯穿整个新闻生产流程，并影响新闻选题和内容呈现。

在信息产品的形态上，快速更迭的新传播技术将使新闻报道的呈现方式更加多样，用户体验发展方向为真实感和现场感。四川媒体要以技术强力驱动媒体融合，以全媒体丰富信息呈现方式，构建起用户参与有机融合的场景传播，将数据抓取、无人机采集、全景拍摄、移动直播、3D 动画、VR 等技术运用到产品设计制作中，不断提升新闻报道的采编能力、制作能力和传播效果。

媒体融合的产品思维将从理论上颠覆传统新闻业关于传播者、传播模式、传播效果的定式，从而形成一种全新的新闻业态，也将构建新一代媒体人的行业准则。

四　建设与完善媒体融合评估和新媒体监管制度

目前，在四川媒体融合发展工作中，规范化的评估制度有待完善。从管理体制上看，政出多门、条块分割、管理分散；从文件规则上看，规制凌乱、不成体系，甚至还出现了管理的灰色地带。这不利于总结现有媒体融合经验与教训，从而发扬优势，改进工作不足。建立媒体融合效果评价体系迫在眉睫，这一体系能为现有的媒体融合进程提供科学、翔实的理论依据、数据支撑、对比材料。通过媒体融合评估体系，可以更加有效地推进媒体融合工作，提升工作效率；可以帮助制定媒体融合新的行业标准，形成新的行业规范，构建新的行业蓝图。

在制定媒体融合评估体系方面，要充分考量传统媒体与新媒体的差异，针对其传播特征，在传播手段与方式、传播效果、受众反馈等方面制定科学、翔实的评价指标。评估评价体系应充分发挥正面引导作用，更注重社会效益，担负起社会责任，强化社会效益属性。

在监管方面，四川也应该加强完善与媒体融合发展相关的媒体监管制度，不断提升监管水平，引导媒体融合正确发展。

在版权保护上，要落实国家关于版权保护的政策法规，深化知识产权领域的改革创新，为文化产业的创新创业提供良好的社会环境，从而进一步推动传媒产业国际竞争力的形成与发展。

要构建良好的媒体生态，就要明确互联网新闻信息服务的许可、运行、监督检查、法律责任等，并将各类新媒体纳入管理范畴。四川省应该不断落实网络实名认证制度、网络安全审查制度和《网络安全法》《互联网新闻信息服务管理规定》等有关法律法规，为四川省的互联网营造风清气正的环境，从而更好地推动媒体融合发展进程。

B.4
藏羌彝文化产业走廊建设报告

俞运宏*

摘　要： 文化部、财政部共同制定的《藏羌彝文化产业走廊总体规划》为处于藏羌彝文化产业走廊四川区域核心地段的甘孜、阿坝、凉山三州带来重大的发展机遇，这三州都积极与外界展开交流与合作，立足于自身的自然人文资源来建设本区域的文化产业走廊：甘孜州立足于格萨尔文化与丰富的藏传佛教资源开发相关文化产品，同时利用横断山脉特有的高原风光与世界级风景区开发旅游项目；阿坝州立足于特有的藏族、羌族文化资源举办系列节庆活动并逐步形成相关品牌，同时注重在九寨沟等自然风景区内加大特色民族文化演艺项目的分量；凉山州借助一年一度的彝族火把节的影响和西昌市的核心作用来推动当地文化旅游业的升级，而当地的特色民族文化资源也滋养着文艺创作与相关文化企业。

关键词： 文化产业　藏族　羌族　彝族

一　藏羌彝文化产业走廊四川区域概况

文化部、财政部共同制定的《藏羌彝文化产业走廊总体规划》指出，

---

* 俞运宏，博士，西南民族大学副教授，研究方向为新闻传播、文化产业。

2014～2016 年为近期规划而 2017～2020 年为中期规划。藏羌彝文化产业走廊所涉及的省市及辐射区域都面临前所未有的发展机遇，而国家藏羌彝文化产业走廊中同时拥有藏、羌、彝三个民族聚居区的省份就是四川省——具有全国独一无二的羌族聚集区、最大的彝族聚居区以及康藏核心区（全国第二大藏区）。四川区域因为富含各民族文化资源所以在整个藏羌彝文化产业走廊中属于核心区域。

丰富的民族文化资源在今天就是潜在的经济发展优势，为了将其转化为经济发展优势，四川省积极响应全国藏羌彝文化产业走廊规划的号召，逐步形成了本区域近期与中期发展的目标，在《藏羌彝文化产业走廊（四川区域）发展规划》中明确提出四川省将在 2014～2020 年逐步实现以下三个目标①。

首先，实施“1 个主导产业 +5 个优势产业 +5 个相关产业”的发展战略，即将文化旅游业确立为主导产业，将工艺美术、娱乐演艺、服装设计、藏药加工、户外运动业定位为 5 个优势产业，将新闻出版、广告会展、影视制作、文化中介及网络动漫业定位为 5 个相关产业。

其次，在空间布局上进行优化配置，利用甘孜州海螺沟生产性保护基地、阿坝州茂县羌族文化产业体验区、凉山州西昌彝族文化产业体验区这三个非物质文化遗产生产性保护示范基地来辐射带动周边文化产业发展，尤其是推动以藏羌彝文化产业走廊为核心区域的民族文化产业带和以汶川地震恢复重建区为依托的重建文化产业带发展。

最后，藏羌彝文化产业走廊（四川区域）的终极发展目标是成为中国西部文化产业新的增长点、国家级文化与旅游融合发展实验区乃至世界级文化旅游目的地。与此同时，四川省也通过对文化资源优势的转化而实现文化产业产值占全省地区经济生产总值 5% 以上。

四川省为了切实推进《藏羌彝文化产业走廊（四川区域）发展规划》

① 《藏羌彝文化产业走廊之四川篇》，http：//www. ce. cn/culture/zt/zangqiangyi/ditu/201501/05/t20150105_ 4263027. shtml，2018 年 4 月 10 日。

落地，积极利用财政手段扶持文化产业的发展，搭建并利用各种平台招商引资，鼓励境内外的非公有制资本进入藏羌彝文化走廊四川区域内的各类文化产业。

2014 年 3 月，《藏羌彝文化产业走廊总体规划》出台后四川省便采取了一系列举措来推进藏羌彝文化产业走廊四川区域的发展。在 2014 年 5 月召开的第十届深圳文博会上，藏羌彝文化产业走廊四川区域的 9 个重点文化产业项目——雅安大熊猫文化产业园、荥经黑砂文化博览院、彝族火把节、芦山县根雕艺术城、茂县中国古羌城、康定溜溜的城、东坡宋城、苴却砚“千砚工程”、四川南溪文化创意动漫产业园等成为交流会上颇具民族特色的亮点，这对于当地民族文化产业的对外交流、传播、推介起到了积极作用。2014 年 6 月 26 日，四川省藏羌彝文化产业走廊文化精品交流会在香港举办，会上展出了四川省近 20 家龙头文化企业生产的竹编、唐卡、蜀绣、羌绣、年画等 500 余件工艺美术品。在这次交流会上，格萨尔文化博览园、康定情歌文化公园、大凉山古彝民族风情走廊等 38 个文化产业项目公开招标，获得将近 70 亿元的投资。2014 年 10 月 24 日，在成都举办的四川与香港文化产业项目投资洽谈会为本省藏羌彝文化产业走廊的项目合作与投融资增添了新渠道，10 余家藏羌彝文化产业走廊中的重点企业借此机会推介并展示了最新的项目和产品，有些重点项目在这次洽谈会上达成了合作意向。[①]

经过调研，笔者发现藏羌彝文化产业走廊四川区域的建设主要集中于甘孜、阿坝、凉山三州，甘孜藏族自治州、阿坝藏族羌族自治州、凉山彝族自治州各自有着独特的自然风貌与丰富的民族、历史文化资源，其中很多项目都属于非物质文化遗产。这三州都处于藏羌彝文化产业走廊四川区域的核心地段，因而藏羌彝文化产业走廊四川区域内这三段的发展状况直接关系到整个走廊近期乃至中期规划的进展情况。

---

① 《藏羌彝文化产业走廊之四川篇》，http：//www.ce.cn/culture/zt/zangqiangyi/ditu/201501/05/t20150105_4263027.shtml，2018 年 4 月 10 日。

二　甘孜、阿坝、凉山三州文化产业走廊发展现状

甘孜、阿坝、凉山三州同处于藏羌彝文化产业走廊四川区域内的核心地段，又面临同样的历史机遇，所以都积极促进本区域段内文化产业走廊的发展，三州的相应举措既有共通之处又有自己的地方特色。

（一）三州共通应对措施

甘孜、阿坝、凉山三州在藏羌彝文化产业走廊发展中都积极采取各种应对措施，三州的举措存在共通之处。

1. 重视与外界的交流合作

这三州都重视对外宣传自己的特色民族文化产业，努力为当地文化企业搭建对外交流合作与贸易平台。

甘孜州近年来组织当地文化企业参加了第十一届深圳文博会、“圣洁甘孜·走进北京”文化旅游宣传周系列活动、第七届西部（藏羌彝）文化产业博览会、第十五届中国西部国际博览会等活动。借助这些平台，甘孜州获得了同发达地区文化企业沟通与合作的许多机会，同时也扩大了自己的文化产品销售市场，在各类交流会现场销售文化产品累计100余件，销售金额达38.37万元，现场签约订单价值达到1190万元。在2015年5月中旬召开的第十一届中国（深圳）国际文化产业博览交易会期间，甘孜州康巴文化研究院联合深圳奥视同翔影视传媒机构共同推出甘孜非遗文化工坊“雪域手造非遗文化博览馆”（占地1000平方米，初期投入500余万元），里面包括甘孜州23项国家级非遗项目产品、当地绿色优质农牧特产以及反映康巴文化艺术与日常生活的系列产品。[①]

阿坝州近年来陆续组织唐卡、羌绣、祥巴、藏香等特色民族手工艺产品

---

① 《品味康巴文化的古朴神秘“圣洁甘孜·走进北京”》，http：//travel.sina.com.cn/news/2014－06－05/1406264846.shtml？from＝wap，2018年4月10日。

参加第十七届中国西部国际投资暨进口消费品交易会（渝洽会）、第七届中国西部文化产业博览会、第十五届中国西部国际博览会、2017 中国—东盟博览会文化展、2017 中国（宁波）特色文化产业博览会等交流会，在这些平台上充分展示、推介了阿坝州的特色文化产品，与境内外多家经销商累计达成意向性购销协议金额约 200 万元，在交流会现场的销售额累计达 3 万余元。[①] 在第十五届中国西部国际博览会上，茂县羌族民俗文化演艺街区、四川禹王谷大禹文化产业园、北川禹羌文化主题公园等项目负责人积极与境内外文化企业和投资商沟通，这些文化产业项目初步达成了招商引资的意向。[②]

文化旅游和阳光康养是凉山州招商引资的两个重点。2016 年 11 月，凉山州在第十六届中国西部国际博览会上发布了“大凉山”旅游康养、安宁河谷综合开发、“大凉山”特色生态农业等招商项目。在这次西博会上凉山州与国内外客商签署了“雷波县龙头山大峡谷、马湖、黄琅古镇等风景区旅游及生态农业项目”等 29 个项目，签约总金额达到了 215.846 亿元。[③] 2017 年 5 月 21 日上午，“中国光彩事业凉山行”市政基础设施建设项目推介会在重庆举行，凉山州政府面向重庆各大建设公司招商引资，其中安宁河谷综合开发项目的总投资额达 1000 亿元，旨在将安宁河谷打造为现代化的文化旅游观光胜地和农业生态体验走廊。[④]

2. 重视对民族手工艺的传承

甘孜、阿坝、凉山三州都重视对传统民族手工艺品制作技艺的传承与保护。甘孜、阿坝、凉山三州的传统民族手工艺品制作业是四川藏羌彝走廊文

---

① 《阿坝州“五措施”大力推动藏羌文化产业走廊发展》，http://www.abzmw.gov.cn/html/news/readnews_1919.html，2018 年 4 月 10 日。

② 《川港合作助推藏羌彝文化产业走廊发展》，http://www.ce.cn/culture/gd/201411/05/t20141105_3849898.shtml，2018 年 4 月 10 日。

③ 《凉山与国内外客商签署 29 个项目签下 215 亿元大单》，http://cd.qq.com/a/20161103/026078.html，2018 年 4 月 10 日。

④ 《四川凉山州携千亿项目来渝招商　彝家火把点燃渝商投资热情》，http://cq.cqnews.net/cqqx/html/2017-05/21/content_41689214.html，2018 年 4 月 10 日。

化产业的重要组成部分，这些沉淀着藏羌彝民族历史文化与民俗记忆的特色手工艺品的制作技艺的传承对于藏羌彝文化产业走廊的发展有着重要意义。这三州都在努力推进特色民族手工艺品制作技艺的传承，并在保护的基础上进行开发与创新。

甘孜州积极开发稻城阿西土陶、郎卡杰唐卡、新龙药泥面具、麦宿河坡手工艺品、白玉河坡金属手工艺、德格印经院雕版印刷等系列特色文化产品。康定第一家阿西土陶专卖店于2015年4月正式开业。近年来，朗卡杰绘画培训事业取得了长足发展，共计培养唐卡绘画人才60余名。为有效推动炉霍县朗卡杰画派绘画技艺的传承和发展，甘孜州炉霍县政府在2016年度政府工作报告中专门将招收民族手工艺传承学员列为专项，成立了炉霍县民族手工艺技术培训基地。当地的朗卡杰文化有限公司采取校企合作的方式与“传承+培训+就业”的办学模式，面向甘孜州内所有适龄学生招收绘画学员。

阿坝州建立了非遗传习基地，用以开发具有地方民族特色的文化创意产品。一是成立藏族传统编织挑花刺绣协会，先后培训3000余人次，使部分农村妇女可以居家就业、在家致富；二是成立“壤巴拉”石刻协会，采取“传习所（基地）+公司+农户”模式，吸纳200余人进行石刻等文化产品制作，取得了较好的经济效益；三是通过订单形式组织开展羌绣系列手工艺品制作，在企业统一组织下由农户及家庭作坊进行生产，年产羌绣制品8000余件，产品由企业负责销售，产值达500余万元，这为农村富余劳动力提供就业岗位500余个。①

随着藏羌彝文化产业走廊项目的推进，凉山州政府引导当地传统手工艺制作企业在传承的基础上进行创新转型。凉山州特色文化产业之一就是彝族服饰产业，彝族服饰反映了彝族群众自古以来生活的变迁历史。凉山州彝族服饰生产企业意识到彝族服饰产业若要在市场中立于不败之地就不能单靠服

① 《阿坝州“五措施”大力推动藏羌文化产业走廊发展》，阿坝州民族宗教事务委员会网站，2017年11月26日，http：//www. abzmw. gov. cn/html/news/readnews_ 1919. html，2018年4月10日。

饰，而要将民族元素融入许多日常生活用品的制造设计中。2014年，同为国家级非物质文化遗产项目的彝族漆器工艺也开始转型。以前它们主要面向受众较少的礼品市场，现在开始逐步转向拥有更多受众的文化旅游产品市场，为此喜德县犇驰彝族漆器有限公司还专门聘请了喜德县两位非遗传承人负责技艺传授、产品设计和质量把关。目前，凉山州贾佳彝族传统服饰生产有限公司、喜德县犇驰彝族漆器有限公司已经成功申报第四批省级文化产业示范基地。①

（二）甘孜州文化走廊发展特色

甘孜州位于四川省西部，地处青藏高原向四川盆地和云贵高原延伸的横断山区，它是四川省第一大藏区，但它自古以来就是我国各民族人民生存、迁徙、交流、融合的民族通道和历史文化走廊，各民族人民在这里长期和谐生活，吸纳融合彼此的文化，逐渐形成了包容性很强的多元康巴文化。

甘孜州拥有美丽的自然资源，例如“蜀山之王”贡嘎山、“香格里拉之魂”稻城亚丁和世界级旅游胜地冰川公园海螺沟等，同时又拥有康定情歌、格萨尔王故里、茶马古道遗迹、嘉绒藏寨与丹巴美人谷等丰富的历史文化资源。甘孜州拥有藏传佛教、道教、伊斯兰教及天主教、基督教等多种宗教文化，但大多数农牧民信奉藏传佛教。甘孜州的德格印经院是我国藏区目前保存藏文文献典籍最多的地方，藏经量约达整个藏族文学典籍的70%。《格萨尔王》是当今世界上最长的一部英雄史诗，格萨尔诞生地——甘孜州的德格阿须是国家级格萨尔文化遗产保护区。另外，甘孜州拥有泸定桥历史博物馆、格达活佛与朱德纪念馆等珍贵的红军长征遗迹，例如历史上著名的“甘孜会师”旧址、红军“飞夺泸定桥”战役旧址以及泸定岚安、康定金汤、丹巴、道孚、炉霍、甘孜、新龙等革命根据地。②

① 常雄飞：《“走廊”效应下凉山文化产业转型升级》，http：//epaper. scdaily. cn/shtml/scrb/20150112/89147. shtml，2018年4月10日。

② 戴刚：《论培育和壮大甘孜州民族文化产业的重要性问题》，《康定民族师范高等专科学校学报》2007年第16卷第1期。

一方面，甘孜州地处横断山区，特殊的地理环境导致交通不畅、相对封闭，但这反倒使古老的民族习俗、服饰、房屋建筑、宗教信仰等留存至今，成为独具魅力的文化遗产资源——这是当地民族文化产业发展的根基与对外交流的特色。另一方面，甘孜州生态环境比较脆弱，文化旅游业是当前甘孜州可以优先发展的产业，通过文化旅游业的拉动又可以加快当地经济转型与社会发展。大力发展文化产业既能扶贫富民又能使本地的传统民族文化得到保护和弘扬。

目前，甘孜州抓住藏羌彝文化产业走廊建设的机遇，根据本州的自然历史条件与民族文化资源，一面加强对相关文化企业的扶持，一面多方开拓融资渠道，切实推动当地藏羌彝文化产业的发展。① 甘孜州的具体措施为如下三点。

第一，积极组织全州文化企业申报走廊项目。目前甘孜州共组织全州完成了七十多个文化产业项目的申报，已经有“灌顶雪泉·康定之珠”“亚丁演艺中心”等13个项目被列入国家藏羌彝文化产业走廊项目，另外有36个项目被列入四川省藏羌彝文化产业走廊项目。

第二，积极开展非遗保护工作。甘孜州近年成功申报了9处国家级、13处省级、328处州县级文物保护单位，格萨尔故里被成功入选世界非物质文化遗产名录。目前，甘孜州拥有23个国家级、62个省级以及上百项州级和县级非遗项目，有国家级代表性传承人7人、省级代表性传承人72人和州级代表性传承人240人。另外，甘孜州成立了康巴文化研究院，已经完成了巴塘弦子、炉霍山歌、丹巴锅庄山歌、甘孜踢踏等共计1360余首歌舞数据的建库工作与200幅康巴精品唐卡复制工作，启动了《大藏经》复刻、格萨尔展览馆、数字印经院、雕版印刷博物馆等康巴文化传承保护“四大工程”。截至2017年5月，民族精品剧目《康定情歌》在广东成功巡演6场；德格印经院的《大藏经》复刻工程已经完成60万元的项目投资，经过验收

① 《四川省甘孜藏族自治州“一园三区”布局文化产业发展》，http：//www. seac. gov. cn/art/2015/8/17/art_ 36_ 234468. html，2018年4月10日。

达到合格标准的雕版有600张，已完成年度计划的52%。[①]

第三，将全域旅游发展为当地优势产业。

甘孜州于2011年在全国率先提出“全域资源、全面规划、全境打造、全民参与”的全域旅游发展理念，力图逐步把旅游业培育成当地的优势产业与扶贫富民产业。2015年甘孜州旅游人次达到1076万人次，同比增长27.2%。2016年初，甘孜州被确定为首批“国家全域旅游示范区”创建单位。[②] 2017年第一季度，全州共接待游客140万人次，实现旅游收入14.60亿元，分别超额完成季度目标任务。[③] 目前，甘孜州正在有序推进一批重大旅游项目建设，海螺沟华侨城、泸定牛背山等重点项目已经开工。[④]

（三）阿坝州文化走廊发展特色

阿坝州是四川省第二大藏区、全国羌族主要聚居区，藏族、羌族民族历史文化资源丰富，拥有独特的藏族、羌民族文化与宗教文化，珍贵的红军长征历史遗迹又给阿坝州打上了红色文化的烙印。在拥有丰厚历史人文资源的同时，阿坝州拥有类型多样的自然文化资源。依托这些丰富的自然人文资源，阿坝州在藏羌彝文化产业走廊发展的近期规划中提出“一线一廊两道六带”的区域布局，力图推进当地藏羌彝文化产业的集聚发展。

“一线”具体指阿坝州推出的重走红军长征路、重温红色经典文化旅游路线。“一廊”即着力打造以汶川大禹祭坛为起点、以中壤塘觉囊文化中心为终点的藏羌民族文化廊道。“六带”指依托汶川地震重建区而设的文化产业带，以九寨沟、黄龙为主体的旅游文化产业带，以大草原为主体的安多藏

① 《六大产业齐发力　一季度产业富民战略显成效》，http：//www.gzz.gov.cn/10000/10276/10288/2017/05/03/10576899.shtml，2018年4月10日。

② 《四川甘孜推介千亿投资项目引资100亿打造海螺沟景区》，http：//news.cnr.cn/native/city/20160411/t20160411_521842583.shtml，2018年4月10日。

③ 《六大产业齐发力　一季度产业富民战略显成效》，http：//www.gzz.gov.cn/10000/10276/10288/2017/05/03/10576899.shtml，2018年4月10日。

④ 《六大产业齐发力　一季度产业富民战略显成效》，http：//www.gzz.gov.cn/10000/10276/10288/2017/05/03/10576899.shtml，2018年4月10日。

族文化产业带，以茂县为核心的羌族文化产业带，以卧龙—四姑娘山为核心的大熊猫文化产业带，以马尔康为核心的嘉绒藏族文化产业带。从地理格局的角度看，阿坝州以汶川、茂县、松潘、九寨沟为主要节点来打造大九寨旅游经济圈；以小金、理县、黑水、阿坝、红原、若尔盖为主要节点来构建雪山草地国家公园旅游走廊与红原机场旅游经济圈；以汶川、理县、马尔康、金川、壤塘为主要节点形成藏羌走廊、国道317旅游走廊与卧龙—四姑娘山大熊猫旅游经济圈。

围绕藏羌彝文化产业走廊阿坝区域的建设，阿坝州近年来加大了对九寨沟演艺群、中查沟文化创业园、松州古城、茂县羌城、映秀东村文化创意园等重点项目的支持力度。与此同时，阿坝州各级政府努力挖掘红色文化资源，依托两河口会议旧址、卓克基会议旧址、瓦切红军长征纪念遗址、巴西会议旧址、川主寺红军长征纪念碑园和四川长征干部学院，发展红色文化旅游产业链。

阿坝州的具体措施为如下三点。

第一，打造系列节庆活动品牌。阿坝州近年来推出阿坝“端午祭”系列活动，包括茂县羌族瓦尔俄足节、若尔盖度炯节、小金四姑娘山朝山会等节庆活动，形成地方特色文化活动品牌的合力，带动阿坝文旅互动，也开辟了农牧民增收新渠道。在这一系列活动期间，阿坝州累计接待游客8万余人次，实现旅游收入3051万元。① 阿坝州近两年尝试着将草原旅游与音乐相结合，陆续举办了两届红原大草原夏季雅克音乐季。2016年的音乐季有近10万人次观众在现场观看，仅门票收入就达到78.9万元，各类商品、餐饮服务等日均销售收入都超过了100万元，另外实现招商收入107.2万元。2017年的音乐季共接待游客12.8万人次，实现门票收入517万元，实现旅游总收入9800万元。②

① 王映：《阿坝州非物质文化遗产生产性保护座谈会》，http://www.sctv.com/xmyc/201706/t20170614_3455188.shtml，2018年4月10日。

② 《阿坝州“五措施”大力推动藏羌文化产业走廊发展》，http://www.abzmw.gov.cn/html/news/readnews_1919.html，2018年4月10日。

第二，扶持当地中小微文化企业。阿坝州编制了《阿坝州促进文化产业发展扶持政策》和《阿坝州藏羌彝文化产业走廊发展规划》，进一步完善了对藏羌彝走廊文化企业的扶持政策，组织当地中小微文化企业申报积极申报各级文化产业专项资金，落实省级文化产业专项资金210万元，扶持有条件、有实力、有基础的县加快注册成立文化公司。阿坝州目前有1个国家级和3个省级文化产业示范基地，689家各类文化产业活动单位，8300多名从业人员。[①]

第三，支持民间文化演艺团体发展。阿坝州组建了30余个民间艺术团、歌舞队，支持这些文化演艺团体走“景区+非遗展演”的发展模式，在九寨沟-黄龙、映秀东村、羌城文化产业园、若尔盖西部牧场游牧部落等文化产业带表演大型原生态歌舞《藏谜》《羌魂》《九寨千古情》《汉唐乐府》等节目，这些特色民族文化在演出中得到了展示和推广，与此同时，当地少数民族群众依靠这些演出得到更多的就业机会从而增加日常收入。2014年底，九寨沟演艺群接待游客近109万人次，实现产值1.69亿元；截至2015年10月底，九寨沟县营业性演出团体已接待游客165万余人次，实现产值3.1亿元，上缴税款1100万余元；[②] 2016年九寨沟演艺群体实现产值3.51亿元；2017年上半年九寨沟演艺产业群共接待游客50万人次，实现产值9500万元。[③]

（四）凉山州文化走廊发展特色

地处四川省西南部的凉山彝族自治州是古代“南方丝绸之路”与当今藏羌彝走廊四川区域的重要交汇处，它也位于大香格里拉国际生态旅游区的核心区城，是攀西地区日光旅游与康养的理想场所。凉山州拥有丰富的民族

---

① 《阿坝州切实提升文化产业竞争力》，http：//www.abwh.gov.cn/Item/Show.asp？m=1&d=16460，2018年4月10日。

② 《阿坝州文化产业发展态势良好》，http：//www.abazhou.gov.cn/jrab/zwyw/201511/t20151120_1102621.html，2018年4月10日。

③ 《阿坝州“五措施”大力推动藏羌文化产业走廊发展》，http：//www.abzmw.gov.cn/html/news/readnews_1919.html，2018年4月10日。

文化资源与特殊的自然资源。凉山州是全国最大的彝族聚居区，彝族古彝文字、天文历算、史诗传说、节庆礼仪等文化传统传承至今，这为当前凉山大力发展藏羌彝文化产业提供了很好的切入口。

借助藏羌彝文化产业走廊发展的契机，凉山州以文化“穿针引线”，突出“一核六带多点”文化产业区域布局，着力将交通便利的安宁河谷建设为农、文、旅休闲观光度假的走廊。① 凉山州的具体措施如下。

1. 以西昌市为核心带动全州文化产业发展

西昌市是凉山州的首府，是彝族文化风情的集中展示区——大凉山民族文化创意产业园、国家级和省级文化产业示范基地、大凉山南红玛瑙城园区、邛海风情小镇等文化产业园区都集中于西昌市。西昌市是凉山州拓展文化旅游产业的重要基地，凉山州政府目前正以西昌市为核心，借助西昌举办的各种文旅体育活动去辐射带动全州各地文化产业发展。例如，凉山州以举办一年一度的彝族火把节为契机，努力将西昌建设成为集民族风情观光体验、文化创意、休闲度假与康养于一体的综合文化旅游产业核心地区，同时以西昌市文化产业的发展为主引擎拉动全州文化产业并进。西昌市成功承办的“2014 老挝金三角首届国际旅游文化节”，创汇 33.6 万美元。乘 2016 年举办传统火把节之机，西昌成功举办了“2016 四川国际文化旅游节”，进一步打出了西昌的城市名片。②

2. 逐步开发六条文化产业带

凉山州的安宁河谷周边县市交通便利，依托当地的民族文化资源去推动文化产业发展比较具有可行性。目前，凉山州根据各县市的比较优势，将当地民族文化与观光旅游、特色农业和传统民族体育项目有机融合起来，逐步形成了六条文化产业带。一是以邛海泸山风景区、西昌卫星发射基地、冕宁灵山、德昌黑龙潭等为主线的综合文化旅游产业带；二是以西昌火把节、彝

① 《我州突出“一核六带多点”文化产业区域布局助力安宁河谷“农、文、旅”休闲观光度假走廊建设》，http：//www. lsiptv. cn/show－5－24866－1. html，2018 年 4 月 10 日。

② 《凉山文化：发展多姿多彩　收获硕果闪耀》，http：//nn. lsz. gov. cn/yuanyan/rdxw1/5433173/index. html，2018 年 4 月 10 日。

族选美、傈僳族风情等为主要内容的民俗旅游文化产业带；三是以西昌泸山、冕宁灵山寺、德昌仓圣宫等为主的宗教文化产业带；四是以西昌礼州古镇、德昌凤凰古城、会理古城等文物保护单位为重点的历史文化名城（镇）产业带；五是以红军长征时期彝海结盟、西昌礼州会议等为主要内容的红色文化旅游产业带；六是以邛海帆船帆板、滑水等水上运动项目，湿地马拉松赛、环湖自行车赛和德昌安宁河漂流等为特色的文化体育旅游产业带。[①]

3. 当地代表性文化企业发展势头良好

凉山州贾佳彝族传统服饰生产有限公司、会理县钧虹绿陶艺术品有限责任公司和德昌县沙坝傈僳风情旅游开发专业合作社这3个具有代表性的民族文化企业陆续被列为国家级藏羌彝走廊重点项目，[②] 仅在2015年一年间，这三家文化企业就实现收入1302.5万元，利润389万元。其中，贾佳服饰公司带动了当地200多家彝族服饰小企业共同发展。[③] 凉山文化旅游投资发展集团有限公司（简称文广传媒集团）集演艺、传媒、旅游等多种业务于一身，为凉山州创作了一批较有影响的文艺作品。该公司在西昌、成都、北京等地开设的阿斯牛牛餐饮连锁企业，对彝族的餐饮、演艺与当地特色农产品都起到了很好的推介作用。

4. 民族文艺作品创作愈来愈获得社会关注

由凉山州文广传媒集团及相关演艺团体创作的以《彝红》《我的弦》和《阿惹妞》等为代表的一批具有浓郁民族特色的文艺作品，逐步获得了社会的关注与认可。其中，电视剧《彝海结盟》在央视八套播出，同时远赴美国洛杉矶参加十二届中美电影节并获奖；《彝问》于2017年3月起陆续在

① 《我州突出“一核六带多点”文化产业区域布局助力安宁河谷“农、文、旅”休闲观光度假走廊建设》，http：//www.lsiptv.cn/show-5-24866-1.html，2018年4月10日。

② 2014年4月，文化部文化产业司公布2014年度特色文化产业和藏羌彝文化产业走廊重点项目名单，凉山州的彝族服饰产业创意园区榜上有名。2015年4月，文化部公布了2015年特色文化产业、丝绸之路文化产业和藏羌彝文化产业走廊重点项目名单，凉山民族特色绿陶旅游纪念品开发应用、傈僳水寨—傈僳族民族风情文化博览园2项目入选藏羌彝文化产业走廊重点项目。

③ 常雄飞：《“走廊”效应下凉山文化产业转型升级》，http：//epaper.scdaily.cn/shtml/scrb/20150112/89147.shtml，2018年4月10日。

央视十套和四川卫视播出，被省委宣传部、省文联评为四川重点影视项目；反映彝区脱贫攻坚工作的电视连续剧《索玛花开》在央视黄金频道播出。①

（五）小结

由上可见，甘孜、阿坝、凉山三州提出的藏羌彝文化产业走廊四川区域的建设举措既存在共性，又存在个性差异。

在面临共同的历史机遇时，这三州都注重利用自己的自然资源与民族文化资源来促进文化与旅游的深度融合，都重视将特色民族文化资源的传承、保护与开发相结合，都重视搭建对外交流与招商引资的平台。

因为三州拥有不同的自然条件与人文历史资源，所以三州又有不同的应对措施：甘孜州立足于自己独特的格萨尔文化资源与丰富的藏传佛教资源来开发相关文化产品，同时利用横断山脉特有的高原自然风光与世界级风景区开发相关旅游项目；阿坝州立足于州内特有的藏族、羌族文化资源来举办系列节庆活动并逐步形成相关品牌，同时注重在九寨沟等自然风景区内加大特色民族文化演艺项目的分量；凉山州借助一年一度彝族火把节的影响力和西昌市的核心作用来推动当地文化旅游业的升级，而当地的特色民族文化资源也滋养着文艺创作与相关的文化企业。

三　四川区域文化产业走廊存在问题与建议

综上所述，在藏羌彝文化产业走廊四川区域的发展中，甘孜、阿坝、凉山三州都取得了长足的进步，下文就其存在问题给出相应建议。

（一）问题

1. 由于甘孜、阿坝、凉山三州自身经济发展相对于四川其他地区比较

① 《凉山文化：发展多姿多彩　收获硕果闪耀》，http：//nn. lsz. gov. cn/yuanyan/rdxw1/5433173/index. html，2018 年 4 月 10 日。

滞后，尤其比不上省会城市成都拥有的优势经济、文化资源，所以当地藏羌彝文化产业走廊的发展相对缓慢。

2. 虽然有中央财政专项拨款来扶持藏羌彝文化产业走廊四川区域的发展，但这对于经济底子薄弱的甘孜、阿坝、凉山三州是远远不够的。想要加速当地藏羌彝文化产业的发展，就应扩大社会融资渠道，吸引更多的境内外社会资本去支持当地各种藏羌彝文化产业项目的建设。

3. 尽管甘孜、阿坝、凉山三州都积极与高校及研究机构合作，培训当地的行政人员去学习先进的经营管理经验，但这三州依然亟须培养大量的文化产业经营管理人才去适应当地藏羌彝文化产业发展中的人才需求，而这就需要分步走——对当地现有的相关工作人员不断进行培训充电、与高校订单式培养相关人才、从发达地区招聘紧缺文化经营管理人才。

4. 甘孜、阿坝、凉山三州发展藏羌彝文化旅游业要考虑季节因素，旅游旺季集中于初夏至中秋期间，寒冷的冬季则无法形成规模经济（例如藏区冬季不开放景区）。另外，这三州发展藏羌彝文化旅游业需要改善配套设施，例如到景区的交通是否便利、餐饮业的服务是否令人满意，是否有应急救援设施等。

5. 甘孜、阿坝、凉山三州的藏羌彝民族手工艺品的生产、营销尚未形成完整的产业链，亟须整合相关资源，形成完整的产供销体系。

（二）建议

1. 甘孜、阿坝、凉山三州应该将本地文化产业走廊的发展与当地的民族文化传承、文化惠民、精准扶贫、环境保护等方面紧密结合。

2. 甘孜、阿坝、凉山三州的各级政府都需要加大藏羌彝文化产业资金扶持力度并真正落实培育壮大当地藏羌彝文化企业，努力打造若干有较好社会效益和经济效益的文化企业并形成一批特色民族文化品牌。在这个过程中，甘孜、阿坝、凉山三州也需要继续营造招商引资的良好氛围，借助境内外社会资本来推动本区域内藏羌彝文化产业发展。

3. 甘孜、阿坝、凉山三州需要不断给本地文化部门的行政人员进行文化产业经营管理课程的培训，更需要与高校、科研院所合作，订单式培养当地急需的藏羌彝文化产业经管人才，还需要面向全社会引进相关人才与智库。

4. 甘孜、阿坝、凉山三州都处于生态脆弱区，因而这三州在发展当地藏羌彝文化产业项目时都需要考虑当地的环境承载力，不能竭泽而渔。这三州都需要因地制宜、扬长避短地发展藏羌彝文化旅游产业，规避各种风险，努力形成规模效应。这三州也都需要完善当地藏羌彝文化旅游产业所需要的各类配套设施。

5. 甘孜、阿坝、凉山三州需要积极拓宽藏羌彝民族手工艺品的产销渠道，在生产端连接民族文化传承与就业，在供销端连接民族文化对外传播与扶贫，并且应在生产端加强传统民族手工艺品的创新，其产品设计应既保留传承原有文化又适应时代发展和市场需求。

B.5
四川文化众筹调研报告

王　军*

摘　要： 众筹是近年来新生的基于互联网的融资模式。文化众筹是众筹下面一个全新的子领域，其支持的对象为文化项目。本报告从四川文化产业面临的融资现状出发，对四川的文化众筹进行系统的调查和研究。本报告对宏观的政策环境、发展机遇与挑战和微观的文化众筹平台、文化众筹发起人与投资者进行全面的状况呈现。最后根据上述研究的结论提出有价值的政策建议。

关键词： 互联网融资　文化众筹　文化产业　四川

近几年，“互联网+文化产业”新商业模式开始萌芽，以文化众筹项目为主要服务对象的众筹平台（如京东众筹、淘宝众筹）不断涌现，并在短时间内迅速激发了大众投资者的投资热情和投资情怀。作为评判国家软实力强弱的标准，文化逐渐受到各国高度关注，建设文化强国已成为我国各界的共识。互联网的普及为文化产业发展提供了十足的活力和动力，帮助其不断完善和改变自己。从古至今，没有哪个产业与互联网联系地如此紧密，也没有哪个产业与互联网合作得如此迅速而且彻底。“互联网+文化产业”的出现，使得文化众筹概念逐渐进入大众的眼球。众筹模式作为一种新型融资方式，为我国文化创意产业发展开辟了一种新的融资途径，成为促进众筹平台

* 王军，四川大学商学院、中国科技金融研究中心副教授，研究方向为金融科技、项目融资。

和文化创意产业共同发展的一种有效模式。

四川是巴蜀文化的发源地，既是文化名省，又是互联网金融的发展重地。在新形势下，金融与文化的融合和共赢，成为极其重要的命题。而在这种融合中，作为新兴金融代名词的众筹当然不能忽视。文化与众筹的结合，看似具备一般众筹的特点。但由于文化众筹在现有众筹项目数量上的绝对优势，人们可以推测，文化众筹这种特定的融资模式一定存在其独特之处。文化创意项目的众筹之所以具有傲然的生命力，是因为其不仅具有投资者一致追捧的商业价值，同时还具有其他产业项目所不具有的独特的文化情怀，从而更能获得大众的青睐。这恰恰是众筹这种来源于众包，又将互联网精神融合在一起的新型融资方式的非常重要的一个特质。对文创项目而言，众筹的重要意义在于帮助其重塑了整个创业生态。由于传统融资渠道狭窄，文化创意企业融资十分困难，众筹的出现，不仅能帮助其解决资金短缺问题，还能为其带来其他资源，实现既融资金又融资源的双重作用。因此，文化众筹必将会在四川文化产业发展中扮演极其重要的作用。

一　四川省文化众筹所处的环境

从宏观上看，文化众筹这种新型的融资模式处于当前经济转型期的大环境中，这些环境为文化众筹的发展提供了良好的机遇。本章主要从政策环境、经济环境、社会与技术环境三个方面对四川文化众筹环境进行分析，并探索四川省文化众筹面临的机遇和挑战。

（一）政策环境

2012年3月底，四川省文化产业发展大会在成都举行，大会发布了《四川省人民政府关于加快推进文化产业发展的意见》（以下简称《意见》）。《意见》指出了四川省文化产业发展目标：打造一批具有鲜明四川特色的重点文化产品，建成一批具有强大集聚效应的重点文化产业项目，培育一批具有明显比较优势的骨干文化企业。四川将重点发展文化旅游产业、出版发行产业、影视产业、演艺娱乐产业和印刷复制产业，重点培育动漫游戏产业、创意设计产业，形成“5+2”的重点文化产业发展格局。

2015年5月，四川省、委省政府在全国较早出台了《四川省人民政府关于全面推进大众创业万众创新的意见》。同年8月，四川省人民政府发布《关于创新重点领域投融资机制鼓励机会投资的实施意见》，明确四川将在包括文化等社会事业在内的重点领域创新投融资机制、放宽准入限制，加大支持力度、强化政府引导。

虽然四川省直接关于文化众筹的政策很少，但近几年十分重视文化产业和互联网金融的发展。这些政策强调了对文化等社会事业的大力发展，鼓励万众创新创业，明确文化产业的创新投融资机制。这给四川省文化众筹的发展提供了良好的政策环境。

（二）经济环境

文化众筹的发展与地区经济环境紧密相关。四川省2015年GDP达30103.1亿元，依据可比价格计算，较上年增长7.9%，高于全国均值1个百分点[①]。同时，2015年四川省在全国各省份的经济排名从2014年的第八名迅速上升到第六名。

表1 2014年、2015年各省GDP与增速

单位：亿元，%

	2015年GDP	2015年实际GDP增速	2014年GDP	2014年实际GDP增速
广东	72812.6	8.0	67809.9	7.8
江苏	70116.4	8.5	65088.3	8.7
山东	63002.3	8.0	59426.6	8.7
浙江	42886.0	8.0	40173.0	7.6

① 熊建中：《2015年四川经济形势新闻发布稿》，http://www.sc.stats.gov.cn/tjxx/zxfb/201601/t20160120_199780.html，2018年4月10日。

续表

	2015 年 GDP	2015 年实际 GDP 增速	2014 年 GDP	2014 年实际 GDP 增速
河　南	37010. 3	8. 3	34938. 2	8. 9
四　川	30103. 1	7. 9	28536. 7	8. 5
河　北	29806. 1	6. 8	29421. 2	6. 5
湖　北	29550. 2	8. 9	27379. 2	9. 7
湖　南	29047. 2	8. 6	27037. 3	9. 5
辽　宁	28700. 0	3. 0	28626. 6	5. 8
福　建	25979. 8	9. 0	24055. 8	9. 9
上　海	24965. 0	6. 9	23567. 7	7. 0
北　京	22968. 6	6. 9	21330. 8	7. 3
安　徽	22005. 6	8. 7	20848. 8	9. 2
陕　西	18171. 9	8. 0	17689. 9	9. 7
内蒙古	18032. 8	7. 7	17770. 2	7. 8
广　西	16803. 1	8. 1	15672. 9	8. 5
江　西	16723. 8	9. 1	15714. 6	9. 7
天　津	16538. 2	9. 3	15726. 9	10. 0
重　庆	15719. 7	11. 0	14262. 6	10. 9
黑龙江	15083. 7	5. 7	15039. 4	5. 6
吉　林	14274. 1	6. 5	13803. 1	6. 5
云　南	13717. 9	8. 7	12814. 6	8. 1
山　西	12802. 6	3. 1	12761. 5	4. 9
贵　州	10502. 6	10. 7	9266. 4	10. 8
新　疆	9324. 8	8. 8	9273. 5	10. 0
甘　肃	6790. 3	8. 1	6836. 8	8. 9
海　南	3702. 8	7. 8	3500. 7	8. 5
宁　夏	2911. 8	8. 0	2752. 1	8. 0
青　海	2417. 1	8. 2	2303. 3	9. 2
西　藏	1026. 4	11. 0	920. 8	10. 8

此外，四川省 2015 年全年居民消费价格整体水平与上年相比，增长了 1. 5% 。工业生产者出厂价格比 2014 年下降了 3. 6% ，其中生产资料价格下降了 4. 7% ，生活资料价格下降了 0. 2% 。工业生产者购进价格比上年下降

了3.3%①。

在金融市场方面，截至2015年12月31日，四川省各金融机构人民币存、贷余额分别达59184.8亿元、38011.8亿元，其中存款余额比上年增长了10.1%，贷款余额比上年增长了12.2%。全年共有保险机构83家，保费收入达1267.3亿元，相比上年增长了19.5%。同时，年末证券投资账户数量达1132.4万，全年累计实现证券交易额17.4万亿元，相比上年增长了1.8倍②。

从整体看，2015年四川省经济环境平稳运行，经济结构稳步调整。但经济运行中还面临部分行业产能过剩、企业生产经营困难加大、城乡居民增收压力较大等问题，经济下行压力依然较大，有可能对其文化产业发展带来不利影响。

（三）社会与技术环境

《2015四川省互联网行业发展报告》显示，截至2015年年末，四川省网民人数达3260万，相比上年增长了7.9%。每月网民人均访问天数为14天，平均283.8次，人均浏览页面816.5页，人均有效浏览时长19.5小时。同时，四川省网民最频繁使用的网络服务是搜索、视频、新闻、社交和电子商务等，2015年覆盖人数每月均超过2000万③。

伴随着"互联网+"、"大众创业、万众创新"、大数据等陆续成为国家战略，经济环境的各类变化都将与互联网紧密相连。近几年，互联网不断参与各行各业发展，在帮助各行业进行产业升级的同时服务大众。四川既有以高科技产业为代表的成都高新区和绵阳科技城，也有以综合开发为主的天府新区和攀西战略开发区，各地呈现出产业勃发的势头。

① 《2015年四川省国民经济和社会发展统计公报》，http://news.sina.com.cn/c/2016-02-25/doc-ifxpvzah8045689.shtml，2018年4月10日。

② 《2015年四川省国民经济和社会发展统计公报》，http://district.ce.cn/newarea/roll/201602/25/t20160225_9082584_1.shtml，2018年4月10日。

③ 《2015四川省互联网行业发展报告》，http://news.163.com/16/0521/13/BNJH155S00014AED.html，2018年4月10日。

二　四川省文化众筹面临的机遇与挑战

（一）机遇

从国外来说，随着文化软实力在国家竞争中的作用日益凸显，文化创意也逐渐上升到国家和社会的战略层面。1998 年，英国率先提出“创意经济”的战略计划，这一概念立即为世界其他发达国家和地区所关注，纷纷提出了要发展创意经济，助推经济保持持续增长。文化创意成为世界各国促进经济发展、实现经济转型的新路径。目前，国外文化众筹平台越来越多，越来越开放。经济全球化使得世界各个国家连成整体，贸易与金融等各个方面的合作也使得各个国家的众筹方式可以实现更深入的交流与合作。可以预见，未来国际性的众筹会越来越多，而且会更加多样化、更具有针对性。此外，随着中国综合国力和影响力的增强，国外越来越多的文化众筹项目引入了中国元素。这些都给四川省文化众筹的发展带来了良好的国际机遇。

从国内来说，中国作为文化大国，在党的十八大提出的建设社会主义文化强国背景下，文化产业发展实际上成为我国经济社会发展的重要动力，成为发出中国声音、凝聚中国力量、讲好中国故事的重要产业支撑。目前国内各众筹网站平台上四川省的项目越来越多，对几大网站（众筹网、点名时间等）抽样调查发现，四川省文化项目在全部文化项目中的占比约为 4%，在全国排名处于中等偏上位置，在整个西部四川省的项目占比高于其他各省份。四川省文化产业在国内的地位越来越重要。“十二五”期间，四川文化产业规模在西部有明显优势，对经济发展的支撑作用也不断增强。演艺娱乐业的发展尤其迅猛，现全省有演艺类公司近 1.7 万多家，从业人员 16 万人，2017 年的经营收入达到 325 亿元，市场总规模位居中西部第一、全国第二①。据统计，截至 2016 年 3 月底，我国股权众筹成功筹集资金近 20 亿元，

① 《四川文化产业去年增加值超 1200 亿》，http：//www1.ce.cn/culture/gd/201603/10/t20160310_9399836.shtml，2018 年 4 月 10 日。

其中四川省内的企业在股权众筹平台融资过亿元[①]。2016 年四川对外文化交流活动项目数量、参与人数、演出内容、演出地区等均远超往年，仅参演团组数量就达 2015 年的两倍，在中西部地区首屈一指。可见，四川省文化众筹处于强势发展状态。

（二）挑战

1. 四川省文化众筹相关法律不足，缺乏有效的政府监管

四川省文化众筹缺乏政府的有效监管，出现了监管不到位的问题。文化众筹项目与投资者利益密切相关，其最大的问题就是缺乏严格的法律监管，而现有法律框架缺乏专门针对众筹的较为严格的相关法律。虽然互联网金融的到来使得众筹越来越普及，但是缺乏相关法律监管导致众筹面临严重的信任危机。

2. 四川省金融大环境对文化众筹发展的不利因素

经过分析，众筹行业的发展离不开一个地区金融环境的发展，四川省面临的阻力还是巨大的。首先是金融机构实力不强。近年来，四川在加快地方法人机构发展、吸引国内外金融机构区域总部落户等方面进行了积极探索，但与西部金融中心的建设目标相比，还有很大差距。目前，四川已聚集的金融机构中，金融分支机构多、法人机构少；分支机构实力不强，地方法人机构规模普遍比较小、区域辐射力、带动力较弱。其次是金融市场体系不完善。我国货币市场、外汇市场、银行间债券市场、股票市场、债券市场和黄金市场等主要集中在上海、广州，四川在金融市场发展方面与上海、广州等地有较大差距。目前，四川省金融市场规模相对偏小，缺少核心的区域交易市场，要素市场发展水平也亟待优化。与湖北、广州等省市相比，四川省的政策支持力度还相对较弱。与此同时，四川省金融监管机制尚不健全。国家金融监管部门对金融创新监管趋严，特别是加大了对信托产品、理

① 王淑娟：《互联网股权众筹发展进入黄金时代　行业监管规范呼之欲出》，http：//www. xinhuanet. com/finance/2016 -05/01/c_ 1118779628. htm，2018 年 4 月 10 日。

财产品以及金融机构表外业务的监管力度，新型金融机构面临指标约束等限制，这在一定程度上对全省金融领域创新发展、扩大社会融资规模产生不利影响。由于四川成都发生过“惠通事件”等不利于金融发展的恶性事件，四川地区金融监管有进一步收紧的趋势，四川省对金融创新也总体持审慎态度。

3. 四川省现有的文化众筹融资平台数量偏少、规模偏小

中国众筹平台主要集中在北京、广东、上海、江苏和浙江，这几个地区占到全国平台总量的80%，其中又以北京遥遥领先。虽然参与众筹的企业或个体遍布全国各地，而且四川、河南等地发起的众筹项目数量已与上海等发达地区不相上下，但公益众筹等项目占据了西藏、青海等偏远地区项目的主流。现在多数的众筹平台没有项目或仅有少量项目，只有少数平台依靠其原有的平台优势而迅速聚集人才，在众筹领域发展很快。

从平台数量上看，截至2015年6月底，国内众筹平台总数已达211家，新增53家，成功融资人民币46.66亿元[①]。从地域分布上看，平台主要集中于京沪粤，其中北京占27.5%，处于绝对优势。从类别上看，股权众筹最多，达98家；其次是奖励众筹和混合众筹；公益众筹最少，不到10家[②]。成都市回报式和股权众筹平台共有11个，占比5%左右，可见平台数量相对较少。

从项目数量上看，2015年上半年全国众筹成功项目数量总计为12000个。按数量排名，最多的是回报众筹项目，占比近55.59%；其次为股权众筹项目，占27.6%；公益类最少[③]。以国内最大的众筹平台众筹网为例，其目前已成功众筹12130个项目，而成都市最大的众筹平台麒麟众筹全部项目还不足100个，差距还是比较明显的。

---

① 盈灿咨询：《2015年中国众筹行业半年报》，http://news.163.com/15/0724/08/AV9D5HLK00014AED.html，2018年4月10日。

② 盈灿咨询：《2015年中国众筹行业半年报》，www.sohu.com/a/23500849_174749，2018年4月10日。

③ 盈灿咨询：《2015年中国众筹行业半年报》，www.chinairn.com/news/20151027/155948388.shtml，2018年4月10日。

三 四川省文化众筹的现状

本研究将从众筹平台、众筹项目、众筹投资者三个部分对四川省文化众筹的现状进行分析和探索。

（一）四川省文化众筹平台现状

1. 平台简介

本研究采取数据采集法和实地调研法，对四川省范围内的回报式众筹平台和股权式众筹平台进行了调查，收集了四川省 13 家众筹平台的资料。

（1）回报式众筹平台

成都市回报式众筹平台尚处于起步阶段，专业的回报式众筹平台屈指可数，如梦想帮、融尚网、逸创成都、唱江湖、众创谷众筹平台，成功的项目也比较少。

表 2 四川省回报式众筹平台

平台名称	项目类型	平台特色	运营状况
梦想帮	综合	大学生创业孵化平台和金融服务平台	运营良好
融尚网	综合	实施资金第三方托管,用户拥有对资金的唯一支配权	停滞
逸创成都	综合	与四川多个高校接轨	运营良好
唱江湖	音乐	为以音乐为主的文化产品和艺术人才提供传播推广、艺术价值实现等服务	停滞
众创谷	综合	拥有 APP	运营良好

（2）股权式众筹平台

截至 2015 年 12 月，四川省共有 7 个股权众筹平台（见表 3），注册地均在成都市。

表 3　四川省股权众筹平台

平台名称	平台类型	众筹模式	项目类型
麒麟众筹	股权型	领头人+跟投人	综合
聚天下	股权型	领头人+跟投人	综合
苗圃众筹	股权型	普通	综合
创微网	股权型	普通	实体店
洪七公众筹	综合型	领头人+跟投人	餐饮
天天投	股权型	普通	综合
众创星球	股权型	普通	综合

2. 平台现状

（1）平台分布

截至 2016 年 6 月底，四川省众筹平台共有 13 家，其中股权式众筹平台 7 家，回报式众筹平台 5 家，混合式众筹平台 1 家（指由两种或两种以上的模式组成）。

从平台地区分布来看，众筹平台主要分布在成都，但数量不多；还有部分地区尚未成立众筹平台，这是四川省金融环境和创新创业文化发展不完善导致的。此外，四川省众筹平台的商业模式也正处于探索之中。

（2）运营情况

①非股权众筹

鉴于各平台信息披露程度不均衡，本研究暂时选取经营活跃同时信息披露相对完整的众筹平台作为样本进行数据抓取并分析。目前最活跃且融资金额最高的平台为逸创成都，其成功项目数为 20 多个，与 2015 年相比有大幅度提升。

②股权众筹

国家在 2015 年开始股权众筹试点，同年 7 月 18 日，由央行联合十部委发布的《关于促进互联网金融健康发展的指导意见》正式提出股权众筹，使得股权众筹席卷全国，其相应平台也不断涌现。天天投目前成功融资总金额为四川省名平台之首，为最为活跃的平台，项目总数多达10411个。

3. 平台特色

（1）选址地域特点

平台多数位于四川成都。

（2）项目地域性

项目侧重西南地区的创业项目。

（3）用户特点

用户群体具有目标导向型，重点扶持青年创业者及大学生创业群体。

（4）宣传方式

大多数平台会举办一些类似创业大赛、路演等有影响力的活动。例如梦想帮举办了高校创业大赛。梦想帮高校创业大赛由梦想帮主导，川内四所高校（四川大学、西南财经大学、电子科技大学、西南交通大学）共同参与，其目的是提升高校大学生创新创业能力并发现优秀项目，帮助其实现创业梦想。

（5）项目的筹资额

四川省平台项目的目标金额都比较小，一般项目的目标金额为2000～5000元，最小的目标金额只有几百元，最大的项目也只有几万元。

（6）项目类型

四川省平台的产品类项目都统一在产品筹类别里，没有具体的分支，基本是文化、创业或者生活美食类产品、也有少数的科技类产品。淘宝众筹和京东众筹分支都较为明确，涉及科技、公益、出版、娱乐、设计、农业等多个领域。从淘宝众筹平台上的项目众筹结果来看，娱乐类项目成为一大品牌。京东众筹的产品众筹则以科技等智能硬件为主，智能硬件成为其主要支撑。京东众筹热度很高，而且都是以技术创新类项目为主。

（7）平台支付方式

四川省的平台没有自己的金融支撑，支付工具一般是支付宝。京东是中国最大的自营式电商企业，依靠自己的京东金融基础；而淘宝是亚太地区较大的网络零售商，有自身的蚂蚁金服作为强大的支撑。

图1　四川省众筹平台特点

4. 平台存在的问题

（1）平台选址单一

对平台的推广存在一定的不利影响。

（2）项目地域性明显

平台上的项目大部分都是西南地区的项目，且四川本土的项目较多。

（3）项目数量少

平台上的项目数量过少，影响了投资者的聚集和平台发展。

回报式众筹平台上的项目几乎都没有区分类别，都统一归类为产品筹。只有为数不多的几个众筹平台有类别区分，不过界限不明确。有些股权式众筹平台的类别则过于细致。例如天天投，其类别有文娱体育、游戏、金融、旅游、汽车交通、房产、电商、O2O、智能家居、大数据等，部分类别是有重合的。

5. 与其他众筹平台对比

全国性知名平台

四川省众筹平台仍然处于初始阶段，很多平台发布的项目寥寥无几。我们重点分析它与国内同类型平台京东众筹和淘宝众筹的异同点。四川省众筹平台和京东众筹、淘宝众筹的异同主要体现在以下几个方面。

（1）成立时间

四川省众筹平台的上线时间和全国知名平台差不多，均是在2014年之后。

（2）平台基础

四川省的平台没有自己的金融支撑，支付工具一般是支付宝。京东是中国最大的自营式电商企业，依靠自己的京东金融；而淘宝是亚太地区较大的网络零售商圈，有自身的蚂蚁金服作强大的支撑。

（3）项目特征

①项目数量

四川省众筹平台的项目数量明显小于另外两个大型众筹平台。

②项目目标金额

四川省众筹平台的项目的目标金额都比较小，一般的项目目标金额为2000～5000元，最小的目标金额只有几百元，最大的项目也只有几万元。

京东众筹和淘宝众筹等大型平台的目标金额基本都在万元以上，科技类项目的目标金额都比较高，最高可达几百万元。

③项目类别

四川省众筹平台的产品类项目都统一在产品筹类别里，没有具体的分支，基本是文化、创业或者生活美食类产品也有少数的科技类产品。后两者分支都较为明确，涉及科技、公益、出版、娱乐、设计、农业等多个领域。从淘宝众筹平台上的项目众筹结果来看，娱乐类项目成为一大品牌；京东众筹的产品众筹则以科技等智能硬件为主，智能硬件成为主要支撑。

（4）回报形式

本研究选取的众筹平台都是回报式众筹平台，但它们在具体回报形式设置上略有区别。四川的众筹平台比如梦想帮主要是具体的产品回报，投资者可以自行确定投资金额。京东众筹和淘宝的投资金额是事先设定好的，但除了产品回报，京东众筹还设置有“无私奉献”即无回报的方式。

其他地区平台对比

淘宝众筹和京东众筹平台源自电商，本身就具备了庞大的用户群体，这种比较更多是为了看到四川众筹平台未来长远的发展方向。为了更好地比较，本课题选择湖北省武汉市一个较有代表性的众筹平台长江众筹来分析四川省众筹平台与其他地区类似众筹平台之间的异同。

长江众筹是一个大型的综合性众筹平台，其项目类型包含股权类和回报类两种，项目类别涵盖科技、农业、文娱、教育、旅游和其他领域。长江众筹平台上有全国的项目，主要分类是台湾、北京、广东、河南和湖北。该平台已经成功筹资2.3亿元，拥有3708个注册会员，有50个在投资股权融资项目，已成功完成28个股权投资项目。

区别

①项目数量

四川省众筹平台的项目数量明显少于其他地区的众筹平台。

②项目目标金额

四川省众筹平台的项目的目标金额都比较小，一般的项目目标金额在2000～5000元，最小的目标金额只有几百元，最大的项目也只有几万元。长江众筹回报类项目的目标金额基本都在万元以上，也有100万元以上的项目，股权众筹项目金额更是高达千万元。

③项目类别

四川省众筹平台的产品类项目都统一在产品筹类别里，没有具体的分支，基本是文化、创业或者生活美食类产品，只有少数科技类产品。长江众筹平台是结合产品类众筹和股权类众筹的综合性平台，而且项目有具体的分类。

（二）四川省众筹项目现状①

在了解了四川省文化众筹平台的基础上，为了进一步加深对四川省文化众筹发展情况的了解，我们还需了解四川省文化众筹的发展现状，这需要关注国内各众筹平台上四川省的文化众筹项目。根据国内各众筹平台的特点以及研究需要，我们利用网络数据采集器采集了国内第一家众筹网站点名时间上四川省以及其他各省份②的文化项目数据，包括项目目标筹资额、支持人数、公告人数、支持者动态数和艺术家情况（包括关注艺术家的人数、艺术家的粉丝数、艺术家发起的项目数量、支持艺术家的人数），据此在和其他省份进行比较的基础上，对四川省文化众筹现状做全面分析。

1. 项目简介

根据本项目所收集的数据，四川省众筹的文化项目集中于出版、艺术、演

① 唐贝：《四川省众筹项目现状》，http：//www. demohour. com/，2018年4月10日。

② 本报告没有采集到内蒙古自治区和新疆维吾尔自治区的数据。

艺娱乐领域。其中出版类项目占22.67%，艺术类项目占26.67%，娱乐类项目占50.67%（见图2）。演艺娱乐项目中，电影项目占11.53%，音乐演出项目占83.21%，舞蹈项目占2.63%，其他占2.63%（见图3）。

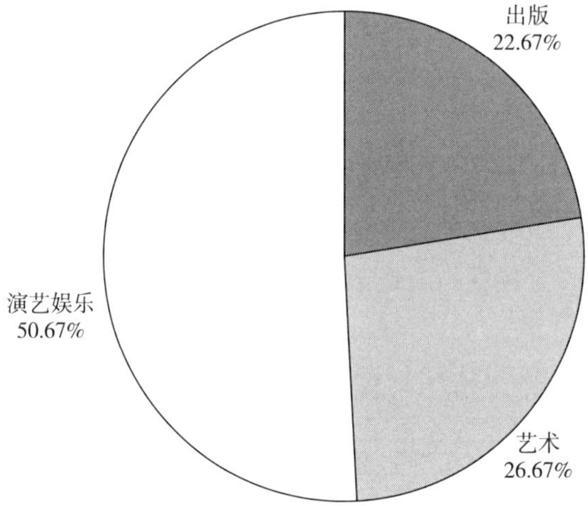

图2　四川省众筹项目领域分布

资料来源：点名时间众筹平台。

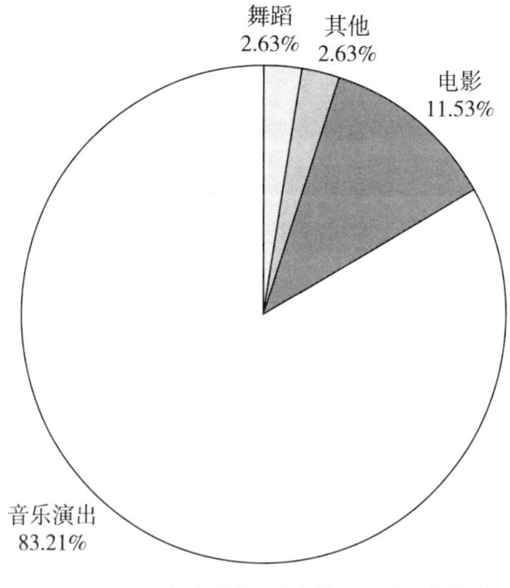

图3　四川省演艺娱乐众筹项目领域分布

资料来源：点名时间众筹平台。

由图 2 可以看出，四川省文化众筹项目领域分布与四川文化产业发展同步。“十二五”期间，四川演艺娱乐业快速发展，全省演艺类公司超 1.7 万家，从业人员达 16 万人，2015 年的经营收入达到 325 亿元，市场总规模位居中西部第一、全国第二。同时四川已成为中国音乐市场最活跃的地区之一，2015 年产值达到 350 亿元，音乐已经成为四川未来文化产业发展新的增长点。此外，在西部地区，四川省的电影市场占有率稳居第一，特别是其省会城市成都，票房收入早已达到 10 亿元，不仅成为中国第五个票房收入超 10 亿元的城市，还成为对外文化贸易出口的重要基地。四川省 2015 年的演艺娱乐市场繁荣发展，我们可以看到其众筹领域和其文化产业发展相对同步。

2. 艺术家情况

根据本调研所收集的点名时间数据，本文以关注艺术家的人数、艺术家的粉丝数、艺术家过去发起项目数量和支持艺术家的人数来描述文化众筹项目艺术家的情况①，并根据点名时间和众筹网数据做了如下分析。

在关注艺术家的人数方面，除了北京市、广东省、福建省、湖南省和浙江省外，其他各省艺术家被关注人数都是零。这五个省份中，除湖南省外，其他省份属于发达地区。可见发达地区艺术家受关注度明显高于国内其他各省（见图 4）。

在艺术家的粉丝数方面，依然是北京市、广东省和浙江省相比其他各省市明显胜出一筹。特别是北京市，其文化众筹筹资失败时艺术家粉丝数均值为 10.21 人，筹资成功状态是 11.9 人。其他大多数省份的艺术家粉丝数均值都小于 1（见图 5）。

在艺术家过去发起项目数量方面，各省份均值几乎都小于 1，说明各省艺术家过去发起的项目少但各地区差别不大（见图 6）。在支持艺术家的人数方面，发达省份如北京、福建、江苏、浙江等省份依然不输其他省份。在西部地区，四川、重庆要胜出其他省份。

① 数据都为成功数量加失败数量。

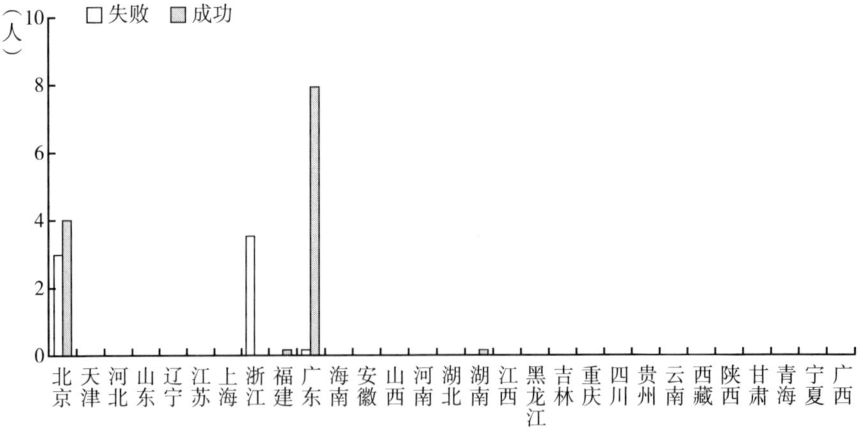

图4　各省份关注艺术家的人数均值情况

资料来源：点名时间众筹平台。

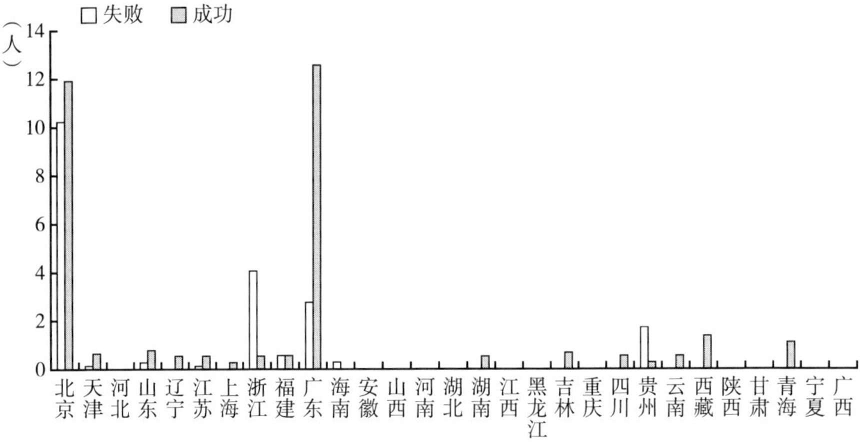

图5　各省份艺术家的粉丝数情况

资料来源：点名时间众筹平台。

3. 融资现状和问题

（1）融资现状

从文化众筹项目分布来看，东部地区要明显多于中部和西部地区①。从

① 东北地区辽宁省计入东部地区，吉林省、黑龙江省计入中部地区。

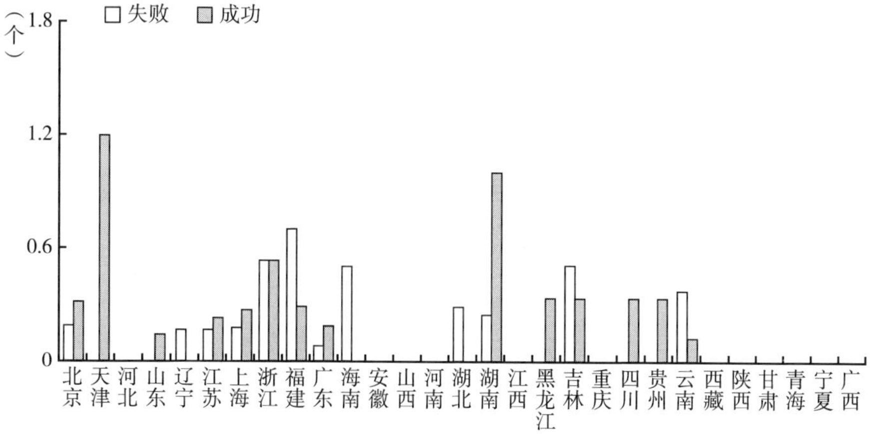

图6　各省份艺术家发起项目数量情况

资料来源：点名时间众筹平台。

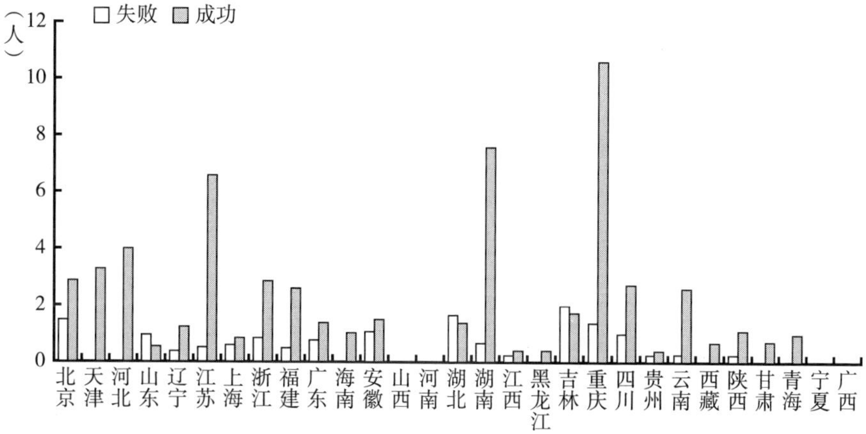

图7　各省份支持艺术家的人数

资料来源：点名时间众筹平台。

数量上看，东部地区的文化众筹数量是中部和西部地区的3倍，其中北京、上海、广东和浙江遥遥领先于其他省份。西部地区中，四川省的文化众筹项目占3.26%，领先于其他各省份，排名第一。从全国看，文化众筹发展集中在发达省份；从西部地区看，文化众筹发展集中在四川省（见表4）。总的来说，发达地区艺术家受众度和艺术家进行文化众筹的活跃度要强于不发达地区，西部地区中四川艺术家受欢迎程度和艺术家进行文化众筹的活跃度相对要强于其他省份。

表4　各省份文化众筹项目数量分布情况

	省　份	项目数(个)	比重(%)	
东部省份	北　京	193	28.64	75.07%
	天　津	15	2.23	
	河　北	6	0.89	
	山　东	18	2.67	
	辽　宁	10	1.48	
	江　苏	26	3.86	
	上　海	72	10.68	
	浙　江	38	5.64	
	福　建	25	3.71	
	广　东	97	14.39	
	海　南	6	0.89	
中部省份	安　徽	3	0.45	9.64%
	山　西	7	1.04	
	河　南	8	1.19	
	湖　北	11	1.63	
	湖　南	13	1.93	
	江　西	9	1.34	
	黑龙江	8	1.19	
	吉　林	6	0.89	
西部省份	重　庆	13	1.93	15.28%
	四　川	22	3.26	
	贵　州	12	1.78	
	云　南	11	1.63	
	西　藏	11	1.63	
	陕　西	6	0.89	
	甘　肃	5	0.74	
	青　海	10	1.48	
	宁　夏	8	1.19	
	广　西	5	0.74	
	总　计	674	100.00	

资料来源：点名时间平台基础数据。

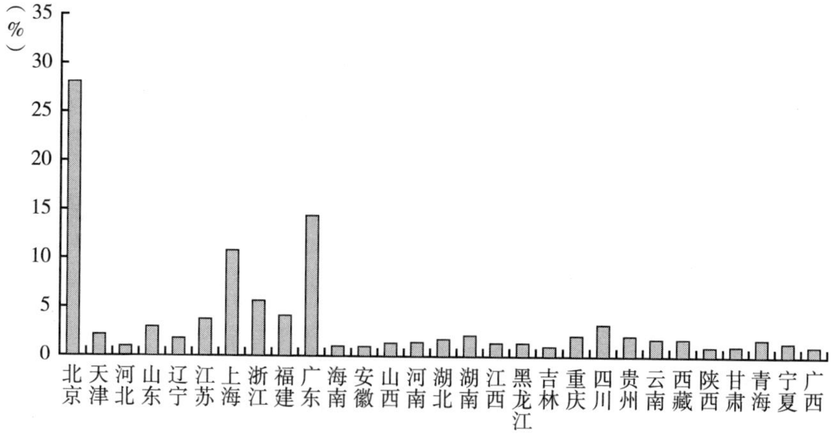

图8　各省份文化众筹项目数量分布

资料来源：点名时间众筹平台。

从文化众筹筹资规模看，四川省平均累计筹资额为5519.96元左右，平均目标筹资额为12583.33元左右。与东部地区相比，明显落后于山东、北京、江苏、上海和广东，说明东部地区社会资本要明显大于西部地区。可喜的是，从图中我们可以看到，西部地区文化众筹筹资规模虽然与东部地区差距较大，却大于中部地区，这说明西部社会资本在加大，文化金融在加强。中部地区各省份之间文化众筹累计筹资规模和设定的目标筹资额差距不大，比较平稳；而西部地区各省之间差距较大，特别是西藏、重庆、四川、云南，要显著高于其他省份，这说明这些省份近几年文化众筹发展迅速（见表5）。

从文化众筹项目情况看，东部地区项目支持人数均值为61人左右，公告数均值为22条左右，支持者动态数为66条左右；中部地区项目支持人数均值为30人左右，公告数均值为16条左右，支持者动态数为33条左右；西部地区项目支持人数均值为43人左右，公告数均值为16条左右，支持者动态数为48条左右。从项目支持人数和支持者动态条数看，东部地区依然明显多于中部和西部地区，且西部地区赶超中部地区，说明东部省份文化众筹发展最繁荣，同时西部地区文化众筹发展气势猛。从项

表5　各省份文化众筹筹资规模情况

单位：元

	省　份	平均累计筹资额	平均目标筹资额
东部省份	北　京	27373.88	35145.66
	天　津	3081.55	15080.60
	河　北	2259.00	2750.00
	山　东	39924.31	40603.57
	辽　宁	6384.25	13058.13
	江　苏	17387.84	25805.16
	上　海	13842.03	26648.79
	浙　江	9230.92	11925.21
	福　建	7734.95	9578.05
	广　东	11685.36	15785.49
	海　南	3826.25	18000.00
中部省份	安　徽	1757.00	4250.00
	山　西	5205.00	10062.50
	河　南	4331.13	10605.00
	湖　北	4398.57	8700.00
	湖　南	6833.75	8540.63
	江　西	2903.75	6425.00
	黑龙江	2599.17	5838.50
	吉　林	1734.00	2000.00
西部省份	重　庆	9945.24	14809.52
	四　川	5519.96	12583.33
	贵　州	3967.92	5300.00
	云　南	10631.31	12568.75
	西　藏	16478.33	32500.00
	陕　西	1619.00	8500.00
	甘　肃	5209.67	11225.33
	青　海	5269.50	8934.50
	宁　夏	4439.00	7450.00
	广　西	4012.90	8997.50

资料来源：点名时间平台基础数据。

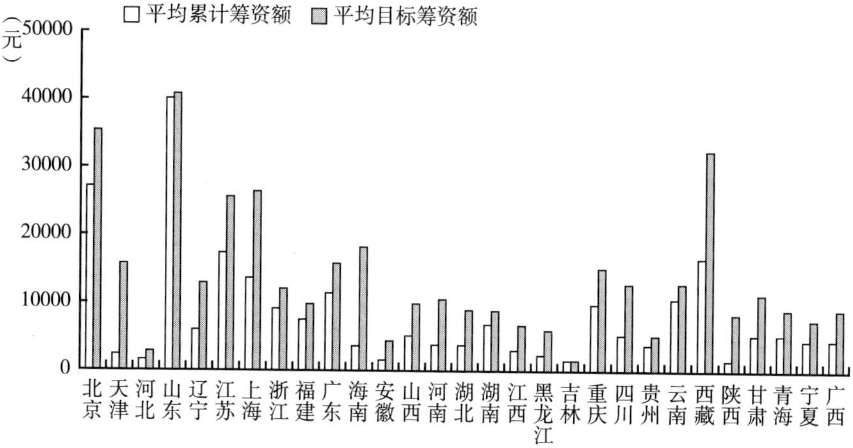

图9 各省份文化众筹项目筹资规模

资料来源：点名时间众筹平台。

目公告数量看，东、中、西部地区差别不是很大，说明各地区发起人在对项目更新方面差别不大。其中，四川省文化众筹项目支持人数均值为48左右，支持者动态数为55左右。其项目支持人数在西部地区排名第4，支持者动态数也是排名第4，比较靠前（见表6）。

表6 各省份文化众筹项目情况

	省份	平均支持人数(人)	平均公告数量(条)	平均支持者动态数(条)
东部省份	北京	100	18.29	108.25
	天津	38	23.57	42.50
	河北	44	10.25	46.00
	山东	85	27.34	77.86
	辽宁	49	25.46	56.54
	江苏	65	18.68	68.21
	上海	68	16.84	72.37
	浙江	60	27.59	66.61
	福建	62	23.40	69.30
	广东	71	29.02	75.62
	海南	30	13.00	32.00

续表

	省　份	平均支持人数(人)	平均公告数量(条)	平均支持者动态数(条)
中部省份	安　徽	25	21.25	29.25
	山　西	38	11.00	39.25
	河　南	24	6.50	30.75
	湖　北	42	17.36	45.21
	湖　南	36	23.25	38.94
	江　西	33	5.83	34.42
	黑龙江	6	19.50	7.33
	吉　林	35	18.14	38.12
西部省份	重　庆	62	13.15	67.68
	四　川	48	18.02	54.67
	贵　州	39	31.42	41.00
	云　南	79	21.13	80.69
	西　藏	51	30.50	60.83
	陕　西	29	25.75	34.38
	甘　肃	7	1.67	7.00
	青　海	21	8.00	26.00
	宁　夏	18	6.00	20.00
	广　西	7	4.20	7.40

资料来源：点名时间平台基础数据。

（2）融资问题

从以上分析可以看出，四川省文化众筹项目融资过程中存在如下问题。

①四川省现有的文化众筹项目数量偏少、规模偏小

就项目数量上看，国内文化众筹项目主要集中在北京、上海、广东、江苏和浙江这些东部省份，占到全国文化众筹项目总量的75.07%。其中又以北京遥遥领先。四川省文化众筹项目数量占全国的比重为3.26%，北京市为28.64%，是四川省的8倍多，差距十分明显。

就筹资规模上看，北京市平均累计筹资额和平均目标筹资额分别约为27374元、35146元，广东省分别约为11685元、15785元，江苏省分别约

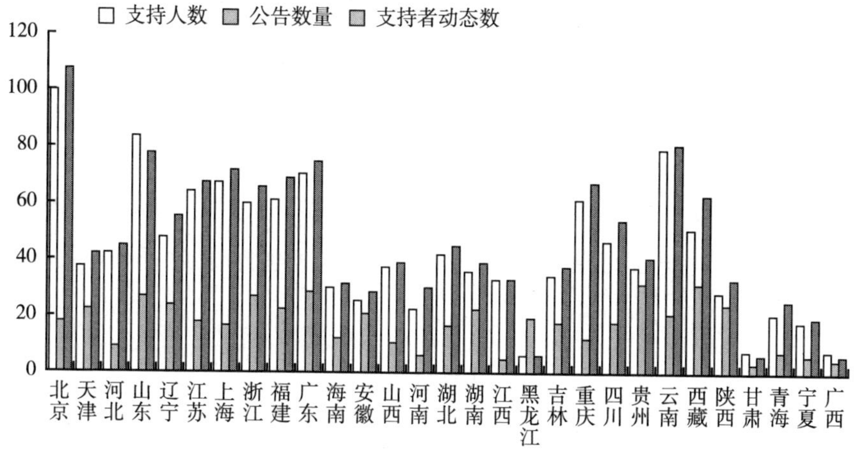

图 10　各省份文化众筹项目基本情况

资料来源：点名时间众筹平台。

为 17388 元、25805 元，上海市分别约为 13842 元、26649 元；四川省分别为 5520 元左右、12583 左右，明显小于以上发达省份。

②文化众筹项目受众度不高

与发达省份相比，四川省文化众筹项目受众度不高，同发达地区还存在较大差距。由以上数据可知，不管是平均支持人数、平均公告数量，还是平均支持者动态数量，四川省都显著弱于北京、广东、上海、江苏这些发达省份。例如，四川省文化众筹项目支持人数均值为 48，支持者动态数均值为 54.67；北京市文化众筹项目支持人数均值为 100，支持者动态数均值为 108.25，均为四川省的 2 倍左右。

（三）四川省众筹投资者研究①

由于四川省众筹平台针对的创业群体的特殊性，现阶段平台用户的主要特征是平台投资者年龄均比较年轻。本研究有针对性地对四川省众筹平台投资者做了一次问卷研究。本次问卷发放 280 份，有效收回 250 份，范围锁定

① 杨璐：《关于四川省众筹平台投资者问卷研究》，2016 年 1 月至 9 月。

为四川省的投资者。

1. 投资者个人特征

投资者越来越年轻成为一种趋势。随着政府、高校对大学生等创业重视度的不断提高，创业项目的不断增多，支撑平台的不断完善，大学生创业的外部环境越来越好，引发了大学生创业热潮。同时，随着互联网等技术的发展，支付更加便捷，众筹作为投资形式也越来越受年轻一代的喜爱。

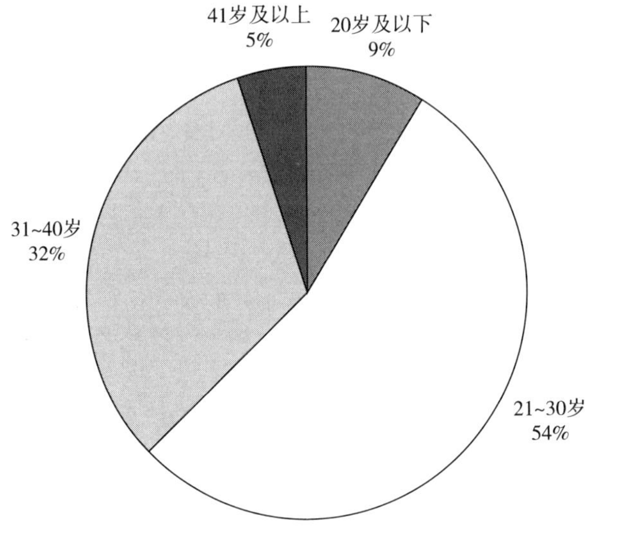

图11　文化众筹投资者年龄特征构成

在250个样本中，投资者年龄在20岁及以下的有24个，占全部数量的9%，21～30岁的有138个，占全部数量的54%；31～40岁的有80个，占全部数量的32%；41岁及以上的有12个，占全部数量的5%。通过数据可以发现投资者有一半以上年龄为21～30岁，而21～40岁的投资者占总数的85%以上，所有案例中投资者的平均年龄为28.56岁。

2. 投资者投资经历

众筹投资金额不大，对投资者资历要求比较低，不需要投资经验，有5

年以上投资经验的投资者很少（见图12）。首先，已经有投资经验的投资者更习惯于已有的投资方式，他们在资本市场上做长短线投资回报率更高。投资者在众筹行业进行投资，尤其是在回报式众筹投资的原因是对众筹项目比较支持，或是出于对某些科技文化类产品的喜爱希望提前获得产品，他们投资的营利性目的不强。

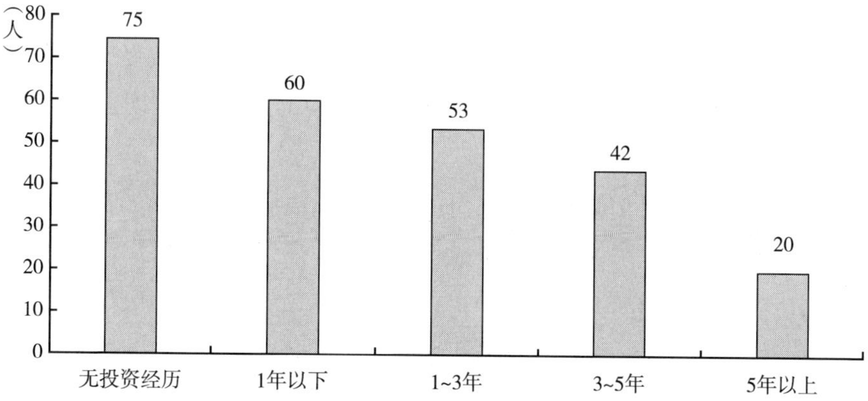

图12　文化众筹投资者的投资经历

3. 投资者的投资偏好

通过调查结果我们得知，约有91.2%的投资者倾向于回报方式明确的投资，特别是实质产品回报。只有8.8%的投资者会选择无私投资，即可以接受无回报。约62.1%的投资者有固定的投资类别偏好，其他投资者没有有固定的投资偏好，因为这些投资者普遍是风险规避型，本金安全、追求回报、转移风险、寻求保障是他们的特点。他们专业性不强，更具盲目性。个人投资者由于时间、精力以及知识面有限，在获得、处理相关投资信息以及做出合理投资规划方面存在困难，因此其投资活动的盲目性大，更注重投资回报。

四　结论与建议

近年来，我国互联网金融发展极为迅速，各种互联网金融事物层出不穷，而作为互联网金融六大模式之一的众筹则吸引了越来越多的关注。在这一大背景下四川省众筹也取得了一定的发展，这除了中小企业融资需求巨大这一内在因素外，还离不开一些外部因素的推动，比如四川省出台各种政策激励大众创新创业，为众筹发展提供政策支持，成都市经济的快速发展也为众筹的发展奠定了经济基础，四川省网民规模的迅速扩大则为众筹的发展提供了群众基础。虽然四川省众筹有一定的发展，但是也面临一些突出的问题，具体表现为现有的众筹平台数量较少、规模较小，尤其是与发达地区相比还有不小的差距。另外四川省金融业的相对滞后也在一定程度上制约了众筹的发展。

此外，四川省对文化创意类别的项目重视和扶持力度不够。四川作为巴蜀之地、天府之国，历史文化底蕴浓厚，四川音乐学院、东郊记忆等多个艺术院校和艺术聚集地的存在使得四川聚集了一批有想法有创意的艺术人士，他们急需资金和资源来实现自己的艺术创作，急需政府及社会各界的支持。

（一）研究结论

文化众筹除了具备一般众筹在小微企业融资中的优势外，还由于文化项目所独有的“圈子”属性，更容易锁定目标群体从而获得融资成功和创意成功。

不论是从融资额、融资事件的角度来看，还是从全球、国内范围来看，文化众筹都是奖励式或回报式众筹中分量最大的一块，而奖励式众筹也是近期发展速度最快的众筹模式。在股权众筹中，文化众筹分布相对较少。目前股权众筹平台在数量上排在第一，不过其增长速度低于奖励式众筹平台。

文化众筹存在以下问题：虚假项目的包装圈钱，平台盈利模式不明朗，缺乏对项目足够的知识产权保护，部分众筹变质成团购，文化项目的估值困难。这些问题在一般的众筹项目中也存在，但在文化项目中更突出。

除了传统的众筹模式，文化众筹也出现了一些新的模式和新的趋势，如更加依靠移动终端的“轻众筹”。众筹也开始从项目的初期向中期甚至是后期移动，机构投资者开始越来越多地介入文化众筹，混合式的文化众筹不断涌现。

四川省的文化众筹面临很好的机遇。从政策环境上看，中央在创新创业、文化产业和文化金融方面的文件为四川省的文化众筹提供了很好的政策环境。从经济环境上看，四川省从2014年的全国第八经济大省一举超越河北和辽宁，成为第六经济大省；同时互联网和金融业的高速发展丰富了实体经济的融资渠道。从社会与技术环境看，2009～2017年中国整体网民和移动网民规模不断扩大，这为网络经济和网络金融的发展确立了庞大的用户基础。从国外来环境来看，国外文化众筹网站平台越来越多，越来越开放，越来越接受中国的项目；全球资本流动未来必将进入中国投资市场；随着中国综合国力和影响力的增强，国外越来越多的文化众筹项目引入了中国元素。这些都给四川省文化众筹的发展带来了光明的国际机遇。

四川文化产业规模在西部有明显优势，对经济发展的支撑作用也不断增强，特别是演艺娱乐业发展迅速，为文化众筹的发展奠定了基础。但是四川文化众筹也存在如下挑战。首先，四川省缺乏针对文化众筹的相关法律以及有效的政府监管；其次，四川省金融机构实力不强，金融市场体系不完善，其金融环境对其文化众筹发展带来不利影响；再次，四川省现有的众筹平台在全国范围内排名靠后，平台数量和规模较小，尤其是与发达地区相比，在数量和规模上都存在差距。最后，四川省众筹平台普遍是综合型的平台，缺乏针对文化类众筹项目的专业平台。四川众筹平台的运营状况不乐观。

全国的众筹项目集中分布在东部地区，约占77%，最多的是北京、上海、广东等地，中西部地区项目较少。四川省众筹项目数太少，与北京、上海等地区差异较大。四川省的文化众筹项目不受投资者的青睐，文化众筹投资者在同等情况下更愿意投资京沪粤等发达地区的项目。四川省对文化创意类别的众筹项目重视和扶持力度不够，还需加强重视，发布相关政策。

（二）政策建议

作为互联网金融的一部分，众筹的健康发展有助于完善四川省金融市场，有利于四川省文化行业的发展，对整个四川省经济发展也会起到积极作用。对此，本研究有针对性地提出以下几点建议。

1. 提升平台专业化水平，着重发展文化类项目

近几年，各类众筹平台不断发展，数量越来越多，导致竞争愈加激烈，平台专业化也由此将成为行业未来发展的方向之一。为了推动文化众筹发展，要对文化类众筹平台进行准确定位，使其服务与其他众筹平台区别开来。将平台定位于服务音乐、影视、设计、艺术等特定的行业或项目，有利于在短时间内打造专业化平台，从而吸引更多项目创业者，提升平台影响力和知名度，以及在行业里的竞争力。同时这也能帮助投资者进行反复投资，增加平台用户黏性。

2. 出台扶持政策，建立文化类专项众筹平台主体

现阶段，四川省的众筹平台数量少且质量不高，运营状况不佳，很多平台处于停滞状态，而且这些众筹平台中并没有针对文化类众筹的专项平台。因此应该结合四川的省情、文化创意产业的特点，在不脱离文化创意产业精神实质的情况下，确立众筹平台创意孵化的功能和作用，引导民间资本通过众筹的方式向四川文化创意产业注入资金，为四川文化创意产业的主体（个人和小微企业）发展提供良好的资金支撑，使其在法律框架、行业监管和风险控制范围之内，孵化创意、激活创意，实现文化创意产业向现实生产力的转化。

3. 加强投资者众筹投资教育，政府相应事业单位举办讲座培训

众筹是一种新的互联网金融模式，融资方式和风险点都与传统的融资方式不同，项目不可控的风险较大。提供投资前教育能够使投资者了解众筹整体模式框架，根据自己的风险承受能力选择相应的投资项目。提醒投资者众筹模式可能的风险点，并鼓励其选择分散化投资方式以降低系统性风险，对防止盲目投资具有重要作用。因此，相关监管部门在

加强投资者教育方面要加大力度，向大众投资者普及众筹相关知识，充分揭示市场风险，帮助其树立正确的投资观念，增强其投资风险意识和自我保护能力。

4. 建立完善的风险管理体系

在众筹模式中，众筹平台作为第三方，如果不能提供风险提示和风险咨询等相关专业能力，又不承担项目失败的风险，会导致其失去大量客户。为了建立完善的众筹交易风险管理体系，建议从以下三个方面着手。第一，由众筹平台负责提示平台项目可能产生的风险，而不是由投资者通过项目发起人对项目的描述自行判断并承担最终的风险；第二，应由商业银行托管平台所有众筹交易的支付账户，或者直接采用商业银行支付账户，以确保资金安全，防止资金被挪用；第三，众筹平台应该设立备付基金和赔偿机制，当出现违法交易时，能够确保损失一方得到赔偿。在以上基础上，平台还应该设立众筹交易风险对冲机制和缓解机制，并采用技术手段防范信用风险；对于技术风险，平台也应该建立赔偿机制，并将赔偿成本纳入自身风险管理成本；对于由道德风险造成的损失，平台应先进行赔付，以保障投资者利益，然后再进行民事责任追偿。建立完善的风险管理体系，能够使众筹模式得到规范发展，同时能够真正惠民。

5. 加强政府政策监管，平台加强投资者认证

在众筹融资中，投资者存在“羊群效应”，即投资者的行为会受到先前项目融资情况的影响。一些不法融资者可能利用此现象制造项目很受欢迎的假象，以骗取更多的融资，故相关监管部门（包括众筹平台）应努力识别，避免投资者受到虚假交易信息的蒙蔽，切实保护中小投资者。

在国内，股权众筹多采用“领投 + 跟投”模式（即专业投资人 + 财务投资人）。这一模式不但能够帮助大众投资者降低投资风险，还能帮助项目发起人获得除资金外的其他附加资源，如行业资源、管理经验等。但如何界定合格的领头人这个问题又摆在了平台和公众的眼前，各级地方政府可利用区域相关数据详细分析，结合各个平台的情况，总结出不同层次的领头人标

准，以界定合格的领头人。

6. 将政府资金的运用与文化众筹紧密地结合

政府应该积极介入文化众筹，将现有的对文化项目的资助模式与文化众筹模式结合起来，将直接资助模式转变为引导基金模式和共同投资模式。

聚焦：决胜文化小康

Focus: Win the Cultural Well-off

B.6

四川历史名人文化资源调研报告

四川省社会科学院课题组*

为贯彻落实习近平总书记关于“传承和弘扬中华优秀传统文化”系列重要讲话精神和中央、省委有关决策部署，深入挖掘、保护和利用四川历史名人这一独特优势资源，四川省社会科学院课题组于 2016 年 12 月中旬至 2017 年 1 月下旬前往全省 21 市州开展“四川历史名人文化资源”调研，对

* 四川省社会科学院课题组，组长：向宝云，四川省委宣传部副部长，研究员，研究方向为文艺学、中国现当代文学、文化产业。成员：彭剑，四川省社会科学院新闻与传播研究所所长，研究员，研究方向为新媒体、文化创意产业；刘平中，四川省社会科学院历史研究所副研究员，研究方向为文化哲学；曹鹏程，四川省社会科学院历史研究所副研究员，研究方向为中国古代史、四川地方史；黄俊棚，四川省社会科学院历史研究所助理研究员，研究方向为中国近现代思想史、儒家文化；沈博，四川省社会科学院历史研究所助理研究员，研究方向为四川艺术史；张彦，四川省社会科学院历史研究所所长，副研究员，研究方向为四川地方史、巴蜀文化；李后卿，四川省社会科学院哲学与文化研究所所长，研究员，研究方向为科技文化。

四川历史名人概况和与四川历史名人相关的遗迹、遗存、纪念馆、故居等进行了实地考察。

一　四川历史名人调研概况

（一）四川历史名人资源概况

四川地处我国西南内陆腹地，西临青藏高原，北拥秦巴山地，东据夔门之险，南依云贵高原，自古就是我国西南地区与其他地区联系的枢纽和桥梁。四川拥有特殊的地理位置、优越的生态环境、丰富的自然资源、繁荣的经济文化，在中国历史上占有极为重要的地位。

四川是中华文明的起源地之一，涌现出众多的政治家、军事家、思想家、科学家、艺术家、文学家、史学家等。他们不仅为四川的发展做出卓越的贡献，在世界文化史上也占有重要地位。

在科学技术方面有秦代蜀郡郡守李冰、汉武帝时天文学家落下闳、宋代天文学家张思训及黄裳、南宋数学家秦九韶，他们的成就远远走在时代前列。在医学方面，宋代杨子健的转胎手法领先西欧五百年，宋代唐慎微写的《证类本草》是世界上较为完备的早期药用植物志。在宗教发展史上，东汉张陵作道书，创立道教，道教成为我国影响最大的两大宗教之一。在学术思想上，宋代陈抟融合儒释道三家学说，对理学产生起了重要作用；苏洵、苏轼、苏辙所著《苏氏易传》包含着丰富的哲学思辨；张栻和魏了翁是宋代与朱熹齐名的理学代表人物；清初杰出的进步思想家唐甄所著《潜书》，丰富了我国唯物主义自然观。文学方面四川更是名人辈出，西汉最著名的辞赋家中，蜀中就有司马相如、王褒、严遵、扬雄四位，在全国独占鳌头。在唐代，蜀中诗人和寓居蜀中的诗人如李白、杜甫、陈子昂等都留下了脍炙人口的诗篇。在宋代，在苏轼的影响下，四川产生了一大批杰出的词人。史学方面，西汉有扬雄，东汉有李尤，三国两晋时有谯周、陈寿、常璩等著名史家。到宋代，四川史学更进入繁荣时期，出现了闻名全国的“西蜀史学”，涌现出范祖禹、李焘、李心传等一大批史学名家。在绘画艺术上，黄荃父子的工笔画、花鸟画垄断官府画坛几乎一个世纪。

无论是在物质文明领域还是在精神文明领域，四川历代名人都取得了辉煌的成就，在不少领域走在我国乃至世界的前列，为中华文明和世界文明做出了重要的贡献。

（二）四川历史名人资源分析

对全省 21 市州的调研显示，四川历史名人资源丰富。在全国范围内有较大影响的历史名人达 70 多人，其中有 10～20 人在世界范围有一定影响，影响遍及全省的历史名人则有 1000 多人。

横向看，根据《中国大百科全书》的统计，四川的历史名人共有 104 人，和全国其他省份相比，排在江苏 484 人、浙江 443 人、河南 206 人、河北 199 人、山东 180 人、安徽 146 人、福建 145 人、广东 144 人、湖南 132 人、江西 117 人之后，历代杰出人物的数量在全国排第 11 位。

从学科看，四川历史名人涉及哲学、经济学、法学、教育学、文学、历史学、理学、工学、农学、医学、军事等学科。分朝代来看，秦汉 7 人，三国两晋 5 人，隋唐五代 4 人，宋辽金 14 人，元 1 人，明 3 人，清 3 人，近代 4 人，现代 63 人。

（三）四川历史名人的特点

1. 类型多样：不同领域均有杰出人物

四川历史名人在各个不同的领域均有所贡献，其中有政治家、军事家、思想家、科学家、艺术家、文学家、史学家等。

2. 时代特征：不同朝代人才差异明显

各个朝代涌现出的四川历史名人数量有较大的差别，具体表现为秦汉名人辈出，南北朝时期较少，唐宋又大量涌现，元明较少，清代又出现人才济济的局面。如果用一条曲线来表现从先秦到清末的四川历史名人数量分布，则形似一条起伏的波浪线。

3. 地理特征：核心区杰出人才最盛

从地域上看，四川历史名人以成都为中心，向川西南和川东北延伸，其余地区相对较少。成都、眉山、乐山、德阳、南充、遂宁、巴中等为人才多出之地，名人辈出，领域涉及诗词歌赋、天文历算、文臣武将，为重点区；绵阳、广元、宜宾、广安、达州、雅安、资阳次之，虽然代有名人，但数量及质量与重点区相较不在一个等级，为一般区；攀枝花、内江、自贡、泸州、凉山彝族自治州、甘孜藏族自治州、阿坝藏族羌族自治州再次之，多为上古传说名人，以不可考者居多，为边缘区。

4. 其他特征：家族、女性、宗教群体有特色

四川的人才分布还有一些特征：一是以家族、氏族、父子、兄弟、夫妻等集体形象出现的名人比较多；二是女性名人比较突出，有武则天、薛涛、黄崇嘏、浣花夫人、花蕊夫人、奢香夫人、黄娥等人；三是宗教名人在遂宁、甘孜、阿坝比较集中；四是少数民族的名人在凉山、甘孜、阿坝较多。有的市州没有产生有重大影响的历史名人，但有较多名人游览、路过或者停留过。比如，泸州是川南重镇，战略地位十分重要，古时候入滇入黔必须经过泸州，所以众多的历史名人如杨慎等都曾在此生活停留。

（四）保护与开发现状

1. 观念上重视：各地保护、挖掘及开发积极性高

四川各市州普遍认识到历史名人是一个地方历史文化延续、文化命脉和集体记忆的一部分，希望利用丰富的名人文化资源，深度挖掘历史名人文化，打造独特的文化名片。各市州在保护历史名人遗迹方面做了如下工作。一是全面梳理当地的历史名人遗存，根据不同的等级，分别申报国家级、省级、市级、县级文物保护单位，并树立保护标志和说明牌。二是对确认的重点文化遗迹、遗存开展抢救性保护、修复和重建。三是开展历史名人纪念活动。如绵竹每年定期举办张浚、张栻学术研讨会；南充蓬安于2003年成立了司马相如研究会，并多次举办国际性的相如文化研讨会；资阳市安岳县就

几乎每一位重要历史名人均成立了相应的研究会，定期开展活动；广元成立了中国武则天研究会，定期举办武则天学术研讨会。

2. 遗存有规模：保护好部分名人遗存、遗址

由于历史变迁，四川省古代历史名人遗迹、遗存遭到极大的破坏。很多遗迹、遗存在历史上建造了又被毁掉，现存遗迹、遗存多建于明清之际，只有部分的遗迹、遗存保存完好。广安的安丙墓，由于是新近发现的，且发掘和保护较为及时，其墓室、墓中器物等保存相对完好。通江三李的遗迹三李故园，占地面积约为 20 平方公里，其梅园、柿园、竹园、栀园、紫荆园等均保存完好。类似保存相对完好的遗存、遗址、遗迹还有乐山井研雷畅故居、广元皇泽寺、广安邓小平故居、资阳乐至陈毅故居、安岳石窟及名人题词、雅安高颐阙及樊敏碑、成都杜甫草堂及武侯祠等。

3. 传承有措施：采用画册、图书、地方志、连环画等形式

为了更好地传承和弘扬先贤懿范，各地在不断加强和完善基本资料整理的基础上，推出了画册、图书、地方志和连环画及乡土教材等作品，加大了历史名人的宣传力度。近年以来，在名人文化研究方面，资金相对充足，人力亦有所增加，故而各地名人研究出版物大量涌现，且表现形式呈多样化趋势。就文字作品而言，各地名人的传记，有一般性的，也有普及读本、简本、折页等；也有以某一位名人为中心的文学作品和以某一位名人为中心的资料整理，如年谱、诗文集、长编、画传、故居研究等；还有以一个领域为中心的研究成果或者资料汇编。如，乐山《井研国学》梳理了井研的国学发展历程，对井研国学发展过程中的重要人物分别做了重点介绍；《嘉州文化大观》则以词条形式，分别对乐山文化名人、文学美术等团体、书籍画册等出版物、名胜古迹做了简略的介绍。除文字作品之外，其他表现形式的作品也层出不穷，如歌曲、画作、书法、摄影作品、纪录片、录音、电视连续剧、宣传片、歌剧、话剧、舞台剧等，使得当代人能通过视觉及听觉了解历代名人的事迹和精神。

4. 开发有思路：注重文旅结合、产业事业结合

目前，四川正处在大众文化及旅游消费需求快速增长的阶段，各市州都

抓住机遇，制定相应的政策及规划，实施相应的方案，因势利导，充分利用当地的历史名人资源，发展文旅产业。如乐山井研以雷畅故居、熊克武故居及近代经学大师廖平故居等名人故居为核心，结合当地三江宋塔、大佛湖、马踏倒石桥等名胜设计旅游环线，打造井研县文旅名片。广元则以武则天和皇泽寺为中心开展女皇文化纪念活动，每年正月举办皇泽寺民间庙会并开展“女皇出巡”等文艺演出进景区等群众性活动；每年9月1日，举办纪念武则天的女儿节，已连续举办28届，女儿节已经成为广元亮丽的城市名片；深入挖掘武则天的文化价值，推进文旅深度融合，创作了《女皇传奇》《武则天》《武则天夜审》等一批文艺作品，开发了武则天画像、刺绣、扇面等文创产品20余种。这一系列措施不仅宣传了武则天文化，还带动了当地旅游产业，实现社会效益和经济效益的双赢。类似的以历史名人文化为载体开展文旅结合的例子，还有成都的武侯祠元宵节大庙会、“人日”游杜甫草堂，达州元九登高节等。

总体而言，各地都有意识地将历史名人遗迹、遗存、遗址等纳入文化旅游规划项目。各地积极开展名人博物馆、遗迹、遗址智能导览系统建设，编制相应的保护、研究及展示利用的规划，围绕名人遗址、遗迹，打造周边旅游园区，整治周边环境，建设相应的纪念馆、陈列馆、博物馆等，修建游客服务中心，开发铜像、画像、诗词书签、食品、卡通摆件等文创产品以带动古玩、字画、奇石、工艺等相关产业。文旅结合发展相应的产业，已经成为各地地方政府和相关部门的共识。

二　四川历史名人文化资源的主要特征及文化价值分析

（一）主要特征

1. 具有开创精神

四川有众多的历史名人，其中有叱咤风云的政治家、军事家，有超迈逸群的文学家，有精研覃思的科学家、学究天人的思想家，还有才思敏锐的女性和醉心于长生之术的仙道人物。他们都表现出鲜明的地域特点和强烈的开创精神。

古代巴蜀僻处西南，山重水复，交通不便，成为一个相对独立的地理单元。从这里成长起来的巴蜀文化，对外交流有限，一开始就呈现出与中原文化不同的面貌：思想多浪漫气质，较少受儒家正统思想的羁绊。中国的本土宗教——道教——就在这样的文化环境中孕育而生，被鲁迅视为“中国文化的根底”。

巴蜀文人多具有浓厚的“异端”色彩，好老庄，喜佛道，习纵横之术，富有想象力。唯其多“异端”色彩，故大胆叛逆，勇于创新，为人特立独行，运思天马行空，行文汪洋恣肆，往往能在变革之际大显身手。司马相如以其《子虚》《上林》二赋推动汉赋从骚体赋到大赋的转变，代表了汉朝大赋的最高成就。陈子昂自蜀中入长安，高举革新大旗，提倡汉魏风骨，并以其突出的创作实绩，力扫齐梁诗风，奠定盛唐之音。李白诗豪迈飘逸，放荡不羁，是中国古典积极浪漫主义诗歌的高峰。五代时期，西蜀成为词创作的中心之一，中国第一部文人词总集《花间集》就在这里问世。北宋苏轼为文洒脱自然，如行云流水，在宋代诗文革新运动中脱颖而出。清代的张问陶在宗唐、宗宋之争中强调独抒性灵。新文化运动中，郭沫若则以《女神》《凤凰涅槃》等新诗一鸣惊人。

四川人的开创精神同样表现在科技领域。西汉时期，阆中人落下闳开创了浑天说，创制太初历。太初历是我国历法史上第一部成体系的历法，其将二十四节气纳入中国历法体系，并确定“孟春正月为岁首”“以无中气之月置闰”等规则，一直沿用到现在。南宋安岳人秦九韶精通数学，完成了数学巨著《数书九章》，创造了“大衍求一术”和“正负开方术”，为人类数学的发展做出了卓越贡献。秦九韶因此被美国著名科学史学家萨顿称为“他那个民族，他那个时代，并且确实也是所有时代最伟大的数学家之一”。

2. 呈现板块特征

四川的历史名人文化资源呈现出明显的板块结构特征。

三国文化板块。四川是蜀汉政权统治的核心地区，刘备、诸葛亮、蒋琬、费祎、张飞、赵云等众多的政治家、军事家曾在这里活动，留下了不少历史遗迹，遍布全川，尤以成都（武侯祠、惠陵）、南充（阆中张飞庙、陈寿万卷楼）、广元（剑门栈道）等地最为集中。南部各市州还有不少有关诸葛亮南征的遗迹及传说。

文宗文化板块。关于四川文脉，有“文宗自古出西蜀”之说，又有“自古文人皆入蜀”的说法。汉有赋圣司马相如、“西道孔子”扬雄，他们以恢奇靡丽之辞奏响昂扬奋发的大汉天声。唐有文豪陈子昂、诗仙李白、诗圣杜甫，他们以金声玉振之诗谱写开放进取的盛唐气象。宋有眉山三苏、剑南诗人陆游，他们被称为一代文坛宗主。明有著述第一人杨慎，清有性灵诗人张问陶、百科大家李调元，当代有文化巨人郭沫若、巴金，“五百年来第一人”画家张大千、“中国的左拉”李劼人。四川文脉绵长，江山代有人出。他们引领风骚，泽流后昆，构成了四川文化中引人瞩目的文宗文化板块。

道教文化板块。四川是道教发祥地之一。东汉顺帝时期，张陵（又名张道陵）率家人弟子到鹤鸣山（今大邑县境内）修道，创立五斗米教，其子张衡、孙张鲁继立，五斗米教影响日益扩大。此后，巴蜀地区一直是道教的重要基地。西晋末年，范长生以天师道首领的身份襄助成汉政权割据四川，被奉为“四时八节天地太师”。唐代李荣、前蜀杜光庭、宋代陈抟均为蜀中高道。道教深刻影响了巴蜀文化，其文化（青城山、鹤鸣山、葛仙山、青羊宫等）广泛分布于四川各地。

蜀学文化板块。蜀学指巴蜀地区自西汉迄今思想理论方面的学术文化。汉初文翁兴学，四川出现了“蜀学比于齐鲁”之势，涌现出严君平、扬雄等杰出思想家。南宋张栻、魏了翁先后创立南轩学派和鹤山学派，影响遍及全国。明清之际的费密、唐甄开启了近代思想启蒙的先声。清代双流人刘沅以儒学元典精神为根本，融道入儒、会通禅佛，创立了“槐轩学”；晚清蜀学在“以复古求解放”中蓬勃发展，出现了今文经学大师廖平。进入现代，蒙文通、贺麟、唐君毅等一批学人在风雨如晦中勤耕不辍，彰显出蜀学在文化重建中的价值和意义。

科教文化板块。这一板块分为水利、教育、天文等部分。水利以李冰治水为代表。教育古有文翁化蜀，今有晏阳初教育平民。天文历算之学在蜀地源远流长。春秋时有苌弘以天学事周敬王；苌弘以后，汉有落下闳、扬雄；三国有谯周；唐有梁令瓒、袁天纲（天文学家李淳风也曾入蜀问学）；宋有张思训、秦九韶、黄裳；清代后期的江津人江蕙，更是一位罕见的女天文学家。巴蜀地区的天文历算之学长期传承，代不乏人，故有“天数在蜀”之说（所谓天数，即指天文术数之学）。

女性文化板块。“蜀女多才，自古为然”。巴山蜀水孕育出的女性，既有坚强的生命意志，也不乏聪颖的文学才思。唐代武则天从广元走向长安，成为中国历史上唯一的女皇；成都华阳人刘娥是宋朝第一位摄政的太后（宋仁宗时），功绩赫赫，与汉之吕后、唐之武后并称，史称其“有吕、武之才，无吕、武之恶”；明初奢香夫人率部归附朝廷，被明太祖赞为“胜得十万雄兵”。四川女性的文学才能同样引人瞩目，如敢爱敢恨的卓文君，“万里桥边女校书”薛涛，花木兰式的人物黄崇嘏，写下“二十万人齐解甲，更无一个是男儿”的花蕊夫人，明代大文豪杨慎之妻黄娥。在男权主导的世界中，她们闯出了属于自己的一片天地。

3. 产生熔炉效应

从时间维度（历时性）来看，四川历史不是简单的线性结构，而是在曲折中发展演变的。公元前316年秦灭巴蜀，自此以后，四川社会经济发展呈现出“三高两低”的态势：秦汉、唐宋、清代为三个高峰，魏晋南北朝和元明两朝则是两个低谷。与此相应，四川历史上的人才分布也表现出“三盛两衰”的局面，三个兴盛期分别是秦汉三国、唐宋、清中期至民国时期。四川人才的兴盛，来自社会经济的长期稳定发展和多元文化的充分融合，前者可称为人才的累积效应，后者可称为人才的熔炉效应。四川人才的衰落，则必须归因于社会动乱带来的巨大破坏。

其一，四川人才的累积效应。仔细分析四川人才“三盛两衰”的历史轨迹，可以发现，与社会经济发展“三高两低”的轨迹相比，人才的鼎盛期稍显滞后。以秦汉时期为例，四川社会经济发展水平在西汉武帝和东汉明帝时期两次达到顶峰，而人才的鼎盛期却出现在此后的东汉三国时期。这种滞后性在唐宋时期和明清时期表现得更为明显。

究其原因，古代的四川僻处西南一隅，远离政治中枢，故蜀地人才群体中罕见扭转乾坤的事功型人物，而以文学艺术、思想学术、科技教育为大宗。这几种学术门类的发展有其自身规律，特别是后两者的发达，尤其需要建基于学统的长期传承。概言之，四川人才的类型特征决定了这一群体的兴盛有赖于知识的长期积累，而知识的长期积累只能以社会经济的长期稳定发展为前提条件。

其二，四川人才的熔炉效应。四川自古以来就是移民社会。各路移民带来的氐羌文化、夜郎文化、中原文化、秦陇文化、湖广文化、岭南文化、江浙文化在这里交汇融合，造就了巴蜀文化开放包容的精神品质，推动了四川人才的兴盛。

秦灭巴蜀后，秦惠文王“移秦民万家实之”；秦始皇克定东方六国，“辄徙其豪杰于蜀”；西汉时期的司马相如（祖上来自关中）、扬雄（自述祖上迁自晋国）、卓文君（祖上来自赵都邯郸）等人，都是上述历次移民的后代。东汉末年，中原板荡，人们视益州为避乱的乐土，蜂拥入蜀。秦汉时期，入蜀移民带来的秦陇文化、中原文化与原生的古蜀文化充分交融，引发了四川人才的井喷式出现。

及至唐代，因各种原因入蜀者日益增多。而“湖广填四川”则始于元代，经历了明初和清初两次高潮。移民来自南方，包括湖北、湖南、广东、江西、浙江、福建等省，移民带来的各地文化彻底重塑了巴蜀文化。经过数百年多元文化的碰撞、融合、消化、酝酿，清中期至民国时期的四川再次迎来了人才辈出的局面。

4. 地域不平衡性

从地域维度（共时性）来看，四川地域广阔，区域文化发展极不平衡。从历史名人的地域分布情况来看，以成都平原为中心的川西地区最为集中，域内城市成都、德阳、眉山、乐山都是人文荟萃之地；其次是川东、川北地区，域内城市南充、遂宁、广元名人资源较为集中；川南地区名人资源较为薄弱；阿坝、甘孜、凉山三州和攀枝花市因开发较晚，名人资源最为稀缺。从流域分布来看，名人资源分布的不平衡性更为明显。岷江流域历史上水旱从人，农业发达，交通便利，名人资源极为丰富。嘉陵江流域是巴国故地，山地连绵，峡高林密，培育了巴人忠义、勇敢的民风，自古就有“蜀出相，巴出将”的说法。天文历算为巴人擅长的学术，长期传承不衰。故嘉陵江流域的名人资源仅次于岷江。两江之间的沱江流域又次之，金沙江流域名人资源最为稀缺。

5. 传承载体优良

近代以来，四川战乱较少，省内的名人遗迹、遗存数量较大，整体保存状况较好。近年来，又有一大批名人故居、纪念馆、文化公园（广场）得到恢复或创建，名人资源载体种类更加丰富，规模日见扩大。这些场所环境优美，设计精心，不仅为市民提供了休闲健身的公共空间，还使优秀传统文化在潜移默化中得以传承。较有代表性的资源载体有成都的杜甫草堂、武侯祠（锦里），广元皇泽寺，江油李白纪念馆及故居，眉山三苏祠，乐山郭沫若故居，雅安高颐阙，阆中春节文化广场（落下闳）等。

6. 注重活态传承

优秀传统文化贵在传承。对于历史名人，四川各地长期以来持续进行学术研究，不定期举办各类学术研讨会。研究活动不可或缺，而活态传承的意义同样不可低估。以都江堰的清明放水节为例，该节日始于公元 978 年，1990 年恢复模拟放水活动，2006 年该节日被列入第一批国家级非物质文化遗产名录。每年清明节，当地人会举行隆重仪式，祭祀李冰父子，祈求五谷丰登、国泰民安，然后拆除杩槎，引导岷江水灌溉成都平原的千里沃野。各地游客纷至沓来，共同参与这一富有民族特色和文化内涵的盛会。除了放水节，类似的活动还有杜甫草堂的人日祭拜、广元女儿节、达州元九（元稹）登高节、江油国际诗歌节、阆中春节文化系列活动、眉山东坡文学节等。这类活动参与人数多，影响面宽，对于优秀传统文化的弘扬、发展，其作用是显而易见的。

（二）文化价值分析

1. 历史价值

人是历史的主体，历史归根结底是人的历史。作为历史中最活跃的主体，名人的事迹和经历堪称历史的缩影。古人有云："以古为镜，可以知兴替；以人为镜，可以明得失。"对于历史名人，后人读其书，凭吊其遗迹而想见其人，思接千载，视通万里，以其人其事为镜鉴，见贤思齐，见不贤而内自省，吸取教训，获得启迪，涤荡心胸，磨砺意志。名人的历史价值由此得以体现。

2. 思想价值

文化的中心是思想或哲学，举凡政治、历史、文艺等无一不受其影响。哲学固然是思想，而文学、史学、宗教之类，无一不具有鲜明的思想性。西汉杨雄模仿《易经》的结构，以玄为中心构筑宇宙生成图式、探索事物发展规律。南宋张栻、魏了翁从"心"的概念出发，努力发掘人的价值。四川历代思想家的实践，显示出古人在探究宇宙、社会、人生根本问题上曾经达到的高度和深度，堪称人类求索真理之路上的丰碑。

3. 精神价值

四川历史名人或立德，或立功，或立言，同立于不朽之域。诸葛亮以其"鞠躬尽瘁，死而后已"的牺牲精神，激励了一代又一代志士仁人为了理想而奋斗。李白"天生我材必有用，千金散尽还复来"的自信洒脱，"安能摧眉折腰事权贵，使我不得开心颜"的独立人格，将中国人的个性解放与精神自由推上前所未有的高度。杜甫"穷年忧黎元，叹息肠内热"的淑世情怀，"安得广厦千万间，大庇天下寒士俱欢颜"的仁者精神，千载之下仍有震撼人心的力量。苏轼"一蓑烟雨任平生"的旷达和"此心安处是吾乡"的乐观，则让身处逆境中的人们得到心灵的慰藉。杨慎的"青山依旧在，几度夕阳红"，足以代言中华民族深沉的古今兴亡之叹。他们的言行不但给有限的个体生命赋予永恒的意义，也为后人树立了精神的标杆。

4. 当代价值

历史名人文化资源是联系历史与当下的纽带。通过对名人文化资源的挖掘，把优秀传统文化连接到当今时代，弘扬并传播开去，有利于当前文化的健康发展，有利于当下社会生态的改善，有利于文化自信的树立，有利于社会主义核心价值观的培育。

三　四川历史名人的分类体系

根据历史名人自身的影响因素、载体可开发利用因素和文化传承活动开展情况，四川历史名人可分为独特级、特色级和特点级共三个等级，具体情况如下。

（一）独特级

独特级主要有以下标准：该名人的历史地位显赫、贡献巨大和影响深远；有成规模的、比较完整或系统的遗迹、遗址和遗存；至今有一定影响的文化或节庆活动在传承或开展。

1. 李冰父子；2. 司马相如；3. 落下闳；4. 扬雄；5. 张道陵；6. 诸葛亮；7. 武则天；8. 陈子昂；9. 李白；10. 杜甫；11. 苏洵、苏轼、苏辙父子；12. 张浚张、栻父子；13. 杨廷、杨慎父子。

（二）特色级

特色级主要有以下标准：历史知名度较高、在本领域有独特地位和影响力；有部分遗迹、遗址和遗存；生平事迹、故事在民间流传较广的人物。

1. 苌弘；2. 文翁；3. 严遵；4. 陈寿；5. 常璩；6. 薛涛；7. 元稹；8. 王建；9. 赵抃；10. 陈抟；11. 黄庭坚；12. 陆游；13. 魏了翁；14. 秦九韶；15. 虞允文、虞集；16. 唐甄；17. 李调元；18. 刘沅；19. 廖平。

（三）特点级

特点级主要有以下标准：基本满足独特级中的一个条件或者特色级中的两个条件的人物。

1. 张仪；2. 王褒；3. 刘备君臣；4. 孟知祥；5. 圭峰宗密；6. 杜光庭；7. 马祖道一；8. 陈尧咨兄弟；9. 张思训；10. 苏易简；11. 晁公武；12. 李焘、李心传；13. 范祖禹；14. 范成大；15. 朱椿；16. 费密；17. 彭端淑；18. 刘光第；19. 杨锐。

四　保护与开发存在的问题

经过对全省各市州历史名人文化资源的调研，我们发现各地政府对历史名人资源的开发和利用还存在一些问题。

（一）缺乏顶层设计，没有明确的制度保障

各地保护历史名人工程的机构不明确，基本配置不明确，经费保障不明确。

1. 制度保障不够

由于没有明确的制度保障，一些历史名人文化资源很难进入开发与利用阶段，或者是在进入开发与利用阶段之后，因无法评判其效益而被搁置起来。比如资阳的三贤文化公园，本是以资阳三贤文化为主题打造的，名称也体现了这一主题，然而到目前为止，整个公园的文化元素、名人元素等配套软件却极少。

2. 专业人才缺乏

由于缺乏编制和待遇较低，各地专业人才特别是文博人才和研究人才十分缺乏，这也进一步阻碍了历史名人文化资源的前期研究和有效开发。如成都李劼人故居，总编制为 8 人，他们既要进行故居维护、文物维护，又要负责纪念馆接待工作，研究人员严重不足；陈毅故居培养的解说员因为没有编

制，在掌握了一定的解说技巧和经验以后，纷纷参加公务员考试，到省、市一级有编制或待遇更好的单位工作。

3. 资金支持不足

由于缺乏政策支持，有心从事历史名人工程开发与利用的单位或个人难以获得资金帮助。如峨眉山市虽然建立了名人馆，但每年拨款金额只有 20 万元，除去人员工资等基本支出，用于维护和收集相关文物的经费仅有几万元。南充陈寿纪念馆景区安全、卫生、票务、营销等各项管理费用主要依靠政府补助和 5 元一张的门票收入，虽然近年来景区建设有一定成效，但进程缓慢。

（二）缺乏统筹开发，集中宣传效应低下

本次调研发现，除了个别市州建立了规模不大的名人馆或在博物馆中加入了名人展区以外，多数市州没有相关工程。即便是建立了名人展区或名人馆的地方，也因为没有足够重视，存在开发和宣传不到位的问题。如遂宁四川宋词博物馆建立了名人展区，但仅仅是对少数有一定影响力的历史名人做了绘画和简介，内容较为单薄。

（三）保护与开发缺乏配合

由于文物所有权归属不一，文物被文保部门维修保护好之后，往往由其他相关部门进行开发利用，所取得的经济效益不能直接或者较少应用于文物保护，权、责、利不统一不协调，不能形成良性循环，这既不利于历史文化资源的保护和监管，也不利于历史文化资源的合理利用。当经济建设与文物保护冲突时，个别文物使用单位存在法律意识薄弱，好心办坏事，损害文物的行为。个别地方在搞旧城改造时，对文化遗产资源保护的重视程度不够，出现了推旧建新的现象。

（四）产业配套不健全

文化旅游产业基本体系包括硬件、软件、服务三个部分，但四川省一

些历史名人文化产业表现出体系上的缺失。有的地方虽然有硬件和软件，却没有相关的旅游配套设施。包括陈寿纪念馆在内的南充西山风景区为国家4A级旅游景区，但现在还没有与之规模相匹配的游客接待中心，景区管理机构办公场所是利用展馆厢房改造而成的，办公区和游览区没有明显界限，景区内部未开通旅游观光车等，这些问题给游客游览造成不便。

有的地方有硬件却缺少软件。遂宁子昂故里文化旅游区，其主体包括前院、中院和后院三个部分，硬件比较到位。其依托于金华山景区，旅游相关设施如停车场、休息区等也有一定规模，游客休息区、旅游道路一应俱全，但整个景区内的文化元素较少。阆中的落下闳星座苑和春节文化主题公园里面都有塑像、主要贡献介绍、生平、一些天文学用具等，但展示的东西大多属于粗糙的复制品，缺少历史厚重感和文化底蕴。

（五）对历史名人文化资源的认知不足

一些地区对历史名人文化资源的认知度严重不足，使一些具有文化价值的文物被毁损，或被极具功利性的其他元素所替代，导致了文化价值的流失和资源的浪费。如，峨眉山各寺院中原有不少历史名家书写的对联匾额，但因寺庙一味重视经济效益，近年来这些名家楹联逐渐被当代人的书法作品有偿取代。

综上所述，四川省各市州历史名人文化资源的保护与开发工作取得了一定成绩，但也存在缺内核、缺体系、缺创意的问题。

五　四川历史名人文化传承工程思路与建议

根据调研，为加快推动“四川历史名人文化传承工程”的建设，提出如下理念与思路。

（一）基本理念：传承的“四化”原则

一是历史名人文化传承的本源化，即还原和把握历史名人文化的本来面目和基本内涵。当前四川历史名人体现出的是优秀传统文化和历史文化的结合，其本质是对四川传统历史文化的展示和传播。这就要求在历史名人文化传承中形成尊重历史、挖掘历史、还原历史的态度和精神，拒绝随意附会、过度演绎和无限夸示，同时充分展示出历史文化品位和气质。

二是历史名人文化传承的标准化。标准化是指对在全省推行的历史名人工程实行品牌标准化、标志标准化管理，诸如通过全省范围内的统一授牌或挂牌，统一四川历史名人文化传承工程的品牌标识，强化外在标识和运营方式的标准化。

三是历史名人文化传承的活态化。即注重同现实的结合，将历史名人与当代文化要素结合，发掘具有现实生命力的文化内涵，使历史文化名人活在当代人心中。

四是历史名人文化传承的体系化。四川历史名人文化存在资源分散化和开发碎片化现象，即许多文化要素没有进行有机整合和优化，文化传承的体系化需要将系统要素优化，以此形成包含各种要素的“文化综合体”或“文化生态链”。形成历史名人文化传承的体系性结构。

（二）政策供给：吸纳多种主体参与

调研发现各地对文化产业规划和发展的相关政策供给不足，执行不力。如有的地方政府曾出台文件将地方收入的百分之一作为文化投资，而实际上却并未执行。有地方在推进名人遗址作为道路名、站名时缺乏强力的制度支撑和权威保障。对此，需要通过政策供给，实现多元管理主体参与文化传承工程建设。

一是进入产业发展规划。将名人文化工程纳入当地政府的重要产业发展议程，争取政府力量投入，形成政府综合统筹的文化发展模式。二是建立三方投入机制。在资金利用上，充分发挥政府、社会、市场三方协作机制，建立以政府为主导，以社会企业为辅助，以市场消费支持为补充的资金投入格局。三是提供教育政策支持。实现文化与教育连接模式——通过历史名人进课堂、历史名人进教材等方式，着眼于教育下一代，加强青少年对历史名人文化的了解和感知，实现名人文化与教育的连接。四是加强相关立法保护。例如，推动与历史名人有关的地名纳入当地道路交通标识系统。

（三）体系构建：推进综合性系统化开发

调研中发现，各地历史名人文化传承碎片化现象严重，应围绕四川省历史名人文化这一核心资源，构建如下体系。

其一是认知识别体系构建。文化符号是文化内涵的外在彰显，也是对文化工程的品牌化表现。四川历史名人构成了四川文化的特有元素和人文符号，要充分利用这一文化符号。一是对全省历史名人文化传承工程建立统一的认知识别体系，研究代表历史名人文化的独特符号，并统一工程名称、统一授牌、统一标志性称号等。二是各地针对本地历史名人的情况，挖掘、建构自身独特的文化符号。三是学习借鉴成熟经验。在认知识别体系上，国外及中国港台地区有许多值得借鉴的地方，如美国好莱坞和中国香港的星光大道、世界各国的诸多名人雕塑广场和蜡像馆等，都成为该国家或地区的文化“形象代言人”，成为具有标志性的文化地标。

其二是精神传承体系构建。打造文化内容传承体系，对四川历史名人研究及传承项目进行多层次宣传推介。鼓励通过出版专著、拍摄电视、电影、歌舞等宣传推介；其中四川人民出版社、四川电视台等要积极参与四川名人研究的出版和名人传记电影拍摄。通过建立青少年学习基地、建立学院、研究会、研究所等宣传推介研究成果和相关项目。组织全省各级新闻媒体宣传报道。制订详细报道方案，选择历史名人思想、事迹等进行重点报道。同时，地方政府要组织推广宣传。通过文博会、旅博会及地方特色的节庆活动宣传推广。

其三是遗产保护体系构建。建立遗产保护体系。一是加强对历史名人故居的保护。二是加强对历史名人著作及成果的研究和保护，进行系统整理、规模呈现。三是加强对历史名人思想、精神、文化内涵的研究和挖掘，提炼出连接古今、活在当下、化育后人的文化成果，尤其要加强对历史名人核心文化精神的提炼。四是在树立历史名人雕塑上下功夫，增强各地历史名人的地域标识感和文化认同感。

其四是文创研发体系构建。实现历史名人的创作与研究两翼齐飞。从本次调研看，眉山、宜宾、泸州、绵阳等地文创有一定成果，其中宜宾出版了“宜宾历史文化名人”丛书共五卷，规模较大；其他地区亦有出版，但比较零散，不成体系。建议各地加强对历史名人的文创和研发，通过提高创作水平来提高创作质量，摆脱简单的、平面的历史叙述，创作出有思想、有水平、有意境的好作品。

其五是艺术生产体系构建。构建四川历史名人文化传承的艺术生产体系。一要加大省级投入，重点扶持各地区重要历史名人的艺术创作。二是引导社会力量，从市场需求和民间需要的角度，加强创意和表现手法创新，力求生动再现杰出历史人物风采。三是吸引国内甚至国际力量的加入。可借鉴成都《功夫熊猫》的文创运作，通过世界知名公司介入来提升文创质量和水平。

（四）路径选择：走高端化品牌化路径

四川历史名人文化传承工程是一个高质量、高标准的文化工程。根据调研实际，可选择以下路径。

定位高端化。充分展示中国文化精神与四川文化灵魂。本次调研发现，各地历史名人文化传承的格局太小，层次不高。如宜宾流杯池公园，其名称仅以小地名相称，并未彰显出“黄庭坚公园”所代表的宋代文化的高度。

内容人文化、当代化。首先，注重人文精神的提炼。人文精神是一种普遍的人类自我关怀，表现为对人的价值、命运的维护、追求和关切。历史名人文化中有许多这样的精神需要提炼。其次，挖掘其当代价值。让历史名人文化与时代精神结合起来，成为当代精神内容的重要载体。

工程品牌化。品牌化是四川历史名人文化传承工程需要选定的重要路径。要从全省角度谋划，形成全省性历史名人文化品牌。要从各地历史名人的实际出发，找准重要品牌的价值所在，打造具有独特性、超越性、号召力的文化品牌。

（五）分类推进：分类分步有序推进

做好四川历史名人文化资源的“基因测序”工作，搞清楚各类四川历史名人文化的量级、内涵、价值及开发成熟度。采取区别对待，分类、分级、分步有序推进。

1. 成熟类：通过贴牌与授牌予以品牌化。对于较为成熟的文化传承项目，如杜甫草堂、武侯祠、李冰父子等，需要在原有基础上提升品牌效应。其一是采取授牌和贴牌的方式。统一授予“四川历史名人文化传承工程——经典类（或重点类）”牌子，打上四川历史名人的品牌标识。其二是在对外宣传和媒体推广上统一名称。其三是补齐短板，尤其是补好文艺宣传体系上的短板，如杜甫草堂硬件虽成熟，但关于杜甫歌舞、话剧等方面的艺术产品相对薄弱，可加强如“杜甫话剧”之类的创作和表演，使之成为游客来成都必看的常设剧目。

2. 半成熟类：再定位、再挖掘提升影响力。对于一些还未完全成熟的历史名人工程，一是找出此类历史名人文化的核心精神和文化内涵，进行文化传承再定位。如广元女皇文化的定位至今尚不明晰，需要进一步明确化、清晰化。二是再挖掘，即让历史名人的文化内涵丰厚起来，如江油的李白故居仅展现出一个平面化的李白，还不够丰满，既可从诗仙、酒仙、剑仙、谪仙等各个角度，也可从李白与世界诗人的区别联系中加以丰富。

3. 不成熟类：系统规划发挥后发优势。不成熟类是指虽有较好文化根本或特质基础，但开发打造不够成熟的。对此建议：要系统评估和科学决策，从不成熟类中遴选出真正有实质内涵、有开发潜力的历史名人进行打造；要系统规划和重视研发，确保该类历史名人工程的创意性和创造性，形成较强的后发优势。

4. 待开发类：前瞻性研究评估试点。待开发类历史名人文化资源是指在调研中发现的有较大开发价值的历史名人，或历史名人群体，或历史名人村落、古镇。如巴中的三李文化村、泸州的尧坝古镇等具有丰富的历史名人文化积累，有待进一步深入开发。对此类建议：加强前瞻性研究，将其纳入四川文化资源储备库，进行分类研究，挖掘其应有的价值和内涵；做好前期评估工作，为其进入四川历史名人第二、第三批工程做好准备；采取“边试点边探索”模式，先行先试，探索和积累有益经验。

B.7

四川乡村旅游提档升级调研报告

艾 莲　施 霞　黄维敏　徐 茜*

摘　要： 2016年是中国“大乡村旅游时代”的元年，大规模、大投资和大影响的特征初步显现，乡村旅游的转型升级成为各界普遍关心的问题。本报告调研了《四川省乡村旅游提升行动计划（2014－2017年）》实施三年来的成效，在此基础上，深度剖析国内外“文创＋乡村旅游”发展模式与经验，针对四川“文创＋乡村旅游”发展中遇到的主要问题，提出四川省“文创＋乡村旅游”提档升级的思路和建议。

关键词： 乡村旅游　“文创＋”　四川　美丽中国

乡村旅游是以旅游度假为目的，以乡村环境为空间，以游居为特色的旅游形式，是一种农业和旅游业融合的产物。① 乡村旅游一般分为城郊型和景郊型。城郊型以地利之便、空间优势，吸引着大中城市周边居民。景郊型一般依托国家级（或世界级）、省级的风景名胜区，以景区游客作为主要客

* 艾莲，四川省社会科学院文学与艺术研究所副研究员，研究方向为生态美学、文化建设；施霞，四川省社会科学院文学与艺术研究所助理研究员，研究方向为公共文化服务；黄维敏，四川省社会科学院文学与艺术研究所副研究员，研究方向为中国古代文学、文化产业；徐茜，成都大学副教授，成都市旅游产业促进中心副主任，成都旅游景区协会副秘书长，研究方向为旅游产业发展。

① 其他公认的定义还有：乡村旅游是指旅游者以乡村空间环境为依托，以乡村独特的自然风光和人文特色（生产形态、生活方式、民俗风情、乡村文化等）为对象，进行观光、度假、娱乐或购物的一种旅游形式。

源，目前城郊型是我国乡村旅游区位模式的主要形式。有人也将乡村旅游分为城市依托型、特色村寨型和景区带动型，还有人把乡村旅游分为都市郊区型、景区边缘地区型、老少边贫地区型等。

我国乡村旅游从20世纪80年代中期开始发展，规模不断扩大，产品不断升级。2016年是中国“大乡村旅游时代”的元年，大规模、大投资和大影响的特征初步显现，乡村旅游的转型升级成为各界普遍关心的问题。乡村旅游升级方向主要是规模升级、科技升级、生态升级以及文化升级。

基于乡村旅游的发展类型、发展历程和升级方向，加上四川省的乡村旅游肩负解决“三农”问题、促进社会主义新农村建设的使命，又由于乡村旅游是彰显“美丽中国”、记住乡愁的重要推动力量，为了促进四川乡村旅游向特色化、品牌化、国际化方向发展，更好地引领全国乡村旅游发展，本调研报告在研究对象、研究思路、案例选择上都突出了针对性。由于《四川省乡村旅游提升行动计划（2014－2017年)》特别重视“文创+乡村旅游”的发展模式，2017年也是该计划的总结推广阶段，因此课题组着重调研了《四川省乡村旅游提升行动计划（2014－2017年）实施三年来的成效。

一　“文创+乡村旅游”的实践和成效

《四川省乡村旅游提升行动计划（2014－2017年)》提出：坚持以文化提升乡村旅游品质……构建乡村旅游展示体系。在这一精神的指导下，2016年四川全省乡村旅游总收入为2015亿元，同比增长22%，比2015年增加了350亿元。① 2016年中国社会科学院舆情实验室发布的《中国乡村旅游发展指数报告》显示，四川省的乡村旅游在国内排名第三。② 文化与乡村旅游的融

① 《2016年四川省农业农村经济基本情况》，http://www.snsc.gov.cn/agriculture/4053.htm，2018年4月10日。

② 前两名是浙江和陕西。出自雷恺《中国社会科学院发布〈中国乡村旅游发展指数报告〉》，http://news.eastday.com/eastday/13news/auto/news/china/20161029/u7ai6156025.html，2018年4月10日。

合，成为促进农村经济增长和农业结构调整的重要途径，促进县域经济发展的重要动力，建设幸福美丽新村的重要载体，是四川旅游的一大亮点和特色，为全国乡村旅游发展做出了积极贡献。

（一）成都市“文创+”乡村旅游体系初探

1. 主题乡村旅游产品层出不穷，文创乡村旅游体系初成

成都市文化创意产业和乡村旅游产业的正式“联姻”可以追溯到2014年。三年来，通过创意产研基地的乡村化、乡村自然元素的创意化以及创意体验与休闲生活的合一化等系统、系列发展与集成，成都乡村旅游产业已不再是“观光休闲”一元产品时代了。各具特色的“康养度假”“猎奇探索”“学习体验”“会议拓展”等主题乡村旅游产品应运而生，新兴的文创乡村旅游体系雏形初现。

以乡村旅游接待点的生态、人文、原生产业和主题创意等集群优势为基础，成都创建了全国休闲农业与乡村旅游示范县（点）9个、省乡村旅游示范县10个、省乡村旅游示范镇28个、省乡村旅游示范村32、省生态旅游示范区7个、省乡村旅游强县4个、省乡村旅游特色乡镇11个、省乡村旅游精品村寨8个、省乡村旅游创客示范基地9个，打造精品新业态经营点精品国际驿站2家、农家乐园26家、花果人家6家、养生山庄7家、生态渔庄4家、创意文苑6家、民族风苑1家，农业的多功能性得到极大拓展。

截至2016年底，成都市乡村旅游接待人数合计为1.02亿人次，实现乡村旅游收入260.91亿元，从业人员约为13.72万人，与2015年相比，各项指标都实现了10%以上的增长。[①]

（1）“农家乐”向“艺家乐”转型——清源际艺术中心

成都清源际艺术中心是三圣乡“农家乐”提档升级为“艺家乐”的典型代表。“艺家乐”即通过长期举办文化交流活动，将众多文化元素融入传统的“农家乐”。

① 成都市旅游局、成都市统计局：《2016年成都市乡村旅游统计分析报告》，2017。

成都清源际艺术中心设立了专业性文化艺术创意空间，对非物质文化遗产陶埙和砂器进行创意设计、开发、推广、销售，常年举办各类文化活动等文化艺术创意活动，用艺术的魅力吸引了大批客源。

图1　成都清源际艺术中心举办的活动

（2）文化创意产业融入“乡村旅游综合体”——明月村

蒲江县明月村依托良好的生态环境及陶艺手工艺传统，引进文创项目及艺术家、文化创客，形成以陶艺手工艺为特色的文创项目聚落和文化创客集群，推动了产业转型，促进了结构优化，带动了乡村旅游和生态农业互动发展，将一个曾经的市级贫困村发展成为成都新型知名乡村旅游目的地，探索出政府搭台、文创撬动、产业支撑、公益助推、旅游合作社联动、共创共享的幸福美丽新乡村发展模式。

（3）文化主题活动提升乡村旅游品质——白鹿中法风情小镇

彭州市白鹿镇是一个具有悠久历史和丰富宗教人文资源的古镇。白鹿镇基于龙门山脉的优质自然旅游资源，突出当地留存的法式建筑，以文化创意旅游为核心开启了文化创意提升之路。丰富多彩的文化创意活动强化了白鹿镇的对外文化交流，提升了旅游区的品牌知名度和美誉度。

图 2　白鹿镇中法风情小镇

据不完全统计，白鹿镇游客接待量已从 2013 年 80 万人次增长到 2015 年的 205 万人次，旅游收入从 2013 年的 9600 万元上升到 2015 年的 2.46 亿元。

图 3　白鹿镇举办的文化活动

2. “双百”文化旅游创意活动添助力，文创乡村旅游遍地开花

“双百”文化旅游创意活动（以下简称“双百”活动）是成都市推进“文创 + 乡村旅游”的标志性活动。

2016年“双百”活动重点项目的点位中特别增加了旅游景区、乡村旅游点和古镇（见表11），21个重点扶持项目①大多属于乡村旅游项目，而往届活动的点位仅限于博物馆、艺术馆、美术馆和创意聚集区。

表1　2016年“双百”文化旅游创意活动21个重点扶持项目相关信息

序号	区位归属	点位名称	活动名称
1	青羊区	西村创意产业园	西村生活艺术节
2		华珍藏羌文化博物馆	玩转“潮羌绣”——羌绣创意设计体验
3	锦江区	成都清源际艺术中心	黑砂艺术创意体验周
4		许燎源现代设计艺术博物馆	“36.5度设计大展”第二季
5		读城旅行家	读城旅行家
6	成华区	东郊记忆·熊猫宇	PANDA COMES!“熊猫来了”文化创意之旅系列活动
7	武侯区	天艺浓园艺术村	浓园文创体验季
8		中国女鞋之都	“鞋”创生活　智创未来
9	新都区	锦门丝绸商贸旅游小镇	“丝路锦门”创艺生活节
10	双流区	四川省三都博物馆	“手绘之旅—水墨青花”
11	龙泉驿区	中国·艺库	龙泉驿区客家文创旅游商品设计大赛
12		sheme中国最美女鞋艺术馆	中国最美女鞋博物馆——丝绸之路工艺传承展
13	蒲江县	明月村	2016成都创意设计周明月村文化旅游创意活动暨2016明月村陶艺节
14	大邑县	新场古镇·锦府驿	2016成都创意设计周“新场古镇第一届川西坝子民俗创意文化旅游节”
15	郫都区	川菜博物馆	魅力川菜·美好生活
16	崇州市	“丁知竹”竹编非遗创意验园	“知竹”文化体验
17	彭州市	白鹿中法风情小镇	2016成都第三届天府古镇艺术节
18	金牛区	436青年文创空间	“双百”文化旅游创意活动暨2016成都大学生创意市集
19	都江堰市	成都乌木艺术博物馆	馆藏精品·创意无限
20	成都市文广新局	成都博物馆	“成博杯”青年文化旅游创意产品设计大赛&创意设计周发布会
21	成都市旅游局	2016成都创意乡村游	望山见水忆乡愁,创意乡村任我游

① 2016“双百”文化旅游创意活动共有100个项目点位，涵盖了旅游景区、博物馆（含民间博物馆）、艺术馆、创意聚集区、乡村旅游点以及古村镇，配合精彩纷呈的特色文化旅游创意活动，展示了成都厚重的文化创意底蕴，促进了成都文化创意产业与旅游产业的融合发展，共创了全国最大的文创旅游盛宴。

据主办方统计，2016年“双百”活动共计接待游人237.8万人次，文化旅游直接收入为1.62亿元，创意及收藏展品共计34976件，举办主题外延活动480场，媒体（平面媒体、新媒体、自媒体、户外媒体）报道623次，关注点击量达3.6亿次。2016“双百”文化旅游创意活动充分实现了文化创意设计与旅游的进一步融合，促进了“文创+乡村旅游”的探索与建模。

（二）其他市州“文创+乡村旅游”

1. 民族文化是民族地区乡村旅游的灵魂

四川鼓励扶持民族地区乡村旅游发展，培育服务质量规范标准、民俗文化特色浓郁的民族旅游接待户。四川结合富民安康以及藏区民生工程，加快了《四川省民族地区旅游业发展规划（2008－2012年》落地实施，支持民族地区启动百千万“牧（农、林）家乐”计划，发展“牧家乐”“藏家乐”“彝家乐”等；组织全国知名旅游专家，召开民族地区乡村旅游发展咨询论证会，积极为民族地区乡村旅游出谋划策；结合惠民工程和社会主义新农村建设，帮助民族地区选择有特色、有条件的村寨开展原生态村落旅游试点工作。

九寨沟天堂口民俗风情街开街两年多来，涌现出一批特色主题酒店和纪念品店，有20多名创业的大学生经营者。2015年8月，国家旅游局公布首批20个“中国乡村旅游创客示范基地”，九寨沟天堂口民俗风情街就是其中之一。

“全球灾后重建规划设计最佳范例”水磨镇是四川乡村休闲度假游的典范，水磨镇拥有浓郁民族风情的羌族文艺汇演，还有羌族洋芋糍粑、玉米搅团等数千道藏羌特色美食，民族文化是水磨镇留客的绝招。

2014年11月荣膺“中国最美乡村旅游目的地”的丹巴，建立了“古碉·藏寨·美人谷”旅游形象品牌。2016年接待游客87.85万人次，实现旅游总收入8.69亿元。[①] 旅游业有力地带动了现代服务业的快速发展。

① 见丹巴县人民政府代理县长王俊《在丹巴县第十三届人民代表大会第一次会议上的政府工作报告》，2016年12月。

2. 乡村文化旅游节是乡村旅游的重要推手

利用节庆等特殊时间节点，省级乡村文化旅游节能有效整合旅游资源、打造旅游品牌、促进地区间联动，有力带动参与地区的乡村旅游成片发展。

从2009年开始，四川乡村文化旅游节年年举办，节会运作不断成熟，营销方式不断创新，游客人数逐年攀升，候选举办地竞争日渐激烈。2015年四川乡村旅游节分成四季陆续“绽放”，犹如唱起了“四季歌”，鲜明的季节特色配上风情各异的民俗风情，展现了乡村旅游独特的魅力。2016年，四川省第七届乡村文化旅游节如约依次上演，苍溪、开江、宝兴和米易等四县的旅游风采得到全面彰显，不仅在四川旅游界名声大振，还吸引了大量海内外游客。2017年四川省第八届乡村文化旅游节（春季版）在广安举行，岳池县樱花节、邻水县乡村文化旅游节、前锋区桃花节、“乡约武胜”等是推进农业供给侧结构性改革，第一、第二、第三产业融合发展，全域旅游全民旅游的样本。广元启动的2017年大蜀道国际文化旅游节活动，显著提升了广元旅游市场的影响力。

3. 四川各乡村旅游强县、特色乡镇和精品村寨文化底蕴丰厚

为贯彻落实《国务院办公厅关于进一步促进旅游投资和消费的若干意见》关于“建设一批乡村旅游创客示范基地”的文件精神，2016年底，四川各地积极开展省级乡村旅游创客示范基地申报与创建工作。经自愿申报、市州初评推荐、省上组织相关行政部门和旅游专家进行综合评审等程序，并通过四川旅游标准评定委员会审核，评选出一批乡村旅游强县、特色乡镇、精品村寨和乡村旅游创客示范基地（见表2、表3、表4）。

表2　2016年四川省乡村旅游强县名单

序号	2016年四川省乡村旅游强县
1	成都市彭州市
2	成都市金堂县
3	雅安市汉源县
4	宜宾市兴文县
5	绵阳市北川羌族自治县

续表

序号	2016年四川省乡村旅游强县
6	攀枝花市盐边县
7	成都市龙泉驿区
8	广元市苍溪县
9	攀枝花市米易县
10	遂宁市射洪县
11	甘孜州丹巴县
12	乐山市沐川县
13	巴中市通江县
14	雅安市雨城区

资料来源：《2016年四川省乡村旅游强县、特色乡镇和精品村寨名单》，http：//www. scta. gov. cn/sclyj/lydt/zwgg/system/2016/12/27/001152052. html，2018年4月10日。

表3　2016年四川省乡村旅游特色乡镇、精品村寨名单

序号	市州	特色乡镇(39个)	精品村寨(56个)
1	成都市	崇州市街子镇 大邑县新场镇 蒲江县光明乡 新都区清流镇 都江堰市柳街镇	温江区万春镇幸福村 崇州市街子镇古寺村 金堂县广兴镇宝塔村 龙泉驿区山泉镇桃源村 邛崃市天台山镇马坪村 锦江区三圣街道办事处幸福社区 大邑县西岭镇云华村 青白江区三元村
2	自贡市	贡井区建设镇	大安区团结镇土柱村
3	攀枝花市	仁和区平地镇 盐边县红格镇	盐边县国胜乡热水塘村 米易县丙谷镇芭蕉箐村
4	泸州市	古蔺县黄荆乡	龙马潭区特兴镇走马村 龙马潭区长安镇慈竹村 纳溪区大渡口镇民强村 纳溪区天仙镇牟观村
5	德阳市	什邡市红白镇 什邡市蓥华镇	中江县集凤镇石垭子村 绵竹市遵道镇棚花村
6	绵阳市	北川羌族自治县青片乡 安州区桑枣镇	北川羌族自治县青片乡正河村 平武县平通镇桅杆村 安州区塔水镇七里村
7	广元市	苍溪县元坝镇 青川县青溪镇 昭化区昭化镇	苍溪县陵江镇红旗桥村 旺苍县鼓城乡鼓城山社区 昭化区大朝乡牛头村

续表

序号	市州	特色乡镇(39 个)	精品村寨(56 个)
8	遂宁市	安居区拦江镇	安居区玉丰镇金龟村 船山区河沙镇板桥村
9	内江市	威远县向义镇	东兴区高梁镇杨岭村
10	乐山市	峨眉山市普兴乡 沐川县沐溪镇 犍为县罗城镇	峨眉山市普兴乡仙牙村 峨边县黑竹沟镇底古村 马边县烟峰彝家新寨 五通桥区杨柳镇翻身村
11	南充市	南部县升钟镇 西充县观凤乡	高坪区佛门乡白山村 南部县黑龙观村
12	宜宾市	屏山县中都镇	高县大窝镇大屋村
13	广安市	武胜县三溪镇	武胜县三溪镇观音桥村
14	达州市	大竹县朝阳乡	大竹县庙坝镇寨峰村 渠县渠南乡大山村 宣汉县龙泉土家族乡黄连村
15	巴中市	南江县正直镇 通江县诺水河镇	通江县大兴乡东郡村 平昌县驷马镇当先村
16	雅安市	宝兴县蜂桶寨乡 汉源县双溪乡	天全县多功乡南天新村 宝兴县穆坪镇雪山村 汉源县九襄镇三强村 石棉县安顺乡安顺村
17	眉山市	丹棱县双桥镇 洪雅县瓦屋山镇	青神县白果乡甘家沟村 仁寿县文宫镇石家社区 洪雅县瓦屋山镇复兴村
18	资阳市		雁江区保和镇晏家坝村 安岳县岳阳镇水观村
19	阿坝州	小金县四姑娘山镇 红原县瓦切镇 理县古尔沟镇 九寨沟县勿角乡	小金县抚边乡大坪村 小金县四姑娘山镇长坪村 松潘县山巴乡上磨村 松潘县川主寺镇牧场村
20	甘孜州	康定市新都桥镇 稻城县香格里拉镇	道孚县协德乡先锋村 稻城县桑堆镇所冲村
21	凉山州	冕宁县复兴镇	德昌县德州镇角半村 盐源县卫城镇大堰沟村

资料来源：《2016 年四川省乡村旅游强县、特色乡镇和精品村寨名单》，http：//www. scta. gov. cn/sclyj/lydt/zwgg/system/2016/12/27/001152052. html，2018 年 4 月 10 日。

表4　2016年四川省乡村旅游创客示范基地名单

序号	2016年四川省乡村旅游创客示范基地
1	成都市洛带古镇文化艺术创客基地
2	德阳市绵竹市孝德镇绵竹年画村
3	成都市大邑县成都农业创客中心
4	成都市邛崃市平乐古镇
5	成都市温江区寿安植物编艺公园
6	乐山市沐川县桃源山居新农村综合体
7	阿坝州汶川县水磨古镇示范基地

资料来源：《2016年四川省乡村旅游创客示范基地》，http：//www.scta.gov.cn/sclyj/lydt/zwgg/system/2016/12/27/001152050.html，2018年4月10日。

此外，眉山、内江、宜宾、阿坝、凉山的乡村旅游提升行动也颇有声色，它们挖掘文化内涵，着力创意包装，彰显了“文化+乡村旅游”的模式和特征。一些地方尝试进行了“大地艺术”活动，如江油曾以800亩油菜花种出“千年李白，回归大地”的景观。

在四川乡村旅游蓬勃发展的过程中，仍然存在不同程度的产品同质化、布局碎片化、经营粗放化等问题。地域差异、经济实力、管理制度、科技水平、规划设计及旅游从业人员的素质等因素影响着乡村旅游综合效益的发挥，有不少市州仍处于乡村旅游发展的初级阶段。

2017年5月，时任省委书记王东明在省第十一次党代会报告中指出，要“培育休闲农业、乡村旅游……新产业新业态”，明确表示乡村旅游转型升级工作需要持续发力，在文化升级方面的探索需要更深入的研究。

二　“文创+乡村旅游”发展要素分析

在生态农业、观光农业、休闲农业兴起之后，文创农业模式受到人们的普遍关注。文创农业是将文化创意产业与传统农业相结合，把科技、文化与农业要素有机融合，从而开发、拓展传统农业功能，丰富、提升传统农业价值。传统农业遇到文化创意，农业变得时尚，充满情感，文创给予了农业灵魂。综观国内外“文创 + 乡村旅游”经典案例，我们总结出以下发展要素。

（一）“在别处”与“原生态”：真实的原乡体验感

乡村旅游最重要的价值之一就在于缓解城市生活压力，享受娴静的田园风光和淳朴的民情，所以，给游客提供真实的乡村旅游体验是非常有必要的，应该把游客“在别处”的陌生感、新鲜感和当地的原生态、原乡文化结合起来。采摘、收割、种植、挤牛奶等体验项目也要和当地的特色产业密切结合起来，使游客从猎奇、观光的“到此一游”转变为“沉浸式”享受快乐。“在别处”带来彻底的心灵放松，“原生态”带来真实的原乡体验；对别样生活方式的体会和想象，带给旅行者真正的体验高峰。

陕西省咸阳袁家村，台湾省的桃米村、清境农场、飞牛牧场，日本的合掌村、越后妻有、富田农场等，无不是“在别处”与“原生态”结合的典范。

成功的乡村旅游都做到了以下几点。首先，强调引导规划，提倡在保持乡村传统风貌的前提下开展农村人居环境整治，避免出现以地产为导向，生硬地建造与乡村景观、传统文化不协调的旅游村镇的现象；其次，强调将乡村文化的保护与资源的可持续利用统一起来，合理利用当地特有的景观风貌和风土人情；再次，传承和保护乡土风情要采用现代的理念，注重挖掘地域文化内涵，把古村古镇、民族村寨的有效保护与科学利用统一起来，发展出具有地域特色、民族特点和历史记忆的旅游村镇。

乡味的保留与展现，能最大限度展示乡村风貌，一般认为有如下要点。

一是建筑材质的本土化。当地度假乡居的改造应力求文化性、乡土性，外表一定要古朴陈旧，能够与周边环境融为一体。建筑材料也应尽可能挑选当地材质，如石材、木料、土墙、稻草等，尽力保留并呈现民居的传统形态，营造具有浓郁乡味的建筑。日本白川乡合掌村被誉为日本最美乡村，当地的茅草屋建筑全部由当地木材建造且不用一颗铁钉。成都明月村的乡居改造也极富当地特色，融入了环境，富有生命力。

二是旅游体验的本土化。旅游体验虽是度假乡居的软性资源，却涉及深入内心的情感反馈。在旅游体验活动的开发中，应尽最大可能有效地利用村落中的乡土资源，如果园、农田、小动物，以及生产生活工具、场景等，形成极具乡土性的乡村体验产品，提升游客的旅游体验。台湾省桃米村以保护生态为出发点，利用当地拥有的23种原生青蛙，提炼出独特的文化符号，成功打造出生态农业观光村。

三是度假氛围的本土化。具备度假功能的乡居，要有乡味的基础氛围，既要展现乡村优美的自然景观，也要营造浓郁的乡土意境，还要呈现乡村诗意的人文景观，最大限度地保留乡村原有的生活气息和生活状态，有意识地保留当地居民的生产生活状态。陕西省咸阳袁家村因地制宜，专注于袁家村本来的样子，把袁家村人的生活做成了旅游。

四是度假体验的品质化。具备度假功能是度假乡居模式的重要特征，也是乡村旅游升级的重要表现。度假乡居既要追求乡土、质朴，也要兼顾品质与舒适。实现外旧内新、外朴内华的强烈反差，就能营造出独特的度假体验。民宿的繁荣，正是基于这个原因。台湾省金瓜石、花莲，浙江余杭民宿的发展，正是在于为高端品质度假最大限度地提供了舒适奢华的体验。

（二）“公园化”与“创意核”：以旅游要素来规划组织农业公园

农业公园是用经营公园的思路，以绿色村庄为基础，融入低碳环保、循环可持续的发展理念，利用农村广阔的田野，将农作物种植与农耕文化相结合的一种生态休闲和乡土文化旅游模式。

作为一种新型的旅游形态，农业公园既区别于一般概念的城市公园，又不同于一般的农家乐、农村民俗观赏园和乡村游览点，它是农业旅游的高端形态，是中国乡村观光和休闲农业的升级版，更能体现现代简约生活理念。

农业公园与农业旅游、乡村旅游之间有着比较大的差异：一是主体差异，原来乡村旅游依靠农民，现在依靠企业；二是增长方式差异，原来是有啥生产啥，现在是以消费为带动的农业增长方式，完全按需定制。整个乡村就是“大菜园、大花园、大乐园、大公园”，菜地、花圃、苗圃、大棚设施、水景等一切要素，既遵循旅游特色进行打造，也兼顾生产所需来组织。

云南丽江、日本水上町①等地都用“公园化”“景观化”的思路来发展乡村旅游，不仅着力满足人们的吃、住、行、游、购、娱等传统的旅游需求，还着眼于满足商、养、学、闲、情、奇等旅游新需求，通过“三产带一产、一产三产化”作出在一产的土地上发展三产的锦绣文章。

近年来，我国批复的试点建设国家农业公园的项目有很多，比如（山东）兰陵国家农业公园、（河南）中牟国家农业公园、（海南）龙寿洋国家农业公园等。

截至2016年底，四川已建成农业主题公园200余个，仅2016年，四川授牌的省级示范农业主题公园就有80家，如蒲江县成佳绿茶公园、金堂县三溪国际脐橙观光园、新津县花舞人间等。在成都，赏花基地的建设加快了脚步，2016年奖补了蒲江县郁金香百合花、新津县菊花杜鹃花、都江堰市海棠花等11个基地；2017年奖补了四川省花溪谷生态农业发展有限公司“天府花溪谷主题公园”、成都市大梁农业发展有限公司“花间谷—中国酒村”、金堂“官仓玉皇养生谷”等14个基地。

目前，这些农业主题公园的前期投入、外在景观已经初具特色，但是还需要文化创意的持续介入，在体验方式、产业链延伸、营销模式等各个环节不断创新。

“公园化”只是外在“硬件”，“创意核”是内在“软件”。日本水上町有“公园”的外形，更有“工匠之乡”的内核。与之相比，四川乡村旅游目的地的“艺术核”或“创意核”还有很大发展空间。从宣传可知，新津的花舞人间有四季不断的活动与灵活营销，但有些农业主题公园，如金堂三溪的国际脐橙观光园，活动受季节的限制非常大，“官仓玉皇养生谷”甚至还没开始讲述属于自己的独特故事。

（三）“艺术化”与“艺家乐”：从自发到自觉的转变

近年来，以艺术创作为核心的创意产业呈现出向城郊乃至乡村扩展的趋

① 云南丽江“用旅游的理念经营农业、用景观的理念建设农村”，成功打造出丽江旅游新亮点；日本水上町，在开发之初就自觉提出“农村公园构想”：大农业即大公园。

势。因为追求安静的创作环境以及价格相对低廉的创作空间，艺术家开始自发聚集形成画家村、艺术村，随着规模的扩大与发展的规划，这些地方又进一步发展成创意产业聚集区（园区），最终成为艺术之旅的乡村旅游目的地。北京的宋庄、成都的蓝顶艺术区就是这样的典型。

宋庄的核心资源是艺术场馆、艺术家及艺术活动，它是世界上最大的艺术家聚集群落，依托这一独特的资源，宋庄开拓出“艺术旅游”的新道路。宋庄的旅游产品类型丰富多样，有工作室游览、艺术创作体验、艺术品鉴赏与收藏等，其产品特色也非常突出，艺术气息浓郁，产品附加价值高。

“艺家乐”的诞生，是三圣乡“农家乐”式乡村旅游供给侧改革的结果。“艺家乐”是以农业用地或是农家住宅为主要场所，经由艺术家或艺术机构的创造而形成的别具特色的艺术交流生活空间。“艺家乐”通过“农家乐+文化、国学、音乐、陶艺、书画”等，提升和改造了传统的农家乐，创造出了饶有趣味的艺术形态。目前，三圣乡景区已经有“艺家乐”40余家，如清源际、穿越自然、子曰、明伦书院等。出于保护这一新兴发展业态的理念，2015年7月，成都三圣花乡生态旅游管理有限公司申请了商标注册。2016年9月，“艺家乐”成功通过商标注册并正式生效。

在四川，以文化名人、文艺名家名作资源为龙头，深度开发乡村旅游资源也有很大的空间。司马相如、卓文君之于邛崃，严君平之于郫都区，李白之于江油，陈子昂之于射洪，郭沫若之于乐山沙湾，李劼人之于天回镇……资源之丰富，潜力之巨大，令人期待神往。目前，这些地区旅游资源开发中有关名人资源与产业布局的规划，还基本处于两张皮的状态。在对外宣传中，文化名人、文艺名家名作也是旅游线路宣传最佳的“长尾关键词”。

（四）“节庆化”与“线路化”：旅游要素的高度整合

“节庆化”是整合旅游要素的重要手段。节庆旅游的核心是文化创意，这才是真正吸引旅游者的深层次因素。节庆旅游空间的拓展，可以丰富旅游市场、激活旅游资源，还能加强国家之间或地区之间的文化交流。这是因为节庆旅游规模大小、举办地点不一，主题形态也各异，可以吸引区域内外大量的游客，产生不同程度的轰动效应，这既能提高举办地的知名度，又能促进当地乃至整个区域经济的全面发展。中国的成都创意设计周、四川乡村旅游节、（宋庄）中国艺术品产业博览会、台湾桐花祭，日本的合掌村浊酒节等节庆活动，都不同程度地提升了区域旅游魅力和价值，引来了客流。

目前，国内大量旅游节都有政府的支持作为背景，因此，如何深化节会内容、丰富活动形式、增强节会活动的市场性，成为继续发展的主要问题。

三　提档升级“文创＋乡村旅游”的几点建议

“文创＋”在乡村旅游文化内涵挖掘、产品研发、创意体验、提升品质等方面有不可替代的作用。四川旅游资源丰富，乡村旅游总收入高，“文创＋”助力乡村旅游提档升级的探索迈出了步伐。在此基础上，为了推动四川乡村旅游规模化、产业化、品牌化发展，将四川打造成为国内领先、国际知名的乡村休闲度假旅游目的地，课题组对以“文创＋”促进乡村旅游提档升级提出如下几点建议。

（一）高度重视政府的引导作用

政府要做好顶层设计，有序引导，做好“以文化为魂”的主题布局。要以市州匹配引导为第一要务——优化资源配置、引导文化契合、突出产业亮点、衍生多元业态、就地富民惠民，最终形成模式化、流程化和标准化的“文创＋乡村旅游”。

省级相关部门不仅要切实推进《关于大力发展乡村旅游合作社的指导意见》《四川省乡村旅游提升行动计划（2014—2017年）》相关举措，还要按照“文创＋乡村旅游”的特殊规律进行有针对性的引导：第一，全面系统地梳理四川的乡村文化资源，充分发掘、保护和利用乡村文化资源，构建各具特色的文创乡村旅游大格局；第二，探索构建乡村旅游部门联动机制，促进旅游业与文化创意产业的跨界融合，减少产业融合壁垒；第三，设立

“文创+乡村旅游”奖，实施示范带动计划；第四，策划举办一系列乡风民俗、农事节会活动，举办乡村旅游博览会，做深做长做常乡村旅游节，深化内涵，注重实效；第五，建好乡村特色旅游镇（村）、美丽乡村、传统村落、乡村旅游创客示范基地，实施精品民宿、滨水休闲和森林养生等品牌创建工程；等等。

（二）坚持“原创”，杜绝“山寨化”，遵循“一地一策、一类一策”的原则

乡村旅游产品不仅有着独特优美的自然资源，还蕴含了深厚的文化，要充分利用乡村的人文旅游资源，深入挖掘乡村文化的丰富内涵，利用自身特色制造特有的产品，一定要摒弃仿造或同质化严重的劣等品。

“无文创，不旅行”。文创与乡村旅游的融合，其最可贵的品质是“原创”“独特”“个性”。跟四川的乡村旅游相比，日本、中国台湾旅游的气质最为接近。日本、中国台湾的旅游，最令人动心的不是它有什么独特景观，不是它有什么产业规模，而是它营造的文化氛围和传达出来的文化精神。日本、中国台湾的文创人，对于传统文化的珍爱几乎到了偏执的程度，创意的激情也贯穿在行业的始终。

北海道的富田农场从1958年开始就确立了以薰衣草为主的花卉农场的定位。合掌村的民宿从1973年就已经起步，近半个世纪的执着耕耘，没有对文化传统的珍爱难以坚持。水上町的“农村公园构想”始于1990年。“越后妻有大地祭”也有21年的发展历程了，“越后妻有大地祭”的艺术作品与当地生活建立起了深刻的互助、依赖的关系。年轻的桐花祭持续深耕十五六年，内涵越来越丰富，活动越来越立体，影响越来越大。“贩卖台湾生活风格”的农产品品牌——掌生谷粒，迄今也深耕了10年，从卖米到卖茶、酒等其他的农产品，品牌建设之路也是创意不竭之途。

对于刚刚起步的四川乡村旅游而言，最忌讳的就是一哄而上，只学到“创意旅游”皮毛，开发急切追求利益的“山寨”产品。这种急功近利、肤浅的态度，会极大地伤害“原创”生态，破坏个性化、精致的文创产品的

创作环境。另外，与发达经济体的乡村旅游相比，跟国内其他城市一样，四川的乡村旅游的动力，特别是“文创 + 乡村旅游”的动力，有很大一部分来自政府的主导和支持。这就带来项目和活动“其兴也勃焉，其亡也忽焉”的发展“症候”，缺乏内生性动力。

从现有发展状况来看，省级乡村文化旅游节是四川推进乡村旅游发展的重要抓手，其广度已经得到拓展，但在深度、品牌内涵挖掘、主题化等方面还需要继续努力。

成都的“双百”活动是直接将文化创意与乡村旅游结合的活动，目前发掘了清源际、明月村等生动个案，还需要在规模的扩张、产业链的延伸和与本土文化的接续上做工作。

四川的乡村旅游发展层次不一，消费群体多元，各地区发展不平衡，品牌辨识度不高，这就需要在政府主导下，进行大体的资源分类、发展定位指导、分类分级顶层设计，搭建公共服务平台，撬动社会资本投入，通过评奖、展会等方式，为四川乡村旅游“借脑借智”，在竞争中提高行业整体水平，营造良好的创意创新氛围，为四川乡村旅游植入文化创意的灵魂。以国际眼光、本土情怀、“非原创无以为”的态度来进行四川文创乡村旅游的建设和培植。

（三）注重“公园化”开发和“创意核”挖掘，高起点建设乡村旅游项目

调研发现，即使是已经获得政策配套支持的“赏花基地”“新农村综合体”或者是规模化的农业种养殖基地，在落实以旅游要素来规划组织农业生产的理念方面仍然不够自觉。有些启动较早的基地完全是按照生产要素来组织的，新添设施设备很受局限；有些基地边建边改，甚至大面积更换作物品种，造成不必要的浪费。

此外，在已经建成的一些乡村旅游项目中，对“艺术核”“创意核”的挖掘比较粗浅，发展模式的可复制门槛低，竞争力不强。以文化名人、文艺名家名作资源为龙头，深度开发乡村旅游资源也有很大的进步空间。

（四）关注土地成本较高、急功近利的问题

城郊型是乡村旅游的重头，其发展迅速，竞争激烈。本报告主要关注的是这部分乡村旅游资源及其产业化进程。产品同质化、布局碎片化、经营粗放化等问题主要也出现在这部分的乡村旅游。从发达国家和地区的乡村旅游经验来看，城郊型乡村旅游也是份额最重，发展最有潜力，与文创结合最紧密的。

发展城郊型乡村旅游面临的最直接的问题是土地成本走高、急功近利。

在成都，城镇化率已超60%，城镇化进程还在不断加速，成都的创投成本不断上升。众多文创机构或个人为缓解成本压力及谋求更大的发展空间，已从二环内向三环外迁移，甚至迁到远离都市核心区数十公里之外的郊区，如蒲江明月村、彭州白鹿镇、崇州竹编非遗创意验园等。但在远郊，农村土地政策又有诸多限制，如农业土地交易主体与使用性质，这也导致原本合理的土地（空间）租金不断攀升。文创机构或个人在基本生活压力相对较大且不持续的环境下进行文创研产，会片面追求经济效益，逐渐丧失原生人文特色、文创内涵，从根本上失去文创乡村旅游的灵魂与精髓。

据统计，截至2016年底，四川省的城镇化率是48.9%。“十三五”期间，四川省的城镇化率将超过50%。城郊型乡村旅游土地成本高企，会直接影响项目文创内涵的持续深耕及培育发展，这需要相关部门高度重视。

（五）强化产业融合、科技引领

文化创意产业助力乡村旅游转型升级发展离不开科技创新，应将“技术→文化→品牌→时尚”模式充分融入乡村旅游活动的全过程，如通过文化创意对乡村旅游的有形载体进行创意设计，通过虚拟现实技术和特定表现手法赋予文化主题空间（研产基地、作品展览、创新体验）、乡村旅游节庆、大型演艺活动和专项艺术表演等更多的创意内涵，融合升级乡村旅游产业和文化创意产业，实现乡村旅游转型升级。

同时，还要持续加强实施“互联网+”发展战略，构建旅游、文化和农业互联网智慧云平台，实现互联网、文化创意、金融支撑、物联网等的融合。

《四川省“十三五”旅游业发展规划》提出推动“互联网+乡村旅游”。应全面启动智慧乡村旅游工程，向乡村旅游重点区域延伸现代信息基础设施，推动有条件的乡村地区实现免费WIFI全覆盖，提升高速网络服务水平。探索运用PPP（政府和社会资本合作）模式，建设乡村旅游信息垂直平台，实现在线服务、信息智能推送、网络营销、网络预订和网上支付等互联网服务功能。

（六）大力促进“文创”人才培养

文化创意助力乡村旅游转型升级，人才是关键。要改变目前中国乡村普遍的“空心化”现象，首先要“以情感打动”，活用“青年返乡”计划，解决原生态村庄村民不足的问题；其次是“以梦想而行”，借力“就地城镇化”政策，迅速转化高素质文创人才为文创乡村旅游复合型人才；再次是“以学成致用”，开展高校合作，实施人才定向培养计划，保障人才储备；最后是“以价值而行”，通过社会公开渠道，发现和聘任文创乡村旅游相关策划、规划、管理和运营的高级人才。最终形成“基本劳动力—文化原创力—服务生产力—管理协调力”四级人力资源优化配置，从而有力支撑文创乡村旅游可持续发展。

文化创意乡村旅游的建设，必须倚重三类核心人才：一是乡村旅游专业策划与营销人才，二是乡村旅游专业管理人才，三是文化创意（团队）人才。按“乡村”之于“文创”如“梧桐”之于“凤凰”的关系，文创乡村旅游的首要任务就是保护好自然生态、整治好乡村环境、规范好服务标准、引导好文化业态等，与此对应，需要前两类专业人才，但这两类人才非常匮乏。一是四川乡村旅游项目体量较小、收益周期较长且基本处于集体创业期，难以留住专业人才；二是面向社会招聘的专业人才在情感上与乡村文化需要较长的磨合期，极易造成人才流失；三是多数旅游专业人才志在城市，不愿到乡村；四是多数乡村自身软硬件较城市差距明显，长期生活存有不便。

当专业人才不足或完全空缺时，文创乡村旅游的全局运营自然就无从把控了。

B.8
川剧振兴与转型发展报告

陈　实*

摘　要： 川剧文学优美典雅，舞台演出异彩纷呈，在我国众多的戏曲种类里独具魅力。近年来，川剧借助国家政策及资金加速发展，注重传统艺术"娱乐化"，在振兴传承上走上了"墙内花开，墙外芳香"的道路。川剧作为文化产品，逐步走向了市场，但也出现了地方、民营院团发展相较于省府院团有所弱化，演出推广力度与传播覆盖面小，川剧行当之间发展偏科等问题。需要政府促进政策、财力的资源共享，加强对地方、民营剧团的扶持；院团演出应尝试舞台多媒体技术、丰富演出形式，加强对川剧各行当中青年戏曲人才的培养，注重新形势下川剧教育工作的推广和普及。

关键词： 川剧　振兴传承　转型发展

自1982年中共四川省委率先在全国提出"振兴川剧"口号以来，川剧按照"保护、继承、改革、创新"的新八字方针，坚持发展与创新共进、剧目与人才辈出，戏曲普及、市场开拓、理论研究等方面都取得了辉煌的成绩：在创新剧目生产方面，推出改编和新创剧目300余个；在推出川剧名

---

* 陈实，四川省社会科学院新闻传播所助理研究员，研究方向为文化产业、新媒体与社会。

家、名人方面，涌现了一批以魏明伦、徐棻、谭愫、谢平安等为代表的川剧名家，川剧舞台表演领军人物绽放出22朵“梅花”；深入推进院团改革方面，全省剧团布局趋于合理，群众性川剧活动遍及城乡，经省政府命名的“川剧之乡”“川剧坐唱之乡”已达5个；加大川剧普及力度方面，川剧进校园、进课堂传习普及活动成为常态，川剧市场逐步形成，川剧观众群逐渐扩大；川剧研究方面，已形成川剧学科理论体系，出版各种川剧理论书籍和川剧剧目集成达百余部。

目前，川剧既作为文化事业传承，也朝着产业化发展，开始了振兴与转型。

一 川剧振兴与转型发展现状

20世纪80年代是川剧兴盛时期，一些优秀传统剧目如《白蛇传》《薛宝钗》等广获群众好评，经典剧目得以保存下来。至20世纪90年代初期，受经济改革大潮冲击，川剧演艺事业的发展开始出现低谷：演出经费少、工资收入低、演员被迫转行等现实问题开始阻碍着川剧发展。21世纪初，在中共四川省委提出“振兴川剧”20周年之际，四川省结合当时的新形势、新任务，提出了“保护、继承、改革、创新”的方针，逐步确立了川剧的新使命与研究新格局。一是文化积累的规模化，对川剧剧目、表演、音乐、舞美等艺术资料和川剧古本、文物、史料等文献资料进行深入挖掘。二是理论研究的系统化，《四川省志·川剧志》《川剧精华》《川剧剧目辞典》等著作相继整理完毕并形成川剧研究基础理论体系。三是史论研究逐步深入，如专家们经过长期论证与研究，最终确定川剧的形成时间。2016年，川剧列入国家级非物质文化遗产名录已满十年，在这十年的发展中，除政府给予的物力、财力、政策支持外，川剧自身重拾发展活力，不断寻求创新发展，走上了“墙内花开，墙外芳香”的道路。

（一）川剧事业的振兴传承

第一，政府政策先行扶持，加大财政支持力度，坚持“振兴川剧”的方针不变。继2015年国务院办公厅出台52号文件《关于支持戏曲传承发展若干政策》后，2016年《四川省人民政府办公厅关于支持戏曲传承发展的实施意见》就加强戏曲保护与传承、支持戏曲剧本创作、支持戏曲表演团体发展等方面作出全面部署，并提出要坚持“振兴川剧”，加大对“振兴川剧”的支持力度，引入社会力量支持川剧发展。四川省财政加大了对地方戏曲振兴的投入力度，鼓励各地设立专项资金扶持本地川剧艺术发展。这对以川剧为代表的四川戏曲来说，无疑是一剂强心针。成都市文广新局长期主办的“荟萃蓉城”精品剧目展演活动，就采取“政府购买，百姓看戏”的政策，2017年加大了对剧院的补贴扶持力度：每销售一张票，政府财政资金就提供一份补贴，市民买票扣除了补贴部分，为群众带来了文化福利。

第二，创新剧目生产，完善传统经典剧目，坚持对优秀剧目推陈出新。近年来，四川省在川剧创新剧目生产上，推出改编和新创剧目300余个，其中有100余个在全国和全省的重大文艺比赛、调演中获奖，一批优秀剧目先后被评为国家舞台艺术精品工程剧目，荣获中宣部五个一工程奖、文化部文华奖等重大奖项。积极开展优秀剧目的创作和评审工作，四川省文化厅剧目工作室完成了三届重点剧本和重点关注剧本的签约评审工作，努力打造和推出优秀剧本，《尘埃落定》《还我河山》《铎声阵阵》《传说陈麻婆》等签约川剧剧本被相继搬上舞台。先后与泸州、自贡、南充等市文广新局合作，参加《报恩记》《惊蛰》等现代川剧剧目研讨、论证，为基层院团提高作品质量提供修改打磨意见。20世纪90年代，川剧演员田蔓莎承办蔓莎梨园剧场，开启了四川川剧界的市场化道路。1996年，她更是以个人名义出资购买川剧剧作家徐棻创作的剧本《死水微澜》的首演权，并出演主角，之后又以同样的模式排演了川剧《马克白夫人》。2001年田蔓莎走上了将川剧与其他艺术形式结合的创新道路，从独角戏《思凡》到《情叹》，她提取了传统戏曲的精髓，将不同的舞台艺术表现形式与川剧表演结合，如在舞美上将戏曲与灯光互动，用了很多灯光来造型，跟演员一起表演，无论在剧目生产还是表现形式上，都得到了业界好评，并受邀前往美国、欧洲等地表演。2010 年 3 月，成都市川剧院成立了“陈巧茹剧目生产实验室”，以剧本项目制探索川剧发展新模式。该实验室对传统剧目进行了大胆改编，特别是对川剧《卓文君》的创新，兼具时尚与传统，让川剧走在了全国戏曲创作与编撰的前列。

第三，积极开展各类展演活动，进校园、下部队、走基层，让川剧普惠于民。成都市川剧院长年开展“荟萃蓉城”精品剧目展演活动，为市民带来了无数川剧舞台艺术精品，也以始终坚持低票价原则成为成都市知名文化品牌。政府的扶持力度也进一步为优秀剧目提供了机会和市场：2015 年川剧《尘埃落定》首次作为精品剧目进入成都惠民展演行列；2016 年成都市川剧研究院的《传说陈麻婆》再次入选，以其不俗的品质获得了良好的社会反响；2017 年，成都市川剧研究院等多家本地文化机构提供的将近 50 场剧目均获得了惠民演出资格。在川剧进校园方面，四川省川剧院自 2005 年以来，连续 12 年持续开展川剧进校园活动，不少大专院校戏剧社团更趋活跃，中小学戏曲普及传习活动日趋常态化。《变脸》《巴山秀才》《易胆大》《白蛇传》《绣襦记》等剧目及《六月雪》《铡美案》等传统折子戏，分别走进了清华大学、北京大学、四川大学等 20 余所高校和省内 50 多所中小学、幼儿园，这种方式不但为青少年、幼儿传递唱念欣赏、身段体验、表演互动、色彩内涵、服饰文化、历史知识、道德教育等信息，也不断拓宽“校园戏剧路”。

第四，坚持老戏骨带新戏人，建立川剧后备人才系统培养机制，大力扶持青年演员，培养低龄观众。在川剧事业的振兴期间，涌现了一批以魏明伦、徐棻、谭愫、谢平安等为代表的川剧名家，大批川剧舞台表演领军人物中绽放出 22 朵“梅花”（其中 1 人获“梅花大奖”，5 人获“二度梅”），8 名著名川剧表演艺术家进入国家级代表性传承人行列，11 人成为省级代表性传承人。[1] 川剧事业的传承一贯坚持老戏骨带新戏人的传统。青春版川剧《白蛇传》由成都市川剧院“80后”“90后”演员担纲，导演陈巧茹在整个过程中对年轻演员们手把手悉心指导。在一次采访中她提到，这种教学方法是其恩师张光茹亲自传授的，“这又是一次新的传递”。在创新传承方式上注重专业教学和院团职业的对口衔接。四川省川剧院目前共有13位优秀的青年川剧演员在中国戏曲学院学习，实现了“演+学”的精准融合。常年举办的“四川省青年川剧演员比赛”是青年川剧人才集中涌现的良好平台，为优秀青年演员的选拔提供了绝佳机会。注重培养低龄观众，除了采取“优秀剧目进校园”的方式，还连续两年积极开展了全省中小学川剧传习展演，这不仅在中小学生中培养川剧兴趣，也为培养年轻川剧演员、培育川剧年轻观众打下厚实基础。

第五，民营川剧团发展态势良好，更多社会力量支持川剧振兴发展。近几年来，省内各地涌现出一批日常活跃的民营川剧团，它们同国营川剧团共同发展，为川剧的振兴与传承贡献着自己的力量。四川庞氏文化传播有限公司旗下的民中川剧团排演的大幕戏《布衣张澜》于2017年7月7日登上了北京梅兰芳大剧院，这是四川省民营川剧团首次登上首都的剧院。该剧2016年得到成都市促进川剧发展资金扶持，自首演以来已在成都、南充、乐山、什邡等地上演了一百六十余场，观众累计超过十五万人次，受到广大戏迷的喜爱和好评。民中川剧团近年来在坚持深入四川农村、社区、学校演出川剧的同时，自筹资金创作了《布衣张澜》《老子儿子孙娃子》《湖广填四川》等剧目，这对一家由民营企业家创办的业余剧团来说实属难得。2012年郫都区振兴川剧团成立，该团每年坚持创作川剧剧目，其也是四川少有的坚持每天演出的川剧团。其他民营川剧团也在不断发展，如广元的元山川剧团、新近成立的资阳振声川剧团等。比较有新意的是，后者主要以“80后”“90后”热爱川剧的青年人组成，他们在保留传统川剧表演方式和

① 《纪念“振兴川剧”35周年座谈会在成都举办》，http：//scnews. newssc. org/system/20170602/000784644. html，2018年4月10日。

技艺的基础上，针对川剧做了一系列的包装和营销活动，为川剧文化的发展贡献着自己的力量。

（二）川剧产业化的转型发展

川剧是文化产品，以其雅俗共赏的文化、娱乐特性，为人们提供文化服务，因此，它具备产业化的转型发展条件。川剧人因为对川剧的执着、热爱，开启了川剧转型的摸索过程。

首先，在川剧的剧目生产上，打破以往国家资助的被动局面，主动走上市场化道路。1996年，田蔓莎个人出资购买徐棻创作的川剧剧本《死水微澜》，并出演主角。2010年3月初，陈巧茹探索川剧产业化发展新模式，成立了陈巧茹剧目生产实验工作室。该工作室突破了剧目创作靠拨款、演出等资金的“瓶颈”，开启了自担风险、自负盈亏的先河：用于剧本改编、音乐、配乐-宣传和场地租用等生产剧目的资金全由陈巧茹个人自行筹措。新编川剧《马前泼水》是工作室的第一个成果。

其次，演出产品营销方式打破了守着剧场窗口卖票的单一路径，用多渠道营销拓宽川剧市场。陈巧茹剧目生产实验工作室团队主要以进高校、进乡村等方式走出剧院，扩大观众群，将最新排演的剧目带给观众。《马前泼水》演出仅4个月，就收回了80%的成本。

最后，在推广川剧方式上，以建立品牌为主，拉进与观众的距离。为在群众中广泛宣传传统川剧，2015年四川省川剧院与成都电视台影视文艺频道合作推出《今天我是角儿》川剧综艺节目，让体验者在专业川剧演员的带领下感受川剧的魅力，以综艺节目的娱乐化方式拉近了川剧与观众的距离。2015年5月陈巧茹和资深摄影师陈琪合作创办了陈巧茹艺术工作室（镜缘影坊），观众可以在这里体验最逼真的川剧场景和完整的戏曲妆容。这里还有专业的川剧老师指导标准的戏曲表情、身姿、步态等，实现了观众感受川剧台上、台下的无缝对接。为了向公众普及川剧知识，提升川剧公共文化服务层级，四川省川剧院连续两年以四川省图书馆学术报告厅为平台，举办“川剧大讲堂”，邀请戏剧家张中学、川剧传承人左清飞、知名川剧音乐人王起久、戏剧梅花奖得主田曼莎等川剧名家，为公众讲解川剧的相关基础知识，大力开展川剧通识教育。

（三）川剧的海外推广现状

越来越多的决策者、文艺工作者、社会大众认识到：川剧应成为中华民族文化对外交流传播的一张名片、一份请柬、一个标识。近几年来，川剧人带领着川剧艺术走向了世界，在与西方的艺术交流中摩擦出了火花。

演艺作为川剧海外推广的基本形式，为世界观众唱响中国传统艺术。川剧已经成为中国传统文化的代表，受到了世界各地的邀请。2016 年 4 月，四川省川剧院在四川省文化厅及省外事侨务办推荐下，应中国驻孟买总领馆邀请，代表我国与其他四国表演队共同参加了 2016 金砖伙伴城市会议开幕式表演。川剧的绝技、戏曲的精妙、中华文化的魅力赢得了包括与会政要在内的全体观众的掌声与喝彩，成为盛会的一大亮点。同年 9 月，四川省川剧院《蜀戏冠天下》演出小分队，应欧洲远宸时代文化传媒股份有限公司的特别邀请，参加在奥地利维也纳多瑙河人工岛上举办的为期 40 天的中国福影·国际彩灯嘉年华（LUNO）驻场演出活动。川剧《拦马》《射雕》《滚灯》《水袖——云想衣裳花想容》等精彩剧目，受到欧洲观众的称赞。

跨文化交际是川剧海外推广的创新形式，需要培养川剧文化与跨文化传播结合的专业人才。2017 年 10 月，成都市川剧发展促进工作组主办，成都市川剧研究院协办了川剧推广活动——“川剧开洋腔”。该活动首批邀请了来自美国、俄罗斯、土耳其等 15 个国家的 20 名在成都的外国学员，他们在众多川剧名家的带领下进行川剧训练，并参加“老外秀川剧”和“大使唱川剧”等活动。由现场观众评选出“川剧达人”并颁发证书，获奖的学员回国后作为川剧推广大使，弘扬川剧艺术。2017 年 11 月，四川省川剧院在西南财经大学的出国留学预备学院开展了以“川剧进校园”为主题的综合素质系列活动，演员们不仅为现场的外国留学生展示了川剧风采，还现场教授了川剧唱段。川剧的海外推广应适应对象国的文化环境及市场要求，只有让对方充分了解川剧艺术，才能使川剧文化的供求双方得以对等、直接地沟通。

二　川剧振兴与转型发展个案分析

（一）省府剧院：四川省川剧院

四川省川剧院是国家非物质文化遗产重要传承单位，自建院以来，创作演出传统及现代剧目200余部，近年来排演的多部精品剧目如《变脸》《易胆大》《巴山秀才》等荣获多个国家级奖项。在戏曲表演人才方面，四川省川剧院有6人荣获全国戏剧梅花奖，29人次获文华奖、24人次获中国戏剧奖优秀表演奖、4人获上海白玉兰戏剧表演艺术奖，现有国家级非遗传承人1人，省级非遗传承人4人。四川省川剧院通过送戏进校园、学生进剧场、开设川剧讲座（堂）、川剧三下乡及举办全省中小学生传习普及展演活动等举措，在实现川剧振兴与转型发展的道路上摸索出了自己的道路。

在实现川剧的振兴与传承上，四川省川剧院做了如下工作。首先，长年坚持举办“川剧进校园”活动，让传习活动常态化。四川省川剧院连续12年将川剧带进校园，还长期派出优秀中青年演员担纲校外川剧辅导员，以课余辅导和传授川剧表演基础等多种形式，开展川剧普及教育，培育和提高中小学生对优秀传统艺术的兴趣。经过长期的努力，“川剧进校园”活动效果显著。连续三年成功举办全省中小学川剧传习展演，来自成都、绵阳、遂宁、南充等13个地市的中小学校将“川剧进校园”的成果进行汇报表演，包括川剧折子戏、川剧课本剧、川剧舞蹈和川剧唱段等形式。而成都市活跃的川剧观众QQ群数量增多，其中由在校大学生和年轻观众组成的“小三庆”川剧观众QQ群，常态化参加川剧活动的人数在200人左右；主要由“80后”“90后”青年组成的“驴友爱川剧”QQ群现有川剧粉丝2500人，常态化参加川剧活动的粉丝在1000人左右。其次，为了做好公共文化服务，四川省川剧院长年开展“百戏传承”送戏下基层惠民演出活动，特别保障农民的基本文化权益，为农民提供戏曲等多种形式的文艺演出，促进戏曲艺术在农村地区的传播普及和传承发展。2007 年以来，剧院创作的歌颂优秀共产党员牛玉儒、王瑛、兰辉的现代川剧《牛玉儒》《巴山红叶》《辉映羌山》等主旋律作品，先后省内外巡回演出 100 余场，观众超过 10 万人次。

再次，在人才培养上，坚持老戏骨带新戏人的传统传承方式，并创新人才培养机制，实行专业教学与演出实践相结合的青年演员骨干培养模式。2016 年 8 月举行的四川省第三届青年川剧演员比赛中，四川省川剧院成为获奖人数最多、获奖等级最高、获奖剧目最受好评的团队，这与 12 名青年演员及其指导老师台下付出的努力息息相关。目前省川剧院共有 32 人在中央戏曲学院和四川艺术职业学院学习，在学习过程中除参与本院团的排演外，还要参与郫都区振兴川剧团（民营）的演出实践活动，做到从专业教学中获取戏剧理论知识，在展演平台中积累演出经验，一大批优秀中青年演员作为艺术人才脱颖而出。

在转型发展上，四川省川剧院做了如下工作。一是不断开拓院团市场化道路。2015 年 11 月，省川剧院加入了四川文化・院团联盟，与国有院团、民营院团共同开发文化市场，促进文化消费。院团联盟充分利用了省川剧院拥有的剧场资源和与地方剧院合作的优势，形成了区域性剧场联盟，实现了剧院、剧场、观众的完美对接。二是在文化产品的销售上，省川剧院同其他院团联盟成员推出文化惠民卡，减少了在剧场、票务、营销方面的压力，找到固定的消费群。此举不仅实现了灯光舞美人才以及硬件条件的互补，还加强了主创人员的交流，便于推出更好的艺术作品。三是降低了艺术创作的综合成本。省川剧院与遂宁市川剧团合作创排《燕归》，与巴中恩阳区文化广播影视新闻出版局合作创排《挂印知县》，形成以强带弱、振兴地方戏剧、促进川剧艺术共同发展的局面。

（二）地方剧院：遂宁市川剧团

遂宁市川剧团建团三十余年来，长期坚持送戏下乡和日常演出，年平均演出量达 150 场以上，其中包括公益性展演 50 多场，演出足迹遍及北京、上海、广州、成都、重庆等地。

在振兴川剧事业方面，遂宁市川剧团做了如下工作。一是坚持剧目创作。该剧团不定期邀请川剧专家进行戏剧小品（小戏）作品研讨，如研讨现代小川剧《放军粮》《起义前夕》《良马吟》等，为社会奉献了更多的优秀文艺作品。2015 年，遂宁市川剧团与四川省川剧院联袂打造《燕归》，在剧目创作过程中多次深入蓬溪县拱市村采风，五次召集专家研讨剧本，反复改稿二十余次，该剧目最终在首届四川艺术节完美亮相。获得国家艺术基金的川剧《诗酒太白》，力求讲好世界名人诗仙李白的故事，传播四川好声音。该剧 2017 年 5 月在成都进行了首演，排演完成后在四川省及周边省份推广巡演。二是在国内外坚持传统剧目和现代川剧的展演。2015 年 5 月，应国际友好城市土耳其克尔克拉雷利市的盛情邀请，遂宁市川剧团参加了第 25 届卡卡瓦国际艺术节系列活动，展现川剧绝技变脸和吐火；2016 年 9 月参加四川文化·院团联盟展演，上演折子戏《太君辞朝》《长生殿》等；10 月，剧团一行 40 余人参加 2016 三星堆戏剧节川剧专场展演，优秀中青年艺术家们奉献的《扫松》《六月雪》《杨八姐盗刀》等传统折子戏，得到了近 800 名观众的热烈欢迎。

遂宁川剧团坚持在传承川剧传统精髓的过程中进行市场化运作。除加盟四川文化·院团联盟外，还采取多种方法不断拓宽市场化道路，如将演出剧目向外推销、积极为旅游市场编排节目、承接商业性演出、定点驻场演出，积极将川剧带入市场，这些举措取得了一定的收益。

（三）民营剧团：民中川剧团

年近七旬的高级经济师、四川省劳动模范庞明忠因对川剧保有热爱之情，于 2012 年创办了民营剧团——民中川剧团，该川剧团隶属于四川庞氏文化传播有限公司。剧团成立 5 年来，始终坚持以“弘扬民族文化、传承忠义文化、诚信文化”为宗旨，从事川剧创作和表演。

在建团规模上，该剧团最早成立于西充县，最初只有演职人员 36 人，由来自攀枝花、西充、成都等地的川剧爱好者组成。通过 5 年的发展，庞明忠在成都先后成立了龙泉民中川剧团和洛带民中川剧团，后者成立时吸纳了来自龙泉市民艺术团的优秀演员，扩大了建团规模。

在弘扬川剧文化方面，2014 年成立洛带民中川剧团时，四川庞氏文化传播有限公司在洛带镇艺库选址修建 2600 平方米的川剧博物馆，该博物馆收藏的川剧藏品达 6000 余件，具备静态展示、动态表现、现场表演、培训传承、排练演出、观光接待等功能，组织结构分为版权保护中心、陈列中心、创作中心、演出中心、排练中心、剧评研究中心、培训中心、交流中心等 8 个板块。

在剧目创作和川剧演出方面，民中川剧团成立以来始终坚持每年创作大幕戏，其中以《布衣张澜》最为有名。该剧以川剧形式表现了民主斗士张澜的一生，2014 年 11 月在成都首演后获得巨大成功，2015 年，该剧在张澜先生的家乡西充县连演 50 场，深受观众欢迎。2017 年 7 月《布衣张澜》入选由中宣部、文化部主办的 2017 年全国基层院团戏曲会演名单，是四川唯一一部入选的戏曲剧目。2017 年 7 月 7 日 –8 日，《布衣张澜》在北京梅兰芳大剧院上演，受到观看领导、专家及观众的高度评价。除了《布衣张澜》，民中川剧团近年还自筹资金创作了《老子儿子孙娃子》《湖广填四川》等剧目。其中，《老子儿子孙娃子》于 2017 年 2 月获得了文化部戏曲剧本孵化计划①支持。民中川剧团长期以来登上各大演出舞台进行惠民演出，如龙泉民中川剧团在悦来茶园定点、定时上演传统折子戏及大幕戏，票价集中为 20 ~ 40 元。比较有意思的是，该剧团的演出信息展出沿用了“水牌”的形式，色彩分明的水墨涂写在黑板上，告知观众川剧演员即将演出。除定点演出外，该剧团还经常参加成都市及四川省的惠民演出，如参加成都市川剧研究院主办的惠民演出，在锦江剧场上演大幕戏《廉吏马金》等。

① 戏曲剧本孵化计划：文化部从 2015 年开始实施戏曲剧本孵化计划，通过扶持戏曲企业、民营戏曲艺术表演团体的剧本创作，发掘、培养戏曲创作新势力，提高创作生产水平，不断推出优秀戏曲剧目。小戏资助额度为每部 5 万元，大戏资助额度根据作品质量和成熟度，分为每部 27 万元和 22 万元两档，用于搜集素材、完善剧本、创作排练等。

三　川剧振兴与转型发展的特点及趋势

（一）川剧振兴与转型发展的特点

1. 借助国家政策及资金加速发展

川剧作为中华优秀传统文化之一，借助国家的扶持力度，走上了加速发展的道路。2017 年 8 月四川省人民政府发布《关于传承发展中华优秀传统文化的实施意见》，梳理出了传承发展优秀传统文化的主要项目，将川剧振兴和地方戏曲曲艺保护传承工程作为其中一项，明确指出“将编创排演一批经典剧目，实施名家收徒计划”。这为今后川剧的传承发展指明了方向。

近几年来，川剧借助国家艺术基金的支持，创作排演了众多优秀的大幕戏。《诗酒太白》《铎声阵阵》《尘埃落定》等纷纷获得国家艺术基金，而“川剧音乐创作人才培养”“川剧中青年演员培训班”作为人才培养项目也得到国家艺术基金的支持。在国家政策和资金的支持下，川剧剧目的创作、排演，川剧人才的培养，都走上了新台阶。2017 年 6 月，《诗酒太白》在成都进行了首演，随后开启了全国巡演；8 月，新编现代川剧《铎声阵阵》首演落幕，随即举行了此剧的研讨会，并对剧目展演问题进行修正；《尘埃落定》作为滚动资助项目，不断进行修改排演，直至成为经典；2017 年 8 月，川剧中青年演员培训班百余位名家对来自川渝贵三地的 40 多位优秀学员进行了长达 60 余天、20 余个经典传承剧目的集训，帮助川剧中青年演员取得了较大的提高。

2. 注重川剧流派的事业性保护

川剧的振兴传承，最需注重的是对川剧流派的保护。川剧的流派分类都以“河”为代称，泸州河川剧因偏重于高腔戏，在重视戏剧程式的基础上，形成了“重表演，演人物”的独特风格。泸州河川剧在保护和传承上特别注重事业性保护，采取了多种方式助力流派发扬光大。

借力“川剧进校园”，让流派后继有人，是泸州河川剧流派得以传承的主要原因。近几年来，泸州市“川剧进校园”活动持续开展，泸州市目前已在泸师附小、江阳西路学校、梓橦路小学、天府中学设立了川剧传习班，专业川剧演员会定期到学校开展教学活动，让更多孩子认识泸州河川剧，使得泸州河川剧有更加广泛的群众基础。同时，泸州市非遗所也和四川省艺术职业学院展开合作，首期招收的30名学生已进入系统学习。这些学员年龄在12岁到16岁，可以享受4年免学费及每月补助700元生活费用的政策，完成4年的学习后，他们将与非遗所签订5年合约，将成为泸州河川剧新一代传承人。

3. 结合多种艺术形式助力川剧推广发展

在娱乐方式多样化的今天，川剧作为传统艺术遭遇到了一定的冲击。但是近年来，川剧人不断尝试将传统戏曲与当代多种艺术形式相结合，剧目的创作、演员的表演、舞美设计，既有对传统艺术的尊重，也有迎合今日观众的审美情趣。如在创作和排演的新戏中，台词会将传统川剧的表达与当代语言融合，增加亲切感。2013年以来，四川著名摄影家姜晓文、赵秀文将川剧融入长城、故宫等中国地标，用光与影对川剧这一传统艺术进行了探索性拍摄。除了古建筑之外，他们为表现川剧新生的概念上还选择拍摄了一些北京的当代建筑，如鸟巢、水立方、国家大剧院、北京火车站、央视大楼等；在剧场补拍了《白蛇传》《目连之母》等川剧经典剧目的舞台剧照，通过后期制作将这些舞台剧照融入当代建筑，形成一种文化对比与时代反差。这一组关于川剧的探索性摄影作品，是传统艺术加入娱乐元素的表达，也引发了人们对于中国传统文化承续与发展更深入的思考。梅花奖得主田蔓莎近年来将川剧与舞蹈、音乐、话剧、电影、展览、视觉艺术、装置艺术相结合，创排了《思凡》《情叹》《谁在敲门》等独角戏，用抽象的形式表达演出氛围，通过一些诗歌性的语言，探索川剧另一种表达的可能。

（二）川剧转型发展的前景趋势

1. 题材编撰“新框架”，现代人演绎现代戏

四川省在《四川省艺术创作生产源头工程》指导下，推动全省戏剧创作发展，促进川剧舞台戏剧事业繁荣。近年来，新创作的川剧剧目兼有现代

题材和历史题材，其中现代题材的创作开始走上新台阶，如四川省文化厅剧目工作室推出的重点签约剧本、新编川剧现代戏《四川往事》，重点关注剧本《玉石调羹》《萤火》，四川省川剧院排演、根据李一清同名唱片小说改编而成的现实题材川剧《铎声阵阵》，自贡市川剧艺术中心原创现代川剧《惊蛰》等。新创剧本涌现了一批有才华的剧作者，凸显了中青年剧作者蓬勃发展的趋势。历史剧目《报恩记》、新编历史故事川剧《改历风云》《女娲的传说与遐想》等，都立足当下，以独特的视角，从侧面反映现实社会问题，题材和当代社会现象紧密结合，具有深刻的现实意义。

2. 坚持“艺术化”第一，保留传统老味道

川剧蕴藏着丰富的文化价值和艺术价值。近年来的川剧转型发展过程中，川剧人坚持将川剧的艺术化特点放在第一位，在与其他艺术跨界合作的同时，保留着传统老味道。2017 年，川剧艺术家、国家一级演员、四川省非物质文化遗产川剧代表性传承人崔光丽跨界参演室内歌剧《钟馗别传》，首次将歌剧的表演形式、方法和习惯与川戏的艺术手法结合在一起，成为现代歌剧界里第一个吃螃蟹的川剧人。新编大型川剧《铎声阵阵》在传统川剧审美的基础上表达现代题材，使之既具有传统川剧的意蕴表达，又具有现代川剧的时代审美特征，在传统与现代之间架起一座桥梁。剧中的现代人物形象运用了传统戏曲行当的表现艺术，演员的舞台表演在表现现代生活的同时，化用川剧的传统程式，将传统的程式表现方法与现代人物、现代生活相结合，将现实生活中的身段加以动作技巧化和形式美化，塑造出全新的舞台艺术形象，使得该剧既具有深邃的文化内涵，又有用传统的表达手法呈现出的时代精神和审美趣味，是川剧剧目创作和表演艺术转型发展的一次完美结合。

3. 老戏骨带新戏人，娱乐是点睛之笔

川剧艺术是口传心授的艺术，是精雕细琢、量体裁衣的艺术。“以师带徒”是传统川剧的教育方式，也是川剧文化传承的必要方式。近年来业内川剧名家也始终秉持着老戏骨带新戏人的理念，躬身实践，振兴川剧的目标也在一代代青年川剧人的接力奋斗中变成现实。当前社会娱乐形式丰富多

彩，川剧作为传统艺术，在转型发展期间为了更多地贴近受众，扩大观众群体，适当加入了现代娱乐元素，注重传统艺术与现代艺术的结合，开始尝试跨艺术行业的交流，使得娱乐元素成为发扬川剧艺术的点睛之笔。深圳卫视《戏聚星期六》等综艺节目邀请川剧表演艺术家、“二度梅”得主陈智林以综艺嘉宾的角色出演，使川剧走进了更多年轻人的心里，这也是落地省外宣传、推广川剧艺术的好方式。

四　川剧振兴与转型发展的问题及策略

（一）川剧振兴与转型发展的问题

1. 国家扶持政策不平衡

川剧是国家级非物质文化遗产，国家对川剧的扶持力度有增无减。川剧《尘埃落定》继入选国家艺术基金 2015 年度舞台艺术创作资助项目后，2017 年再次入选国家艺术基金大型舞台剧和作品滚动资助项目。被国家艺术基金两次资助，标志着作为地方剧种的川剧正式进入国家顶级剧种扶持行列。但是，国家层面对川剧的政策、资金支持，集中于以四川省川剧院、成都市川剧院为首的省府剧院，对地方剧院的扶持主要还是靠当地政府及其文化部门，政府对民营院团的扶持更是薄弱，民营川剧团的经营基本是自负盈亏。因此，在振兴川剧的过程中，应该在政策、资金上对地方剧院及民营院团有所倾斜。

2. 持续性推广力度小，难以固定观众群体

除了定期的“川剧进校园”“川剧讲堂”等事业性宣传活动，目前川剧主要针对新排演的剧目进行集中宣传，之后偃旗息鼓，观众很难不断从媒体上看到川剧的最新动态。这样就使得观众只对新剧有关注，难以对川剧的发展有持续的关注，这也造成传播效果断层，难以吸引观众群体的尴尬局面。

3. 川剧行当发展不均，丑角传承人告急

川剧的发展过程也是川剧各行当发展的过程，川剧的发展离不开川

剧人的传承。但是目前川剧各行当出现了发展不平衡的现象，特别是出演丑角的青年人才亮起了红灯。中国戏剧最高奖梅花奖的角逐，四川已有近10年没有丑角演员参赛。全省22朵川剧“梅花”涵盖小生、小旦、花脸行当，唯独没有丑角。有能力参加评选的艺术家，年龄大多超过了45岁，青年丑角演员出现了断层现象。这一方面和川剧发展的大环境有关，剧团、观众和市场都在不断萎缩，很多演员都自谋生路，丑角演员也越来越少；另一方面也和行当发展不均衡有关系，大多数剧团创排新剧目以小生小旦的戏为主，以丑角为主角的戏几乎没有。川剧丑角的表演往往横跨生、旦等多个行当，所以培养一个好的丑角要花费较多精力。因此，川剧行当严重偏科导致川丑无戏可唱，这让丑角的发展传承雪上加霜。

（二）川剧振兴与转型发展对策

1. 促进政策、财力的资源共享，特别是加强对地方、民营剧团的扶持

川剧的振兴传承与转型发展除了依靠川剧人自身出的努力，归根结底还需要国家的政策和资金支持。川剧作为中华优秀的传统艺术，需要所有川剧院团的努力才能发展。因此，政府层面要建立资金管理举措，注重政策、财力资源的共享，特别是对地方剧团和民营院团要有所倾斜，加大对他们的扶持力度。

2. 擅用舞台多媒体技术，加大持续性推广力度，普惠大众

川剧演出要擅用舞美资源，可以适当采用数字技术、多媒体技术，加大对戏剧的呈现力度，在视觉上对观众造成冲击。在演出中还可以考虑增设一台摄像机，直播戏曲演员的化妆、扮戏、服装、道具等后台可视性内容，让观众在一个环境感受多个空间。这种即时、互动的剧场空间交流方式可以成为川剧戏剧舞台的一次试验，其可以丰富演出形式，拉近与观众的距离。在持续性推广上，借助社交媒体平台，随时更新川剧发展新形势，坚持做到长期性、持续性，保持账号活跃度，逐步积累固定粉丝群体，进而不断扩大观众面。

3. 加强对川剧各行当中青年戏曲人才的培养，注重新形势下川剧教育工作

要保持川剧各行当的平衡发展，就要在进行抢救性传承的同时保障各行当都有一个稳定的平台和阵地。坚持让中青年演员上台演出，在演出表演中积累经验，在积累中进行传承，将培养演员、传承剧目和吸引观众放在同一个层面。要加大对发展比较弱的行当的扶持，比如考虑成立川剧丑角艺术团，打响丑角品牌。在剧目创作中，加大对以丑角为主角的剧本创作的支持力度。注重培养川剧高质量后备人才，在全川范围内推动川剧院团与艺术院校，特别是基层院团与川剧青年人才培养对接。建立健全以川剧行业需求为导向的专业结构动态调整机制，创新教材、教法，配备合适师资力量，以适应川剧不同人才的培养需求。

B.9 “一带一路”机遇与四川文化产业“走出去”调研报告

陈玉霞*

摘　要：“一带一路”倡议不仅为四川仅开辟了巨大的经贸发展空间，更为四川与沿线各国间的文化交流提供了充足的动能和全新的机遇。依托政府的顶层设计和政策规划，以“一带一路”建设为载体，四川对外文化交流不断深入，文化经贸活动日益频繁，演艺、杂技、灯会、动漫游戏、版权等成为四川对外文化贸易的亮点。但四川文化产业“走出去”依然存在有国际影响力的文化品牌较少、对目标市场缺乏深入了解、与当地社会缺乏沟通、跨文化交流人才短缺等问题。需要从品质提升与品牌打造、加强交流与磋商、吸纳和培养跨文化交流和管理人才等方面努力。

关键词：“一带一路”　四川　文化产业　“走出去”

一　四川文化产业的“一带一路”机遇

“一带一路”是2013年9月7日和10月3日习近平总书记出访哈萨克斯坦和印度尼西亚时分别提出的中国对外发展倡议。“一带一路”分别指的

* 陈玉霞，四川省社会科学院新闻传播研究所副研究员，新媒体研究室主任，研究方向为新媒体与文化产业。

是“丝绸之路经济带”和“21世纪海上丝绸之路”，是从陆地和海上与世界各国进行贸易的两条不同通道。其目的是和沿线国家建立经济合作伙伴关系，促进双方的合作和发展。这一倡议不仅为四川开辟了巨大的经贸发展空间，更为四川与沿线各国间的文化交流提供了充足的动能和全新的机遇。

（一）促进文化交流与传播增进文化认同

文化的交流和传播在丝绸之路的贸易往来中占有重要地位，而如今，通过“一带一路”倡议重新连接起来的国家，文化交流会更加活跃。四川不仅文化资源丰富，文化类型也比较多，巴蜀文化更是国内颇具典型性的优质地域文化之一，四川在我国文化“走出去”战略实施进程中理应担当重要使命。但文化“走出去”的前提是文化被外界认知、了解，要被认知和了解，就需要多渠道、深层次的文化交流。目前，四川省已经与国外许多省、州等建立了友好伙伴关系，同时四川省内多所高校如四川大学、电子科技大学、西南交通大学、西南财经大学、四川师范大学、四川农业大学等在国外共建了十余所孔子学院，这些合作关系均可作为四川文化交流与传播的平台和窗口，充分展示四川文化的魅力。在多途径、多平台输出文化观念，让国外受众深入了解巴蜀文化底蕴和精神内核的基础上，提升地区文化的知名度和认同度，再借助“一带一路”倡议的合作机制推出四川文化产品和服务就更容易打开市场。

（二）激发文化需求拓宽产业市场

“一带一路”建设给四川文化“走出去”带来的另一个机遇是为四川文化产品和服务开拓了新的市场。而四川和“一带一路”沿线国家文化上的差异性也激发了很多新的文化需求。在“一带一路”倡议的对接助力下，中国的对外文化贸易环境会得到大大改善，对外文化交流也会更加频繁和顺畅，这些都会使四川文化“走出去”变得更加容易。“文化+贸易”将是四川文化“走出去”的主要形式，四川的传统工艺美术、创意设计、非物质文化遗产、文化旅游及演艺等内容均可以实现与各国的合作。

（三）扩大地缘优势加大合作力度

在中国新一轮的“西部大开发”和“一带一路”倡议的背景下，地缘优势也将为四川文化产业“走出去”创造新的机遇。四川省地处我国西南，是连接南亚东南亚等国的重要通道，也是陆上丝绸之路和海上丝绸之路的交汇点，还是“西部大开发”的排头兵，无论从经济地位还是从地理位置上看，四川在“一带一路”建设中都具有十分重要的地位。近年来，我国与东南亚各国强化了文化合作，2005 年 8 月，中国文化部部长和东盟秘书长共同签署了《中华人民共和国政府和东南亚国家联盟成员国政府文化合作谅解备忘录》；2010 年 1 月 1 日，中国—东盟自由贸易区建成。这些既有的合作，为四川与东南亚国家的交流合作打下了坚实的基础。“一带一路”建设更是为四川文化产品、服务和文化项目全方位走进东南亚国家创造了许多实实在在的机会。

（四）提升品牌价值助推产业升级

虽然四川是文化产业大省，但与文化产业强省还有一段距离。总体上看，四川文化产业还处于粗放型的低端发展阶段，文化输出的能力也较为薄弱，因此，推动四川文化“走出去”就显得尤为迫切和重要，它关乎四川文化产业的转型升级，关乎巴蜀文化的繁荣和传承创新。

文化品牌是塑造文化核心竞争力的重要载体，是文化的经济价值与精神价值的双重凝聚。四川在国际上能够叫得响的品牌还少，尤其是以高科技为基础的新型文化品牌更少。四川缺的不是文化资源，缺的是文化创意产品。而“一带一路”倡议的建设和推进，为四川提供了更多对外传播窗口和平台，也为四川文化部门和企业深入目标市场，了解消费者需求提供了更多机会。在了解国外市场的基础上，通过对现有文化资源进行重组、整合、创新，然后创造出具有震撼力、品质感的创意产品，就更容易赢得境外文化消费者的喜爱，从而帮助形成市场认可度颇高的文化品牌，进而带动整个产业的升级。

二　四川文化产业“走出去”的规划与平台

四川省出台了未来几年的文化发展规划，并积极搭建对外交流和贸易的平台，以开拓创新的姿态积极融入“一带一路”建设，为推动四川的文化产业和文化企业“走出去”提前进行顶层设计和全面部署。

（一）四川省文化产业“走出去”的发展规划

四川省为了贯彻落实《文化部“一带一路”文化发展行动计划（2016－2020年）》精神，制订了《四川文化融入“一带一路”战略实施意见（2017－2020年）》。该战略实施意见的目标是，到2020年，实现文化领域交流合作机制化和常态化，创作一批“一带一路”主题的巴蜀文化艺术精品，形成一批重大文化交流活动品牌，培育一批具有国际视野和本土文化特质的品牌化、外向型文化企业，培养一批外向型高端文化人才，打造一批具有示范性带动性作用的文化产业国际合作平台，不断提升巴蜀文化影响力。

计划指出，推动四川文化融入“一带一路”建设，要以人文交流创造互联互通为契机，实施巴蜀文化艺术推广计划。坚持平等对话、开放包容、互学互鉴的原则，坚持“走出去”与“请进来”并重，将丝路元素与四川元素有效融合，通过演出、展览、交流、贸易合作、人才交往等活动，多层次、宽领域推广以熊猫文化、古蜀文明、三国文化、非物质文化遗产、藏羌彝文化产业走廊等为代表的四川特色文化品牌。

（二）四川省文化产业“走出去”的平台搭建

四川省政府、文化厅为文化产业“走出去”搭建了多样化的平台。一是利用高层互访契机，借助国际友好省州、友好城市平台，发挥各国驻川渝领事馆和驻川机构优势，推动人文交流和互惠合作；二是与沿线国家中国文化中心实施年度合作计划，推动巴蜀文化艺术项目在海外落地；三是依托“四川艺术节”、“四川音乐周”、“四川设计展”、“丝绸之路艺术展”、“南充国际木偶艺术周”、“成都国际青年音乐周”、“‘一带一路’图书馆、书店与城市国际论坛”等重点文化艺术展会、节庆、论坛活动，打造国际文化展示、交流、合作、互鉴平台；四是依托各类文化机构和行业协会，搭建民间合作交流平台；五是探索建立互联网推广平台，充分利用现代信息技术提升巴蜀文化推广水平，如重点打造“记忆四川”非遗网站，将“一带一路”沿线国家的非遗、人文资源进行整合，把“记忆四川”非遗网站打造成一个文化资源共享的开放交流学习平台。

三　四川文化产业走出去的行动与成果

（一）“走出去”的具体行动

为了加快四川文化“走出去”的步伐，四川省文化厅出台了《四川文化融入“一带一路”战略实施意见（2017－2020年）》，并结合四川省融入“一带一路”建设的规划和省委、省政府提升对外开放水平的战略方针，围绕巴蜀文化艺术全球推广计划，不断推动四川与“一带一路”沿线国家和地区的文化交流与文化贸易。

1. 大型文化艺术交流项目日益增多

大型文化艺术交流项目日益增多，如“文化中国·锦绣四川”“巴蜀美术走丝路”“蜀道与丝路”“古蜀文明巡展”等。这些重大文化交流项目是四川省政府、四川省文化厅会同相关部门、各地文化团体和驻外机构在海外共同推出的，目的是以文化交流带动“一带一路”沿线国家民心相通，增进互信与了解，为进一步的文化贸易牵线搭桥。例如，2016年的“文化中国·锦绣四川”项目，借助中奥建交45周年之际，在奥地利举办了为期40天的“中国福影·国际彩灯嘉年华”活动。此次活动由四川省人民政府、四川省海外交流协会共同举办，由自贡灯彩集团所属自贡真彩彩灯文化传播有限公司承办。这些交流项目，不仅扩大了巴蜀文化在全世界的影响力，也为四川的文化产业、文化企业"走出去"创造了良好的机会。

2. 自贡商业灯展成为四川"名片"

自贡商业灯展如"川灯耀丝路""自贡灯会百城行"等，在国外声名显赫，自贡灯展已经成为中国文化产业的一张名片。在2016年5月29日的第四届中国（北京）国际服务贸易交易会上，四川省商务厅、自贡市人民政府共同主办了"川灯耀丝路"主题推介会，自贡市人民政府对自贡灯会及自贡彩灯文化产业进行了推介。据介绍，2015年，自贡彩灯赴境外展出23场次，占据全球90%的市场份额，形成了"灯展搭台、商贸唱戏"的自贡文化贸易新模式。在"十三五"期间，四川省商务厅和自贡市政府计划在全球100个城市举办100场灯展，实现自贡对外文化贸易额突破1亿美元的目标，把自贡灯展打造成为四川乃至中国文化的亮丽风景与名片。在会上，四川天煜文化传播有限公司与美国节庆制作有限公司、自贡新亚彩灯文化产业有限公司与英国朗利特有限公司分别签订了双边彩灯贸易合作协议。[①] 自贡的商业灯展，以灯为媒介，将四川的旅游资源、川剧文化、非遗产品不断推向国外。

3. 国际大型演艺项目逐渐扩大影响

国际大型演艺项目如《吴哥王朝》《藏谜》《蜀风雅韵》等，都取得了不菲的成绩。《吴哥王朝》是四川文化旅游企业和柬埔寨文化旅游企业共同投资2.2亿元打造的大型演艺项目，也是首个落地海外的"一带一路"重点文化项目。该项目以大型情景舞台演艺秀《吴哥王朝》为核心，融合了剧场、商业、娱乐、餐饮等多种业态，包括现代大剧院、水上世界、旅游自助餐厅、中柬文化体验街等。2017年10月25日，《吴哥王朝》在柬埔寨暹粒的大剧场进行了首演仪式，精彩的表演、精美的舞台给现场观众带来了视觉享受。《吴哥王朝》是四川与柬埔寨文化交流合作的艺术精品，也将成为

① "川灯耀丝路"主题推介会在京成功举办，http：//www. sccom. gov. cn/xwfb/ –/articles/v/2773967. shtml，四川省商务厅，2016年5月31日。

四川文化产品和项目走出去的新平台和新窗口。在未来经营中，该项目还将有机植入四川文化元素、三星堆文化等，让世界各地的游客通过《吴哥王朝》更多地了解四川文化。[①] 此外，四川的大型藏族原生态歌舞乐《藏谜》、经典传统川剧《蜀风雅韵》、南充大型杂技剧《飞翔》等项目，也不断走出国门，大大提升了四川文化的国际影响力。

4. 文化会展不断丰富

近几年，四川的文化会展业发展迅速，特别是在中国西部国际博览会的带动下，四川会展业进入提质增效的阶段。四川借助香港国际授权展、台北文创伴手礼品展、东京电玩展、科隆游戏展等项目，推动四川文化产业、文化企业不断扩大对外贸易。如 2015 年 1 月，四川省文化厅、天府文化产业促进中心组织了 16 家四川文化企业参加了香港国际授权展。这 16 家企业涵盖了文博、动漫游戏、艺术设计、非遗民俗等多个门类，在展会上与多个国家的企业达成了合作意向。其中，成都风雅堂文化公司收获颇丰，他们主要生产有关三国文化的工艺品，由于产品比较有特色，受到了 20 多家公司的青睐。[②] 2017 年，商务厅组织四川文创企业参加了日本的东京电玩展，四川是中国大陆唯一组团参展的省份，在展会上，四川企业积极与海外企业开展商务对接，大力推广"四川游戏"品牌[③]。

5. 图书出版硕果累累

2015 年，四川出版业制订了国际化发展专项规划，推出了经典中国国际出版工程、中国文化著作翻译出版工程、丝路书香工程等项目。四川出版机构通过不断努力，逐步形成了自身的特色和影响力。《历史转折中的邓小平》《邓小平改变中国》《邓小平画传》《汶川大地震》《美好新家园》等图书在国际上取得了良好的反响。2015 年，新华文轩创办了全资子公司文轩

① 《四川文化项目"走出去"〈吴哥王朝〉在柬埔寨首演》，http://news.china.com.cn/live/2017-10/26/content_38836954.htm，2016 年 10 月 26 日。

② 《从香港授权展看四川文化走出去的前景》，http://culture.people.com.cn/n/2015/0211/c172318-26544698.html，2015 年 2 月 11 日。

③ 《四川组团参加 2017 东京电玩展成果丰硕》，http://www.sccom.gov.cn/web/guest/swxw/-/articles/v/3330924.shtml，2017 年 9 月 26 日。

国际文化传播有限公司，整合文轩及国内其他文化优势资源，在“一带一路”沿线重点国家设立海外分支机构，开展海外业务经营，建设文轩“一带一路”文化服务及贸易平台，与新西兰的华文书店共同推出了新西兰文轩网，实现了中国本土出版物快速“走出去”①。

（二）“走出去”的总体成果

1. 文化交流不断深入

四川文化产业“走出去”包括文化交流和文化贸易两大板块。在过去的许多年里，四川省委、省政府及文化管理部门通过各种途径为四川文化企业提供对外交流平台，通过各种途径推动四川与世界各国的文化交流，取得了明显的成效。如依托中国西部国际博览会、国际旅游文化推介会等，向全球推介四川的文化旅游资源。“文化中国·锦绣四川”系列活动，走进非洲、美洲、欧洲、南亚等地区，充分展示了四川独特的人文、历史、民族风情和自然风貌，使国际社会通过文化交流增进了对四川经济社会发展的了解。

近两年，四川文化产业紧紧抓住“一带一路”新机遇，不断推动与世界各国的深入交流。2016 年 7 月 28 日，成都召开了“一带一路”国际文化产业博览会，“一带一路”沿线 30 多个国家和地区的知名艺术家、文创专员、文化政界代表、商界名流等参加了开幕式及各项活动。会议开展了丰富多彩的文化交流活动，为推动中国文化走向世界搭建了平台②。2016 年 12 月至 2017 年 4 月，成都博物馆举办了为期四个月的“丝路之魂·敦煌艺术大展暨天府之国与丝绸之路文物特展”，这场展会共吸引 108 万人次参观，共举办 22 场高水平讲座，与超 2000 万名网友互动，取得了很好的传播效果。③ 11 月

① 《四川图书走出去唱响中国声音　搭建海外平台讲好中国故事》，http：//news. 163. com/16/0607/13/BOV9U14500014AEE. html，2016 年 6 月 7 日。

② 《首届“一带一路”国际文化产业交流（博览）会在成都启动》，http：//sc. people. com. cn/n2/2016/0728/c345167 -28744651. html，2016 年 7 月 28 日。

③ 《“一带一路”看四川　对外开放格局正悄然生变》，http：//www. sc. gov. cn/10462/12771/2017/5/12/10422624. shtml，2017 年 5 月 12 日。

15日至16日，由乌兰巴托中国文化中心、中外文化交流中心和四川省非物质文化遗产保护中心共同主办的“四川故事——非物质文化遗产展览展示”活动在“一带一路”沿线国家蒙古国举办，参加此次展示的四川非遗项目包括成都皮影戏、川剧、绵竹木版年画、成都糖画以及平武剪纸等，展示了四川灿烂丰富的非物质文化遗产，促进了四川与周边国家在非遗保护、传承上的交流。①

从总体上看，四川与东南亚、东亚国家文化交流合作的重点在自贡彩灯业、演艺、艺术展、动漫艺术、文物研究保护等方面，而与中亚、西亚、北非国家文化交流合作的重点则在考古、文物保护、民族歌舞演出、木偶演出、非遗合作交流等方面②。

2. 文化贸易活动日益频繁

多元的文化交流，推动了四川文化企业与“一带一路”沿线国家和地区的经贸往来。2017年5月14～15日，在北京举办的“一带一路”国际合作高峰论坛上，总部位于成都的域上和美集团在尼泊尔的投资项目“中国尼泊尔文化产业园”签约成功。中国尼泊尔文化产业园是一个大型文化旅游综合项目，包含《尺尊公主》主题剧、非遗小镇、学校等，占地400多亩，总投资4.5亿美元③。2017年5月21日，川菜、川茶、川剧等“巴蜀文化代表”搭乘“海上丝路”首航邮轮从意大利罗马出发，行程30多天，让来自世界各地的游客近距离感受巴蜀文化的独特魅力④。

文化贸易涉及产品贸易和服务贸易。总体上看，四川的服务类贸易经过政府的推动，取得不错的成绩。服务类贸易包括演出、展出、动漫、手游等，其中手机游戏占比最大，其次是动漫。四川省对民营文化企业、动漫、

---

① 《四川非遗将走进蒙古展示风采》，《川报观察》2017年11月14日。

② 《蜀道连着“丝路”商旅之路也是文化融合之路》，http://www.sccnt.gov.cn/snwhxw/201504/t20150414_17967.html，2015年4月14日。

③ 《“一带一路”为四川企业走出去壮了胆》，http://www.smesc.gov.cn/news/show.php?itemid=348180，2017年5月16日。

④ 《“一带一路”为四川企业走出去壮了胆》，http://sichuan.scol.com.cn/ggxw/201705/55913473.html，2017年5月15日。

网络游戏等新兴文化产业和文化“走出去”进行了扶持，设立了文化产业品牌扶持资金，特别是对一些重点项目的扶持效果较为突出，推动了近百个项目进入国际市场，其中，《藏谜》《蜀风雅韵》《飞翔》等被列入文化部、国家旅游局“国家文化旅游重点项目名录”，增强了四川文化的国际影响力和竞争力。而展览以自贡的灯展较为出名，已经有一二十年时间，形成了较为成熟的运作模式和平台。依托这个平台，四川的企业每年都会在国外举办几十场商业灯展。最早的形式比较初级，主要是卖产品、卖服务，即根据外方的要求提供产品和服务；现在四川企业已完全主导，在国外承包展厅或者买地修展厅，同时组织国内的演出团体去演出，比如组织川剧院团去灯展上进行商业演出，组织非遗产品在嘉年华上出售等。演出类市场还没有完全打开，品类比较单一，比较有影响的有来自德阳的杂技、川剧。下一步，将由四川省文化厅和商务厅牵头，以灯会品牌建设为契机，整合旅游资源等一起加快“走出去”的步伐。

从彩灯到美食，从文化到经济，从政府到民间，四川对外文化交流不断深入，文化经贸活动日趋频繁。据统计，“近 5 年，全省文化产品和服务进出口年均增长 40% 以上，版权进出口贸易合同备案超过 1300 件，数量居全国前列”，其中新华文轩等 40 余家企业、中国彩灯文化推广项目等 20 余个项目入选国家文化出口重点企业和重点项目。演艺、杂技、灯会、动漫游戏、版权等成为四川对外文化贸易的亮点。

四　四川文化产业“走出去”的问题及其对策

（一）四川文化产业“走出去”的问题

1. 有国际影响力的文化品牌较少

品牌是综合了属性、品质、档次（品位）、文化、个性等要素的结合体，一个企业拥有几个有影响力的产品品牌，就意味着在竞争中可以获得比同类产品更强劲、更稳定的比较优势。品牌之所以具有这样的价值，一方面在于，品牌在形成与发展过程中所蕴含的沉淀成本；另一方面在于，它能够为消费者带来情感和功能的双重效用，从而能为企业带来更高的溢价以及更稳定的收益。由此可见，品牌是企业的无形资产，具有无限的生命力。文化产品品牌也一样，其是品质、品位和个性等的综合体，既指产品的名称、符号、设计等的组合体，又指产品所产生的的一系列附加价值，是一个公司区别于其他竞争对手的标志，体现了公司的价值理念和精神追求。四川文化资源丰富、形态多样，最具代表性的文化资源有熊猫、丝绸、三星堆、金沙遗址等，非常具有巴蜀文化的特色，但是这些文化资源的开发极为有限，没有形成有国际影响力的产品品牌，也无法被世界文化所认知、认同和理解。其背后的原因当然是多方面的，但最重要的还是与企业缺乏国际视野和长远目标有关。企业的短视成为束缚其向外拓展的主要阻力，也往往带来只重眼前的经济利益而忽略品牌建设的后果，导致大型文化创意企业较少，缺乏叫得响的文化品牌。因此，培养创新意识，建设规模企业，提升文化产品和服务质量，推动文化产品向文化品牌转变，培育品牌经济是“一带一路”建设过程中四川文化产业“走出去”应该努力的方向。

2. 对目标市场缺乏深入了解

要想和“一带一路”沿线国家进行文化交流，开展文化贸易，就要用心研究对方究竟需要什么。需求有表层的，也有深层次的，需要企业花力气去研究。在中国民生银行与财新传媒举办的2017“一带一路”投融资高峰论坛上，丝路智谷研究院院长兼首席经济学家梁海明就指出，中国企业“走出去”要注意两方面的缺点，第一是不了解“一带一路”沿线国家真正的需求，第二是输出的产品比较缺乏文化，文化才是消费者深层次的需求。而一些中国企业，要么缺乏市场意识，要么没有远期目标，又缺乏有效的途径去深入研究目标市场，所以，向国外市场推出产品比较盲目，这些企业不是站在国外消费者的立场考察对方的需求和喜好，而是用本国消费者的习惯衡量他国消费者，认为我有什么就卖什么，国内的消费者喜欢什么，别的国家也应该差不多，但事实上差异很大。比如，中国的消费者喜欢红色，认为红色喜庆、吉祥，而泰国却忌讳红色，认为红色是不吉利的颜色。如果企业不研究消费者的喜好和文化禁忌，就无法生产、推广合适的文化产品和服务到国际市场，也得不到消费者认可。

3. 与当地社会缺乏沟通

与“一带一路”国家进行文化贸易，不仅要在政策上获得对方的支持，更要在文化与价值观上获得认同。因此，要对目标国家的文化、政治、经济和宗教习俗等进行深入的了解，还要与当地的民众、部族、宗教组织进行接触、沟通。特别是一些文化项目，需要经过建设—持有—转让等诸多环节，与国外政府或者企业的合作有时长达一二十年。在长期的建设和管理过程中，中国企业往往会聘用当地人，如果不懂得他们的习俗和习惯，就容易在日常管理和经营中产生冲突。比如，有的国家有祈祷、礼拜的习俗，中国企业为了赶进度，常常加班加点，这就会引起当地员工的不满甚至对抗情绪。有的企业为了降低经营风险，在目标国家开展文化项目建设的时候，采取“半封闭式管理”，减少与当地社会的接触，但是，这样的管理很难融入当地社会，难以获得更多的资源和帮助。一旦遇到文化多样性冲突的时候也很难妥善解决。

4. 跨文化交流人才短缺

中华文化“走出去”离不开人才的推动，由于缺乏具有专门文化知识的双语人才，四川文化“走出去”的效果并不太理想。在跨文化传播语境中，懂得双边文化的双语人才、管理人才是决定跨文化交流与贸易成败的关键因素。过去四川的企业与说英语的西方国家打交道比较多，所以，对西方国家比较了解，英语人才的储备也比较多；而与中亚、南亚、中东等国家打交道比较少，所以，对这些国家的知识储备比较少，通晓阿拉伯语等小语种的人才更是缺乏。双语人才、管理人才的缺乏，一方面使得“走出去”的企业和企业家缺乏专家团队或专业机构从理论角度提供的智力支持，无法为外派机构和文化项目的开展做评估、提建议、做公关，导致“走出去”的风险加大。另一方面，随着四川各大高校在沿线国家共建孔子学院的增多，对外汉语教师的需求量也逐渐加大。孔子学院是四川进行对外文化交流和传播的有效平台，是让沿线国家学子深度了解、学习四川文化的窗口。因此，对外汉语教师的要求也比较高，既要精通两国语言，也需对四川、对中国的优秀文化和思想精髓有深刻的理解和把握，这些严格的要求导致四川的对外交流人才短缺状况更加凸显。

（二）四川文化“走出去”的对策

1. 注重品质提升与品牌打造

文化企业要塑造和维护一个品牌，归根结底就是要有一个公众认可的品质质量和知名度。因此，四川文化企业要想更好地“走出去”，必须注重产品品质的提升和品牌的推广。

首先，要立足于具有四川元素和国际影响力的本地特色资源，比如熊猫、丝绸、川剧、川茶、川酒、川菜，还有三星堆文明、金沙文明等，提炼每种文化的独特价值，对其进行构思、创意、生产。在提升品质的同时，也不可忽视形式载体。形式是更为直观的东西，好的形式更能直接影响消费者，因此，需要结合我们的时代特征和当地的消费心理习惯，然后对产品品质和外在形式进行一体化打造，达到内容和形式的统一。这样，我们的产品和服务才具有更大的优势、更强的传播力、更持久的生命力，才能够在激烈的国际竞争中胜出。

其次，要提高知名度，必须对品牌进行持续的推广，特别是在进入全新的市场或者另一个国家的市场时，必须要投入更多的财力和精力，因为会遇到原有市场各种力量的排挤。

在品牌推广这个问题上，要注意几点，一是要善于利用其他行业品牌的力量，通过强强联合来推广自己品牌，提升品牌价值。比如星巴克与联合航空公司合作，既拓展了新的业务领域，也提升了品牌价值。二是要有统一的品牌标识，广告宣传也要有持续性和统一性，以提高识别度。三是要选择合适的媒体和平台。除了传统的品牌推广形式外，要根据现代消费者、年轻群体注重口碑、注重朋友推荐这样一些特征的变化，充分利用移动互联网和社交平台进行品牌的推广和传播，并根据消费者的反馈，及时地回应、改进我们的产品和服务。这样精心地塑造、用心地推广我们的品牌，才能慢慢促使沿线国家更好地理解和接受巴蜀文化。

2. 加强交流与磋商

四川的文化“走出去”由于涉及不同国家和地区，面临不同的文化和宗教，必须要加强交流与磋商，以消除和减少差异，找到合作的共性和基础。这既要靠企业的努力，也要靠政府的扶持和引导。对于企业来讲，为了有效融入当地的文化和社会，必须要以平等、谦虚的心态，主动加强与当地政府、宗教组织、社会团体和人民的交流和沟通。比如，可以借助当地的华侨团体或者华侨媒体，积极地了解当地的风土人情和人民的消费心理和习惯，主动传播企业的文化，让当地社会认识、了解和接受我们的文化价值。同时，涉外企业要通过适当的渠道参与积极参与当地的公益事业，塑造良好的企业形象，为开拓海外市场营造友好环境。对官方来讲，四川省政府以及文化厅、商务厅等部门，要积极利用各种交流平台，宣传“一带一路”倡议的目的是促进双方的合作和发展，形成利益共同体、命运共同体和责任共同体。倡导以官方文件等形式与沿线国家地方政府形成稳定的协调磋商机制，使沿线国家的地方政府能够充分重视并给予支持，使当地的人民能够树立对文化交流的正确认识并给予积极的配合。这样，我们的文化交流、产品输出，才能得到有效的支持和良好的回应，也才能更好地化解因文化差异产生的隔阂和矛盾。

3. 吸纳和培养跨文化交流和管理人才

四川企业要“走出去”，必须要培养吸纳一批具有跨文化交流、管理能力的高素质人才。第一，语言的训练。“一带一路”沿线有 64 个国家，使用的语言超过 2000 种，其中官方语言就有 50 余种，以阿拉伯语使用最为广泛，其次是英语，再次是俄语。四川的企业可以根据目标国家的语言使用情况，有针对性地聘用一些对中国文化较熟悉的留学生。同时，还要适当地对企业高管进行简单的日常语言交流培训。

第二，文化的培训。交流和沟通是为了达成共识，除了语言这个载体，还必须对目标国家的文化有较为深入的了解。通过文化培训，让企业的管理人员和普通员工全面了解目标国家的文化观念、宗教习俗和法律法规，让他们理解和尊重文化差异，减少与当地社会的文化冲突，提高解决文化冲突的能力。

第三，加强政治和宗教的认识。每个国家的国体政体、宗教信仰、意识形态不同，为了摸清这些，四川的企业可以在目标国家聘请当地有名望的人士担任相关投资项目的顾问，协助做好沟通工作。同时，四川省政府及其文化管理部门，可以向科研院所等智库寻求智力支持，聘请这方面的专家或者引导文化企业与专业院校联合培养、培训人才，提高企业员工和管理人员对外交流和管理的能力。

行业报告

Industrial Reports

B.10 四川音乐产业发展报告

肖世军　张 海　王 宇*

摘　要： 文化产业的多种行业中，音乐产业是行业关联性、渗透性强，市场发展规模潜力巨大的核心和基础产业。音乐产业的发展对于拉动文化产业经济、开拓文化产业消费市场，提升文化软实力等都具有重大意义。本报告从行业概述、市场规模、数据分析、产业发展热点和趋势分析等角度，分析研究了四川省音乐产业的发展现状，为音乐产业相关的企事业单位、院校等学术机构提供了学习研究的基础资料和市场信息，为政府部门制定相关产业政策和发展规划提供重要参考。

关键词： 音乐产业　音乐节　音乐版权　音乐演出　音乐教育

* 肖世军，四川省新闻出版广电局副巡视员，研究方向为出版产业发展；张海，四川省新闻出版广电局出版管理处处长，研究方向为出版管理、音乐产业发展；王宇，成都音像出版社有限公司董事长、总经理，研究方向为音像产业、音乐产业发展、互联网及媒体转型融合发展。

一　前言

（一）行业背景

2017年是实施“十三五”规划的重要一年。2017年5月，中共中央办公厅和国务院办公厅联合印发了《国家“十三五”时期文化发展改革规划纲要》（以下简称《纲要》），《纲要》首次将“音乐产业发展”纳入“重大文化产业工程”范畴，从国家顶层设计层面，明确了音乐产业作为新兴文化产业的重要战略地位。《纲要》同时具体提出了音乐产业发展的三个未来主要任务：其一，建设综合性现代音乐产业体系；其二，释放音乐创作活力；其三，加强音乐产业与其他产业融合发展。《纲要》的颁布和推进实施，为音乐产业的发展指出了明确的目标和方向。在国家、省、市音乐产业相关政策的规范、指导、引导和扶持下，四川省音乐产业的发展也在持续加速中。音乐产业发展结构、服务体系的持续优化，版权环境和付费消费的持续改善进一步激发了原创音乐的创作活力；产业支持相关技术的持续升级、用户需求的不断增加，推动了音乐产业链机器商业模式的持续创新和重构；“传承、融合、创新、跨界”构成了四川省音乐产业发展的主旋律。

（二）主要内容

本报告涉及的音乐产业在没有特别说明的情况下，都是指广义上音乐产业，即以音乐作品原创为核心，以版权经纪为纽带，涵盖音乐创作、音乐表演、音乐制作、音乐出版和发行等与音乐创作生产服务相关的所有行业。

音乐产业结构分为三个层次：其一是由实体唱片、音乐演出、音乐版权经纪与管理、数字音乐、音乐图书等构成的核心层；其二是乐器、音乐教育培训等构成的关联层；其三是由广播电视音乐、卡拉OK市场等构成的拓展层。

结合四川省音乐产业发展的行业特点，本报告将国家音乐产业相关龙头企业、城市音乐基础设施建设、音乐小镇、音乐产业基地等相关热点纳入拓展层的整体研究范围，力图在微观层面，对音乐创作、表演、生产、出版、发行、营销等产业链的各环节进行数据调查统计和定性剖析，寻找其内在规律和合理有效的创新模式；也希望在宏观层面对四川省音乐产业进行系统研究，全面、客观地分析其发展状况、发展态势，进而提出政策建议。

（三）数据来源

本报告得到了四川省相关部门、行业协会和骨干企事业单位的支持，获得了有关四川省音乐产业发展的数据和资料，主要有如下三类：

一是四川省统计局和政府部门发布的各项数据和信息资料；

二是相关社会行业组织机构发布的各项数据和信息资料；

三是相关学术论文、研究报告以及学术著作等文献资料；

本报告课题组实地走访调查了四川省新闻出版广电局、省版权局、省统计局、省文化厅等相关政府部门，四川省音像与数字出版协会、四川省音乐家协会、四川省乐器协会、四川省演出行业协会、音响协会、录音师协会等十余家相关行业协会机构，以及四川电视台、成都市广播电视台、咪咕音乐、东郊记忆国家音乐产业基地各园区等30余家相关单位，获得了大量有关音乐产业各细分行业发展的一手资料，为报告的撰写打下了坚实的基础。

（四）研究方法

1. 文献资料法。本报告对已有的与音乐产业相关的各类学术论文、著作等文献资料，政府部门以及社会行业组织机构发布的各项数据和信息资料进行收集和整理分析。

2. 调查访谈法。本报告以实地调查和访谈为主，辅以电话采访和问卷调查的方式，对政府机构部门、行业协会、骨干企业和单位进行调查，以获取一手的行业相关信息资料和数据。

3. 案例分析法。在各分报告的行业板块分析中，选取数个有代表性的年度经典案例，进行深度分析和研究。

4. 定量分析法。定量分析主要包括数据抽样和推算，其中数据抽样分析法是在调查、分析海量数据时，采用抽样调查的方法，结合调查对象的特点，围绕最能代表调查对象经营特征的数据设定选项，以此设计不同类型的调查问题或问卷使所获数据更科学和更完善；数据推算则根据已有的数据结果，按照经济、社会、行业的具体发展趋势，进行合理有据的推算。

二 2017年四川省音乐产业发展概况

为加快推进音乐产业的持续健康发展，四川省成立了音乐产业发展领导小组，并由省政府主要领导担任领导小组组长；发布了一系列音乐产业发展规划及产业政策，其主要目标就是建设全国、全球有影响力的音乐内容创作生产地、乐器生产销售集散地、版权认证及交易地和音乐演出集聚地，推动传统音乐业态与网络视听新产业、互联网数字音乐等产业的协同融合发展。

为估算四川省音乐产业的整体市场规模，课题组采取走访座谈、量化统计、文献查阅等方法，对音乐演出、实体唱片、数字音乐等细分行业的市场规模分别进行了粗线条的估算。下面对各细分行业的发展概况和行业数据进行说明。

（一）音乐图书与音像出版产业

四川省拥有各类音乐图书及音像出版社共计16家。融合互联网大数据应用、O2O消费模式的此起彼伏、“黑胶唱片”消费载体复兴是2017年四川省音乐及音像出版产业发展的新亮点。

（二）音乐演出产业

2017年四川省音乐类演出市场快速增长，仅2017年上半年，四川省就举办了音乐相关活动近800场，票房总收入高达2亿元，音乐演出行业的市场化、产业化、国际化水平进一步提升。按照四川省的总体部署，为了进一步推动全省音乐产业发展，四川省从2016年开始打造“音乐四季”特色品牌，结合全省各市州的地域特色和民族风情，陆续推出了峨眉山佛光花海音乐季、红原大草原夏季雅克音乐季、康定情歌国际音乐季、大凉山邛海湿地冬季阳光音乐季等四大品牌特色音乐季。

旅游与文化深度融合，跨界互动带来新的嬗变。四川省户外音乐节从最初的由院校举办模式到如今的市场化商业运作模式，经历了由最初的策划组织者孤军作战到各景区和政府部门支持与配合的成长过程，经历了从“排斥、怀疑和担心”到“接纳、理解和支持”的阵痛，逐渐形成“地方政府+文化机构”的模式。以成都为中心，打造“音乐四季”的音乐产业品牌，是四川省在“十三五”期间建设具有全国影响力的特色文化产业示范区，建设成为与西部经济发展现状及规划相适应的文化大省和文化强省，大力推进发展新兴文化产业，特别是音乐产业和文化创意产业的一大亮点。

1. 峨眉山佛光花海音乐季

峨眉山佛光花海音乐季是乐山市以本土特色为核心，持续举办的音乐盛会，是乐山打造文旅融合的重要平台，该音乐季通过音乐节系列活动带动当地旅游、休闲、度假、演艺、康养等各产业的综合发展，为产业发展、文旅融合和公共文化服务体系化、标准化建设做出贡献。峨眉山佛光花海音乐季围绕“生态”“文化”“康养”打造，充分发挥音乐产业的联动积极效应，并通过打造音乐产业发展基地、音乐康养基地延伸产业链条，积极带动区域音乐文化生态、旅游康养复合产业发展。乐山市应该研究市场需求、业态分布、空间分布，充分利用“互联网+”“旅游+”“文化+”的理念，带动相关产业融合发展，持续提升品牌音乐节的影响力，打造乐山文化旅游新名片。

峨眉山佛光花海音乐季深挖佛禅等文化资源，将传统特色文化与时尚潮流文化结合，将历史传承与时代创新结合，将地方特色与国际标准相结合，打造具有自主知识产权的、有别于京沪穗的、具有西部特色音乐风格的、具有国际影响力的可持续发展品牌音乐节产品。峨眉山佛光花海音乐季作为四川“音乐四季”文化品牌之一，不仅是“音乐四季”之首，还是四川音乐旅游文化融合发展的先行者，其将充分发掘峨眉山和乐山大佛的自然遗产和世界文化相结合的双重优势，担负起把四川省建设成为全国乃至世界有较大影响力的音乐核心人才聚集地、原创音乐创作生产地、音乐演出聚集地，让成都成为中国西部文化创意中心和世界音乐之都的重任，为四川省文化产业发展奏响明媚春天的音符。2017 年峨眉山佛光花海音乐季共吸引国内外观众 5.5 万人（次），直接经济效益约 2000 万元，间接效益达 1.1 亿元。

2. 红原大草原夏季雅克音乐季

红原大草原夏季雅克音乐季是四川省音乐产业领导小组重点工程项目四川省“音乐四季”夏季站，是“高规格、高水平、高海拔”的音乐节品牌，是国内“音乐＋旅游”城市全民文化互动的新标杆。除音乐季外，首届雅克·藏羌彝原创音乐盛典也同期在红原举行。通过与国内领先的互联网音乐平台百度音乐和音乐人综合服务平台百度音乐人都达成的战略合作，四川省在雅克音乐季期间共同打造最具权威的藏羌彝特色原创音乐综合性互联网音乐榜单和我国首个少数民族音乐原创盛典品牌。藏羌彝原创音乐的问世和互联网音乐榜单的专业打造，将充分挖掘及孵化藏羌彝音乐资源，积极推动藏羌彝原创音乐特色产业发展，并进一步完成四川藏羌彝地区的音乐产业生态构建，为四川省少数民族地区的旅游文化繁荣发展做出积极的贡献。

2017 年红原大草原夏季雅克音乐季在四川省阿坝州红原县举办，音乐季分为“音悦畅游”“音爱狂欢”“音跃梦想”等三大篇章设计，这也成为特色民族文化与世界文化融合的节点。其中，雅克音乐舞台主要成为世界音乐会演舞台；而为红原藏族地区量身定制的邦锦梅朵音乐舞台，则涵盖了最具民族特色的互动体验，并集中展示本地区音乐文化特色。另外，在互动体验方面，音乐季引入了 AR/VR 技术，将雅克音乐季与日干乔湿地、俄么塘花海三大会场联动起来，打造藏族地区首个创新 VR 智慧旅游户外特色音乐节。现场还设置了创意集市、体育嘉年华和马术表演等多个特色板块，可以称得上是空前的户外狂欢季节。2017 年红原大草原夏季雅克音乐季接待省内外现场观众12.8万人次，线上线下累计观看超800万人次，宣传覆盖高达3亿人次，门票收入超过517万元；招商展位共173个，实现招商收入260万元，广告收入110万元，企业经营性收入428.6万元；带动红原县及周围民族地区的餐饮、住宿、交通、旅游、文创产品等关联产业发展，实现旅游总收入9800万元，成为促进区域经济发展的催化剂。

3. 康定情歌国际音乐季

康定情歌国际音乐季是在四川省文化厅和省音乐产业领导小组的指导和支持下，由甘孜州人民政府和康定市人民政府主办，中共甘孜州委宣传部、甘孜州文体广电新闻出版局、甘孜州旅发委、中共康定市委宣传部、甘孜州文化馆、康定市文化旅游和广播影视局共同协办的音乐盛会。音乐节期间，主办方还设置了丰富的民族文化和民风民俗体验活动，“舞动康定”锅庄集将古朴厚重的木雅锅庄和热情奔放的真达锅庄原汁原味地呈现给观众；“骏驰云端”马术集集中展现康定地区的赛马文化和马背民族的独特气魄；“茶马互市”商贸集带您体验传统的牧区商业交易以及舌尖上的木雅美食；“草原牧区”体验集让游客参与挤奶、打茶等牧区劳动，深度体验牧区生活；“星空露营”帐篷集让游客露营在草原上最美星空下，感受独特浪漫的篝火晚会。

2017年康定情歌国际音乐季在线观看数量超过200万人次，共接待游客30.5万余人次，实现旅游收入3.1亿元，同比增长12.3%和12.4%，对对外开放、增强综合竞争力、推动经济与社会发展起到越来越大的推动作用。

4. 大凉山邛海湿地冬季阳光音乐季

该音乐季以“音乐与阳光同行”为活动主题，按照“政府引导、企业主体、市场运作、产业拉动”的原则，以“彝歌会”为基础，以西昌主会场音乐季项目为主，以惠民音乐会、新春音乐会、县级音乐季项目为辅，在模式上探索创新，强化与重点旅游节会、体育赛事和康养休闲等项目的联动，突出国际化、民族化、市场化，培育和推动音乐产业发展。凉山州通过举办音乐季，进一步挖掘推介凉山本土音乐人才，大力发展音乐产业，倾力打造“中国民族音乐之都”，推进凉山文化旅游产业深度融合发展。2017 年大凉山邛海湿地冬季阳光音乐季主体活动主要分为六大板块。一是开幕式，包括湿地现场参观、开幕式致辞、音乐季启动等活动。二是演艺活动，该活动由国内 21 个优秀乐团组成，采用开放性舞台、大型 LED、炫丽灯光、特殊音效相结合的方式，让数千名观众同时感受音乐节魅力。三是美食体验，主办方搭建用餐区、品餐区等功能区域，提供凉山特色美食，让游客方便、快捷、卫生地体验独特美食文化。四是特色展示，包括露天移动游戏竞技场、个性彩绘、汉服等体验项目，机车餐厅、山地车等展示项目，以及彝族饰品销售。五是露营体验，包括房车集中营、月光帐篷营，可供游客居住，让游客感受别样住宿体验。六是音乐之旅，包括“阳光音乐季跨年一日游”，特别设计了“阿斯牛牛彝族美食 + 音乐节 + 帐篷”民宿体验。

“中国彝歌会”作为重头戏亮相凉山冬季阳光音乐季。“中国彝歌会”自 2017 年 11 月 1 日启动以来，分别在云南、贵州、大凉山、小凉山和网络等五大唱区开展比赛活动。作为本季音乐季重要组成部分，2017 年大凉山邛海湿地冬季阳光音乐季之交响乐专场——《乐在凉山》广受观众好评。2017 年大凉山邛海湿地冬季阳光音乐季吸引了全国各地近 2 万名观众，实现门票收入近 20 万元。西昌市接待游客 31.08 万次，同比增长 6.68%；旅游收入 8546.97 万元，同比增长 11.23%。音乐季的举办，将进一步整合凉山民族音乐文化资源，助推音乐产业发展，塑造凉山民族音乐品牌，切实提升凉山民族文化的国际、国内影响力。

从四川省审时度势确立音乐产业地位作用的实践看，“音乐四季”品牌的推出，不仅为举办地城市和景区旅游业带来了不错的效益，也让旅游业在跨界合作中焕发了新的活力。从 2017 年四川省音乐季系列活动的举办地来分析，有超过 60% 在户外休闲旅游地区举办，其中又有大部分在当地景区内举办，音乐演出及综艺活动为当地文化旅游业的发展起到了较好的拉动作用。传统的“门票 + 导游服务”的单一盈利模式，逐步演变为“音乐演出 + 多元产业融合”的复合商业模式转变，让旅游景区的文化旅游资源在音乐文化娱乐方面得到了衍生发展。

（三）音乐版权经纪与管理

2017 年四川省音乐著作权收入呈现快速增长的发展态势。国家版权局出台相关政策法规规范版权管理、引导数字音乐独家版权相互授权等举措，都为音乐产业的版权保护营造了良好的整体环境。同时，为鼓励歌曲产业发展，完成歌曲产业企业孵化与大型歌曲平台建设，加强对原创歌曲版权保护、推动歌曲版权交易与推广，四川省财政每年投入 2000 万元歌曲音乐版权服务与发展专项资金。

（四）数字音乐

2017 年，四川省数字音乐的产业规模增长明显，主要是付费用户群体在快速增长。电信音乐类增值业务的产值近 1 亿元，新增 4G 网络的音乐流媒体业务量和数字音乐网络平台的多元化复合型盈利模式成为 2017 年的亮点。用户结构也在不断变化，据腾讯公司 QQ 音乐平台提供的数据显示，四川省流媒体音乐消费用户数在全国排名第四，前五名依次是：广东省、江苏省、河南省、四川省和浙江省。四川省在 QQ 音乐上日均听歌人数高达 350 万人。在四川省的音乐消费用户人群中，18～22 岁的“90 后”消费群体最多，占总人数的 1/3；其次是“80 后”和“00 后”，各占 20% 左右。四川省流媒体音乐消费类型以流行歌曲、华语歌曲为主，其中流行歌曲占了总量的 49.63%。

（五）音乐教育培训

四川省拥有四川音乐学院等专业音乐院校或设有音乐专业的院校 15 所，音乐艺术院校在读人数超过 4.1 万人，每年毕业 1 万余人；音乐培训机构超过 1800 家，每年在培人数预计超过 25 万人，涌现出艺博培训、华韵艺术、川音大地、刘诗昆艺术学校、橙豆少儿培训、博乐艺术培训、ETM 活力时代、中樱桃等知名培训机构和音乐艺人培训、乐器培训、少儿音乐艺术培训等特色培训内容。2017 年，四川省音乐考级报名人数持续增长。新媒体技术的广泛应用，金融资本的持续注入带动音乐教育培训市场的新一轮行业洗牌，综合化、多元化的大型连锁经营培训机构成为新趋势。

（六）广播电视音乐

2017年四川省音乐广播广告费再创新高，四川省音乐类电视综艺节目数量和类型稳中有增，市场潜力巨大，但产业化发展机制尚需完善。以成都为例，据初步统计，成都市市属及部分区（市、县）广播电视台近年逐步打造音乐类栏目10个，主要为广播类音乐节目。其中，成都人民广播电台文化休闲频道定位于25～55岁的城市高端收听人群，精选经典中文及西洋流行音乐为主要内容，全力打造成都电台第一个24小时不间断播出的音乐广播频道，其市场份额已达到5.42%；都江堰市人民广播电台开办了直播节目《一路欢歌》和录播节目《935音乐吧》两档音乐类栏目，每周分别播出5期和16次；新都区人民广播电台《音乐带回家》栏目以推荐歌曲为主，每周三播出；龙泉驿区人民广播电台《993音乐之声》栏目定位中青年群体，每周播出5期；双流区人民广播电台开办《环球音乐风》《空中旅行箱》《空中加油站》《伴你回家路》四档音乐直播栏目；温江区人民广播电台的《音乐咖啡屋》是针对上班族的音乐栏目，分为音乐打赏和点歌两个板块，每日直播。

（七）卡拉OK娱乐业

据初步统计，四川省拥有卡拉OK厅近5000家。一方面，传统线下实体KTV业务量持续萎缩，其商业模式有待转型和创新；另一方面，在线K歌模式结合了综艺选秀、AR/VR直播、在线投票等丰富灵活的业务形式，逐步进入了泛娱乐时代。同时，线下星罗棋布的迷你KTV迅速兴起，吸引了大量消费群体和资本的涌入，这也带来了行业价值的重估。

（八）乐器设施设备业

据初步统计，2017年四川省音乐相关设施设备、乐器生产销售服务等具有一定规模的企业超过50家，中西乐器、音乐影视录放设备、灯光等相关音乐设备制造销售行业实现营业收入超10亿元。

（九）影视剧、游戏、动漫音乐

2017年，四川省在科技、人才、知识产权等领域优化了政策供给，促进省内电子竞技、游戏、动漫、电影、音乐、文学、虚拟现实产业实现跨界融合，已形成在国内具有比较优势的泛娱乐生态系统。同时人工智能（AI）等新科技给游戏、动漫产业注入新的活力，而影游联动、游娱联动和动娱联动创新模式的不断涌现，也给产业联动发展带来了广阔空间。

（十）音乐龙头企业情况

据初步统计，四川省音乐相关企业超过400家，涌现出咪咕音乐有限公司、四川省演出公司、成都演艺集团、域上和美集团有限公司、四川音元互娱科技发展有限公司等一批具有一定规模音乐企业。但总体而言，除咪咕音乐有限公司外，四川还比较缺乏在国内外有影响力的龙头音乐企业。咪咕音乐有限公司于2014年12月注册成立，注册资本金为10亿元，是中国移动全资控股公司，也是国内唯一一家具备全音乐体验体系的国有企业，已发展成为中国最大的正版音乐网络首发平台、中国最大的国营音乐作品销售平台和最大的音乐活动演出平台。咪咕音乐拥有国内最大的国营正版音乐数据库，数据库存量正版歌曲达过千万首，平台音乐用户数达4.3亿。先后获得文化部颁发的首批“网络音乐创新示范单位”，文化部和工信部联合颁发的四川首批次“文化旗舰企业”“网络音乐品牌奖”等多项荣誉，同时被国际唱片协会认定成为“中国最大的数字音乐运营机构”。

（十一）国家音乐产业基地

东郊记忆音乐公园是四川省唯一一个国家音乐产业基地，是以工业遗产保护与文化创意相结合为方向，在原红光电子管厂旧址上改建而成的以音乐为核心的多元文化创意产业园区。东郊记忆音乐公园于2011年9月正式对外开放，园区占地282亩，拥有18个功能完善的展览演出场馆场地，每年有超过1200场音乐节、演唱会等音乐文化盛宴持续上演，园区已有115余家各类音乐文化创意企业入驻。2017年国家新闻出版广电总局出台基地园区建设的相关管理办法，规范、引导国家音乐基地园区的运营与发展。各基地在园区建设中，积极推动"音乐+创意"产业融合和转型升级，加强基地之间的联盟关系以增强产业集群效应，全方位、深层次延长音乐产业价值链，从而使2017年园区的营业收入实现了快速增长。

（十二）特色音乐小镇

在努力将成都建设成为"中国音乐之都"同时，四川省确定将龙泉驿区洛带镇、彭州市白鹿镇、崇州市街子镇、大邑县安仁镇打造为特色"音乐小镇"，这给特色小镇建设又打开了一个新的思考角度。对于这四个小镇来说，这不仅是一次发展转型的良机，更是一次通过整合、挖掘自身以及外部有关音乐的一切资源，重塑小镇风情与活力的发现之旅。这四个小镇在结合自身历史、地理、人文等优势资源的基础上，探寻各自音乐产业发展的结合点、嫁接点，通过市场化的要素配置，建设持续发力的产业的基础，正在让"音乐小镇"名副其实，为成都建设"中国音乐之都"提供产业基础与亮点支撑。

1. 洛带镇

洛带镇以"音乐古驿站·天府候机厅"为定位，打造音乐小镇——音乐+旅游：看着演出"候机"古镇旅游产品新供给。打造音乐产业，演艺业似乎最容易入手，洛带音乐小镇计划每年举办各种300人以上规模的演出不少于50场次。洛带镇还引进了拟投资近百亿元的中国西部音乐谷项目。洛带音乐小镇的布局为"一带三区二组团"，其中"三区"是指巴蜀雅乐产业园区、客家音乐休闲产业园区、现代演艺文创产业园区。随着春浪音乐节、日落春浪电音节、独立音乐公社三大品牌落户洛带，以后这里将春有桃花音乐季、夏有亚洲音乐季、秋有音乐产业博览季、冬有雅乐音乐季。洛带镇已被纳入中法生态园规划范围，而中法生态园属于成都经开区北拓区。在经开区范围内音乐产业已有布局，如全球音响巨头哈曼在经开区设立了研发中心；上海斐讯投资有限公司成都基地建成后，也将生产智能音响。音乐制造业的布局有助于洛带音乐小镇的全产业链条发展和产业生态圈构建。

2. 白鹿镇

以法式风情著称的彭州市白鹿镇，要做“中国第一音乐玩乡”。白鹿音乐小镇 2017 年游客数量突破了 200 万人次。虽然白鹿镇依靠“法式风情”特征在成都及周边小镇中独树一帜，但也面临商业业态低端的严峻考验。建设音乐小镇为该镇创造了优化消费者结构、注入灵魂和内容的机会。发展音乐产业一直是白鹿镇转型的着力点。早在 2013 年，白鹿镇就举办了首届“白鹿·法国古典音乐艺术节”，到 2017 年，已连续举办了 5 届。受此熏陶，白鹿小学平均每 8 个学生就有一台钢琴，还建成了钢琴艺术特色学校。法国古典音乐艺术节在一定程度上塑造了白鹿的品牌，它强调游客的参与性。打造是否成功的衡量标尺也很简单——看“夜色经济”。当夜色降临，小镇因音乐而人潮澎湃，那就成功了。彭州市将在白鹿镇实施建设音乐演艺厅、国际音乐学校、艺术交流中心等“十大重点项目”，沿白鹿河规划建设“白鹿音乐谷”，并引入知名音乐院校举办“大师班”培训。

3. 街子镇

街子音乐小镇位于成都崇州市街子古镇，是四川省第一个将康养与音乐融合在一起的特色小镇。街子音乐小镇将以“音乐＋康养”为产业发展模型，打造“中国音乐·康养第一镇”，引进国内外先进的音乐治疗体系，加入康养小镇。在确定为音乐小镇前，街子古镇也不缺乏音乐元素。由国家一级演员、著名音乐人兰卡布尺操盘打造，2013 年亮相的街子川西民歌村已是街子古镇上最有名的景点之一，几乎每天都有实景演出。街子音乐小镇按音乐核心区、康养聚集区、农业产业区以及旅游商业区进行了功能划分，其中音乐核心区将承担音乐研究、演出、教学、培训、体验等功能；康养聚集区将联合康养产业，承担音乐治疗、疗养及配套的康养服务；农业产业区则将通过农耕音乐配合农户进行特色展示体验；旅游商业区将在承担游客衣食住行需求同时体验当地特色音乐生活。街子古镇在运营模式方面进行创新，成立以政府为主、专业机构和重点企业介入的“天府音乐康养基金”。目前，小镇已引进了一家古琴教育基地，还将打造音乐康养研究中心、音乐正念疗养中心、音乐减压舱、二十四节气音乐农耕等一系列活动。

4. 安仁镇

安仁音乐小镇的定位，是在“世界博物馆小镇”这一内核不变的前提下进行音乐化提升，结合其现有城镇气质，突出“音乐典藏记忆”的特质主线。安仁音乐小镇将重点打造“三基地一公园一村落”，通过对影音创作、音乐创作、音乐人才培训等三大基地建设，完善配套，构建音乐公园，全方位做强音乐产业。按照成都市音乐小镇的规划定位，安仁古镇初步确定将选取三类音乐产业功能植入安仁：演出及活动类、馆藏类、文创及孵化类。2017 年“蓉城之秋·安仁国际艺术音乐节”登陆安仁古镇，刚“上岗”的音乐坝子就是当时的主会场。音乐节持续了 5 天，天天爆满。2017 年全年，安仁古镇举办了多场音乐节庆活动。虽然音乐节会门票大多以赠票形式发放，却拉动了古镇的游客数量大幅提升，音乐这个元素为旅游主业服务。安仁音乐小镇目前还是著名的影视拍摄基地，可结合影视音乐的创作发行大力发展“音乐＋影视”和相关音乐 IP。

（十三）城市音乐基础设施建设

四川省音乐文化基础设施规模不断扩大，覆盖面逐渐增大，总体数量逐年增多。仅成都市就已建成图书馆、文化馆各 21 个，国有美术馆 1 家，民办美术馆和画廊近 80 家，国有和非国有博物馆 150 个；大中型音乐演艺场所（剧场、剧院等）26 家，座位数突破 15000 个；新建或改建演艺场所达 34 家。但总体上，成都市现有音乐演艺场馆相对陈旧，缺乏世界一流的音乐演艺载体。目前成都市加紧推进一批重大音乐演艺基础设施建设运营。

1. 城市音乐厅

为满足四川省大力发展音乐产业和建设文化产业强省的战略布局需要，四川省、成都市政府决定，在四川音乐学院周边打造音乐产业聚集区。该项目将会采用“市校合作”的模式，依托四川音乐学院音乐艺术软实力，以及周边片区的浓厚艺术氛围，整合相关资源，将川音自身文化优势转化成为产业优势，以便能更好地服务当地经济发展，实现优势互补、资源整合和合作共赢。该项目以构建音乐艺术核心区和音乐相关产业融合为核心，着力打造一座音乐厅、一座戏剧厅、一座歌剧院和多个配套建筑，其附属配套包括艺术主题酒店和艺术培训中心等。

按照成都市文化及音乐产业发展规划，城市音乐厅选址定于成都市武侯区一环路南一段附近，占地面积将近 3 万平方米，其总投资规模近 20 亿元，规划建筑面积 6 万 ~ 8 万平方米。其中，音乐厅预计 2018 年完工并投入使用。城市音乐厅将成为聚集音乐制作、音乐创作、版权交易、音乐演艺等为一体的音乐产业集中发展区。

2. 成都音乐坊

成都音乐坊坐落于成都市武侯区内南至一环路南一段，西至新南路、东至锦江的一个“钻石形”区域，规划面积约 1.2 平方公里。成都市武侯区将按照文化产业部署，充分发挥成都城市音乐厅的周边及产业带动效应，将成都音乐坊打造为成都音乐核心区域，成为成都的又一张魅力文化名片。2017 年迷笛音乐、城市理想、亚洲音乐节、TIT 国际互动科技艺术中心、华山文创、中国流行音乐基地等 12 家音乐产业机构落户成都音乐坊。未来这里不仅有来自世界各地的音乐创业者，还会有与音乐相关的产业入驻。在这里可以听原创音乐、看剧场，也可以购买到相关的乐器。

成都音乐坊将重点发展原创音乐孵化、音乐培养教育、演艺演出经济、音乐文化传播及版权、乐器产销等五大主导产业，着力打造以音乐产业为引领的文化创意、科技创新、旅游集聚的中国西部文创中心示范区，致力于发展为国家级音乐产业示范区，成为音乐之都的核心驱动力和世界音乐族的追梦天堂。

3. 露天音乐广场

凤凰山成都露天音乐公园位于熊猫大道以南的凤凰山脚，计划建设可容纳 4.7 万人观演的核心区等多个功能区，既可露天举行大型音乐会，又兼具城市公园功能。主舞台观影区形似一只展翅欲飞的凤凰，将成为一个极具现代特色的音乐文化地标。从功能配置上看，整个公园分为文化创意区、时尚发布区、运动休闲区。文化创意区约为 76000 平方米，包括琴舞台（含餐厅、文艺表演、休憩露台）、音乐长廊（文创展卖、音乐餐厅、雕塑长廊）、文化雕塑广场（文艺表演、草坪雕塑、晨跑练声）。时尚发布区约为 224000 平方米，包含一座时尚创意园（含时尚秀场、创意市场和餐厅）、花舞台（含创新创意空间、休憩空间及摄影基地）及三座剧场。运动休闲区约 95000 平方米，包括四个五人制足球场、房车营地、儿童乐园、宠物乐园和极限运动场地。

三　四川省音乐产业结构分析

2017 年四川省音乐产业核心层产业占比小幅下降，统计数据表明，以音乐内容为主的核心层正处在新旧动能转换的关键时间节点。线下实体音像出版发行进一步下滑，互联网数字音乐产业也因人口红利的逐步消退和用户增速降低而逐步放缓，开始进入对存量用户的深度运营时代；与此同时，音乐现场演出和数字音乐付费消费在快速增长，创新商业模式逐步显现，这都将促进音乐产业核心层快速增长。

2017 年四川省音乐产业关联层产业产值规模同比小幅增长，虽然以音乐相关实体产品生产和销售为主的产业关联层受宏观经济的影响较大，但得益于音乐产业关联装备市场的激增和中国创造的转型，音乐产业关联层中的专业音响产业和乐器产业都实现了两位数以上增长，相关企业利润也稳步增长。

2017 年四川省音乐产业拓展层产值规模同比增长。拓展层中，占比相对较大的线下传统卡拉 OK 产业徘徊不前，网络在线 KTV 和线下迷你 KTV 等新兴模式的市场潜力凸显，预计未来体验式消费模式会持续创新，共同推动四成省音乐拓展层产业规模快速增长。

从四川省音乐产业发展情况来看，发展情况较好的数字音乐产业、卡拉

OK 产业和音乐教育培训，全都属于全部音乐服务业，直接面向 C 端用户消费市场。由此可见，想要做大做强产业规模，仍然需要以用户为核心，持续提供优质的音乐产品和高体验的音乐服务。数字音乐产业等新兴产品及服务模式将推动四川音乐产业快速增长，传统音乐形态与新兴音乐形态必将加快融合进程，在政府政策及资本的助推下，产业必将不断重构，商业模式将持续创新和迭代，消费活力和潜力也会持续激发，四川省音乐产业必将正式进入快速增长的新时代。

四　四川省音乐产业发展情况综合分析

通过对四川省音乐产业发展情况综合分析，可以了解促进音乐产业发展的驱动因素，科学评估诊断四川省音乐产业发展状况及发展潜力，这对当前音乐产业决策者发现音乐产业发展过程中存在的问题，制定音乐产业发展战略，以及音乐产业相关企业进行投资决策，实现四川省文化产业可持续发展，具有重大的现实意义。

（一）城市音乐产业发展基础

“城市音乐产业发展基础”指标反映了城市音乐产业发展的基础社会经济环境和基础设施水平，是城市音乐产业发展的基础性指标。作为四川省的省会城市，成都在副省级城市组 2017 年城市音乐产业发展基础指标排名中居 5 位，具备较好的音乐产业发展基础。

（二）城市音乐教育资源

“城市音乐教育资源”指标反映了城市音乐教学机构、毕业生数量、音乐戏曲院团或学院、城市音乐培训教辅机构数量等综合情况，是城市音乐人才培养和音乐文化消费的反映。从 2017 年城市音乐教育资源指标看，成都在副省级城市组排第 3 位，这反映了成都市音乐教育资源较为丰富，促进四川省音乐产业的持续创新和发展。

（三）城市音乐产业人才

“城市音乐产业人才”指标，综合考虑城市音乐产业对人才的招聘情况，反映了城市音乐产业的发展对人才资源的聚集水平，这也是城市音乐产业扩张或收缩的先行参考指标。2017年城市音乐产业人才指标，成都在副省级城市组排第4位，从侧面反映了成都市音乐产业在人才资源方面的聚集程度较高。

（四）城市音乐产业资本

“城市音乐产业资本”指标，是从新增注册资本、风险投资、招中标、股权融资四个维度来描述某个城市音乐产业资本聚集情况，反映了城市音乐产业吸引资本和资本投入的情况。

2017年城市音乐产业资本指标，成都在副省级城市组排第6位，侧面反映了成都市音乐产业发展还需更多资本的引入。

（五）城市音乐企业

“城市音乐企业”指标包含了音乐产业的核心企业和相关企业。其中，核心企业是指主营业务为音乐产业的企业，相关企业是指所有跟音乐产业相关的企业。2017年城市音乐企业指标，成都在副省级城市组排名第1位，反映了成都音乐产业发展的潜力与活力非常高。

（六）城市音乐消费

“城市音乐消费”指标既包括城市线下音乐消费情况，也包括线上数字音乐消费情况。2017年城市音乐消费指标，成都在副省级城市组排第4位，反映出成都市音乐消费能力较强，音乐消费活动频繁，音乐产业发展的市场需求旺盛。

（七）城市音乐知识产权

“城市音乐知识产权”指标包括音乐相关著作权和工业产权，反映了城市产生的音乐相关的智力成果或是知识产品，是一种无形资产，是创造性的智力劳动所创造的劳动成果。其中，著作权包括软件著作权、出版版权，工业产权包括专利权和商标权。2017 年城市音乐知识产权指标，成都在副省级城市组排第 5 位，反映出成都市市场主体创新活力和知识产权意识较强，具备较好的产业发展基础。

（八）城市音乐产业行政支持度

“城市音乐产业行政支持度”指标反映的是城市音乐主管部门对于音乐产业的支持情况，主要从音乐产业支持部门设立情况、音乐产业发展政策制定推行情况、大型音乐产业建设研讨活动举办情况等三个角度予以描述。四川省成都市成立了专门的音乐产业行政相关支持部门（音推办、音产处等），并设立了音乐产业专项扶持政策。2017 年城市音乐产业行政支持度指标，成都在副省级城市组排第 1 位，说明成都市对于音乐产业发展的政策扶持力度非常大，四川省的音乐产业必将在近几年内得到飞速的发展。

（九）城市音乐产业发展综合指标

“城市音乐产业发展综合”指标综合考虑了城市音乐基础资源情况、音乐人才及资本聚集情况、音乐企业发展状况、音乐知识产权及城市音乐产业行政支持等综合因素，反映了城市音乐产业发展的综合状况。2017 年城市音乐产业发展综合指标，成都在副省级城市组排第 2 位，反映出四川省在推动发展音乐产业快速发展方面方面具备坚实的基础。

五　四川省音乐产业发展的趋势和热点

按照《四川省国民经济和社会发展“十三五”规划纲要》和《四川省“十三五”文化发展规划》相关要求，四川省坚持把社会效益放在首位，坚持社会效益与经济效益相统一；进一步挖掘推广音乐人才，加大优秀音乐原创作品扶持力度；加快培育市场主体，打造特色音乐季品牌；推动音乐产业的加快发展；创新公共服务模式，提升音乐及相关产业消费水平，丰富人民群众精神文化生活；推动音乐产业与其他相关产业深度融合，促进音乐产业融合创新和业态升级；加强发展数字音乐等新兴业态，把音乐产业打造成为与旅游、体育科技和教育等互动伴生的重要产业和文化产业新亮点。按照“政府引导、企业主体、市场运作、产业拉动”原则，四川省深入挖掘巴蜀历史文化、藏羌彝民族文化等特色资源，按照抓产业的理念，打造音乐活动品牌，推动音乐产业升级发展。

（一）加强合作与交流，探索新路径

中国文化“走出去”是我国实现“文化强国”战略中极其重要的一步。要找到国际音乐通用语言，用现代听众喜爱的方式进行演绎和传播。以线下音乐活动为契机，结合音乐产业园、音乐公园、音乐广场、赛场、剧场现场演出等平台，开展评选“音乐示范城市”“音乐特色小镇”“音乐产业示范园区”等活动，加快推进四川音乐产业发展。

加强与全国各省（区、市）的交流，加强与国际国内知名音乐机构、音乐院校、文创企业、音乐节会的合作，努力把四川音乐产业打造成为凸显巴蜀文化特色和现代风格、国内一流的特色文化精品，探索出一条适合四川省音乐产业发展有效途径，让四川传统文化借音乐之力，创新传播模式，使其在国际上产生崭新的文化影响力。

（二）鼓励打造更多音乐季活动

统筹各种资源和要素，打造多元化音乐产业发展平台，加强与各级各部门联动，鼓励推出形式多样的音乐季活动。支持四川艺术院校开展“川籍人才引进”项目，支持“天府音乐季”“戛纳音乐节—天府之夜”等活动，带动音乐及相关文创产业消费。加大音乐品牌扶持力度，通过建立各地音乐季活动评估制度和激励竞争机制，调动政府、企事业单位、音乐人和其他相关社会群体的积极性，推动音乐季品牌跨区域举办，形成一批特色鲜明、市

场化运作、群众喜欢的音乐季品牌，扩大音乐市场消费，提升全省音乐产业发展水平。

（三）加大对少数民族音乐的扶持力度

四川省是多民族的省份，拥有丰富的独具特色的民歌、舞蹈、戏剧、器乐等少数民族音乐文化资源。少数民族传统音乐文化是各少数民族历史上遗留下来的精神财富，是国家宝贵的非物质文化遗产，其中蕴含的少数民族智慧、情感与精神，是民族心理的具体体现。对少数民族音乐的保护、传承、发展是四川省音乐产业发展过程中的重要课题。只有重视少数民族的文艺发展，重视民族音乐的发展，建立少数民族音乐出版中心，激发音乐创作者的创作活力，发现和培育一批优秀音乐人才，推动实施少数民族音乐保护出版工程加强政策扶持，积极推动民族音乐“走出去”，促进国际交流与合作，才能更好地让中国音乐走向世界。

（四）加强版权管理与版权保护

原创音乐的创作与消费对音乐产业生态的良性运转有决定性的作用。因此，激发原创音乐的创作质量和数量、实现原创音乐的市场化变现，就成为推动音乐产业持续健康发展的核心动力。建设音乐版权综合服务平台，通过平台化的方式为原创音乐人和机构提供创作、出版、宣传推广、发行与营销等方便、快捷的服务，并帮助其实现市场化变现，将成为未来一段时间政府及市场的共同需求。

（五）科技创新引领行业变革和模式创新

2017 年，中国的流媒体音乐市场增长速度在全世界居位前列，这主要得益于互联网技术的创新发展和应用，以及音乐产业商业模式的创新。互联网数字音乐平台的推广应用，让平台会员可以通过流媒体技术下载或在线收听高品质音乐作品，并开始接受付费消费的商业模式；AR/VR 等技术和设备给音乐消费者带来了沉浸式的音乐体验，让人们可以不去现场也能身临其境地观赏音乐会；AI 人工智能技术也衍生出了智能乐器、智能音箱和智能音乐作曲等全新音乐产业形态，带来了音乐产业的巨大变革。2017 年，四川省设立了音乐产业发展专家库，发挥专家学者在音乐活动规划、重大问题研究、指导和评估（审）等方面的作用，为四川音乐产业发展提供智力支持，促进音乐创作、表演、教育、产品制造、推广宣传、活动运作等发展，提高运行效率。

（六）推动建设成都为中国音乐之都

推动成都市重点打造和推出意大利翁布里亚爵士音乐节、成都室外音乐会、成都国际诗歌音乐节、大熊猫音乐节、（中国）成都青年音乐节等音乐展演活动，大力发展音乐会展和演艺产业，以此推动成都音乐产业发展。鼓励成都开展国际音乐交流活动，引进国际音乐品牌、音乐企业、音乐院校，把成都建设成中国音乐之都和有国际影响力的音乐城市。

（本报告研究课题组成员还有：宋俊武、吴蕾蕾、许发祥、陈革、赵麟麟、岑明聪、汪丽、刘戈、周环、周雪兵）

B.11 四川中医药文化产业发展报告

李 晖 刘天宇*

摘 要： 发展中医药文化产业，对于助推全面小康、实现中医药复兴以及增强中医药文化的世界影响力具有重要意义。多年来，依托固有资源优势、产业优惠、教育与人才优势以及科研优势，四川省中医药文化与教育产业、网络产业、旅游产业、餐饮产业、会展产业、出版产业融合互渗，发展迅速。然而还存在中医药文化资源开发不足、产业化发展意识缺位、多元化业态结构有待强化等问题。今后，应以开发中医药文化资源为主线、以构建中医药文化产业链为重心、以强化多元化产业业态为路径，做大做强四川中医药文化产业。

关键词： 中医药 文化产业 四川 文化小康

随着中医药文化的普及以及大众健康观念的转变，中医药受到越来越多民众的关注和认可，与此同时，中医药文化产业在相关领域也逐渐渗透，然由于资源开发不足、产业意识缺位等原因，中医药文化产业发展始终缓慢。2016 年 2 月 22 日国务院发布的《中医药发展战略规划纲要（2016 ~ 2030 年)》明确提出要发展中医药文化产业，推动中医药与文化产业融合发展，并探索将中医药文化纳入文化产业发展规划。中医药文化产业将进入新的发

* 李晖，博士，四川省社会科学院新闻传播研究所副研究员，研究方向为文化产业；刘天宇，博士，成都中医药大学副教授，研究方向为中医药文化产业。

展阶段。四川是中医药文化大省，利用中医药文化资源发展好中医药文化产业，是四川未来的发展重点之一。

一　四川发展中医药文化产业的意义

发展中医药文化产业对于创新中医药产业发展方式以及助推中医药文化传播等具有重要意义。然而，因为资源积累不同、发展基础不同、面临机遇不同，不同地域发展中医药文化产业的意义也稍有差异。当前，四川恰逢“一带一路”建设新机遇，其发展中医药文化产业不仅可刺激当地中医药产业，助推四川实现文化小康，还有助于中医药复兴和提升中医药文化的世界影响力。

（一）有助于推动四川中医药产业发展

四川中医药产业具有较好的资源优势和产业基础。为了全面提升四川省中医药健康产业发展的水平和质量，推动四川由中医药大省发展转变为中医药健康产业强省，四川省 2015 年出台《关于加快医药产业创新发展的实施意见》、2016 年制订《四川省中医药大健康产业“十三五”发展规划》、2017 年发布《四川省贯彻中医药发展战略规划纲要（2016 ~ 2030 年）实施方案》。相关政策的密集出台为中医药文化产业发展提供了较好的政策机遇。中医药文化作为中医药产业发展的重要资源，可为中医药产业发展提供深层动力，主要体现在两个方面：一是中医药文化产业发展，可运用文化、知识和科技等要素消除对土地、能源和资金的依赖；二是中医药文化产业还能产生多重效益，并形成四川中医药产业新的增长极。

（二）有助于四川实现文化小康

文化是小康社会的精神基石。文化小康既是全面小康的重要标志，也是全面小康的题中之意。2017 年印发的《四川省“十三五”文化发展规划》明确指出，“十三五”期间，四川省文化发展主要指标要进入全国第一方阵，如期实现文化小康目标，基本建成文化强省。中医药文化作为中华优秀文化的重要载体，与人的生命、健康、疾病防治规律相结合，其倡导“仁者寿”的健康理念，主张“医乃仁术”和“大医精诚”的医德观、抱持动态平衡、“治未病”的早期干预理念与扶正祛邪的治疗法则，这些内容不仅得到医生和患者的广泛认可，而且对其他领域也在产生深远影响。[①] 如何借助丰富的中医药文化资源增强四川文化影响力也是四川文化小康的重要内容。

（三）有助于中医药复兴和提升中医药文化的世界影响力

中医药的振兴和发展，需要文化先行。发展中医药文化产业对中医药文化复兴具有重要作用，主要表现在两个方面。一可增强中医药文化认同感。发展中医药文化产业可使中医药文化以更多形式和途径融入国人的生活，让公众更多更好地了解中医药文化。二可加快中医药文化的现代化进程。中医药文化产业可激发中医药文化历史性、资源性的优势，并在此基础上对中医药文化展开现代化改造，增强中医药文化的普世性、开放性与包容性。习近平总书记曾指出，“中医药学是中国古代科学的瑰宝，也是打开中华文明宝库的钥匙。”[②] 中医药文化复兴对中华文化整体复兴也将起到巨大的促进作用。

二　四川中医药文化产业发展基础

中医药文化产业作为文化产业新的战略增长点，在全国各地得到不同程度的发展。在作为中医药文化大省的四川，其发展势头不可小觑。具体来说，四川中医药文化产业发展具有较多优势，主要体现在四川中医药文化积累深厚、自然资源丰富、产业基础较好、教育和人才优势明显、科技创新能力较强等方面。

---

① 曹洪欣：《发展中医药需坚持文化自信》，《光明日报》2017年7月22日，第10版。

② 《习近平致中国中医科学院成立60周年贺信》，《人民日报》2015年12月23日，第1版。

（一）四川中医药文化积累深厚

四川素有“中医之乡、中药之库”之称，这片土地所孕育的中医药文化思想在不同朝代有不同程度的影响力。汉代的古蜀针灸学派以涪翁、程高、郭玉等四川医家为代表。五代、北宋初年的道教学者陈希夷，被后世尊称为“陈抟老祖”，其强调养生，并将道家修炼方术、儒家修身之道和佛家禅观会归一流。唐代的成都人昝殷编修了我国最早的妇产学科专著《经效产宝》，包含各类经验效方378个。宋代唐慎微等人撰写的《经史证类备急本草》，是集宋代本草之大成的著作。陈承《补注神农本草并图经》，孟昶、韩保昇《蜀本草》等又将本草学说进一步丰富，在此基础上形成了对后世影响较大的《本草纲目》。受西学影响，中西汇通学说在清代开始萌芽，代表作便是成都人唐宗海撰写的《中西汇通医书五种》。[①]

（二）四川中医药自然资源丰富

四川盆地位于青藏高原、云贵高原、秦巴山地、横断山脉和湘鄂西山地五大地貌区之间，得天独厚的地理气候孕育了丰富的中药资源。截至2016年底，四川省在中药材资源上占据了三个“全国第一”。一是蕴藏量全国第一。四川省中药的资源有5000多种，占全国的39%，其中植物药有4600多种，占我国中药资源的50%。二是常用的中药品种全国第一。全国常用的中药品种有363种，四川有312种，占全国的85%。三是道地药材种类全国第一。四川道地药材共有49种，居全国第一位，其中川贝母和附子占100%，川穹、麦冬占70%～80%。川芎、川贝母等29种四川道地药材中，有7个品种人工的种植面积和产量居全国第一位。2016年，四川省中药材人工种植面积是277万亩，产量84.4万吨，产值达到127.4亿元。[②]

---

① 石小宏：《不让川派中医“隐身”》，2014年7月8日，第14版。

② 樊邦平：《四川中药材振兴的“药方”在哪儿?》，《四川农村日报》，2017年11月2日，第5版。

（三）四川中医药产业基础较好

近年来，四川省推进中医药强省建设工作领导小组和四川省中医药产业发展推进小组相继成立，与中医药发展战略、中医药大健康产业有关的系列发展规划纷纷出台，中医药大健康产业成为推动四川省经济发展的十四个重点产业之一，中医药一、二、三产业联动发展的产业格局初步形成。截至2016年，四川已有川芎、川乌、川明参、川牛膝等16个品种、24个基地通过国家中药材生产质量管理规范（GAP）认证，品种数和基地数均居全国第一。[①] 与此同时，“互联网+中医药”工程迅速展开，成都天地网公司进军电商平台已取得较大进展。另外，公共服务建设也在加速推进，四川省在中医药养生保健服务示范区和中医药与养老服务结合试点建设方面也取得较好成绩。据相关统计，2016年，四川省中药工业及健康衍生品生产制造业主营业务收入712亿元，跃居全国第三。[②]

（四）四川中医药教育和人才优势明显

四川中医药教育和人才培养处于国内先进行列。成都中医药大学是我国最早建立的四所中医药高等院校之一，其教学质量、科研基础，中药针灸等学科水平位居全国中医药高等教育前列。成都中医药大学附属医院四川省中医医院拥有大批知名中医药专家，整体实力雄厚，品牌效应突出。除成都中医药大学外，四川大学、西南医科大学（原泸州医学院）、川北医学院、成都体育学院等院校都包含中医、中西医结合、中药、藏医药等中医药类专业。在相关院校、机构带动下，四川中医药教育和人才优势明显。“十二五”期间，四川建成在全国具有重要学术地位和影响力的省部级重点学科11个、省部级特色重点专业13个，培训国家及省级师承指导老师100人带教培养继承人223名，培训专科专病骨干2800人次。[③] 此外，在中医住院医

① 田兴军：《兴医兴药　四川迈向中医药强省》，《中国中医药报》2017年9月8日。
② 石小宏：《四川中医药形成三产联动模式》，《四川日报》2017年11月3日。
③ 四川省中医药管理局：《四川省中医药发展“十三五”规划》，打印稿。

师规范化培训基地和全科医生规范化培养（临床）基地建设方面也取得了较快发展。

（五）四川中医药科技创新能力较强

作为全国第一个中药现代化科技产业基地，四川中医药科技创新能力优势显著。截至2015年底，已拥有成都中医药大学、四川大学、西南医科大学（原泸州医学院）、四川省中医药科学院等中医药教学科研、医疗机构超过200家；研究中心建设成效显著，拥有国家中药GCP中心、中药饮片国家工程技术中心、国家中药GLP中心等国家级研究开发中心5个、省（部）级研究开发中心十余个；企业技术中心成长快速，地奥集团成都药业股份有限公司、成都康弘药业集团股份有限公司、成都华神集团股份有限公司3家国家级企业技术中心，以及四川升和药业股份有限公司等13家省级企业技术中心在中药研发方面的实力日趋增强。[①] 另外，四川省中医药科学院已建有国际转化医学中心、中药资源中心、中药新药创制中心、中药质量检测中心、民族医药中心等五大科技创新平台，为企业提供技术支撑。[②]

三　四川中医药文化产业发展现状

就四川中医药产业整体发展状况而言，中医药资源优势并未得到充分展现，与此同时，地域发展不平衡，产业链不完整等问题也对中医药产业整体发展形成较大制约。四川中医药文化产业有广度，然而深度与厚度均有不足。就目前四川中医药文化产业发展总体状况而言，四川中医药文化已与旅游、餐饮、会展、出版、教育与网络等业态逐步融合并取得初步成效。

（一）中医药文化+旅游：积极布局，优势独具

中医药文化旅游产业将中医药文化与旅游产业结合，是中医药产业与文

① 董世梅、吴璟：《“中药之库”还得固本培元》，《四川日报》2016年3月8日，第10版。
② 董世梅、吴璟：《“中药之库”还得固本培元》，《四川日报》2016年3月8日，第10版。

化产业的延伸与拓展。四川省高度重视对四川养生健康旅游资源的开发，已整合省内中医药康养资源，规划出一个核心（成都），两大区域（川南和三州地区），三大中心（青城山、峨眉山和攀西旅游区），四大板块（产业文化旅游板块、中医健康养生旅游板块、民族医药生态旅游板块、中药资源科考旅游板块），五条精品线路（“阿坝藏羌医药文化与健康养生探寻”、“甘孜藏医药文化与健康养生探寻”、“攀西彝族摩梭医药文化与健康养生探寻”、“中医药与佛教、彭祖长寿文化体验”、“中医药与道教养生文化体验”）的全域四川中医药健康养生旅游框架。

在实践层面，四川中医药文化旅游产业开发主要体现在两个方面。一是景区建设，其中又可分为自然景区建设与人为景区建设两种。前者以四川绵阳北川县药王谷最为典型，该景区是我国第一个以中医药养生为主题的旅游景区。该景区借助有几百年历史的天然中药材原始森林，打造出目前国内唯一针对亚健康人群开展国医体检和健康调理的度假产品。后者则以当前中医药小镇建设为代表。如都江堰石羊镇要打造“中国川芎养生小镇”，将都江堰川芎同区域产业发展和乡村旅游相结合，依托古青城遗址公园、金羊美丽新村、古青城县花蕊故里文化主题公园、川芎养生民宿酒店、川芎养生家庭农场建设和标准化品牌化川芎种植基地建设等载体，力求成为具有独特性的地方旅游产品。二是依托景区的中医药养生服务开发。随着公众养生理念的增强，依托景区的中医药养生服务吸引了很多游客。如海螺沟温泉，游客在游览冰川森林公园之余，可以体验别具特色的温泉养生服务；再如峨眉山，将地下 3000 米的氡水温泉打造成独具特色的温泉主题公园。此外，还有景区将中医药特色餐饮与当地食材展开融合开发，如峨眉山—乐山大佛风景名胜区推出的峨眉山红珠养生宴、瑜伽养生宴、开光百草宴等。①

（二）中医药文化 + 餐饮：悉心探索，如火如荼

餐饮业的开疆拓土也使其关注中医药领域，并逐渐形成中医药特色餐饮

① 赵蝶、李京枝：《整合十大优势资源峨乐景区首推养生游》，http：//scnews. newssc. org/system/2009/04/05/011759432. shtml，2018 年 4 月 10 日。

产业。四川中医药文化餐饮产业发展主要体现在三类产品开发，一是“食物+中医药”。“十全大补汤”“枸杞炖牛尾”“白果炖鸡”“当归炖鸡”“虫草蒸鸭”“红枣煨肘”“砂仁炖肚”等都是中医药与川菜融合的食疗名菜，值得一提的还有加入适量川参、川芎、枸杞、贝母、红枣、山楂、苡仁、砂仁等材质做出的滋补汤锅，以及搭配特定中草药的药膳火锅，将“火性”与“补性”结合起来，食后出汗，调理五脏，既补气助阳，又养血祛火。二是“饮品+中医药”。四川很多中医馆都开发了多种中医药养生饮品，如正本清茶、三清玉颜茶、菊蚕茧饮、蜂蜜柠檬茶、姜盐豆子茶。成都中医药大学还就保健饮品合作开发项目与西充县达成合作协议，拟在西充建设保健食品研发基地、科技成果孵化园、保健饮料及茶系列产品生产线建设项目。三是中药饮用方式的变革。中药煎煮时间较长也限制了其传播推广，中药饮用方式的便捷化也丰富了中医药文化餐饮产品线，诸多中药企业制作的中药饮片就是一例，如川贝母粉饮片、三七粉饮片、桑葚饮片、何首乌饮片等。

（三）中医药文化+会展产业：三类会展，各有特色

四川中医药文化会展数量较少，且规模较小，主要有三类。一是产品类会展，即以展出中医药产品为目的的会展。如西部（成都）中医药及民族医药博览会（2017 年 9 月，成都世纪城新国际会展中心）、成都中医药及保健展销会（2017 年 10 月，成都世纪城新国际会展中心）、四川中药展览会（2017 年 10～11 月，四川省第二中医医院·殊德医院）等。二是文化类会展，即以展示中医药文化为目的的会展。如位于成都高新西区的成都中医药大学传统文化博物馆，集医药文物、药材标本的收藏、陈列和研究于一体，同时还设有人体奥秘陈列、科技成果展览和学校发展历史展览，并建有网上标本展厅；再如特色制剂与膏方文化展（2017 年 10 月，成都中医药大学附属医院）。三是民俗类会展，即以展示与中医药有关的民俗民情为目的的会展。端午节吃药根汤是四川会理的民间习俗，当地人将沙参、牛蒡根等药材与土鸡等炖在一起，就成了

“药根汤”。2017 年端午节会理古城的万人药根宴吸纳了约 1.5 万人在 1500 张桌上就餐，盛况空前。[①]

（四）中医药文化 + 出版产业：种类多元，发展平稳

在中医药文化产业诸多业态中，中医药文化出版产业也是发展较快的类型之一。四川中医药文化出版产业发展平稳，在各个阶段都有不同程度推进，代表性著作可分为两类。一是中医药学文化书籍，如“健康程度中医药文化系列”包括了《〈神农本草经〉药物古今临床应用解读》《实用灸学》《黄济川大肠肛门康复学概述》《吴棹仙医经精义》《传统急救源流与迁变》《青城药功·鉴戒药性十八科要方》《揭秘敝昔遗书与漆人：老官山汉墓医学文物文献初识》等。除宏观介绍中医药文化的书籍外，还有书籍将中医药文化传播作为研究对象展开分析，2016 年发布的《中医文化蓝皮书：中国中医药文化传播发展报告（2016）》剖析了中医药文化的传播误区，并呼吁中医要“回归传统、回归经典”。[②] 二是川派中医药学书籍。如《川派中医药源流与发展》《四川名家经方实验录》，还有包括《杨莹洁》《任应秋》《徐廷翰》《傅灿冰》《陆干甫》等在内的“川派中医药名家系列丛书”。

（五）中医药文化 + 教育产业：两个体系，各成气候

四川中医药教育处于国内领先水平，社会教育和学校教育两个体系已成气候，主要体现在两个方面。一是社会教育体系健全。社会教育体系主要体现在相关机构、基地、企业定期或者不定期举办的各类培训以及中医药教育基地建设方面。前者如四川省中医药管理局、四川省中医药学会等机构采取灵活多样的教育培训服务方式，培养了一大批传统文化素质高、临床实践能

---

① 《四川会理古城：“万人药根宴”同过端午》，http：//news. xinhuanet. com/photo/2017 - 05/30/c_ 1121058594. htm，2018 年 4 月 10 日。

② 董小红：《2016〈中医文化蓝皮书〉在成都发布　首倡“居民中医养生指数”》，http：//www. xinhuanet. com/webSkipping. htm，2018 年 4 月 10 日。

力强的优秀人才和中青年科技人才队伍，另外还有企业机构举办的中医经络调理技术培训、中医保健养生培训等（见表1）。后者体现在四川已经拥有较多中医药教育基地，这些基地为中医药文化的传播与推广发挥了重要作用。如巴中市通江县王坪村红四方面军总医院中医部旧址，该基地为全国21个“全国中医药文化宣传教育基地”之一，系四川省首个入选单位。

表1　2017年四川省举办的部分中医药人才培训

培训时间	培训名称
2017年6月	陈达夫《中医眼科六经法要》传承培训班
2017年6月	四川省中医药人员健康服务讲习班
2017年7月	2017年度暑期培训班
2017年7月	四川省级继续教育项目——脾胃病辨证论治培训班
2017年8月	全国中医优秀人才研修项目申报人员集中培训班
2017年8月	四川省中医医养结合临床技术骨干培训——针灸推拿实用技术培训班
2017年9月	四川省中医医养结合临床技术骨干培训——杵针技术培训第一期
2017年10月	全国宣传贯彻中医药法培训班
2017年10月	2017年四川省中医住院医师规范化培训骨干师资培训班

二是学校教育成熟稳健。创建于1956年的成都中医药大学是四川中医药教育龙头，也是全国中医药教育重镇，既是全国首批中医药学博士、硕士学位授权点，又是首批临床医学专业学位（硕士、博士）试点单位。截至2017年11月，学校有国家级重点学科4个（中药学、中医五官科学、针灸推拿学、中医妇科学），省部级重点学科44个，国家级特色专业6个、省级特色专业7个，国家级精品课程5门、省级精品课程31门，国家级优秀教学团队3个、省级优秀教学团队5个。① 社会教育与学校教育同时推进中医药教育，既带动了中医药教育产业发展，又为中医药文化产业储备了丰富的师资力量和各类人才，大大提升了四川中医药文化产业的内生动力和发展后劲。

① 《成都中医药大学简介》，http：//www.cdutcm.edu.cn/get/news/xxld/2014－06/7681.html，2018年4月10日。

（六）中医药文化+网络产业：持续开发，进展迅速

当中医药文化与网络技术产生交集，将催生中医药文化产业新业态，也会刷新中医药文化产业的既有格局。当前，“中医药文化+网络”主要体现在中医远程医疗、移动医疗、智慧医疗等新型医疗服务模式的确立与完善等方面。

一是全程网络化。全程网络化指的是从患者预约到医生问诊到抓药复诊整个流程全部交由网络完成。2017 年，四川省第二中医医院首创“智慧中医”平台，该平台围绕医院的优质医疗资源，通过建立智慧中医微信系统、中医移动医护系统、中医智能辨证论治系统、中医医联体分级诊疗系统、iTV 医疗健康系统、人工智能影像系统、医疗大数据分析系统，创新患者服务模式，构建中医药信息共享服务体系，使医疗服务走向真正意义的智能化。患者就医可以实现互联网挂号预约、咨询、中医体质辨识、治未病等多元服务，同时还可完成医保微信支付和商业保险实时理赔等。此外，通过互联网也可以与专家面对面，不出门就能享受到中医专家的服务，甚至还可以享受到送药上门服务。场景化思维正在“中医药文化+网络”中得到更多运用。

二是半程网络化。半程网络化是将患者问诊过程中某一个或者某几个环节交由网络完成。四川省中医院、四川省第二中医医院以及四川省人民医院中医药相关科室都推出网上或者手机挂号，同时，四川省名中医也开通网络挂号服务。网络挂号服务所依托的平台也日趋多元化，既有医院自己开发的 APP、114 挂号公众号，也有微信、封面新闻等媒体平台。

（七）中医药文化+基地（或园区）：载体建设，两翼并进

基地建设和园区建设是产业发展的重要载体，也是产业发展的两翼，可为推进产业发展提供良好助力。多年来，四川中医药文化基地和园区建设得到不同程度的推进。

一是基地建设，如入选全国中医药文化宣传教育基地的巴中市通江县王

坪村红四方面军总医院中医部旧址，以及四川医科大学附属中医医院中医药文化宣传教育基地。其他类型的中医药文化基地也在持续开拓中，如被命名为“成都市中医药文化启蒙教育基地”的成都二十余家幼儿园，会结合不同阶段幼儿特点，设计具有针对性的中医药文化进校园模式，让更多孩子感受中医药文化。

二是园区建设。2016 年，国家中医药管理局正式批准成都市新都区为国家中医药综合改革试验区。2017 年 7 月，泸州国家高新区江南科技产业园被科技部批准“国家火炬泸州江阳中医药特色产业基地”。广元市剑阁县中医药产业园项目、达州市中医药健康产业园也相继推进。

四 四川中医药文化产业发展问题与策略

如上所述，经过多年发展，四川中医药文化产业已经形成多元业态，然而在运营理念、资源开发、产业化思维的运用等方面仍然存在一些问题。如何规避这些问题，将是四川中医药文化产业无法绕过的重要议题。

（一）四川中医药文化产业发展存在的问题

1. 中医药文化资源开发不足

与四川富集的中医药文化资源形成鲜明对照的是，很多文化资源的开发、利用与整合都存在不足，诸多文化元素处于分散化状态，新都药王会就是一例。1765 年，新都知县曹熀在县城南二十里之泰兴场建药王庙，当地人因尊重孙思邈的高尚医德，定每年农历四月二十八日为“药王庙会”，会期一至七天不等。药王会期间名医聚集，效法药王为民除疾、施医施药，邻县三教九流也纷纷前来借会经商卖艺。新都药王会在清代和民国初期办得十分壮观、影响极大，造就了一大批医风医德高尚、济世救人的杏林人物。民国年间药王庙在四川军阀混战中被毁，因此新都药王节逐渐淡出公众视线，此后这一文化资源一直未得到较好开发。类似文化资源还有很多，如药王孙思邈在隋大业中（605～617）和贞观年间（627～650）先后两次从陕西到四川峨眉山、青城山采药、炼丹传道，在川生活了22年，在巴蜀大地留下了许多文化遗产。对这些文化遗产的整理或将为四川中医药文化产业提供更多更好的开发思路。

2. 文化产业化发展意识较弱

当前，四川发展中医药文化产业的共识已经形成，政府层面也将发展中医药文化产业摆上议事日程，但是中医药文化产业化意发展识仍然不足，主要体现在两个方面。一是长期以来四川中医药产业对第一产业与第二产业较为重视，这种惯性思维使其对处于第三产业领域的中医药文化产业关注不足，于是，已有一定规模的四川中医药产业在文化产业链拓展方面具有发展惰性，这在一定程度上制约了四川中医药文化产业的发展。二是四川中医药文化产业发展至今，产业规模偏小、总量偏低，缺少上规模、上档次、具有一定竞争力和品牌效应的文化企业和产业项目，整体实力和综合竞争力比较薄弱。

3. 多元化业态结构还待强化

四川中医药文化产业虽已呈现多元业态，但是中医药元素与其他产业元素仍然处于弱连接状态，产业融合能力不足，体现在两个方面。一是深度欠缺，中医药文化产业诸多子类发展多处于自发性状态，自觉发展意识不足。如前所述，除中医药文化教育产业、中医药文化传播产业等少数几类产业发展较为成熟外，其他子类文化产业发展普遍不足。未来这些子类文化产业具有较大发展潜力。二是广度不足，其实中医药文化产业发展部类远远不止前述各类，中医药文化与演艺、体育、动漫等融合发展可为四川中医药文化产业提供更多更好的思路。从广度上拓展四川中医药文化产业，是促进产业结构转型升级与新旧动能转换的重要渠道，对于延伸四川中医药文化产业链，提升四川中医药文化产业整体发展水平也具有重要作用。

（二）四川中医药文化产业发展策略

1. 以开发中医药文化资源为主线

对中医药文化资源加以保护并展开适度开发不但可以提升文化声誉，还可以促进经济发展。中医药文化资源开发可从三个方面入手。一是做好文化资源的发掘与整理。要系统化发掘考证民间中医药文化资源，在对这些资源的类别与特性展开充分调研的基础上将之梳理、归类。与此同时，还应注意以市场的眼光来研判中医药文化资源的价值，评估哪些资源适合产业化开发，哪些资源适合传承性保护，从而为不同类型资源找到契合其自身的发展路径。

二是对中医药文化资源展开科学评估。以客观性、可行性为原则，对各种中医药文化资源展开全面评估，评估时注重从文化资源的稀有度、规模大小、可整合空间等方面来考察文化资源的开发价值以及市场体量，由此决定开发力度以及规模。

三是展开差异化开发。在做好充分调查和评估的前提下，根据中医药文化资源的不同特点，结合不同地区文化习俗、民风民情等差异，探索不同的开发利用模式。当然，还需为各类文化资源确定适合其特性的传播载体，并设计兼具操作性与实效性的开发方案。

2. 以构建中医药文化产业链为重心

构建中医药文化产业链，就应把与中医药产业发展有关的资源开发、研究设计、运营销售等要素优化配置，串联起产业链的上下游，具体来说可注重三个方面。一是结合区位优势，把四川中医药文化产业发展放在“转方式，调结构”的战略支撑点上，加强对重要产业项目的指导和协调，加大对中医药文化产业发展的引导性投入；二是打破传统观念，树立招好商、好中选优、优中选强的理念，对有意落户四川的中医药文化产业项目进行深入研究论证，确保储备一批朝阳项目，落地一批优质项目；三是中医药文化产业发展需要建立公平的市场准入和退出机制，完善监管体系以及风险保护机制等。类似这样的制度条件，最终都需要政府来提供。政府只有本着严谨的产业思维，制定准确的产业战略，才能为中医药文化产业发展提供制度保障。

3. 以强化多元化产业业态为路径

以强化多元化业态为路径，可从两方面入手。一要推进中医药文化产业已有业态的深入发展。当前四川中医药文化教育产业、中医药文化旅游产业、中医药文化会展产业、中医药文化传播产业等已有不同程度发展，未来应当进一步挖掘中医药文化内涵，探索其与已有产业类型融合发展新思路，促进已有中医药文化产业业态进入深水区。

二要鼓励探索新业态，持续优化产业格局。《中医药发展战略规划纲要(2016 - 2030 年)》中明确提出，要促进中医药与广播影视、新闻出版、数字出版、动漫游戏、旅游餐饮、体育演艺等有效融合，发展新型文化产品和服务。在这方面，国内已有探索，如“中医药文化 + 体育”浙江磐安举办的中药寻宝国际越野公开赛等，如“中医药 + 动漫”《医圣张仲景》《本草药灵》等，如“中医药文化 + 演艺”山西孝义皮影木偶艺术研究会演艺的《药会图》等。四川中医药文化产业也应关注并吸纳国内外中医药文化产业开发的新思路，助推中医药与其他新兴业态的融合对接，这对调整与优化四川中医药文化产业的整体格局具有重要意义。

综上，四川中医药文化产业正处于难得的发展机遇期。这既体现为前述四川发展中医药文化产业所具备的政策优势、资源优势、产业优势等，又体现为四川持续增长的中医药文化消费市场，以及为中医药文化产业转型升级提供技术支撑的各类新兴媒体与平台日益勃兴等诸多方面。在此基础上，四川中医药文化产业的各个细分市场将不断走向纵深，四川中医药文化产业也将在引领全国中医药文化产业发展中发挥重要作用。

B.12 四川博物馆业发展报告

邹波　屈立丰*

摘　要：　四川省博物馆产业正在转型升级。展览陈列上，临展量多质优，注重通过场馆设计、展陈形式、数字技术等强化情景性与对话感，智慧博物馆建设起步。活动开展上，社教服务积极走进学校和社区，创新"博物馆之友"运营机制，引导公众参与博物馆建设。文创产品上，注重多元化产品、亲民化风格、差异化定价、社会合作开发。业态延伸上，拓展经营范围和经营模式，注重品牌战略。整合营销上，结合多媒体传播，实施全域景区经营，打造博物馆群落。

关键词：　四川省博物馆　文博产业　展陈活动　产品开发　整合营销

四川省博物馆总数已位居全国各省（区、市）前列。本报告调研四川省文博产业的基础情况，综合四川省博物馆的分级、分类、区域分布情况和文博产业化样态，以四川省广汉三星堆博物馆、成都金沙遗址博物馆、成都杜甫草堂博物馆、成都武侯祠博物馆、大邑县刘氏庄园博物馆、四川省建川博物馆、四川博物院、自贡恐龙博物馆、成都许燎源现代设计艺术博物馆、成都川菜博物馆等博物馆为典型样本，兼及其他博物馆，遵循国内外文博产

* 邹波，西华大学人文学院副教授，研究方向为文艺理论、文化产业；屈立丰，西华大学工业设计产业研究中心主任，西华大学美术与设计学院教授，研究方向为艺术美学、文化产业。

业的发展规律，从展陈设计、活动开展、文创产品开发、业态拓展、宣传营销等方面对四川省文博产业展开考察分析。

一 展览陈列

展陈是博物馆最基本的服务内容，包括基本陈列和临时展览两类，旨在精彩展示馆藏品的历史信息、文化内涵、美学价值等，打造博物馆的名片。近年来四川省各博物馆在组织临展、优化展陈活动方式上积极出击，不断提高博物馆的影响力。

（一）加大临展策展力度，博物馆影响力增强

四川省各博物馆基本陈列主题鲜明，藏品不断丰富，还积极策划临展，通过组织外来展品和向外推广自身藏品，吸引了大量观众。

临展大致有三种策展思路：一是与同领域的单位交流合作，如四川博物院与黑龙江省博物馆联合举办的《从远古走来的渔猎文明——黑龙江鱼皮、兽皮、桦树皮历史文化展览》；二是落实系统内文化发展规划，如成都市文化局主办、武侯祠博物馆承办的《成都画派系列展览——百年陈子庄作品展》，旨在打造艺术高地“成都画派”；三是强调社会宣教，如自贡恐龙博物馆的《第三届自贡市十大道德模范事迹专题展览》、四川博物院的《重温长征史　共筑中国梦》系列展、三星堆博物馆的《“探秘三星堆　共圆中国梦——三星堆文化·校园文化双进活动”成果展》等。值得注意的是，四川的博物馆在扩大国际交流合作上持续发力，如四川博物院赴韩国举办的《南方佛教艺术展》，杜甫草堂博物馆的《土地·身体，我们的土地－我们的身体——澳大利亚土著艺术展》，许燎源现代设计艺术博物馆的《A＋A国际艺术家交流展》《陌生的诗意——徐泽、Tim中西方艺术交流展》《俄游画影——俄罗斯之行绘画作品展》。

在国际交流中，金沙遗址博物馆、三星堆博物馆最为突出。三星堆博物馆于2013～2015年参加了《“丝绸之路与创意城市”联合国教科文组织总

部展成都展示区活动展》（巴黎联合国教科文组织总部），以及赴美国保尔博物馆和休斯敦自然博物馆举办《中国失落的古文明：神秘的三星堆文物展》，赴德国柏林亚太周举办《感知中国活动“成都——南丝绸之路的起点城市”》。金沙遗址博物馆于2013～2015年先后赴美国保尔博物馆展出，选送部分展品赴意大利参加《早期中国中华文明系列展Ⅰ》，组织《“跨越三个世纪的优雅”：1740～2015法国塞夫尔陶瓷制造局特展》和《与神共舞：非洲雕刻艺术展》。2016年春节期间，金沙遗址博物馆与云南省博物馆、天津博物馆、山东博物馆联手引进《永恒之城——古罗马的辉煌》展览，展出来自古罗马斗兽场等7家重量级博物馆的233件（套）展品，保险总估值近1亿元，规模空前。2017年以来，成都博物馆、四川博物院较为突出。成都博物馆《丝路之魂——敦煌艺术大展暨天府之国与丝绸之路文物特展》《帝国夏宫——俄罗斯彼得霍夫国家博物馆藏文物特展》《现代之路——法国现当代绘画艺术展暨〈陈像蜕变〉摄影展》，四川博物院《梵天东土　并蒂莲华：公元400～700年印度与中国雕塑艺术展》等临展的社会影响力巨大。

（二）展陈方式日新月异，游览体验日益优化

随着博物馆文化的普及与提高，观众的欣赏水平正从“欣赏性”到“理解型”再到“思考型”转变，这要求博物馆从“器物定位”转为“信息定位”，[①] 让实物成为唤起观众对地方或历史的真实感、认同感、亲切感的“物证”。[②] 据此，四川省的博物馆越来越注意增强展陈的情境性，构造藏品与观众的对话感。

1. 展陈内容情境化、舞台化。刘氏庄园博物馆的“收租院”体量较大，又以灯光聚焦和音响烘托强化了舞台感受。自贡恐龙博物馆使用声、光、电等技术，场景性模拟恐龙和其他消亡物种构成的侏罗纪时代。川菜博物馆利

---

① 王晓洁：《“信息定位”与“器物定位”之辨对县级博物馆发展的意义》，《中国博物馆》2012年第4期。

② 严建强：《新的角色　新的使命——论信息定位展览中的实物展品》，《中国博物馆》2011年合刊。

用真实器物、互动演示来增加参观者兴味。情景化陈列在金沙遗址博物馆等也屡见不鲜。

2. 场馆空间设计增强游客体验感。金沙遗址博物馆的遗迹馆建在中国保存最为完整的商周时期的大型祭祀遗迹场所，场馆原生态地展示了发掘现场的探方和探方中的祭品、堆叠的象牙、大型树根等遗迹，用历史遗存本体的真实和完整，让观众置身双重现场——3000 年前古蜀王国的祭祀现场和 3000 年后现代科考的发掘现场。这种场馆设计思路启发了后建的博物馆，如广州南越王宫博物馆的宫苑遗址展陈。自贡恐龙博物馆也在恐龙化石发掘现场上方搭建了参观平台，给予游客很好的视角。建川博物馆的场馆设计灵活控制六面空间深远、敞阔、峻拔等表现，通过植入雕塑、手迹、照片、器物等展品，很好地把握住了观众的需求、动机、记忆、行为特点，避免了“博物馆疲劳”，把观众拉进气势宏大、震撼人心的历史现场。这样大规模、高密度的高品质场馆空间设计、陈列布展和参观路线，实属罕见。

3. 数字技术提升游客沉浸性体验。2014 年成都武侯祠博物馆开设“穿越合影”服务，引发游客热情追捧。同年，成都金沙遗址博物馆成为国家文物局智慧博物馆试点单位之一，率先进入文物数字化保护领域。自贡恐龙博物馆的“百度百科・自贡恐龙全景博物馆”成为四川首个正式上线的百度百科自然类数字博物馆，随后，三星堆博物馆的“百度百科・三星堆全景博物馆”上线。随着三星堆博物馆加入谷歌文化学院，该博物馆开始向全球在线展出高清文物图片，这离不开 X 光探伤技术、超景深三维显微系统、3D 打印技术等高科技的广泛运用。

增强现实感的数字科技。金沙遗址博物馆专辟场馆，定制 4D 电影，让观众沉浸在古蜀人的生活情境中。2015 年自贡恐龙博物馆引进 2 部 4D 电影《鱼龙勇士》和《会飞的恐龙》，《会飞的恐龙》由地质出版社、中国科技馆、中国古动物馆等单位联合出品，并在 2015 年 4 月第五届中国科技馆特效电影展映上荣获最受观众欢迎影片奖。自贡恐龙博物馆还投资近 1000 万元建成 360 度球幕模拟飞行体验项目，开发以自贡恐龙为主角的影片《飞越侏罗纪》；增加“时空穿梭拍照机”、“极速侏罗纪——与龙赛跑”、“玩转侏罗纪——人龙互动”、恐龙科普触摸球等互动体验项目，利用 AR 技术，将远古场景展现在观众面前。

（三）有待从数字化博物馆向智慧博物馆升级

虚拟导览和使用 AR 等技术使博物馆走向数字化，传统的实体博物馆场馆空间不够、信息表达形式不足等短板得以弥补。不过，要反思的是，单纯追求博物馆的数字化会陷入技术主义，导致新一轮的以物为本，故需从数字博物馆向智慧博物馆提升，把物化的信息堆积转换为人与物交互的信息传递。① 2014 年成都金沙遗址博物馆作为四川唯一一个国家智慧博物馆试点单位，启动了智慧博物馆试点建设工作。武侯祠博物馆和杜甫草堂博物馆相继加入此行列。2015 年起，武侯祠博物馆、杜甫草堂博物馆和金沙遗址博物馆先后推出微信导游和 APP 导游。2016 年杜甫草堂博物馆、三星堆博物馆等开始提供“码上”游览的新服务。② 自贡恐龙博物馆的四川省国土厅 201 万元地质遗迹项目“数字化园区建设”4 个子项建成试运行，并开通园区免费 WIFI，安装互动科普硬件。“十三五”期间，成都准备建设智慧博物馆体系和“锦城家珍”数字化展示，即运用现代信息技术对文物资源全面进行数字化，然后依托网络进行展陈。但以智能技术控制与管理模式实现博物馆的展示与体验、教育与研究、分享与传播等功能，还有很多工作要做。

二　活动开展

四川文博抓住不同时间节点，针对不同社群团体，设计组织机制，策划文化活动，并用多种表现形式向市民诠释馆藏文化或展览主题，为博物馆和公众搭建起沟通的桥梁，并打造出不少博物馆文化活动品牌。

---

① 《从数字化到智慧化：智慧博物馆呼之欲出》，《中国文化报》2014 年 10 月 30 日。

② 《超越“收藏 + 展览”四川博物馆探索变形记》，《四川日报》2016 年 5 月 18 日。

（一）搞活社教活动，拉进博物馆与普通市民的距离

1. 积极利用节庆、临展等时间节点。春节期间各博物馆会举办多种活动，如杜甫草堂博物馆的“人日”游草堂、武侯祠博物馆的成都大庙会、金沙遗址博物馆的金沙太阳节、三星堆的大祭祀、川菜博物馆的小年祭灶等活动。自贡恐龙博物馆则在自贡灯会期间，化用西方节庆的概念，组织“自贡恐龙复活节”。国庆也是博物馆不会放过的时间节点，如刘氏庄园博物馆借国庆人气举办“公瓒酒道馆”开馆活动，杜甫草堂博物馆举行国庆盆景展、重阳书画展等。近年来国际博物馆日也成为博物馆活动活跃的时间，金沙遗址博物馆曾举办《黄河流域彩陶大联展》《君住长江尾——良渚文明展》等临展，并设计相应的主题性社教活动，效果很好。

2. 注意活动的连贯性、主题性、展演性、丰富性。武侯祠大庙会、金沙太阳节、诗圣文化节、三星堆大祭祀等文化活动一年一度，各有主题。如武侯祠博物馆把成都大庙会作为三国文化的延伸平台，用以展示四川活态的非物质文化遗产和浓缩的文化景观，强调展演性和丰富性；三星堆大祭祀的场景复原、人物古着、仪式氛围将参观者带回古代；刘氏庄园的公瓒酒道馆开馆活动再现老酒坊祭酒仪式，充分使用鸡公车、黄包车、民国服饰等情境化道具；武侯祠博物馆2016年“三国季”主题文化活动组织专题讲座、文化展览、三国戏曲、丝竹国乐、相声曲艺、社教课堂、盆景大赏等各种活动；金沙遗址博物馆结合临展精心设计各种强调广泛参与性、体验性和互动性的活动。

（二）主动打造面向学校的“第二课堂”

四川博物院、武侯祠博物馆、金沙遗址博物馆、杜甫草堂博物馆、自贡恐龙博物馆等国家一级博物馆近年来都结合自身特色，针对青少年开设各种各样的活动。四川博物院持续多年的“小小讲解员”“暑期蜀绣培训班”“巴蜀书画兴趣班”等活动，已形成品牌效应，其还开设了“谁的手最巧”、汉代陶石主题工作坊两个固定的传统文化课堂。武侯祠博物

馆主打三国文化的“武侯学堂”寒暑假免费开班，开展三国主题的原创益智游戏教学，邀请三国文化专家亲自授课。金沙遗址博物馆的“金沙智慧堂”开设暑期艺术托管班。三星堆博物馆实施“学生走进三星堆——三星堆文化进校园”的“双进”活动。杜甫草堂博物馆利用馆藏文物、遗迹，依托四川杜甫研究学会的学术资源，从诗歌文化向传统文化拓展，在2012年推出青少年传统文化教育体验项目——“草堂一课”，用系统化的教学内容（包括两大系列、七大板块、二十多门课程，涵盖诗歌、书法、绘画、音乐、古建、园林、考古、鉴赏、礼仪、民俗等方面）和教学活动（今已开课四百余次，覆盖全市大中小学四十余所），探索青少年公益性社会教育的长效机制，成为博物馆社教项目的成功案例和行业典范①。自贡恐龙博物馆为学生开设模拟挖掘、恐龙拼图等30多门科普课程②，还推出四川省科技厅50万元“移动式数字趣味恐龙教室”项目。非国有博物馆也积极介入此类活动。2015年9月1日，建川博物馆与龙江路小学武侯新城分校联合举行开学典礼；与美国夏威夷州檀香山市珍珠港太平洋航空博物馆共同发起获美国政府串联博物馆交流赞助的计划③“过去到现在：中美联系的桥梁”，并在此框架下，与都江堰光亚学校结成该交流项目合作伙伴，开展相关的社教活动。2016年四川省文化厅在全省初步建立博物馆中小学生教育项目库，积极探索中小学生利用博物馆学习的长效机制。博物馆教育与学校教育更好结合、与学校课程有机契合，还有创新空间。

（三）走进公众生活，参与社区文化生态建设

四川博物院2010年创建国内首个“大篷车”流动博物馆，把馆藏珍贵文物送到少数民族地区、革命老区、边远山区等基层群众的家门口，先后推出“走进军营”“走进地震灾区”“走进少数民族地区”等一系列活动，策

---

① 《杜甫草堂博物馆青少年社教项目“草堂一课”获殊荣》，《成都商报》2014年12月17日。

② 《超越“收藏+展览”四川博物馆探索变形记》，《四川日报》2016年5月18日。

③ 旧称“国际博物馆与社群合作交流赞助计划”，简称“MCCA”计划。

划“艰苦历程红军长征过四川”“川籍之帅”等几十个展览，在全省各地开展了80余次基层展览，行程15万余公里，接待观众近150万人次。先后获得国家文物局颁发的“2011年度博物馆免费开放最佳社区文化促进奖”、首届“中国博物馆教育项目示范案例”和“首届（2014年度）全国十佳文博技术产品”奖等众多殊荣。2015年，“大篷车”流动博物馆先后在巴中、达州两地设立分馆，让流动服务常态化。

自贡恐龙博物馆以自贡地质公园为纽带，组织四川理工学院艺术学院的大学生和当地江姐小学绘画兴趣班的孩子们联手，在自贡世界地质公园指定农家乐门前画出一条长达60米的恐龙艺术绘画墙，旨在提升公众在社区共建中的参与度。各个博物馆以场馆为集聚地，举办各种文化沙龙、讲座和讲坛。金沙遗址博物馆的“金沙讲坛”、武侯祠博物馆的“武侯夜话”、建川博物馆的“建川周末讲堂”等文化讲坛内容接地气、讲者重量级，引人关注。许燎源博物馆不定期举办各种与设计艺术相关的论坛、讲座、沙龙等文化活动，展示国内外新兴设计成果，反映当下最前卫的艺术思潮，拉近普通观众与现代艺术的距离。这些文化讲坛都逐渐进入常态，博物馆也逐步成为所在社区或特定社群的活动中心。不过，与国外博物馆的社会教育相比，四川省的博物馆还有进步空间。

（四）引导公众参与博物馆建设，加速博物馆的社会化

博物馆社会化是指不仅博物馆要服务公众，公众也要参与博物馆建设，这是博物馆文化得到传播，公众得到发展的好途径。目前，四川引导公众参与博物馆建设大致有两类思路。

1. 吸引公众关注博物馆、参与博物馆建设。自贡恐龙博物馆所在的自贡世界地质公园与自贡市康辉国际旅行社携手举办了“印象自贡·穿越世界地质公园”的自驾穿越活动，组织“征集网文集赞，奖景区门票”活动，公众参与热情高涨。建川博物馆为缓解藏品多、场馆少、资金不足的难题，于抗战胜利70周年的2014年组织“众筹成馆”活动，面向社会预售纪念门票，以众筹模式筹建侵华日军罪行馆。三星堆博物馆将

文创产品设计大赛推向公众，这既可以征集创意，也可以引导公众参与博物馆建设。

2. 组织开展“博物馆之友”活动。四川博物院、武侯祠博物馆、金沙遗址博物馆、三星堆博物馆、杜甫草堂博物馆等都设有“博物馆之友”组织。这些“博物馆之友”组织以社团形式归口民政部门，公众缴纳会费即可参加，门槛较低。“博物馆之友”组织的成员具有承担志愿者工作、传播博物馆文化等义务和参加博物馆活动坛、享受博物馆相关产品和服务折扣等权利，会员资格有分级。“博物馆之友”组织架构最细化的是四川博物院，但是，在这个组织架构中，真正开展活动的只有“鉴赏联盟”和“社教联盟”，其他板块尚未很好地调动起普通公众的参与兴趣。其他几座博物馆的“博物馆之友”工作情况类似，公众更多是信息的分享者，他们对博物馆建设、运营等的参与潜能还未被完全挖掘出来。建川博物馆组织的“建川红色文化交流会”具有“博物馆之友”的性质，但其主要内容是藏品交流，办馆者的想法也只是“给民间红色收藏搭建一个交流平台，推动大家更好地保护红色文化遗产”①。

三　文创产品

文化创意产品是很有市场的旅游纪念品。近年来四川省的博物馆在文创产品设计、制作、开发模式上渐显心思，有一定成效。

（一）设计制作有创新，但步伐还不大

总体说来，四川文博的文创产品在利用馆藏品元素、增加开发产品类型、风格渐趋游戏心态、注意差异化定价、强调亲民色彩等方面，越来越注意市场消费规律。如三星堆博物馆的青铜器文物复制品、相关书籍和烤制萌物饼干的模具，武侯祠博物馆的三国人物变脸小玩偶、诸葛亮羽毛扇、结义

① 《建川博物馆搭台红色收藏爱好者交流藏品》，《四川日报》2016年4月11日。

酒具和根据攻心联、《后出师表》等制作的特色产品，杜甫草堂博物馆的诗歌书籍、Q版“杜甫很忙”系列产品。四川博物院以馆藏文物古巴蜀日月神图腾、画像砖、青铜器、张大千画作为依托，开发出的钱包、抱枕、手机壳、笔记本、丝巾等产品，集观赏性、实用性、收藏性于一体。2015年四川博物院携带张大千系列钱包和画像砖系列马克杯等多款文创产品参加“第九届（2015）杭州文化创意产品博览会”，获得好评。自贡恐龙博物馆从恐龙品类中提炼出6个萌宠形象，然后征集名字、编织故事，再把它们产品化为水杯、雨伞、抱枕、毛绒玩具等日常生活用品。有的产品还附有恐龙知识，并从文具、玩具向食品、邮品、动漫影视等不同领域衍生。建川博物馆的文创产品值得关注，它们以馆藏宝贝为主题，开发了不少文创产品，如红色年代语录笔记本、印有川军抗战标语的T恤和水壶、美国飞虎队的“救命符”……这些产品在网店上卖得风生水起。

相较而言，四川文博在文创产品的丰富度、风格化、销售额等方面，离创典范还有距离。四川文博的文创产品研发还要从馆藏品的稀缺性向旅游纪念品的可复制性转型，在文化内涵挖掘、满足游客购物需求、产品创意设计上下功夫，立足现代生活方式，发掘更多有文化、有创意、实用的文博产品，让文创产品不仅出现在旅游中冲动购买伴手礼的场合，还能向食品、生活用品等大众消费品拓展，从博物馆纪念品商店走进商场和超市，拓宽市场销路。

（二）开发模式开始从自主设计走向社会参与

台北故宫博物院的文创产品之所以丰富，得益于其灵活的生产机制：博物馆广泛挑选十多家知名厂家参与设计、生产，厂家付费购买版权，双方按比例共享收益。这种市场化运作和专业性“借脑”，极大程度地提升了文创产品研发效益。四川文博也开始从自主设计走向寻找社会合作。自贡恐龙博物馆的吉祥物形象设计、名字征集、故事编织等都是以互联网思维向全球征集的，然后该博物馆采用自主开发、联合开发和授权开发等方式开发文创产品。三星堆博物馆面向全国设计类高校师生、设计爱好者、旅游玩家发起

“创·古”三星堆文化产品创意设计大赛，产生基于原创设计、符合现代审美、具备市场卖点、有收藏价值的作品。

四　业态延伸

四川文博业态渐进发展延伸，开始自觉以博物馆的资本或资源为基础，拓展经营范围和经营模式，已有部分博物馆注意品牌战略思路。

（一）业态渐进发展延伸

四川文博的业态发展有一个渐进过程。

第一阶段：作为参观游览博物馆的配套服务。以前博物馆业态主要是以景点旅游为核心设置的吃、住、行、游、购、娱等配套服务，武侯祠博物馆、杜甫草堂博物馆和自贡恐龙博物馆等设有服务性经营机构来承担其中一部分，服务业态不丰富、不精细。

第二阶段：配套服务向产业化过渡。随着旅游市场的迅速扩大，文博旅游产业需要更能适应市场的机制，博物馆开始延伸出文物修复技术推广、文物保护技术推广、档案数字化加工、博物馆展览、会议、工艺品销售等多种服务业态，并以不同的方式灵活开展服务。一种是以武侯祠博物馆、杜甫草堂博物馆和自贡恐龙博物馆为代表的做法，这些博物馆调整内部组织结构，整体管理产业化板块。另一种是以三星堆博物馆为代表的做法，它成立四川三星堆古蜀文化发展有限公司，以此承担会议、展览、文物修复和保护等技术性核心业务，文创品开发与销售、餐饮服务等业态则外包给他人。①

第三阶段：以博物馆的资本或资源为基础，拓展经营范围和经营模式。武侯祠博物馆，积极涉足以文博旅游为核心的周边产业。首先，武侯祠博物

① 根据国家企业信用信息公示系统（四川）整理，见 http：//gsxt. scaic. gov. cn/ztxy. do? method = list&djjg = &random = 1472361189499，2018 年 4 月 10 日。

馆与成都博物、杜甫草堂博物馆、永陵博物馆、成都艺术剧院共同投资成立成都武侯祠文化发展有限责任公司。成都武侯祠文化发展有限责任公司依托上述各单位的文化资源优势，发展为以文化旅游、文化地产开发、演艺产业为主，涉足文化产业融投资、大型文化活动、古建筑园林景观设计施工、文化旅游纪念品开发等多个产业领域的中型企业。此外，该公司还参与策划杜甫草堂博物馆别馆、永陵博物馆锦水花间项目，策划实施成都大庙会等项目。其次，武侯祠博物馆于2001年在蒲江投资建成以“绿色长滩、三国文化”为核心的文化生态园区，指定其为武侯祠三国文化研究中心、柏树培植基地。发展到今天，成都武侯祠博物馆的产业性机构又有了新的调整，博物馆以事业法人投资企业，或以所投资的企业参股新的公司，业务范围大大扩展。

（二）产业化业态拓展模式多元，向品牌战略发展

四川文博的产业化业态格局大致是以博物馆的资源——藏品、场馆、专业技术为核心，发展出博物馆业（陈列展览、藏品租赁、空间利用、场馆租赁、文物鉴定、文物修复等）、文化旅游业（吃住行游娱购）、关于博物馆经营的项目策划业（博物馆策划设计、修建陈列、经营管理等）等多类业态。由于各博物馆资源特色不同、经营思路不同，博物馆的产业化业态发展模式存在差异，总体看来，有以下两种类型。

第一种是向心型，深耕核心资源。自贡恐龙博物馆立足于恐龙遗址这种稀缺资源及其对市场的极大吸引力，在博物馆业务的板块中重点经营在馆展陈和外借展览，尽可能地利用现代展陈技术，把展陈效果做得精美甚至惊艳。在文化旅游业的板块中重点经营游、娱、购。除了上文介绍的展陈设计（“游”）之外，自贡恐龙博物馆在“购”（文创产品）和“娱”（影视制作、艺术表演）方面越走越宽，渐渐将恐龙“IP化”，走出品牌输出的路子。

首先，精耕文创产品领域并大获成功。自贡恐龙博物馆把原纪念品商店改造成“恐龙商店”并开设微店，文创商品陆续上架，2015年全馆商品销

售额创下历史新高。自贡恐龙博物馆与中国邮政自贡分公司合作，设立中国第一家恐龙主题邮局，在邮品开发中有偿使用吉祥物版权，现已发行明信片、纪念封、纪念银条等十多种、上万件产品。

其次，积极促进恐龙卡通吉祥物与科技、文化旅游等产业的融合发展。与高新技术企业合作，运用 AR 技术和人脸识别技术，新设置“玩转侏罗纪”“极速侏罗纪”等一批互动展项，让科普传播变得有趣好玩。把吉祥物创意引入旅游节庆活动，成功举办三届“自贡恐龙复活节”，用许多创意元素让冰冷的恐龙化石在吉祥物人偶的快乐街舞中盛大“复活”，带动游客数直线飙升，2016 年最高单日接待量达到创纪录的 24366 人次。

再次，有序开发以恐龙吉祥物为主角的影视动漫和艺术表演。博物馆已经推出动漫短片《恐龙馆之夜》、网络版动漫片《侏罗纪大会》，还根据征集的吉祥物故事改编制作 4D 电影《侏罗纪大冒险》，其目标是进入国内各科博场馆 4D 影院放映；开发以自贡恐龙为主角的影片《飞越侏罗纪》，以杂技方式演艺恐龙生活时代的《梦回侏罗纪》情景剧，将把戏曲、音乐会、现代舞、话剧演出等表演形式与恐龙故事结合。自主创编人偶剧《恐龙去哪儿了》，通过招募培训演员志愿者到学校、社区举行公益演出，现已巡演 30 多场。2016 年还以征集的吉祥物故事为蓝本，创作推出《恐龙去哪儿了》第二季。

最后，恐龙开始发挥 IP 效应。自贡恐龙博物馆找到国内一家知名食品企业，向其推荐授权开发“萌宠恐龙”食品，该企业开发生产的“恐龙公仔巧克力”形象可爱，口味纯正，供不应求。①

自贡恐龙博物馆这种以博物馆拥有的特色藏品为核心吸引物集聚多元业态的模式，在四川省的博物馆中比较主流，如武侯祠博物馆的“三国文化”、杜甫草堂博物馆的“诗歌文化”、四川博物院的“张大千艺术”、三星堆博物馆和金沙遗址博物馆的“古蜀文化”。文化旅游业板块

① 《让化石“活”起来——自贡恐龙博物馆“萌宠”文创产业的探索之路》，《华西都市报》2016 年 4 月 28 日。

以主题性来增加其文化附加值。其中三星堆博物馆曾经做过的一次活动比较突出。德阳、广汉两级政府主办的大型文化专题活动——三星堆面具狂欢夜在三星堆博物馆举行，包括舞韵三星堆等3个主题、十余项子活动。整场活动围绕三星堆面具文化，整合游乐、音乐、美食等多种跨界文化资源，顺应三星堆从单一文物观光旅游产品转向综合性节庆旅游产品的发展趋势，深度开发三星堆文化旅游资源。① 刘氏庄园博物馆的“川西民俗文化”、成都川菜博物馆的“川菜饮食文化”、许燎源博物馆的“现代设计艺术”也沿袭这种模式，从其经营性机构及经营内容可见一斑。

第二种是扩散型，拓展相关产业。建川博物馆的前期业态发展和上述博物馆类似，如突破“收门票、办展览”的思维定式，利用刘文彩庄园、老公馆群落等建筑挖掘抗战文化、红色文化、民俗文化，围绕建川博物馆修建三星级酒店、阿庆嫂茶馆、咖啡馆、拓展训练营等与博物馆主题相应、与旅游相关的产业项目。在多元化业态中，文化旅游资源迅速得到优良整合，博物馆转变为一个综合文化空间，为全年龄公众带来更丰富的博物馆体验。建川博物馆并没有止步于此，它进一步向产业链上游漫溯，做博物馆提供商，即以博物馆建设与经营组织为对象，为他们提供博物馆的策划、设计、修建、装修、陈列、文物、培训、管理、安保等，“下一步要准备文化旅游房地产、文化会展方向发展，创造真正的文化GDP”。② 因此，建川博物馆注册成立成都樊建川文化发展有限公司、四川安仁建川文化产业开发有限公司、大邑安仁建川朱成兄弟文化创造合作社、四川勤信艺术品有限公司、成都安仁宜仁旅游资源开发有限公司等关联企业。③

无论是第一种模式还是第二种模式，它们最终都走向品牌战略。但建川

① 《三星堆“跨界”激活历史记忆》，《成都商报》2016年1月19日。

② 《消费创新高　文博旅游成四川旅游“生力军”》，《四川日报》2007年10月25日。

③ 国家企业信用信息公示系统（四川），见 http：//gsxt. scaic. gov. cn/ztxy. do? method = list&djjg = &random = 1472361189499，2018年4月10日。

博物馆与上述博物馆不同的是，建川博物馆的核心 IP 已经慢慢不是馆藏品，而是馆主本身——从文创产品上的“樊建川”标签、博物馆宣传推广的“樊建川”前景化和博物馆创意策划的借脑办馆均可感受到这一点。四川文博运营者对博物馆文化产业的认知和运营模式在转变，他们自觉利用了博物馆产业运营与消费社会中品牌运营的关系。

五 整合营销

文博产业的发展势必要有实现博物馆价值增值的营销理念与方法，尤其需要及时、动态、系统地结合各种营销工具，整合相关利益者，修正营销环节，从而产生协同效应，此即整合营销。四川文博在整合营销的发展过程中，做出许多有益的尝试，并有引人注目的举措。

（一）广泛利用多种媒介进行传播，突破博物馆宣传营销的有限时空

1. 传统媒体或平台宣传推广。武侯祠博物馆通过专题宣传片、专题报道宣传武侯祠及三国文化。刘氏庄园博物馆创建文化交流刊物《刘氏庄园博物馆馆刊》；利用网络媒体、平面媒体和电视台大量宣传报道；参加各地旅游推荐促销活动，如组派工作组参加第二届四川国际旅游交易博览会，通过旅博会平台与多个国家和地区的采购商进行交易洽谈。自贡恐龙博物馆创办《东方龙宫》内刊，同时与外宣密切合作，制作博物馆形象片和动漫宣传片。该博物馆还与同程网、UU163 旅行在线等网站合作，在新浪微博开设“恐龙复活——马上送红包”抢票活动；在中央电视台宣传“恐龙复活节”系列活动。三星堆博物馆的宣传推广也比较“高大上”。央视纪录片频道播出大型历史文化纪录片《再探三星堆》，重点介绍了三星堆博物馆及馆内特有的文物 3D 打印扫描技术、多媒体数字展陈和传统手工修复等博物馆新鲜事。中央电视台播出《Travelogue—Sanxingdui》《中国艺术》等节目，三星堆是开篇第一集。江苏卫视、凤

凰卫视等主流卫视频道播出江苏卫视拍摄的《您所不知道的中国之三星堆》。博物馆与中央电视台科教节目制作中心筹拍“三星堆古蜀文化与南方丝绸之路暨‘一带一路’专题纪录片”。中央电视台新闻联播播报三星堆考古重大发现——一段疑似“北城墙”的城墙建筑遗址的新闻，中央电视台中文国际频道、四川在线、《华西都市报》、《成都商报》、《德阳日报》、腾讯新闻等多家媒体持续报道。

2. 事件传播。各博物馆除了利用春节、国庆、中秋、端午以及国际博物馆日等节假日加大促销宣传，还积极创造事件新闻加大媒体曝光率。三星堆博物馆借用国家总理出访送国礼的新闻，加强传播：李克强总理继2014年向希腊伊拉克利翁博物馆赠送三星堆青铜纵目面具复制品后，在利马考古、人类学和历史博物馆出席中国—拉丁美洲文明互鉴系列活动时赠送秘鲁博物馆三星堆黄金面具复制品。三星堆博物馆举办“穿越五千年，COOL跑三星堆”——三星堆原生态竞跑活动，吸引市民到三星堆遗址参与骑行、跑步、定向越野、穿越迷宫和CS基地拓展训练等健身活动，让遗产“活”起来，让博物馆“动”起来；邀请世界超模大赛全球总决赛开幕式在此举行，快速提升三星堆国际影响力；以“中国—加拿大文化发展年”为契机，举行“三星太极”揭牌仪式，加拿大驻华文化官员和“2015年海外华校武术教师培训班”学员等近千人参与其中，掀起“三星太极”养生文化热潮；打造“古代南丝路，从三星堆出发”的大德阳文化品牌的专题活动。

自贡恐龙博物馆先后组织了“自贡恐龙发现100年”系列宣传活动、“自贡恐龙吉祥物名字和故事征集”活动、“自贡恐龙发现100年”新闻纪实活动、“自贡恐龙发现100年”宣传活动，还组织召开了“中国·自贡恐龙邮文化研讨会”，推进“自贡恐龙”特种邮票申报工作。2016年亚太科技中心协会（ASPAC）第十六届年会在京召开，自贡恐龙博物馆派员携论文出席会议并推介该馆以公众需求为导向创办的“恐龙复活记”等特色品牌活动、拓展博物馆发展空间的案例，再次获得媒体关注。

3. 新媒体传播营销。四川大多数博物馆都建有网站，这些博物馆以此为信息平台向社会展示博物馆的发展轨迹、收藏动态、藏品情况、展览方式、科研成就等信息。这些博物馆找准网络与实体博物馆的最佳结合点，在内容编排上介绍更多藏品信息，弥补博物馆有限的展览时间、空间；在介质运用上运用生动活泼甚至富媒体的传播手段，并注意采用多种语言，强调对话式个性化服务。据统计，全国各类型博物馆微博开通比率依次是：历史文化与综合类 79%，遗址类 57%，自然科技与专题类为 55%，纪念馆类为44%。[①] 四川部分博物馆也开通了微博，其中有些更新较及时，但网友留言普遍偏少，这是因为微信开始流行。因为微信的方便和受众对微信的黏度较高，许多博物馆纷纷开通微信公众号，且更新更及时。博物馆纷纷开始建设电子商务网站和电商微网平台，完善旅游市场的营销网络。

现在，国内外知名图书馆纷纷上线 APP，如英国大英博物馆、美国大都会艺术博物馆、法国卢浮宫、中国国家博物馆、故宫博物院、苏州博物馆、南京六朝博物馆、北京鲁迅博物馆等。四川的博物馆尚未开发有社会影响力和市场吸引力的 APP。

（二）整合相关利益方，联手经营“全域景区”

四川文博旅游景点众多，但景区和景区之间资源整合力度不够，宣传营销合作不深，形成景区各自为政、大而不强的局面。鉴于此，四川文博开始谋划形成联合体，携手参与国内市场竞争。

近年来，文博旅游市场的自助旅游“散客化”发展迅速，但受旅游目的地区域分布和独立经营等特性影响，旅游景区交通、票务销售等一直是瓶颈。2011 年，武侯祠博物馆先后与都江堰、大熊猫基地、三星堆博物馆签订《全域景区营销联盟合作框架书》，与西岭雪山、大邑刘氏庄园、建川博

① 吴昌稳：《100 家国家一级博物馆新郎官方微博运营状况评估与分析》，《文武世界》2014 年第 4 期。

物馆开通直通车，通过票务合作、直通车项目、统一开发产品线路和拓展境外市场等，争取实现全省范围内的整合营销。①

2014 年三星堆博物馆与金沙遗址博物馆签订“成德同城化”战略合作框架协议，两馆充分利用文化的同一性和延续性，在遗产申报（两馆联合以古蜀国遗址为名向联合国教科文组织申报世界文化遗产）、对外巡展（《神秘瑰丽的古蜀王国——三星堆·金沙遗址珍宝展》国内展和《苏醒的四川文明——三星堆和金沙遗址秘宝展》国外展）、学术研究（在文物保护、文物修复等领域合作研究和培养人才，共同举办三星堆文化和古蜀文化研究专题学术会议）、票务合作（游客可从网上订购三星堆博物馆与金沙遗址博物馆的联票，价格为 120 元，比单独购买便宜 42 元；三星堆博物馆与金沙遗址博物馆同时开卖对方博物馆的门票，给予游客八折优惠）等方面开展合作。②

自贡恐龙博物馆则融入一个更深度合作的全域景区——自贡世界地质公园。自贡世界地质公园的前身是首批国家地质公园——自贡恐龙公园。2008 年 2 月，联合国教科文组织正式批准其加入世界地质公园网络。公园以涵盖三叠纪 - 白垩纪由海到陆变迁的沉积地层遗迹为概念，以侏罗纪恐龙化石遗迹和三叠纪盐矿生产遗迹为特色，辅以有“活化石”之称的桫椤植物群落，并融合自贡的历史文化，把自贡恐龙博物馆、自贡盐业历史博物馆、青龙山园区等统合在一起，总面积达 56.62 平方千米，覆盖了包括桑海井、自贡高石梯森林公园、江姐故居、富顺文庙等各种类型的景点共 15 个，开发了恐龙探秘之旅、盐文化之旅、佛儒之旅、古镇之旅、乡村之旅、彩灯之旅、红色之旅、生态之旅等针对不同旅游市场的旅游产品。

（三）打造博物馆群落，增大经济效益，提升周边区域

国内外各旅游景区的博物馆开始采用集群式、规模化、系统性的开发模

① 《“诸葛亮”牵手“青铜立人”》，《四川日报》2011 年 9 月 21 日。

② 《三星堆与金沙启动“一票游”并联合申遗》，《四川日报》2014 年 9 月 24 日。

式，从美国华盛顿的史密森尼博物院、德国柏林的博物馆岛，到云南昆明的“中国博物馆之城”、上海朱家角古镇的“民俗专题博物馆+现代文化艺术形态博物馆”，这是因为“当代象征经济影响下的城市空间表明，艺术空间越大，文化机构参与群体就越大。随着参与群体的扩大，象征经济就要满足新的利益和需求。漫长的历史沉淀和累积加上当今城市开发过程中的人为策划，产生了博物馆群集的综合基地。”① 集历史积淀与当代创新于一体的博物馆集群，一方面能快速聚合现代文化产业、带动经济效能，另一方面能标示区域文化、改造区域时间感、重塑城市的历史感与现代性，矫正城市快速发展而致的文化断裂、地貌同化，对面临保存历史感和追求现代化之两难困境的中国具有重要意义。②

四川的博物馆群落主要出现在成都地区。安仁古镇、洛带古镇、世界自然文化遗产地青城山三地正在建设三大非国有博物馆聚落，三大聚落各有个性，吸引着不同类型的非国有博物馆安家落户。其中，作为继大熊猫、金沙遗址、青城山、都江堰之后的成都旅游第五大品牌，安仁博物馆小镇发展领先。2011 年 5 月，安仁博物馆小镇一期项目正式亮相。建川博物馆聚落、刘氏庄园、安仁老街等游览景点，民国风情的黄包车、观光车、有轨电车等交通工具，以 10 座老公馆为载体的不同业态——博物馆、画廊、特色餐馆、主题客栈、精品酒店，建川博物馆聚落主题化的客栈、酒店、餐厅、特色化的文物和纪念品商店，文博会议、商务休闲、影视与创意、综合旅游服务、宜居社区等五大功能板块构建了较为完整的产业体系。

安仁样本日益发挥其效益。

1. 增大经济效益。安仁博物馆小镇开街一年半，接待超过 370 万游客，获得超过 5.4 亿元的综合旅游收入。老公馆公司接到省内若干参与古镇规划、设计、运营、管理的邀约，建川博物馆接到若干纪念馆、博物馆策划展陈运营方案的邀约。

---

① Sharon Zukin：《城市文化》，张廷佺等译，上海教育出版社，2006，第 13 页。

② 王文松、张兵：《消费社会中博物馆角色转换对博物馆文化产业发展的影响》，《建筑与文化》2012 年第 8 期。

2. 提升周边区域。成都文旅集团整体规划、重新定位古镇的空间格局，保护利用水系、林盘、田园，整治疏通河道、沟渠，大幅提升安仁生态；配套建设基础设施和接待设施，植入现代产业体系，提供培训就业机会，推进经济、文化的城乡一体化。①

就目前四川博物馆群落的发展态势看，其还需要在量和质两方面进一步强化。在量上，在成都之外其他条件适合的市州，整合既有的博物馆和历史人文自然景点，鼓励民间博物馆发展，适当新增博物馆群落的布点；在质上，多注意博物馆与其他产业的灵活结合，创新经营模式，提升运营水平；从以文物藏品为主转向自然科技、地理矿产、工业遗址、民族民俗等多类型的专题收藏；推进社区博物馆、智慧博物馆、生态博物馆等新形态博物馆建设；注意与其他文创产业甚至时尚产业的关系，互相借力，找到文博产业的可持续增长点。同时要市场化运作，拓展多元化市场，以休闲功能为主导，注意博物馆－地方政府－开发商三方合作、公共产品与私人商品组合开发，提升投资回馈、谋求多元化融资办法。

（四）行业类博物有待成为四川文博产业的蓝海

行业博物馆作为博物馆的主要门类之一，正成为文博休闲旅游产业的新生力量。行业类博物馆涉及不同行业，具有多元的产品结构，其主题表达可以更广且高。它们“以行业为线索，为城市留驻了历史、增强了记忆，它不仅是对行业历史文化等物质和非物质文化遗产一种特殊的保护形式，而且为人们提供了一条由物知史、了解城市文脉的途径”。②

目前我国行业博物馆的文博产业开发主要集中在工业产业历史悠久的地区，且主要被纳入工业旅游开发领域中。行业博物馆可以向历史文化遗产领域拓展，与民众日常生活展开对话的内容和形式还能有更大作为。四川已经拥有许多行业博物馆，如巴金纪念馆、成都工业文明博物馆、成都画院书画

---

① 《文博小镇的安仁范本》，《四川日报》2013 年 10 月 18 日。

② 黄沂海：《串起行业博物馆之“珠”》，《文汇报》2007 年 12 月 28 日。

博物馆、成都理工大学博物馆、成都饮食文化博物馆、成都直升机博物馆、成都中医药大学中医药传统文化博物馆、华西口腔医学博物馆、四川大学博物馆、四川电信博物馆、西南民族大学博物馆、中国彩灯博物馆、泸州老窖博物馆、青川地震博物馆、昭化汉城博物馆、高县李硕勋纪念馆、红军长征纪念馆等。①

因为行业类博物馆的产品开发比较灵活，既可以原址建设（如攀枝花三线建设博物馆），也可以异地重塑（如建川博物馆聚落的三线博物馆）；其展陈手段、活动开展、文创产品等也有更广的表达空间和更鲜明的个性特色。所以，有些博物馆虽然不属于行业博物馆，但其具有行业类博物馆的性质，可以加以开发，如广安市博物馆、四川夹江手工造纸博物馆、四川宋瓷博物馆、自贡市盐业历史博物馆、成都中药博物馆、成都蜀星郫都区豆瓣文化博物馆等。尤其是其中的自贡市盐业历史博物馆和四川宋瓷博物馆，它们在级别上、场馆建设上已经有了较好的基础，如果按照行业类博物馆的开发思路，可以成为四川文博产业一线阵营中的新生力量。成都理工大学博物馆也可以重点考虑，一者该馆藏品是重量级的，二者四川高校类博物馆的发展成绩基本空白。成都理工大学博物馆如果囿于遗迹类博物馆思路开发，则作为空间窄小，而按照行业类博物馆拓展思路，将科考概念放大，则可以做出新的市场。

① 见 http：//www. sach. gov. cn/art/2016/2/5/art_ 1058_ 128486. html，2018 年 4 月 10 日。

B.13

四川羌族传统音乐可持续发展调研报告

范雨涛*

摘　要： 羌族传统音乐是羌族非物质文化遗产的主要表征和保护核心之一。时代的变迁，尤其是汶川大地震的破坏及震后羌区城市化进程的加快使得羌族传统音乐的文化生态退化，其可持续发展面临严峻挑战。本调研报告引入国际前沿的音乐人类学研究理论和方法，运用格兰特“音乐活力与濒危评估框架”（MVEF），以羌族国家级非遗“瓦尔俄足”节的音乐为例，评估了最近十年羌族传统音乐活力与濒危的影响因素，就评估结果中发现的问题进行了分析，并提出了相应的对策建议，以期促进四川羌族音乐类非物质文化遗产的可持续发展及羌族文化生态保护实验区的建设，带动羌区文旅产业的发展，为实施全面振兴四川乡村发展战略提供可行的参考和借鉴。

关键词： 羌族　瓦尔俄足　传统音乐　文旅产业

一　调研背景与价值维度

（一）调研背景

格雷伍（Grave）指出，一个族群首先是依靠语言、音乐活动及共同的

* 范雨涛，成都大学外国语学院副教授，主要研究方向为跨文化交流、少数民族传统文化保护传承。

趋好凝聚起来的，族群成员往往将其音乐文化与母语视为族群身份认同最根本的标志及族群文化的核心价值。全球化、城市化、大众媒介的兴起以及迅捷传播技术的普及给人类社会带来深刻影响，同时也使全世界大量非物质文化遗产的可持续发展面临巨大挑战，导致包括传统音乐和多种语言在内的非物质文化遗产迅速消失或陷入濒危。

音乐人类学家凯瑟琳·格兰特（Catherine Grant）从联合国教科文组织对世界濒危语言的评估纲领和保护行动中得到启示，构建了一个包含12项评估指标的“音乐活力与濒危评估框架”（Music Vitality and Endangerment Framework），简称“MVEF”，用以评估世界上任何一种传统音乐活力与濒危的程度以促进其复兴及可持续发展。这12项评估指标为：（1）音乐的代际传承；（2）精通音乐的人数变化；（3）参与音乐的人数变化；（4）音乐与音乐实践的变化；（5）音乐表演环境与音乐功能的变化；（6）音乐对大众传媒与音乐产业的反应；（7）音乐实践所需基础设施与资源；（8）音乐实践所需知识与技能；（9）政府和机构对音乐的态度；（10）族群成员对音乐的态度；（11）局外人对音乐的态度；（12）音乐记录材料的质量与数量。音乐的活力度由低到高，从无活力到有活力，分为五或六个级次，指标1和指标8分为1~5五个级次，其余指标分为0~5六个级次。“MVEF”评估框架里的“音乐”一词，特指所要评估的某种传统音乐。

四川羌族主要生活在川西岷江上游的高山峡谷间，在历史发展的长河中形成了丰富的音乐类非物质文化遗产。羌族现在共有九项国家级非物质文化遗产，其中七项与羌族传统音乐有关，可以说羌族传统音乐是羌族非遗的主要表征和保护的核心之一。随着羌区城市化进程的加快，尤其是汶川大地震的破坏，羌族传统音乐的文化生态不断退化，社会功能日渐萎缩，其可持续发展面临前所未有的困境。2008年10月文化部设立了“羌族文化生态保护实验区”，明确了对羌族自然生态环境、文化生态环境和社会生态环境进行整体保护的原则。羌族传统音乐的可持续发展与羌族文化生态保护实验区的建设、发展及羌族传统文化整体性保护传承的前景息息相关。

（二）调研的价值维度

2018 年新年伊始，党中央、国务院发布了《中共中央、国务院关于实施乡村振兴战略的意见》（中发〔2018〕1 号），提出全面振兴中国乡村的发展战略。随后，四川省委、省政府发布 2018 年 1 号文件《关于实施乡村振兴战略 开创新时代“三农”全面发展新局面的意见》，强调加快建立四川乡村优秀文化遗产保护传承机制，挖掘民族文化资源、加强对传统村落及其濒危非遗项目的抢救保护工作与合理开发利用。中发〔2018〕1 号文件及四川省委 1 号文件为新时期四川乡村振兴制定了顶层设计，如何在四川基层农村具体贯彻实施文件精神是目前我们面临的现实而又紧迫的问题。

羌族传统音乐蕴含着诸多文化、音乐及语言信息，传递了丰富的爱国、爱乡、孝老爱亲、向善向美的情怀，具有凝聚人心、道德教化、淳化民风的功能，是乡风文明建设的重要资源和手段，对其保护传承有利于促进羌族传统音乐文化及羌语的复兴，并带动羌族特色文旅产业的多态发展。汶川大地震后，有关羌族传统音乐文化可持续发展的研究增多了，但对羌族传统音乐文化的研究结论大多基于主观感受和印象，缺乏系统的、科学的测定标准和研究方法。笔者及研究团队多次深入羌区做田野调查，依据格兰特“音乐活力与濒危评估框架”，以羌族“瓦尔俄足”节的音乐文化为例对当代羌族传统音乐活力与濒危的影响因子进行了科学性、系统性的调查、评估、分析，力图发现羌族传统音乐可持续发展面临的主要问题，找到对其保护传承的创新路径和对策，为贯彻全面振兴四川乡村发展的战略提供具体可行的途径和方法。

二 “瓦尔俄足”音乐活力评估

羌族“瓦尔俄足”节是起源于四川茂县曲谷乡河西村西湖寨的一个羌族古老节日，时间为每年农历五月初五，以妇女为主开展祭祀羌族歌舞女神“萨朗姐”的活动，歌舞音乐是“瓦尔俄足”节的文化主要表征之一。2006

年“瓦尔俄足”节被纳入国家级非物质文化遗产名录。汶川大地震后的2009年，茂县政府在茂县县城举行了首届“瓦尔俄足”节庆典活动，由此“瓦尔俄足”节庆典从河西村西湖寨拓展到茂县县城，成为羌族重要的节庆活动之一。由于自然环境和和文化生态的改变，“瓦尔俄足”节传统音乐文化的可持续发展面临困境。笔者及课题组成员于2015～2016年多次深入四川羌区做田野调查，依照格兰特“MVEF”评估框架的12项评估指标及相关理论，对最近10年（2006～2016年）“瓦尔俄足”音乐活力的影响因子进行了系统性评估。“音乐的代际传承”“音乐实践与传承所需资源的可及性”以及“音乐对大众传媒与音乐产业的反应”是评估音乐活力几个比较关键的影响因子。“瓦尔俄足”音乐这几个环节的评估结果具有一定的代表性，能基本反映出当前羌族传统音乐的现状与可持续发展面临的普遍和典型问题，因此，本调研报告对这几个环节进行了重点解析，并对其余评估指标的评估结果进行了简要述评。

（一）音乐的代际传承

“MVEF”指标1“音乐的代际传承”用以评估音乐代际传承的力度。代际传承是衡量某种传统音乐是否濒危的重要指标，可以单独作为一项评估指标来使用。音乐的代际传承首先要考察的是族群成员是否把音乐表演的相关技能，包括语言及音乐表演知识和经验传递给下一代。代际传承的途径包括学校、家庭、社区、师徒、培训机构、俱乐部、国际基金会资助的复兴项目等。

“瓦尔俄足”节始于秦汉时期，“文革”期间一度中断。改革开放以来，高山村民迁徙到自然条件较好的河谷及城镇的周边地带，外出务工的人员进一步增加，学生离家去乡中心小学或县城求学，这一切使得“瓦尔俄足”音乐的文化生态发生改变。到2006年时，河西村能够演唱“瓦尔俄足”歌曲的村民寥寥无几。2006年6月，“瓦尔俄足”节入选国家首批非遗保护目录后，各界开始重视对其恢复和保护。曲谷乡一些中年妇女在几个精通音乐的年长妇女以及茂县文化馆老师的带领和指导下能演唱一些“瓦尔俄足”歌曲了。如今羌区学校大多提供现代教育课程，这加剧了羌文化包括音乐文化代际传承危机。“瓦尔俄足”音乐文化目前在曲谷乡河西村的中老年妇女中被部分恢复。羌族年轻一代只有县歌舞团的一些专业演员、少许的羌族专业歌手及阿坝师专少许在校大学生能演唱“瓦尔俄足”歌曲，但他们在整个羌族年轻一代中所占比重非常小。

结论：指标1“音乐的代际传承”的评估级次为3—“‘瓦尔俄足’音乐正在超过一代适龄人中被恢复”，但需要指出的是目前“瓦尔俄足”音乐只是部分及偶尔地被恢复。评估结果反映出“瓦尔俄足”音乐的代际传承危机依然严峻。

（二）音乐实践与传承活动所需资源的可及性

“MVEF”指标7“音乐实践所需基础设施与资源”、指标8“音乐实践所需知识与技能”、指标12“音乐记录材料的质量与数量”，这三项指标用以评估音乐实践活动及传承活动中所需资源的可及度。

1. 音乐实践所需基础设施与资源的可及性

音乐创作、传播、排练及表演需要一定的基础设施和资源，例如乐器、音乐设备、技术设备以及创作和表演音乐所需要的场地，也包括音乐表演人的专业的表演机会及其获得的经济支持。这些资源的缺失和不可及会危及有濒危趋势的音乐的活力。本评估指标也涵盖培养各个年龄段的音乐习得者及培养其音乐能力的教学资源质量、设施和资源的可及性，包括歌本、配乐、教学游戏、录音、数字视/听录音机、网络学习技术、多媒体资源、各种文本资源互联网等，也包括展示和储存这些资源的场所如非遗博物馆、民俗博物馆、图书馆、地方文化馆、乡镇综合文化站、非遗传习所、村文化室等的软硬件建设及社区居民对这些资源的可及度。这些资源的现状、质量、数量、类型和可及度将会影响该音乐的活力及传播效果。

（1）音乐实践所需基础设施的可及性

“瓦尔俄足”发源地河西村西湖寨原来举行“瓦尔俄足”活动的表演场

地——女神梁子由于地震的毁坏及震后西湖寨村民搬迁到河西村半山腰目前已经废弃。“瓦尔俄足”节的表演和排练场地现在主要是在茂县县城里的中国古羌城和曲谷乡河西村村委会前小广场及其旁边的“瓦尔俄足”传习所。笔者2016年“瓦尔俄足”节期间在河西村调研时，河西村王书记介绍，河西村震后建立的“瓦尔俄足”传习所，当时是为了满足村里几百人对传习场地的需求。最近几年，节日期间村里外来参与者已达数千人之多，需要扩建才能容下不断增长的“瓦尔俄足”节庆活动参与人数。他还介绍说目前曲谷乡政府里有互联网，但各个村委会及村民家里没有互联网，村文化室里也没可以提供村民使用的电脑，一般村民不会使用互联网和电子技术。笔者在茂县中国古羌城观看2016年“瓦尔俄足”节庆典时发现，中国古羌城文化广场举办的庆典仪式，没有搭建舞台，也无大屏幕同期播放庆典演出并配字幕解释，很多观众站在摇摇欲坠的凳子上观看，很影响观赏体验和效果，观众只看到热闹的场面，无法真正领会到庆典仪式和节目的主要内容和内涵。

（2）音乐实践所需资源的可及性

茂县县城震后虽然修建了羌族博物馆和图书馆，曲谷乡设有乡图书室、河西村建有村文化室，但笔者于2015年及2016年“瓦尔俄足”节期间在茂县县城和曲谷乡调研时发现，无论是在县城还是在发源地曲谷乡河西村，这些场所中村民可以利用的“瓦尔俄足”节资源都极为匮乏。曲谷乡图书室和河西村文化室都没有专门展示及储存“瓦尔俄足”节音乐文化相关资料的场所或专柜，笔者也没有发现一本有关“瓦尔俄足”节或羌族音乐、羌文化的书籍、杂志、影像资料、乐谱、歌本等。河西村王村长介绍，汶川大地震后许多研究人员曾来河西村调研，其中还有一些是专门研究“瓦尔俄足”音乐的学者，遗憾的是这些学术研究成果都未能到达社区，河西村的干部和村民未能见到并利用这些资料。曲谷乡政府的工作人员介绍，乡政府办公室的电脑里有一些往年举办“瓦尔俄足”节的相关资料。这些资料一般不对村民开放。河西村文化室平时关闭，节日期间才开放。在访谈中，河西村妇女主任陈主任告诉笔者，村里目前只是一些居民家里有一张有关

“瓦尔俄足”节的DVD，那是2012年村里妇女们在西湖寨举行的“瓦尔俄足”节上的表演录像。此外村民手里就没有任何有关“瓦尔俄足”节的资料了。目前河西村民在创作、表演、排练“瓦尔俄足”音乐活动时依然沿袭古老的口口相传的习俗，没有歌本、乐谱、乐器、录音机、播放器、mp3音频等资源和设备可以利用。陈主任告诉笔者：“昨天我组织村里的妇女们排练‘瓦尔俄足’节的表演节目，教唱‘瓦尔俄足’节歌曲时，因为没有音响设备，只能清唱，嗓子都唱哑了，很累。要是有录音设备，把唱得好的表演者的声音录下来，每年照着录音教学，我教起来就没有这么费劲了。”

河西村王村长还向笔者介绍了目前“瓦尔俄足”节获得的资助情况和面临的资金短缺问题。政府在河西村确定了几名“瓦尔俄足”节表演传承人，政府只对指定的传承人有一定的经济补助，对“瓦尔俄足”节表演的教学、排练等没有其他专项资金支持。举办这个非遗节庆活动，村里唯一获得的资助是政府每年为村里划拨5万~5.5万元的一次性拨款，此外，村里没有其他经费来源可以用在年轻一代人才的培养、文献资料的建设、表演服装的更新和置备等支出上。

关于专业的表演机会，河西村“瓦尔俄足”节歌舞表演骨干陈女士告诉笔者，曲谷乡村民平时聚会，包括婚庆活动会跳萨朗舞，唱传统羌歌。“瓦尔俄足”节期间会在河西村举办的活动中专门表演河西村独有的“瓦尔俄足”歌曲。汶川大地震之后的头几年，她和村里的其他妇女曾经常被政府相关部门和一些商业演出机构邀请去外地演出。前几年，县里派人来对河西村“瓦尔俄足”歌舞做了摄像和录音，然后教授县城里的演员和羌学会的会员演唱，此后的外出演唱活动就由县里指派的人代表了，村里的妇女们再没有了外出演出的机会。平时中国古羌城举办的“瓦尔俄足”歌舞表演大多由迁居到县城的羌族村民、羌学会会员及县歌舞团的演员来表演，河西村的村民们目前正规表演“瓦俄尔足”音乐的机会很少。

结论：指标7“音乐实践所需基础设施与资源”得分级次为2—“不是所有，仅有一些创作、表演、排练及传承‘瓦尔俄足’音乐所需的基础设施和资源村民可及。”

2. 音乐实践所需知识与技能

“MVEF”指标8“音乐实践所需知识与技能”涉及传承和表演音乐所需的知识和技能的现状、水平、可利用性，包括社会文化知识、音乐知识、语言技能、互联网运用技能，它们与曲目、新歌的创作以及教学体系的知识相关。

语言是民歌产生的基础，是歌曲的载体，语言的活力可以带动音乐，反之亦然。“瓦尔俄足”歌曲的歌词中蕴含着丰富的羌语知识和语言文化信息。由于羌族年轻一代较早脱离家庭和社区去外面求学，羌区大多数学校并未正式开设羌族传统音乐、羌语等相关课程，羌族学生在羌族传统音乐实践活动中缺乏所需的音乐、语言知识和技能，能演唱“瓦尔俄足”音乐的主要是村里一些中老年人，“瓦尔俄足”古歌演唱面临后继乏人的境地。村里的中老年妇女虽然能够演唱一些“瓦尔俄足”歌曲，但基本不知道其中的歌词意思，大多只能跟着领歌者合唱。河西村没有互联网，中老年村民大多不会使用互联网和电子技术，只有一些年轻学生会使用互联网和电子技术，并通常通过手机上网获取信息。

结论：指标8“音乐实践所需知识与技能”得分级次为2—“族群成员仅掌握一点必要的‘瓦尔俄足’音乐表演知识和技能”。

3. 音乐记录材料的质量与数量

“MVEF”指标12“音乐记录材料的质量与数量”用以评估与音乐有关的记录和研究资料的数量和质量，包括文字记录、视频记录、音频记录以及档案资料或音乐知识库的可及度。“有此音乐的知识库及此种音乐可利用的记录资料”是格兰特列出的音乐可持续发展的六项必要条件之一。

海内外研究人员及田野工作者越来越意识到确保社区成员能接触并能利用音乐记录资料的价值及必要性。音乐记录资料可以增进公众和社会对音乐相关知识的了解及对该音乐重要性的认识。社区民众接触音乐记录资料可潜移默化地恢复社区民众对传统音乐的兴趣，增强他们对自身音乐的自豪感，激发起他们对音乐的记忆，由此形成一种音乐文化并不断改良该音乐的基础。在当地社区，对音乐的记录可以减少局外者对音乐的偏见，有利于确认社区对音乐文化活动和音乐成果的拥有权。记录资料不仅有传承音乐文化的作用，它还担负着对社区内外的服务功能，即它指向该成果的需求保障，除了服务社区内族群的需求，还需满足社区外该种音乐的研究者、爱好者、学习者对资料的需求。如果音乐没有或缺乏记载，那么该音乐就缺乏历史延续感及可持续发展的物质基础。记录的内容包括歌曲本身、歌词、与歌词相关的羌语、与音乐有关的纪录片、唱片、图片、视频、书籍、乐器、演出服饰、文物器具、报刊文献、学术文章、评论、文化交流活动、国内外的相关报道;、记录还应包括电子文档的记录文件及互联网资料，歌词语言、语法的分析，曲库类型的分析、单首歌曲的分析、歌曲中涉及的历史故事和神话传说的解读等。运用文字、录音、录像等纸质或数字化多媒体方式对该音乐及相关的表演及知识进行真实、准确、系统及全面的记录，这些记录资料是可以复制、可以利用及可以观赏的。此外，记录同一音乐活动的文献形式应多样化，应保障其纸质、音频、视频、微缩、电子及各种文献格式和形式能互补、互证的内在逻辑关系，满足不同的终端设备的应用和特定人群的不同需求。

由于羌族有语言无文字，在口传心授的文化传承方式影响下，有关“瓦尔俄足”音乐文化的书面记载文献很少。黄文、杨艺在对阿坝州羌族文化生态保护实验区非物质文化遗产名录进行考察后发现，“瓦尔俄足”节无珍贵文物流传下来，仅有相关文字资料3.5万字，珍贵图片资料23幅，影像资料5份盒碟。笔者在互联网上能找到的比较完整全面地介绍羌族“瓦尔俄足”节的音影资料仅有2009年佳能（中国）有限公司与文化部非物质文化遗产保护中心合作拍摄的纪录片《羌族“瓦尔俄足”节》。“5·12”地震后，陆续建立了一些宣传羌族文化的网站，但目前笔者还没有发现针对羌族“瓦尔俄足”音乐做的专项网站或专栏来推广并传承这一羌族传统音乐。

笔者2017年11月再次来到曲谷乡河西村，在精准扶贫政策引导下，河西村文化室和村民活动室进行了重新装修，添置了一些桌椅、书架等设施，宣传墙面上增加了村民参加“瓦尔俄足”庆典活动的图片，但是书架上仍然没有任何与“瓦尔俄足”节或与羌文化、羌语言、羌音乐相关的书籍及资料。县城的羌族博物馆及中国古羌城里有关“瓦尔俄足”节的资料很少，未设有专区来介绍关于“瓦尔俄足”节及其音乐文化。目前，河西村文化活动室开通了互联网，但没有配置电脑等设施，村民们也无法通过互联网获取“瓦尔俄足”音乐文化的相关知识和信息。

2016年“瓦尔俄足”节前的排练期间，笔者在河西村调研时曾和河西村陈主任做过交流。当笔者问她目前传承“瓦尔俄足”音乐的难点是什么时，她回答是“瓦尔俄足”音乐的歌词。她说：“我们大多不懂歌词的意思了，年长的几个精通音乐的老人懂得多些，给我们讲过，但有些也忘记了。”曲谷乡“瓦尔俄足”音乐传承人陈华珍今年已经70多岁了，她告诉笔者，来找她访问调查“瓦尔俄足”音乐的学者不少，但学者走后再没有跟村民有任何联系，她手里没有任何“瓦尔俄足”歌曲的乐谱和歌词。她说自己年纪大了，有些歌词的意义慢慢也忘记了。笔者相信一些学者对“瓦尔俄足”音乐做过专门的研究，但很可惜这些研究成果未到达羌族乡村这一层，村民没有“瓦尔俄足”音乐记录材料及文献资料可以利用。

结论：指标12“音乐记录材料的质量与数量”的评估级次为2—“‘瓦尔俄足’音乐记录的性质为不完整，仅存少量有限的、质量不一的记录材料，可及性差。”

“瓦尔俄足”音乐实践活动和传承活动所需资源的可及性的评估结果表明羌族“瓦尔俄足”音乐文化所属乡村社区的族群成员在传承和传播“瓦尔俄足”音乐的实践活动中缺乏可利用的基础设施、资源以及知识与技能，并且“瓦尔俄足”音乐记录材料的数量不足、质量不高，这些是亟待改进的薄弱环节。

（三）音乐对大众传媒与音乐产业的反应

指标6“音乐对大众传媒与音乐产业的反应”是音乐活力的一个重要评估指标，用以评估音乐对大众传媒与音乐产业的参与度及反应力度，着眼于探讨音乐的大众传播和商业化问题，特别指从本地到世界范围内音乐对各种媒介的参与度和反应力度。音乐对旅游业的参与度和影响力也归于这个指标。

大众传媒的广泛兴起和音乐的商品化对于传统音乐是把双刃剑，既可惠及也可能危及其活力与可持续发展。大众传媒可以拓展羌族传统音乐的传播时空，改变其交流模式，拓展其传播范围和效果。利用现代大众媒体传播羌族传统音乐是一个崭新的课题。音乐文化产业化是大众媒介传播普及后直接带来的影响之一。音乐文化的娱乐价值具有商业潜力，有助于濒危音乐的发展和节庆活动的推广。“瓦尔俄足”节是极具代表性的羌族非物质文化遗产，可以借此构筑羌族民族传统节庆与羌族传统音乐文化产业发展相结合的发展模式。同时，我们也必须面对大众媒介和音乐商品化造成的复杂问题，如同质化问题、盗版问题、侵占问题、保护和开发利用等问题。

1. 音乐对大众传媒的反应

目前，羌族传统文化的保护传承在利用大众传媒方面还十分薄弱，羌族传统文化和大众传媒的整体结合程度不高。对于羌族最主要的节日之一的“瓦尔俄足”节的宣传效果，何誉杰将其与彝族火把节比较后发现，阿坝州在对外宣传“瓦尔俄足”节时，仅仅是略微提到该节日，并未对“瓦尔俄足”节进行重点单独推介，宣传渠道少，力度不够，“瓦尔俄足”节目前的覆盖面仅在茂县；而彝族火把节被当地作为重要的、覆盖整个彝族地区的旅游节庆项目进行推介和营销，并参加政府主导的旅游营销推介活动。此外，羌族目前没有一部以羌族传统音乐文化为主题的影视片上映或播出。据笔者的观察，目前羌区各县也建立了一些羌文化网站和微信公众信息平台，比如“微茂县”每天及时推送茂县的新闻和文化动态，包括对“瓦尔俄足”音乐的及时报道。但许多互联网资源介绍“瓦尔俄足”音乐等羌族传统文化的信息时存在信息碎片化、更新不及时、缺乏整体规划、缺乏教育功能等问题。目前，关于羌族音乐文化保护传承的研究大多还局限在本地狭义传承的视角，存在重狭义传承，轻广义传承的问题。羌族音乐缺乏跨文化、跨语言、跨地域传播的全球视野，羌族传统音乐走出村寨、走出羌区、走向世界还任重道远。

2. 音乐对音乐产业的反应

随着2006年“瓦尔俄足”节入选国家非遗目录和“5·12”大地震后重建的开展，国家对羌文化的保护传承更加重视。2013年位于茂县县城里的中国古羌城开城后，“瓦尔俄足”节对茂县旅游经济的带动作用显现出良好势头，游客人数不断增长。笔者于2016年“瓦尔俄足”节期间观察到，在中国古羌城旁边已经建起了一个面积很大的市场，里面售卖各种羌族特产、旅游纪念品以及当地水果。在中国古羌城门口也停满了一排排旅游大巴，游客络绎不绝。目前，“瓦尔俄足”节庆典的规模和影响力比之前有了很大的扩大，但与其他一些民族地区民族节庆文化对旅游的带动力相比还有距离。羌族的“瓦尔俄足”节从西湖寨推广到整个茂县的时间尚短，节日活动未覆盖整个四川羌区，作为旅游活动开展尚不成熟，市场影响力还较小。虽然近年来出现了像云朵和德仁海这样闻名全国的羌族歌手，也有一些羌族歌手在九寨沟等旅游胜地长期演出，但目前羌族还未形成像样的传统音乐产业链，“瓦尔俄足”音乐在全省及全国范围内也没有较大的影响力和形成产业链。近年来，茂县发行了《瓦尔俄足》音乐专辑，但其传播范围主要在茂县，在全羌区及族际传播度不高。“瓦尔俄足”音乐的商品化使“瓦尔俄足”节发源地村民的版权意识开始觉醒。笔者2016年“瓦尔俄足”节期间在河西村调研时村民曾感叹，地震后的前几年他们还经常有受邀到外地演出的机会，但自从教会外人唱“瓦尔俄足”音乐，他们外出演出的机会就被外人取代了，推出的《瓦尔俄足》音乐专辑也跟他们无关。

结论：指标6“音乐对音乐产业的反应”得分级次为2—“‘瓦尔俄足’音乐展现出对大众传媒和音乐产业的参与及反应的能力较弱”。评估结果反映出“瓦尔俄足”音乐的大众传播效果较弱，音乐产业化程度不高。

（四）音乐及音乐实践活动的历时变化

“MVEF”指标2“精通音乐的人数变化”，指标3“参与音乐的人数变化”，指标4“音乐与音乐实践的变化”，指标5“音乐表演环境与音乐功能的变化”，这 4 项指标用以评估音乐及音乐实践活动历时变化的情况。参与音乐的人数包括族群成员参加演出、排练、加入俱乐部、上相关音乐课程或以其他方式“消费”音乐的情况。“音乐与音乐实践的变化”指音乐及音乐实践活动变化的速度和方向，包括曲目、教学实践和表演实践三方面的变化。

“瓦尔俄足”音乐的历时变化的评估级次除指标 2 为 3 外，其余三项的级次均为 4，反映出“瓦尔俄足”音乐传承人及精通音乐的人数有所增长，但数量仍显不足；参与“瓦尔俄足”音乐活动的人数有了适度增长；音乐与音乐实践变化的速度和方向反映出“瓦尔俄足”音乐发展力度有适度增大；“瓦尔俄足”音乐的表演环境扩展到中国古羌城等新环境，拓展出带动当地旅游和经济发展产生的新功能。这四项历时变化的评估结果表明最近十年，尤其是“5・12”地震后各级政府和机构对羌文化复兴的政策和措施产生了积极的影响，“瓦尔俄足”音乐实力有所增长，但还需进一步增加精通音乐的人数以及加强音乐曲目和表演形式上的创新以促进其时俱进发展。

（五）各方对音乐的态度

指标 9“政府和机构对音乐的态度”、指标 10“族群成员对音乐的态度”、指标 11“局外人对音乐的态度”，此三项指标是关于各方对该音乐的态度的评估。“瓦尔俄足”音乐前两项评估级次为 4，表明政府、相关机构以及羌族群众对羌族文化遗产，包括对“瓦尔俄足”音乐的保护和传承持积极的态度，但仍有值得改进的空间。指标 11“局外人对音乐的态度”的评估级次为 3，表明“瓦尔俄足”音乐的价值或音乐文化的表达虽然获得外界的一定认可，但外界对“瓦尔俄足”音乐的关注度、经济支持、学术支持度一般，还需加强。

《保护非物质文化遗产伦理原则》强调相关社区、群体和个人在保护其所持有的非物质文化遗产过程中的主体地位，政府和外界在与其互动中应通过合作、对话、协商、咨询等方式尊重非遗持有社区成员的意愿，依其知情并同意的前提而定。整体上看来，政府机构对羌文化，包括“瓦尔俄足”

音乐文化的传承保护总体上是积极支持的，并制定了一些规划和指导方针，但政府更倾向于开发“瓦尔俄足”作为文化资源的市场价值，往往忽略了非遗所属社区民众的主体地位，存在越俎代庖的倾向，缺乏与社区成员的充分协商和交流。值得注意的是，在有关羌文化保护传承的文献中几乎听不见羌族基层村民的声音，然而他们才是羌文化传承的关键，尊重并倾听他们的声音是羌文化可持续发展的根本出发点。目前，无论是中国古羌城里举办的“瓦尔俄足”庆典，还是有关“瓦尔俄足”音乐及专题片制作往往忽略了源发地河西村应享有一定的版权和著作权收益。此外，随着外界对“瓦尔俄足”节的关注度越来越高，参与节庆活动的各方人士给节庆活动也带来一些负面影响。在河西村“瓦尔俄足”节庆活动过程中，甚至在祭祀仪式过程中，外界参与者随意闯入节庆活动现场近距离观看或拍照的现象很普遍，这既是对表演和仪式完整性、神圣性的干扰和破坏，也是对他文化缺乏尊重和敬畏的表现。

通过对评估结果的综合分析，笔者认为总体看来，最近十年“瓦尔俄足”音乐有了一定程度的复兴，但其濒危趋势依然严峻，对其保护传承仍然面临极大挑战。

三　羌族传统音乐濒危的主要原因概述

羌族音乐类非物质文化遗产的可持续发展受一些类似的相关因子的影响，“MVEF”评估框架反映出的当前“瓦尔俄足”音乐文化可持续发展面临的问题也是四川羌区其他传统音乐文化保护传承面临的普遍问题，具有一定的代表性。羌族传统音乐濒危的主要原因概括如下。

其一，随着自然环境、社会环境和文化生态的变迁，尤其是汶川大地震后羌区城市化进程的加快，羌族传统音乐文化生态发生了大的改变，这导致羌族传统音乐代际传承危机加剧，音乐文化传承人数、表演人数和参与人数都不够多。

其二，羌族乡村还缺乏长期有效的、健全的羌族特色公共文化服务体系，其建设、管理及评估体系亟待完善和提升。羌区乡村民族特色公共文化服务体系的薄弱主要体现在羌族民众在传承羌族传统音乐的实践活动中缺乏可利用的基础设施、资源、记录材料、知识库以及必要的知识和技能，也体现在羌族传统音乐文化及羌语在学校教育的缺位。

其三，羌族传统音乐在族内外的大众传播及音乐文化产业化还缺乏力度和效度，羌族传统音乐作为一种地方文化资本的价值利用和音乐本身的影响力还有待加强。

其四，羌族传统音乐在表演曲目、表演形式、音乐文化功能的拓展及其复兴措施等方面还缺乏适应时代需求和社会发展的创新性理念和方法。

四　羌族传统音乐可持续发展的对策与建议

（一）维护羌族传统音乐的文化生态

羌族传统音乐文化来源于羌族群众日常生活和劳动当中，根植于每个成员的个体生命里。进行羌族音乐类非物质文化遗产保护，应从保护音乐文化传承的“土壤”、音乐文化空间、音乐文化基因等方面入手，形成一种活态保护。首先，应注重维护羌族传统村寨的传统音乐文化生态，以便留住羌族传统音乐的根基和血脉，使其不在现代化浪潮下瓦解离散。其次，应注重恢复和重建现代语境下的羌族城乡社区的羌族传统音乐文化生态。同时，我们应当注意区分羌族传统村寨里羌族传统音乐文化的狭义传承与现代化语境下羌族城乡社区里羌族传统音乐文化的广义传承二者之间的区别。狭义传承注重传统音乐的保真式传承，而广义传承里包含对羌族传统音乐文化的创新、横向传播及文化适应。

（二）完善羌族乡村特殊公共文化服务体系建设

羌族传统音乐文化是羌族特殊公共文化资源构成的主要内容之一，是羌族公共文化服务体系建设的内涵依托。羌族乡村公共文化服务体系的建设则是羌族传统音乐文化保护机制的立体拓展和保障。羌族乡村公共文化服务应满足村民对羌族传统音乐文化资源的特殊需求，提升村民对羌族音乐文化资源及基础设施的可及性，包括各级图书馆、文化室等软硬件设施的可及性、舒适性、实用性和便利性，并通过学校教育、家庭熏陶、社区实践活动培养族群成员，尤其是年轻一代对羌族传统音乐传承、传播所需的知识和技能，包括运用电子资源和羌语的技能。羌区政府机关应通力协作，发挥公共文化服务的主导作用，为羌族传统音乐文化的可持续发展提供社会环境、物质文化及教育资源的综合保障。

（三）加强羌族音乐文化的传播力和音乐文化产业化建设

羌族传统音乐文化的保护、传承、传播必须充分利用各种传统传媒和现代传媒形成的全媒体传播合力，加强族群内外对羌族传统音乐文化的认知、认同和参与，扩大其影响力。同时，加强羌族音乐文化的产业化建设，将羌族传统音乐资源作为一种宝贵的地方文化资本，使羌族优质音乐资源产品化、音乐教育产业化、音乐演出市场化，从而带动羌区文化、旅游、商贸的多元化发展，实现羌族音乐文化价值和经济价值的最大化。政府等相关机构设可设立专项基金，立足全羌区，放眼全国乃至全世界，将羌族多声部民歌、羌笛、花儿纳吉、酒歌“释比唱经”、“瓦尔俄足”古歌等羌族最有代表性的优秀传统音乐文化资源进行系统整合、创新、打造，制作成系列光碟、唱片、音乐专题节目、书籍、乐谱等，并配上多语言译介，推介到整个羌区、全国乃至全世界，让羌族音乐成为羌族走向世界的一张名片。

（四）倡导羌族传统音乐创作、表演及传承保护的创新性理念和方法

政府和相关机构应通过政策扶持和鼓励羌族传统音乐在曲目创作及表演形式上的创新，尤其鼓励以本族群成员为主体的音乐创作和表演创新，丰富表演曲目和表演形式，吸引年轻一代和外界人士积极参与。通过项目和经费资助倡导羌族传统音乐学术研究的田野回馈，开展创新性及实践性强的羌族

传统音乐科研项目，鼓励相关科研人员和技术人员开发出更多的基于新媒体的应用软件和羌族传统音乐及羌语教育的慕课、微课等网络课程来扩大羌族音乐的教育及传播范围，同时建立并完善羌族传统音乐文化网站、微信公众号、直播平台等，为热爱羌族传统音乐的民众提供交流空间和反馈渠道，以此利用羌族传统音乐来铸造羌族民族形象及文化象征符号。

笔者希望通过对以“瓦尔俄足”音乐为代表的羌族传统音乐可持续发展活力与濒危的影响因素进行分析，发现目前羌族传统音乐传承传播过程中存在的问题，反思并总结羌族传统音乐文化保护传承的经验与教训，以促进羌族传统音乐的复兴，并带动羌区经济文化的发展。

五　结语

传统音乐的复兴与濒危是一个动态的过程，影响音乐活力的一些因素也会随着时间和地域的差异而发生改变。“MVEF”提醒我们，12 项评估指标各要素之间是相互关联的，不是孤立存在的，羌族传统音乐的传承保护是一项综合性、系统性、整体性、协同性工程，需要社会各界在各个方面做出协调一致的不懈努力，并借助音乐类非遗保护传承先进理念的指导和科学方法的运用来争取实现其恒久活态传承。尽管最近十年来羌族传统音乐的文化空间受到空前挤压，其濒危趋势十分严峻，但我们仍然可以看到在新媒体时代、在世界多元文化理念及党和政府全面振兴乡村战略的指导下，羌族传统音乐文化可持续发展的挑战与机遇并存。羌族传统音乐文化是民族灵魂，是追寻民族文化基因和文化渊源的活化石，是值得我们去努力保护传承的民族瑰宝。

B.14
川西传统村落旅游消费调研报告

杜 辉*

摘 要： 川西地区具有独特的传统村落生态景观、建筑景观和丰富的文化景观内涵。川西地区村落景观是我国传统村落景观的重要组成部分，在科学理念下对其进行文化产业和旅游产业的开发，对四川省传统村落保护、可持续发展，以及传统村落旅游产业结构的优化具有一定价值。本报告以川西地区入选第一至第三批国家级传统村落名录的28座村落为研究对象，对川西地区传统村落生态、人文景观及其社会效益进行分析，观察村落景观旅游消费的形态，通过比较研究发现区域文化景观及消费形态的特征，进而探究基于生态、文化多样性、传统村落景观保护与旅游消费之间的良性互动的模式。

关键词： 川西 传统村落 文化景观 产业开发

我国城镇迅速发展的同时也对传统村落产生巨大冲击。2000～2010年，我国自然村总数减少90万个[①]；2004～2010年传统村落总数从9707个锐减

---

* 杜辉，法学博士，西南民族大学旅游与历史文化学院讲师，主要研究方向为文化遗产保护、文化景观研究。

① 冯骥才：《传统村落的困境与出路》，《民间文化论坛》2013年第1期，第7～12页。

到5709个[①]。"中国传统村落名录"显示，我国每个省级行政区平均拥有82.4个传统村落。从地理区域分布情况观察，我国传统村落为阶梯分布状态。第一阶梯为西南地区，三批共入选传统村落总计1086个，占比为42.50%，为传统村落景观最为丰富的区域。第二阶梯为华东地区，三批共入选传统村落总计579个，占比为22.66%，为传统村落景观较为丰富的区域。第三阶梯为华中地区、华北地区和华南地区，其中华中地区共入选279个传统村落，占比为10.92%；华北地区共入选227个传统村落，占比为10.84%；华南地区共入选234个传统村落，占比为9.16%[②]。

四川省拥有丰富和多样化的传统村落资源。由于多元化的生态特征，四川的传统村落表现出多种形态，它们与周边自然环境协调，具有深厚的文化和历史背景，具备考古、美学、营造工艺等价值，并且具有与非物质文化遗产相关的仪式、传承人、材料、工艺等内涵。本报告基于"空间尺度"的概念，建构从宏观到微观的多层次研究框架：从宏观角度把握川西传统村落景观的形态、传统村落景观旅游消费结构和形态差异；从微观角度对村落生态、社会、文化效益进行分析。

一　四川省传统村落景观形态与结构

四川省共有84个传统村落入选"中国传统村落名录"，占全国传统村

① 顾军、苑利：《非物质文化遗产保护所面临的几个问题》，《民族遗产》2009年第2期，第75～83页；杨定海、肖大威：《"力"的重构——传统村落的嬗变与新农村建设》，《华中建筑》2012年第11期，第140～144页。

② 《住房城乡建设部　文化部　财政部关于公布第一批列入中国传统村落名录村落名单的通知（建村〔2012〕189号）》，http://www.gov.cn/zwgk/2012-12/20/content_2294327.htm；《住房城乡建设部　文化部　财政部关于公布第二批列入中国传统村落名录的村落名单的通知（建村〔2013〕124号）》，http://www.gov.cn/zwgk/2013-08/30/content_2477776.htm；《住房城乡建设部等部门关于公布第三批列入中国传统村落名录的村落名单的通知（建村〔2014〕168号）》，http://www.mohurd.gov.cn/wjfb/201412/t20141203_219694.html，2018年4月10日。

落的比重为3.29%，占西南地区传统村落的比重为7.73%。早在2012年5月，四川省住房和城乡建设厅、四川省文化厅、四川省文物管理局与四川省财政厅四部门为了响应国家对传统村落保护的相关部署，公布了《关于开展传统村落调查工作的通知》。《通知》肯定了传统村落具有历史、人文价值和社会效应，并明确规定了传统村落调查的范围。从内容上看，包括历史建筑、乡土建筑、文物古迹；从范围上应当是成片区式分布，且面积应在1500平方米以上，占村落建筑面积的30%以上。同时，传统村落的空间格局、街道或河流、选址、布局等与周围生态环境协调一致，其承载的非物质文化更是与社区民众的生产、生活息息相关①。

截至2016年9月，我国共公布了三批“中国传统村落名录”，四川省共入选84处村落，分布于成都、绵阳、遂宁、乐山、广元、自贡、雅安、泸州、南充、宜宾、巴中、广安、资阳、达州、攀枝花、阿坝藏族羌族自治州、甘孜藏族自治州、凉山彝族自治州共18个市州（图1）。其中，成都市有2个，占全省传统村落总数的2.38%；攀枝花市1个，占比为1.19%；自贡市7个，占比为8.33%；泸州市13个，占比为15.48%；绵阳市4个，占比为4.76%；广元市4个，占比为4.76%；遂宁市1个，占比为1.19%；南充市5个，占比为5.95%；乐山市1个，占比为1.19%；巴中市3个，占比为3.57%；宜宾市4个，占比为4.76%；达州市1个，占比为1.19%；雅安市8个，占比为9.25%；广安市1个，占比为1.19%；资阳市1个，占比为1.19%；阿坝藏族羌族自治州9个，占比为10.71%；甘孜藏族自治州16个，占比为19.05%；凉山彝族自治州3个，占比为3.57%（见表1）。

四川省的地理格局为东部是完整的四川盆地，西部是高山、高原，西南部是中山、宽谷、山原和盆地，形成差异明显的地貌特征。四川省东部四川盆地的传统村落共55个，占65.19%，行政区域包括成都、绵阳、遂宁、

① 《关于开展传统村落调查工作的通知》，http：//www.scjst.gov.cn/news/center/show-889123.html，2016-06-27。

表1　四川省三批传统村落分布

地理格局	地区	入选传统村落名称	数量（个）	占比（%）
东部盆地	成都市	花楸村、金箱村	2	2.38
	自贡市	李家桥社区、三多寨村、王爷庙社区、仙滩社区、狮子滩社区、培村社区、长滩坝社区	7	8.33
	泸州市	新溪村、木格倒苗族村、观音乐道古村、石牌坊村、乡海涯彝族村、灯盏坪古村、平丰村、红军街、团结村苗寨、白沙社区、古纯村、堰塘彝族村、九家沟苗族村	13	15.48
	绵阳市	上五村、黑水村、青林口村、绣山村	4	4.76
	广元市	向阳村、石板村、城关村、石鹰村	4	4.76
	遂宁市	光华村	1	1.19
	南充市	老龙村、天宫院村、石河场村、华山村、永安寺村	5	5.95
	乐山市	顺河古街	1	1.19
	巴中市	黄桷树村、白衣庵居委会、犁辕坝村	3	3.57
	宜宾市	五里村、金钟村、五河村、马家村	4	4.76
	达州市	鲁家坪村	1	1.19
	雅安市	夹拉村委和平藏寨、蟹螺堡子、五家村、望鱼村、天罡村、富民村、猛种堡子、木耳堡子	8	9.25
	广安市	方家沟村	1	1.19
	资阳市	旧居村	1	1.19
西部高山高原	阿坝藏族羌族自治州	桃坪村、丛恩村、小河坝村鹰嘴河组、萝卜寨村、四瓦村四组、色尔古村、大别窝村、西苏瓜子村、西索村	9	10.71
	甘孜藏族自治州	八子斯热村、修贡村、古西村、七湾村、莫洛村、朱倭村、然柳村、仲德村、尔宫村、阿称村、子实村、子庚村、马色村、亚丁村、仲堆村、阿洛贡村	16	19.05
南部中山山原盆地	凉山彝族自治州	木垮村、古拖村、四季吉村	3	3.57
	攀枝花市	迤沙拉村	1	1.19

乐山、自贡、雅安、广元、泸州、宜宾、南充、巴中、广安、资阳、达州共14个地级市。西部高山、高原区域的传统村落共25个，占29.76%，集中分布于阿坝藏族羌族自治州和甘孜藏族自治州。西南部中山、宽谷、山原和盆地区域共有4个传统村落入选，占4.76%，分布于凉山彝族自治州和攀

枝花市。从宏观的地貌单元来看，四川省东部地区的传统村落数量较之川西北和川西南地区更多。相较于西部高山、高原，四川省东部盆地区的传统村落密度更低，平均每个行政单位3.9个传统村落；西部高山、高原区域的传统村落在四川省传统村落景观资源中占有重要的地位，并且传统村落分布程度密集，平均每个行政单位拥有12.5个传统村落，仅甘孜藏族自治州就有16个传统村落。

四川省传统村落集中体现了丰富的生态、人文景观资源，它们分布于盆地、高山、高原、山原等不同地貌中，在满足特定地理自然环境需求的同时，也与特定区域的生态景观融为一体。不仅如此，四川省聚居着汉、藏、羌、彝等多个民族，独特的生产、生活与精神文化也集中体现在传统村落建筑（群）之中，形成多元且丰富的村落景观形态。总体而言，四川省传统村落可以划分为：平原、盆地型村落，山地型村落和高原型村落三种形态。

1. 平原、盆地型村落

多元化的地貌特征决定了生态形态的差异性，也在极大程度上影响了四川省传统村落的形态。位于四川省东部的四川盆地以农业生产为主要经济方式，充沛的降水量和地势相对平坦的峡谷、平原为耕种提供了便利的条件。成都平原是由上游河流冲击形成的约9500平方公里的扇形平原，肥沃的土壤、充沛的降水，以及水域支流纵横满足了农耕生产所需的灌溉和水运。分布于四川东部的传统村落绝大多数属于平原、盆地型传统村落。该类型的传统村落通常位于坝子（即相对开阔的平地或台地），面积开阔地带的村落布局较为规整，成中心对称式的布局，而面积狭窄地势不规则地带的村落则依据地形特征，分布较为松散。部分村落依托水运形成富有特色的水运码头，甚至有溪流穿街而过。平原、盆地型村落在四川省传统村落数量中占有相当比例，约为65.19%。

2. 山地型村落

四川省西南部地貌以山地为主，包括凉山彝族自治州和攀枝花市，山地型村落在四川省传统村落数量中比重较低，共4处，占比为4.76%，分别是攀枝花市仁和区平地镇迤沙拉村、凉山州盐源县泸沽湖镇木垮村、美姑县依果觉乡的古拖村和四季吉村。南部山地由于多为山原、峡谷地貌，传统村落分布也有别于平原地带的中轴对称式村落形态，而是依据地势布局，形成多轴线、多向性的不规则布局，例如“一”字形、“L”形等布局结构。此类型的传统村落具有较强的建筑集散性，排列疏密有致。

3. 高原型村落

高原型村落主要分布于西部高山、高原地带的阿坝藏族羌族自治州和甘孜藏族自治州境内。三批入选“中国传统村落名录”的此类村落共计 25 处，占总数的 29. 76% 。此类型的村落在布局上与平原、盆地和山地传统村落风格迥异，位于地势平坦开阔地带的村落呈现集中分布的特点；在地势高低起伏，面积较为狭窄地带则分布较为松散。由于气候干燥、日照充足、空气湿度较低，村落建筑以土、石为营建材料。

从文化形态来看，四川省传统村落景观呈现出较强的多元性和区域性特征。依照村落所属群体性质，可以大致划分为汉式传统村落、藏式传统村落、羌式传统村落、彝式传统村落、苗式传统村落和摩梭传统村落共 6 类。汉式传统村落的数量最多，共 46 个，占比为 54. 76% ；藏式传统村落共 26 个，占比为 30. 95% ；羌式传统村落共 3 个，占比为 3. 57% ；彝式传统村落共 5 个，占比为 5. 95% ；苗式传统村落共 3 个，占比为 3. 57% ；摩梭传统村落 1 个，占比为 1. 19% （见图 1）。

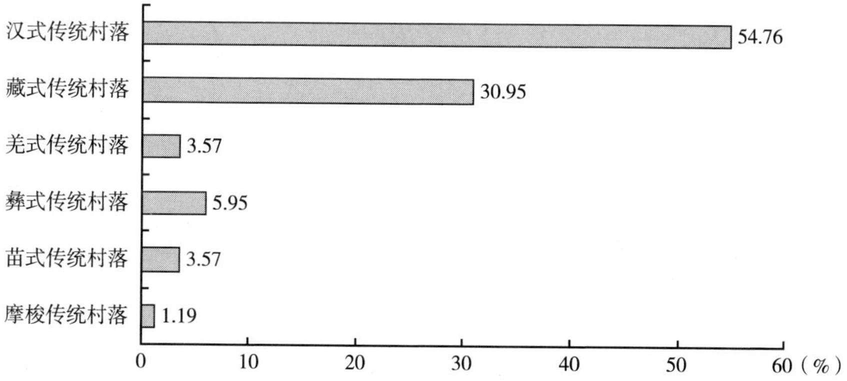

图 1　四川省传统村落文化形态统计

1. 汉式传统村落

汉式传统村落集中分布在四川盆地的诸市辖区内，均属于平原、盆地型村落。此类型的传统村落具有一定共性，充分体现出汉人宇宙观的深刻烙印。从村落选址来看，贯穿着“天人合一”思想和风水观念。例如，五凤镇的金箱村，既有环绕的河流，也有龙泉山脉的地势，集中体现出“背山面水，负阴抱阳”的风水观。汉式传统村落布局包括块状式，如南充市阆中市天宫乡天宫院村；线性式，此种多为沿水流或山谷展开布局，如成都邛崃市平乐镇花楸村；散点式，此种分布方式也是四川盆地较为常见的布局。从建筑形态来看，以三合院、四合院、多重院落的民居为主。为了满足潮湿和丘陵地形需求，此类型村落建筑有干栏式、吊脚式、井院式、檐廊式等多种形式的造型，同时具备井台、过街楼等公共设施。

2. 藏式传统村落

藏式传统村落在川西传统村落中占相当大的比重，分布于雅安市、阿坝藏族羌族自治州和甘孜藏族自治州三地。雅安市境内有 4 处藏式传统村落，包括宝兴县的和平藏寨、石棉县的蟹螺堡子、猛种堡子和乡木耳堡子；阿坝藏族羌族自治州共有 6 处藏式村落；甘孜藏族自治州共有 16 处藏式村落。藏式传统村落绝大多数坐落在高山、高原地带，所处地带日照充足，气候高寒，依山而建，以石木为主要材料。分布格局可以分为块状式布局，例如夹拉村和平藏寨，集中连片、错落有致地沿山体分布；线状式布局，例如莫落村，依山而建疏密相间。

3. 羌式传统村落

以羌族文化为基质的传统村落均位于阿坝藏族羌族自治州境内，共计 3 处，包括理县桃坪乡的桃坪村、茂县黑虎乡的小河坝村鹰嘴河组，以及汶川县雁门乡的萝卜寨村。与藏式传统村落布局相类似，羌式传统村落以集中分布连片成群为布局特征。羌式传统村落建筑以石头、黄土为主要建筑材料，建造以石头砌筑建筑、黄泥夯筑建筑以及半石砌半木构的混合式建筑，从建筑样式上看可以分为石砌、夯土和碉楼三种形态。

4. 彝式传统村落

彝式传统村落数量较少，三批中国传统村落名录中有 5 处羌式村落，分别位于泸州市、攀枝花市和凉山州彝族自治州，包括泸州市叙永县水潦乡海涯彝族村、叙永县石坝彝族乡堰塘彝族村，凉山彝族自治州美姑县依果觉乡古拖村、美姑县依果觉乡四季吉村，以及攀枝花市仁和区平地镇迤沙拉村。彝式传统村落属于山地型村落，大多位于海拔在 2000～3000 米的山区地带，往往依地势分布聚居。其建筑营造可以分为瓦房、土掌房、闪片房、垛木房、茅草房等。

5. 苗式传统村落

苗式传统村落均位于泸州市，共 3 处，包括泸州市叙永县分水镇的木格倒苗族村、古蔺县箭竹乡的团结村苗寨，以及叙永县永潦彝族乡的九家沟苗族村。川西地区苗式传统村落均位于川贵、川滇交界处的山地，村落均在山间河谷地带，随山就势、依山临河而建。房屋为以石木为主要建造材料的吊脚楼、木阁楼。

6. 摩梭传统村落

摩梭传统村落仅 1 处，为凉山州盐源县泸沽湖镇木垮村。泸沽湖镇木垮村位于凉山彝族自治州盐源县西部，处于青藏高原的东南部边缘向第二阶梯的山地过渡地带，因此地形走势表现为北高南低。该村的民居建筑有着鲜明的摩梭特色，以木架构为主。

二　川西传统村落景观形态结构分析

目前，学界对川西地区的空间界定意见尚不一致。仅从地理空间的角度进行观察，四川省的地形存在两大结构，即位于东部的盆地和西部的高山、高原地带。不少学者提出狭义和广义两个层面的川西，狭义的川西地区仅指以高原为主要地形的川西北地区；广义的川西地区是指以龙门山－大凉山为界，占全省总面积超过 97% 的广大西部地区。川西地区又可以划分为两个地理单元，川西北的高山、高原地带和川西南的山原地带。其中，川西北地区属于青藏高原的东南边缘过渡地带以及部分横断山脉，恰好位于第一、第二阶梯，富有高原、高山和沼泽等多元地形地貌特征。川西南地区则主要位于第二阶梯，属于横断山脉中部且与东部的四川盆地相连接。本报告所涉“川西”为基于地理形态的广义概念，即包括川西北高原地带和川西南山地地带。就行政区划而言，四川盆地以西地区有4个行政单位，分别为阿坝藏族羌族自治州、甘孜藏族自治州、凉山彝族自治州和攀枝花市。阿坝藏族羌族自治州、甘孜藏族自治州位于四川省西北部的高山、高原地区，凉山彝族自治州和攀枝花市位于四川西南部的山地地区。

（一）川西传统村落景观的空间结构

据三批“中国传统村落名录”统计，川西地区有29处传统村落分布于山地和高原地带，其中有6处位于川滇交界处。川西地区传统村落分布特点较为多样，包括分散型村落、均匀型村落群和凝聚型村落群三种空间形态。

分散型传统村落包括攀枝花市仁和区平地镇迤沙拉村和凉山州源县泸沽湖镇木垮村，两个传统村落均位于川滇交界处，另外还包括甘孜藏族自治州丹巴县梭坡乡莫洛村和阿坝藏族羌族自治州黑水县色尔古乡色尔古村。迤沙拉村距离攀枝花市区的直线距离为39.8公里；木垮村距离凉山州首府西昌市直线距离为119.1公里；莫洛村与其他传统村落距离较远，距离甘孜州首府康定县直线距离为95.7公里，色尔古村距离116公里。此类型的传统村落的分布较为分散，与首府或其他传统村落距离较远，难以形成较好的具有连贯性的参观路线，这极大地制约了此类传统村落的发展。

均匀型传统村落之间的距离分布较为均匀，既非相对孤立，也非过于密集。此类型的传统村落形成了三大村落群区域，呈现为线性分布和块状分布两种形态。线性形态村落群表现为沿道路或河流分布，各村落之间因道路或河流贯穿而连成一线，该类型包括两处。第一处为甘孜藏族自治州乡城县青德乡的仲德村、尼斯乡的马色村、香巴拉镇的色尔宫村、稻城县赤土乡仲堆村，以及香格里拉镇的亚丁村。该五村落沿河呈相对均匀的分布，其中仲德村、马色村和色尔宫村直线距离保持在 2 公里内，距离青德乡政府约 11 公里。青德乡政府与稻城县香格里拉镇距离约为 60 公里，距离仲堆村为 50.9 公里，仲堆村距离亚丁村为 16.9 公里，两村距离香格里拉镇在 12 公里内。第二处线性分布的村落群包括甘孜藏族自治州炉霍县更知乡修贡村、泥巴乡的古西村、新都镇七湾村、朱倭乡朱倭村和雅德乡然柳村。该类型的传统村落沿 G317 公路呈线性分布，村落直线距离保持在 10～20 公里，分布颇为均匀。

均匀型块状分布形态的传统村落群以阿坝藏族羌族自治州的 8 处村落较为典型，包括阿坝藏族羌族自治州理县桃坪乡桃坪村、马尔康市沙尔宗乡丛恩村、茂县黑虎乡小河坝村鹰嘴河组、汶川县雁门乡萝卜寨村、茂县雅都乡四瓦村四组、黑水县色尔古乡色尔古村、黑水县木苏乡大别窝村、黑水县维古乡西苏瓜子村，以及马尔康市卓克基镇西索村。其中，黑水县大别窝村和西苏瓜子村距离其他村落较远，距离均在 40 公里以上，其他各传统村落之间的距离保持在 20～30 公里。

凝聚型传统村落表现为村落之间距离较近甚至相邻，呈块状分布或是沿江河呈线性分布，此类型的村落群直线距离较短，交通便利，可以实现资源互补或互通。例如凉山彝族自治州的美姑县依果觉乡古拖村和依果觉乡四季吉村，两村之间的直线距离仅为 6.1 公里。甘孜藏族自治州得荣县子庚乡阿称村、子实村、子庚村、八子斯热村和瓦卡镇阿洛贡村也构成了凝聚型村落群，几个村落中最远村落距离子庚乡仅为 8.2 公里，各村落之间距离均较为紧密，能够形成资源共享的传统乡村群落。

（二）川西传统村落景观的区域结构

川西传统村落具有区域分布不均的特点。川西地区的 4 个市州中，平均每个市州入选村落数量为 7.2 个。甘孜藏族自治州共 16 个，居川西之首，占 55.17%；其次是阿坝藏族羌族自治州，共有 9 个，位居第二，占 31.03%；凉山彝族自治州仅有 3 个；攀枝花市仅有 1 处。其中，第一批入选的川西传统村落共 9 个，阿坝州和甘孜州各有 4 个，各占 44.44%，攀枝花市1个，占11.11%。第二批入选的川西传统村落共15个，阿坝州有5个，占33.33%；甘孜州有7个，占46.67%；凉山州有3个，占20%。第二批入选的川西传统村落共3个，均位于甘孜州。

从市州尺度观察，阿坝藏族羌族自治州的传统村落集中分布在该州东南部的马尔康市、黑水县、茂县和汶川县。川西传统村落在行政区域层面上的分布具有不均衡的特点，南部较之北部村落更为丰富和密集，且村落多位于东部地区。马尔康市从恩村、西索村两个村落与其他7个村落相距较远，呈分散式布局。其他各县入选的传统村落之间呈块状村落形态，分布相对均匀，彼此之间的直线距离和各村落与县城之间的直线距离适中，能够形成相对集中的参观路线，从而为旅游消费者提供住宿、饮食、停车等设施和服务。

甘孜藏族自治州的传统村落以南部为多，北部较少且中部并无村落入选，整体分布不均，且分布较为稀疏。从分布形态来看包括分散型、均匀型和凝聚型三类，其中甘孜藏族自治州丹巴县梭坡乡莫洛村属于分散型，所处位置位于川贵交界，与其他几处传统村落距离较远，相对孤立。乡城县的仲德村、马色村、色尔宫村、稻城县的亚丁村和仲堆村构成了线性村落群体；甘孜藏族自治州炉霍县的修贡村、古西村、七湾村、朱倭村和然柳村构成了线性村落群体。几处村落沿河分布，距离适中。甘孜藏族自治州得荣县子庚乡阿称村、子实村、子庚村、八子斯热村和瓦卡镇阿洛贡村之间直线距离较近，呈凝聚型的分布特征。该区域均匀型和凝聚型具有相似的生态景观和人文景观，具有成型的参观路线，并且有潜力实现服务设施共享和彼此补充。

凉山彝族自治州的传统村落分布稀疏，仅分布在美姑县和盐源县。该州传统村落中美姑县依果觉乡古拖村和四季吉村为凝聚型村落形态，相距较近，盐源县木垮村则较为孤立。虽然几处村落彼此距离较远，但是古拖村、四季吉村与乐山市接壤，而木垮村则处于川滇边界，可以与临近地区形成村落群，实现资源共享。攀枝花市的传统村落较为孤立，仅一处位于仁和区，亦属于分散型。

由于独特的地理区位和地质构造，川西地区形成了典型的高原生态景观、原山生态景观，自然和人文景观富集。基于独特的自然景观，川西传统村落在选址、布局和建筑营造材料的选择、营造方式上均适应山地、高原生态环境的建筑需求。综观川西传统村落建筑，依照建筑类型及其所承载的文化内涵，可以划分为藏式建筑形态、羌式建筑形态、彝式建筑形态和摩梭建筑形态4类，它们分别表现出特定的区域特色和民族特色。根据三批川西传统村落统计，以藏式建筑为主的传统村落数量最多，共22处村落，占总数的75.86%。其次是羌式建筑形态和彝式建筑形态，各入选了3处村落，各占10.34%。摩梭建筑形态仅有1处，占3.45%（见表2）。

表2　川西传统村落建筑形态统计

建筑形态	村落名称	比重(%)
藏式建筑	从恩村、西索村、四瓦村四组、色尔古村、大别窝村、西苏瓜子村、修贡村、古西村、七湾村、朱倭村、然柳村、阿称村、子实村、子庚村、阿洛贡村、八子斯热村、仲德村、马色村、色尔宫村、亚丁村、仲堆村、莫洛村	75.86
羌式建筑	桃坪村、小河坝村鹰嘴河组、萝卜寨	10.34
彝式建筑	古拖村、四季吉村、迤沙拉村	10.34
摩梭建筑	木垮村	3.45

三　川西传统村落景观旅游消费形态分析

传统村落景观的旅游产业化在我国经济转型的时代背景下形成。旅游产业作为21世纪的朝阳产业，正在成为推动全球经济发展新的经济增长点和支柱产业。我国经济当前正处于转型期，即从以工业为主导的经济结构逐渐转型为以第三产业为主导的经济结构。通过我国服务业的提升和深化带动国民经济的发展，同时避免因工业过度发展而造成的环境污染和城乡危机。四川省有着深厚的人文积淀，生态、历史文化资源丰富，有发展旅游产业的先天优势。四川省“十二五”旅游业发展规划中所设定目标已经圆满完成，旅游产业发展势头强劲，逐渐成为四川省国民经济发展的支柱产业。截至

2015年底，四川省旅游收入的总额逾4000亿元，较2014年增长了近17%，相当于全省地区生产总值的13.6%。

川西传统村落具有的生态资源和人文资源尚未被充分开发，早在“十二五”旅游业发展规划中，川西传统村落就被纳入四川省旅游产业结构升级的规划中。以“3个旅游经济带”和“5个特色旅游经济区”为代表，四川省西部高山、高原地带已然成为四川省旅游产业的重要增长点，尤其是生态旅游和民族人文旅游成为川西地区的标志。阿坝州旅游业总收入达242.53亿元，同比增长23.7%；甘孜州旅游业总收入为80.14亿元，同比增长26.7%；凉山州旅游业总收入达188.31亿元，同比增长36.2%；攀枝花旅游业总收入达150.04亿元，同比增长46.8%。[①] 川西地区各市州正积极致力于大力发展旅游业，优化产业结构。

报告采取调查问卷和实地调研相结合的研究方法，对当前川西传统村落景观的消费形态进行分析。累计发放调查问卷500份，有效问卷为486份，有效率达97%。同时结合实地调查，就川西传统村落旅游客源地、游客消费偏好、交通距离、旅游设施和参观路线等内容进行分析和评估。

（一）消费群体特征

1. 性别比例

针对川西传统村落旅游形态设计的调查问卷，男女所占比重分别为51.8%和48.2%，男性略多于女性群体。不同性别群体的消费方式和消费动机也有所差异，男性倾向于带有徒步、探险或位于自驾路线上的传统村落旅游，而女性则倾向于乡村度假、山水观光类型的传统村落旅游。

2. 年龄构成

调查对象中年龄集中分布在31～40岁年龄段，占总调查人数的42%，

① 四川省旅游局、西南财经大学旅游管理研究所：《四川省“十三五”旅游业实现万亿产业研究报告》，http：//www.scta.gov.cn/sclyj/ghjh/，2018年4月10日。

其次为41~50岁和26~30岁，所占比例分别为18%和17%。25岁以下以及50岁以上的人群数量最少，分别占13%和10%。因此，川西传统村落对25岁以下的青少年游客和年龄较大的游客吸引力较弱。

3. 受教育程度

调查对象中，学历为初中以下的游客占比为11%，学历为高中及中专的游客占比为23%，学历为大学本科及专科的游客数量最多，约占52%，学历为硕士及其以上的游客所占比例为14%。整体而言，川西传统村落旅游的游客受教育水平较高，本科及其以上的游客共占66%。

4. 职业构成

调查对象的职业构成中以公司职员所占比重最高，约占49%。学生所占比重为15%，事业单位和党政机关职业的调查对象占总数的19%，个体户占17%。可见川西传统村落旅游群体职业分布相对均衡且广泛，工薪阶层所占比重较高。

5. 经济基础

调查对象的中月收入在2000元以下的群体占8%，2000~3000元的群体占比为18%，3000~5000元的群体共占54%，5000元以上的群体占20%。从经济收入水平看，游客仍然以工薪阶层为主。经济水平决定了对川西传统村落旅游的消费方式、停留时间以及路线长短。

（二）客源地分析

网络问卷和实地调查问卷所得数据显示，川西传统村落旅游的国内客源地主要为四川、重庆、云南、北京、上海、浙江、江苏、山东等省市。其中，来自四川省和重庆市的游客最多，约占36.7%；其次为云南，约占16.5%；北京的游客占12.9%；上海的游客约占9.4%；浙江和江苏两地游客分别占7.8%和5.3%；其他地区占比为11.4%（图2）。就距离和区位来看，重庆、云南距离川西地区距离最点，交通也最为便利，重庆距离川西高原地区约七百公里，驾车约12个小时。云南距离川西地区约1000公里。相对便利的交通和区位极大地吸引着两省市游客。北京距离川西地区的阿坝州、甘孜州和凉山州等地为2000余公里，驾车为20余小时。同样，上海、浙江、江苏等地距离川西地区也为2000~3000公里。

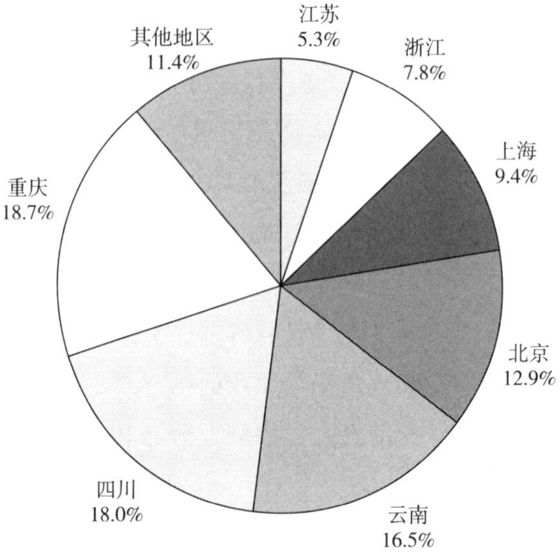

图2　川西传统村落客源地统计

从客源市场方面进行观察，可知川西传统村落景观旅游客源市场以城市居民为主体，究其原因不难理解。在全球化和城市化不可逆转的历史进程中，人们对于乡土的向往催生了乡村旅游这一旅游模式。此种旅游消费模式的产生与城乡关系、人与自然之间的关系，以及全球化背景下城市景观的同质化有着密切关联。城市工业发展造成的生态环境日益恶化以及快节奏的都市工作压力，令不少工薪阶层人群渴望回归乡土，体验良好的生态环境、乡村民情、礼仪风俗和民族文化。

（三）旅游消费行为分析

1. 认知程度

随着生态旅游、民族文化旅游和传统村落旅游的大力推广，旅游消费者对这一旅游消费模式的认知程度逐渐提高。调查数据统计显示，游客对川西传统村落的了解途径主要为通过旅行社提供的旅游项目，占比为36.8%；其次为通过网络、旅游论坛形式获取信息，占比为32.4%；通过亲朋介绍的占比为18.6%；通过电视、报刊等形式获取旅游咨询的比重为8%；通过旅游手册获取咨询的占4.2%。数据显示，非四川省内游客通过旅行社获取咨询的所占比重较大，约为68%。省内游客更多是通过亲朋推荐、介绍获取资讯。由于互联网的发展以及旅游论坛的兴起，年龄层在20~40岁的游客倾向于利用互联网查询和获取资讯，这一信息获取方式也在极大程度上改变了旅游的资讯获取习惯。

数据统计显示，调查对象对传统村落的了解程度存在一定差异，十分了解的占比为11%，比较了解的占比为53%，不了解的占比为36%。可见仍有相当部分的游客对传统村落及其旅游资源缺乏了解，但是同时这部分人群也将成为传统村落旅游的潜在游客群体。从对不同地区的比较来看，游客对阿坝州传统村落和生态景观的认知度更高，尤其是桃坪羌寨和萝卜寨，对阿坝州传统村落有所了解的游客数量占总人数的52%。其次为甘孜州，对该区域传统村落有所了解的游客占总人数的35%。对凉山州传统村落有所了解的人数占比为10%，对攀枝花传统村落有所了解的占比人数为3%。这有两方面的原因：一方面阿坝州生态旅游开发较早，游客对九寨沟、黄龙等景区均有较高的认知度；另一方面，由于“5·12”汶川大地震以及灾后重建所带来的社会效应，公众对于藏族、羌族的传统村落及其文化的了解日益加深，对其的认知程度亦有所加深。

2. 出游方式

赴川西传统村落旅游的主要方式有自驾、铁路和公路交通两种形式，其中省内游客以自驾出行方式居多，占本省调查对象的75%；以铁路和公路等交通方式出行的本省游客占25%。省外游客则以铁路和公路交通为主，占81%；以自驾方式出行的游客占19%。调查对象中家庭出行的所占比重最高，约占40%，尤其是在暑期，家庭出行比重更高。其次为夫妻二人出游，约占31%；与朋友结伴出行的占比为16%；与同事出行的人群约占9%；独自出行的仅占4%。

在桃坪羌寨和萝卜寨的实地调研中，课题组对部分游客进行了半结构式的访谈，了解到有将近1/4的游客以跟团形式前往景点旅游，这部分游客所到的传统村落仅为旅程中的一个景点，尤其是在旅游路线设计好的情况下，在村落停留时间相对较短，即奔赴下一处景点。以自驾形式前往传统村落的省内游客则更倾向于去以生态、人文为主的传统村落旅游，停留时间较前者更长，也能够更好地带动当地经济的发展。同时，省内游客前往特定传统村落旅游的时间更为灵活，集中在周末、短期假期；省外游客前往传统村落多为旅游路线中的一处，时间以五一、十一等黄金周以及寒暑假期为主，相较于川内游客省外游客停留时间更加短暂。

（四）川西传统村落旅游满意度分析

本课题组利用李克特量表对川西传统村落的交通便利程度、旅游产品、消费支出、设施健全程度等内容进行满意度评价和分析，然后结合个案实地调研所得的访谈资料进行综合分析。

1. 交通满意度

根据调查数据统计，486份调查问卷中对于川西传统村落交通状况表示“满意”的共有197人，占总人数的40.6%；表示“一般”的共216人，占比为44.4%；表示“不满意”的共有73人，占比为15%。结合访谈资料可知，从成都至阿坝州汶川、马尔康等旅游资源开发较早地区的交通最为便利，满意度也最高。成都至阿坝州汶川县主要交通干道为都汶高速，早在2003年就已动工建设。自成都出发，沿都汶高速经3个小时左右即可到达汶川县，全程约80公里。汶川县既是两处羌族传统村落的所在地，也是前往九寨沟等自然景区的必经之路，该县前往马尔康、九寨沟等地也均有国道相通，因此交通极为便利。成都至甘孜州康定等地交通则有318国道，途经雅安，交通状况较好，表示满意的游客亦较多。然而，游客对深入各传统村落内部的道路则存在一定的不满意，主要体现在交通设施不够完善且雨季易产生滑坡等地质灾害，直接威胁到人身安全。

2. 旅游产品满意度

在对川西传统村落旅游产品满意度的评估中，本课题组共设置了生态景观、建筑景观、民族文化内涵、民俗活动、纪念品等内容，进行量表评估（见表3）。

表3　川西传统村落旅游产品满意度统计

单位：%

	非常满意	满意	一般	不满意	非常不满意
生态景观	56.8	36.8	5.8	0.6	0
建筑景观	37.9	42.6	18.7	0.8	0
民族文化内涵	27.6	52.1	18.1	2.3	0
民俗活动	20.2	52.7	25.7	1.4	0
纪念品	21.8	23.7	51	3.5	0

据统计，调查对象普遍对生态景观表示满意，其中表示“非常满意”者共276人，“满意”者为179人，共占总人数的93.6%。绝大多数调查对象被川西地区丰富多样的生态景观所吸引。另外有28人表示“一般”，3人表示“不满意”。总体而言，川西传统村落所依托的生态景观将成为传统村落景观的巨大潜力，各级地方政府也应大力保护地区生态环境。置身生态环境之下的建筑景观是传统村落旅游的重要内容，486位调查对象中共有184人对具有民族特色的建筑景观表示“非常满意”，207人表示“满意”，分别占总人数的37.9%和42.6%。91人表示“一般”，占比为18.7%；另有4人表示不满意，占比为0.8%。课题组在访谈中了解到，游客除看重传统村落所在之地良好的生态环境和空气质量之外，也通过建筑保存情况以及所蕴含的民族要素来进行评判。其中，有部分游客表示更倾向于观赏传统民居，而非失去传统特征的现代民居。因此，川西传统村落应在积极推进乡村改造和设施完善的同时，对传统民居加以维护。

在民族文化内涵一项中，有134人表示“非常满意”，占总数的27.6%；共有253人表示“满意”，占比为52.1%，总体而言，绝大多数的调查对象对传统村落中蕴含的民族文化内涵感兴趣，并且乐于了解。有88

人表示“一般”，占比为18.1%；另有11人对传统村落蕴含的民族文化内涵表示“不满意”，约占2.3%。川西传统村落因多元的少数民族文化而别具特色，其有别于汉文化的各类民俗活动成为吸引游客的因素。

在对民俗活动的评估中，共有98人表示“满意”，占比为20.2%；共有256人表示“比较满意”，所占比例最高为52.7%；125人表示“一般”，占比为25.7%；另有7人表示“不满意”，占比为1.4%。通过实地调研，课题组了解到有相当数量的游客对藏族、羌族、彝族等少数民族的民俗活动怀有相当大的兴趣，然而由于传统节庆均在特定时间举行，仅有少数游客出于兴趣或学术研究需要能够专程前往参观。另外有相当部分的游客认为由于停留时间短暂和民俗活动有限，未能够充分感受和体验川西少数民族的民俗文化。

在对传统村落旅游纪念品的调查评估中，有106个调查对象表示“非常满意”，占总数的21.8%；115人表示“满意”，占比为23.7%；调查对象中248人表示“一般”，所占比重为51%；另外有17人表示“不满意”，占比为3.5%。课题组经过对桃坪羌寨和萝卜寨的调查发现，以两个村寨为代表的传统村落旅游区纪念品种类包括当地特产，如脆李、车厘子等季节性水果，腊肉、熏肉、沙棘等特色食品，川西地区特产的草药，如羌活等，还有刺绣等手工艺制品。通过访谈了解到，有近半数的游客对川西地区特有的食品和药材有兴趣，并且在能够满足心理价位的基础上购买。具有鲜明民族特色的纯手工工艺品也会激发游客的消费需求，价格和品质是影响购买行为的直接因素，相较于现代仿制或机器制作的手工艺品，游客更倾向于购买纯手工制品。一方面省外游客较之省内游客更倾向于购买旅游地的纪念品；另一方面部分游客认为传统村落旅游区的纪念品缺乏创意，常见的手工制品与其他地区村落出售的纪念品大同小异，难以体现该民族的文化特色和内涵。因此，川西地区传统村落在保持传统文化内质的同时，应当致力于将旅游产业与文化创意产业相结合，充分挖掘传统手工艺品的文化内涵，实现传统技艺与现代时尚、创意元素的结合，形成品牌效应。

3. 消费支出的评价

从对川西地区传统村落消费支出情况的评估来看，有近3.6%的调查对象认为消费支出“很便宜”，有61.2%的调查对象认为“还可以”，有26%认为“稍贵，但能够接受”，9.2%的调查对象认为“太贵”。总体而言，传统村落旅游的消费支出水平能够被绝大多数游客所接受。就消费支出构成而言，以交通和住宿为最多，对于参观路线式的游客来说交通为主要支出，其次为住宿和餐饮；而对于以休闲、观光、度假为旅游动机者而言，住宿和餐饮为主要支出。所调查的游客认为在所有支出中“娱乐活动”和“购物”部分的开支过高，或是对价格欠满意或不满意。

4. 设施服务满意度

传统村落设施服务的评估主要包括停车、旅游导览、餐饮住宿、其他设施服务，其中对停车方面表示“非常满意”的有8.9%，“满意”的有10.2%，“一般”的有68%，表示“不满意”的调查对象达12.9%。对旅游导览一项表示“满意”的调查对象达6.2%；“一般”的占比为72.6%，“不满意”的则占21.2%。餐饮住宿一项表示“非常满意”的有14%，“满意”的有23%，表示“一般”的有63%。对其他设施服务，例如公共厕所、休闲休息区等的满意程度评估中，表示“满意”的为4.2%，表示“一般”的为72%，“不满意”的调查对象占20%，“非常不满意”的占3.8%。通过分析调查数据，课题组认为当前川西地区传统村落的设施和服务水平普遍不高，除部分旅游业开发较早和较为成熟的传统村落之外，有相当多的村落在设施建设和服务意识方面未能够步入正轨，无法充分满足游客需求。因此，川西地区传统村落旅游业的良性发展有赖于各地方政府加快传统村落的基础设施配套建设，以解决旅游发展的瓶颈问题，提升服务水平。

四　川西传统村落景观的旅游开发建议与对策

（一）生态与人文资源的整合

近年来川西地区旅游发展以自然景观资源为主，以人文景观资源为辅，在大力发展以自然资源为主体的旅游形态时忽视了文化内涵的挖掘，导致旅游形态单一。过度开发亦使原本脆弱的生态景观遭到破坏，而缺乏文化内涵的生态旅游也缺乏可持续性的内生动力。川西地区传统村落景观是复合性和整体性的景观形态，既包括自然景观，也包括建筑景观和民族文化景观。因此，有必要在传统村落旅游资源开发过程中以生态、建筑和文化景观的保护为前提，将村落景观与已有的生态旅游相整合，互为内生动力。在此基础上，充分挖掘地区性生态资源和文化内涵，形成区域性的旅游专题产品，同时树立区域传统村落旅游的品牌和社会效应。

（二）强化基础设施建设、完善配套设施

目前成都至阿坝州汶川、马尔康，成都至甘孜州康定，以及成都至凉山州西昌等地均有高速公路。伴随公路交通设施的完备，节庆旅游流会流向川西地区各传统村落，并辐射至周边从而形成并带动旅游区的发展。总体而言，前往川西传统村落旅游的交通方式主要有公路、铁路和飞机，其中公路交通为最主要的方式，旅游者通常从客源地出发至成都，再以公路交通形式前往景区。川西地区部分传统村落位于国道、省道贯穿的线路之上，但是仍有不少偏僻的传统村落交通十分不便。因此，应在已有公路交通基础上，以马尔康、茂县、松潘、红原、西昌、康定等主要城镇为交通节点，构建传统村落旅游网络。此外，调查数据和访谈资料显示，绝大多数游客认为在川西地区选择自驾方式最为适宜，既可自主安排行程，也能更好地领略川西地理、人文景观。为满足这部分游客的需要，应在主要节点城镇设置具有一定规模的车辆租赁公司，提供不同规格的车辆以满足不同消费群体的需求。与此同时，应提供、完善或大量增加停车场或停车位方便游客停留。

调查数据显示，有相当部分的游客对川西地区传统村落的配套设施和服务表示“不满意”，或认为“一般”。为了深入推进传统村落旅游的发展，各级地方政府应积极完善配套设施和服务，包括节点城镇、旅游路线沿线、景区设置的休息服务区、加油站，并且在主要的旅游城镇或传统村

落保证移动、联动、电信等通信信号的覆盖，普及 WiFi 网络服务和提供手机充电等便民服务。在旅游路线和传统村落内部设置公共厕所，并且对已有的公共厕所进行改造。对于排水、污水处理和垃圾处理仍不到位的景区和传统村落进行改造，一方面可以为游客提供良好、整洁的环境，另一方面实现对村容村貌的优化。由于川西传统村落大多位于山地和高原，在雨季时常发生地质灾害，应加强安全宣传教育，在推进泥石流、滑坡等山地灾害治理工作的同时，对沿线道路进行定期维护，设置相应设施减少泥石流、滑坡带来的危险。

（三）优化旅游产品结构，统筹区域发展

通过对川西传统村落形态的分析，课题组发现川西地区存在传统村落资源分配不均的问题，若干村落地处偏僻，周边缺乏具有较强影响力、能带动其发展的景区。因此有必要对传统村落及其周边景观、景区等旅游资源进行整合，以区域景观为框架对生态、人文景观进行整合。前往川西地区旅游的消费群体可以分为两大类，省内相当部分的游客在周末或较短假期会前往特定村落或景区休息、观光；省外游客绝大多数采取路线式旅游，即某个或若干个村落为路线中一个环节，往往停留时间较短。应当根据不同消费群体的旅游动机和习惯进行优化，针对川内游客可提供特色村落旅游模式，充分利用良好的生态环境、宁静惬意的乡村生活节奏，提供具有民族特色的“藏家乐”“羌家乐”等休闲方式的旅游产品，使其体验乡村生活的同时感受少数民族文化。而针对省外游客则应进行区域性规划，提供自助和自驾游式的旅游产品，设计长途旅游路线，以节点城镇为旅游产业的服务支撑载体，将传统村落融入路线中，形成围绕节点城镇辐射周边村落和景区的旅游产品体系。

（四）多产业良性互动，完善旅游营销机制

造成川西传统村落旅游业可持续发展的瓶颈在于旅游产品结构单一和缺乏健全的营销机制。绝大多数调查对象对于川西旅游的认知集中体现在九寨

沟、黄龙、若尔盖、泸沽湖等自然景观，而并未对其承载着少数民族文化的传统村落予以足够重视。其主要原因在于，长久以来川西地区旅游产品结构过于单一，未能有效整合旅游资源，同时缺乏有效的营销机制，致使社会影响力较弱且无法形成品牌效应。一方面，川西传统村落旅游产业结构的优化有赖于旅游业、文化产业、餐饮业等多个行业的良性互动，充分挖掘藏族、羌族、彝族、摩梭人等少数民族文化的内质，通过提炼文化要素生成具有鲜明民族特色和地域特色的纪念品，借此扩展旅游产品的内容，打造并且提升品牌效应。另一方面，从政府营销机制和民间营销机制的双重机制来看，除使用广告、电视、报纸、杂志等传统营销手段，应充分利用新媒体等社交工具对传统村落以及旅游产品进行宣传。

（五）规范旅游行业，强化景区管理

在当前标准化管理、精细化服务、信息化协同的形势下，应不断提高自身管理和服务水平，提高传统村落旅游产品的质量，打造优质服务品牌，从而拓展传统村落旅游市场。其中，信息化管理体现在充分利用互联网和移动终端，为游客提供实时的信息咨询服务。将基础设施和配套设施相对完善的传统村落作为试点，推广支付宝、微信等电子支付形式。开发包含川西传统村落旅游交通、住宿、餐饮、文化活动、历史掌故等内容的 APP 或公众账号，这在提升信息化水平的同时也能够起到营销的目的，在此基础上推广至其他传统村落和旅游景区，实现“智慧旅游”。信息化手段的使用和信息化平台的搭建能够使各行业、各部门协同工作，保证信息的畅通，管理的公开、透明，从而提升川西地区旅游服务质量和竞争力。

区域报告

Regional Reports

B.15

达州：乡村文化产业振兴

邓瑜华　方　江　龚肃川　向林贵*

摘　要： 近年来，达州市坚持文以载道、以文兴市，精准定位、创新推动，逐步构建起“一心一轴三带”的乡村文化产业发展立体式格局。建成以全国新农村文化艺术展演基地为主的乡村文化创意产业核心区，以打造巴文化高地为乡村文化产业发展主轴，布局历史文化、红色文化、民风民俗文化三条乡村文化产业带，助推了乡村公共文化服务体系建设，激发了乡土题材文艺创作，引导了乡村文化旅游发展，实现了社会效益与经济效益“双赢”的文化产业发展目标。

关键词： 乡村文化　产业布局　乡村振兴　达州

* 邓瑜华，中共达州市委常委、宣传部部长；方江，中共达州市委宣传部副部长；龚肃川，中共达州市委宣传部文卫科负责人；向林贵，达州市文体广新局市场科副主任科员。

近年来，达州市坚持文以载道、以文兴市，依托丰富的文化资源和广阔的市场空间，实施文化产业发展“三个一”工程（即培育一批骨干文化企业，建设一批重点文化项目，开发一批重点文化产品），实现了达州区域文化产业业态蓬勃发展。特别是在乡村文化产业发展中，达州市精准定位、创新推动，逐步构建起“一心一轴三带”的乡村文化产业发展格局，即建成以全国新农村文化艺术展演基地为重点的文化创意产业核心区，以打造巴文化高地为乡村文化产业发展主轴，布局历史文化、红色文化、民风民俗文化三条乡村文化产业带，为乡村振兴战略的加快实施谋篇布局，为达州建设川渝陕接合部区域中心城市和川东北经济区核心增长极奠定了文化基础。

一　文化市情

达州市地处四川东部，面积1.66万平方公里，总人口700余万，享有“巴人故里、红色达州、中国气都”美誉。达州是巴文化的发祥地，距今4000多年前的古巴人在此繁衍生息；是川陕革命根据地的重要组成部分，8万多英雄儿女参加红军，3万多人为国捐躯，走出了共产党早期革命家王维舟，孕育了张爱萍、陈伯钧、向守志等50多位优秀的共和国将领；区位独特，交通便捷，历为秦巴地区物资集散地和商贸中心，是四川东出北上的门户城市和重点建设的百万人口区域中心城市；是全国三大气田之一和“川气东送”工程的起点，是亚洲最大的硫磺生产基地；是中国南北气候的分界线，雨量充沛、四季分明，境内自然景观星罗棋布，被明代著名地理学家徐霞客赞为“西南奇胜”。

（一）文化资源丰富多样

通过对境内的罗家坝、城坝、賨人谷等三大巴文化遗址的考古研究表明，达州是古代巴人繁衍生息的中心区域之一。罗家坝遗址总占地面积约为123万平方米，先后进行了四次考古发掘，发掘面积1050平方米，出土各类文物1200多件。经过专家鉴定，出土各类文物多为战国早期青铜兵器、铜罍等，考古界和学术界初步推断该遗址为巴人王侯或巴王墓葬所在地，具有十分重要的科考价值。目前，达州境内一共有4000处不可移动文物点，其中13处全国重点文物保护单位和35处省级文物保护单位。达州是全国第二大苏区所在地，境内有红色文化遗址14处，建有万源保卫战战史陈列馆、通川区神剑园红军文化陈列馆（张爱萍故居）和达川区石桥列宁街。非物质文化资源富集，有十大类248项非遗，其中国家级非遗3项、省级非遗29项、市级非遗66项、县级非遗117项，国家级非遗代表性传承人2人、省级非遗代表性传承人33人、市级非遗代表性传承人46人、县级非遗代表性传承人142人。达川区福善镇孝善文化、万源烟霞山道教文化等资源独特，达州元九登高、宣汉马渡民歌、渠县刘氏竹编和三汇彩亭会、石桥烧火龙、开江甘棠火龙等文化品牌驰名中外。近三年来达州有16个地方被授予“四川省民间文化艺术之乡”称号，渠县被文化部授予“中国民间文化艺术之乡——彩亭艺术之乡”。

（二）文化惠民成效显著

将公共文化服务体系建设与脱贫攻坚深度融合，以公共文化基础设施建设和文化惠民工程，促进乡村文化大繁荣大发展。近五年投资20亿元，高规格建成巴山大剧院、田园大舞台、巴人文化广场、巴山书画院（达州市美术馆）、市文化馆（新馆）、市博物馆、市图书馆（新馆）等公共文化阵地。目前，全市有乡镇综合文化站311个、社区文化中心325个、村文化活动室1973个、农家书屋2760个、社区书屋398个、城乡文化广场362个、乡村大舞台57个、农民工文化驿站354个、留守儿童之家33个，基本形成“城市十分钟文化圈”和农村“十里文化圈”。深入开展“文化惠民在身边”系列文化活动，通过政府配送、企业资助、演员义演等方式，以“流动舞台进基层”“文艺帐篷轻骑队”等形式，开展各类文化惠民活动。其中“文艺帐篷轻骑队”工作做法被《人民日报》推荐刊发，“巴山蒲公英文化志愿者”获全省十佳志愿服务品牌荣誉。2017年，达州开展文化惠民演出1000余场次，开展“巴渠大讲坛”200场，举办文化精品展300场，放映农村公益电影35900余场，受益群众1200万人次以上，基本实现了文化惠民全覆盖。全市公共文化单位免费开放接待群众，群众文化辅导的社区覆盖面达到100%，组织基层文化骨干培训达到100%。

（三）文化产业发展提速

达州始终坚持文化发展与社会经济发展相协调、社会效益和经济效益相统一、政府引导和市场机制相结合的原则，推动文化产业从外延推动向内源驱动，从单一产业振兴转向融合发展转变，形成了“一核一纵两横”空间布局和“4 +3”产业布局。目前，达州文化市场经营单位3000多家，解决就业人员20000余人，据估算2017年全市实现文化产业增加值45亿元，占GDP的3.5%。文化旅游业快速发展，呈现出产业规模扩大、经济实力增强、带动作用凸显的好发展态势。通川区莲花湖湿地公园、神剑园红军文化陈列馆、达川区真佛山、达川区列宁街、宣汉县王维舟纪念馆、万源保卫战战史陈列馆、渠县賨人谷、开江县飞云温泉等文化旅游景区年接待游客量逐年增加，具有一定的产业效应。目前，达州拥有美术品经营场所11家、演出经纪机构4家、文艺演出公司2家，从业人员近3万人，年产值逾10亿元。文艺演出、演展产业方兴未艾，2017年全市举办各类文艺演出达1300余场次，展演优秀摄影作品800余件、版画作品140余件、小品小戏266场、优秀舞蹈剧目38场，观众逾千万人次，经济价值5000余万元，实现了社会效益与经济效益双丰收。

（四）文化体制改革推进有力

成立了达州市市属国有文化资产监督管理委员会，制定《文化企业国有资产监管管理办法》，明确了国有文化企业负责人经营业绩考核、薪酬管理、内容导向等事项。组建、培育了达州市大巴山文化投资有限责任公司，注册资本10亿元以上，统一经营市本级国有文化资产，形成规模效益，带动达州文化产业发展。全面深化文化市场综合行政执法改革，组建市文化市场综合行政执法支队，实现了同城一级政府执法，理顺了文化市场监管机制，强化了执法保障。加强文化领域行业组织建设，开展文体领域行业协会与行政主管部门脱钩的改革试点，将奇石根雕艺术协会、网络文化经营协会等与主管行政部门脱钩，充分发挥协会创作、行业自律的独特作用，激发创作、管理热情。与中国工商银行达州分行签订了《支持文化产业发展战略合作协议》，培育和扶持出具有特色优势和竞争实力的文化企业 2 家。

二　达州市发展乡村文化产业的主要措施

近年来，达州在乡村文化产业发展探索中，根据文化资源空间分布、富集程度等因素，逐步探索建立了乡村文化产业"一心一轴三带"的发展布局，乡村文化产业蓬勃发展，有力助推了全市乡村文化振兴。

（一）"一心"即建设以全国新农村文化艺术展演基地为重点的创意文化产业核心区

全国新农村文化艺术展演基地，总体规划面积 4.5 平方公里，规划总投资 30 亿元，分期建设新农村文化艺术核心区、民俗风情区、文化产业区、主题游乐区、乡村旅游区、田园山水区等六个片区。目前，一期已全面建成并投入使用，占地面积约 268 亩，建筑面积 4732.80 平方米，含市文化馆（新馆）、巴山大剧院、群众文化广场、田园大舞台等一大批重点文化产业项目。特别是为助推文化产业发展，组建达州市大巴山文化投资有限责任公司，进驻管理新农村文化艺术展演基地，主要从事文化文艺演出活动、节庆、会展、体育赛事、休闲体育开发，历史文化、红色文化、民俗民间文化项目规划、建设、策划等产业发展项目。

借助乡村文化创意产业核心区，打造在全国有影响的新农村文化艺术品牌。2011～2017 年，达州市连续举办了六届全国新农村文化艺术展演文化活动，吸引了五大洲及全国各地的民间文艺团体参演，成为全国新农村文化艺术的大会演、大交流，成为新农村文化独有的全国"文化品牌"。2017 年 5 月 15～18 日，"乡村大舞台　幸福新农村"第六届全国新农村文化艺术展演在达州市田园大舞台开幕，同时开展了新农村龙舟大赛、文化创意产品展销、闭幕展演及颁奖演出等六大系列文化活动，带动了达州本地抬总爷、踩高跷、抬彩亭、舞狮、舞龙等民俗民间文化活动在全市范围内开展，成为一年一度的农村文化盛宴。在文化产业发展方面，坚持文化搭台、经济唱戏，政府主导与市场运作、文化惠民与拉动消费共生，开展文化创意产品推介、展销、洽谈和签约等经贸活动。初步统计，借助全国新农村文化艺术展演文化品牌，达州文化旅游、文艺表演、剧目引进、文艺创作、工艺品销售等文化产业实现增产值32.3亿元，形成了文化与经济共生共融、相互促进的良好格局。

下一步，达州市将在创意文化产业核心区，利用周围的门店打造主题文化街区，布局非物质文化遗产传承创新、文化创意产品、特色文艺创作等产业元素。开展非物质文化遗产、民俗民间工艺传承创新行动，展示传承巴文化技艺。推广普及优秀传统文化，打造达州历史文化、红色文化、民俗民间文化资源数据库网络再现、VR呈现工程。加强创意文化产业核心区内非遗文化、民俗民间文化工艺产品及其他衍生产品的营销推广，扩大游客、观众数量。在创意文化产业核心区周围的主题文化街区开展演出、展览、诵读等系列唱学做活动，让文化走进老百姓的门槛，走进老百姓的心坎。推动各民间文化艺术类社会组织聚集，形成合力，开展民间文化艺术培训。通过给予创业扶持、资金补贴、税收减免等系列手段，鼓励达州更多返乡青年主动参与达州文化传承创新的的事业。

（二）“一轴”即以打造巴文化高地为乡村文化产业发展主轴

对境内罗家坝、城坝、賨人谷三大巴文化遗址的考古研究表明，达州是古代巴人繁衍生息的中心区域之一。其中，宣汉罗家坝遗址和成都金沙遗址、成都商业街古蜀大型船棺独木棺葬遗址一道，被称为“继三星堆遗址之后古巴蜀文化的三颗璀璨明珠”，具有极好的资源品质和文化价值。近年来，达州将建设巴文化高地作为实施文化强市战略的重要抓手之一，力争把达州建成具有全国影响力的巴文化起源与发展中心。目前，已出台《推进全国巴文化高地建设实施方案》，实施巴文化高地建设“12359”战略。例如在巴文化保护挖掘方面，提出推动资源普查普勘与文物考古，启动巴文化遗址公园、巴文化遗址博物馆建设等措施。在学术研究领域，提出要成立巴文化研究协会，举办全国性学术研讨会，提炼巴文化精神等。在成果展示运用方面，开展

“十大巴文化历史名人”评选活动、确立巴文化精神等一系列工作。在文艺创作方面，排演大型话剧《巴国春秋》和大型史诗梦幻剧《梦里巴人》等。

在巴文化产业发展方面，宣汉县四大家领导班子带头开展“三巴活动”（穿巴人服、唱巴人歌、跳巴人舞），引起社会强烈反响，带动了巴文化从讲堂走向群众，具备发展产业的群众基础。同时，宣汉县提出建成全国巴文化旅游精品目的地的目标，拟投资 10 亿元，开发巴文化主题旅游目的地——巴山大峡谷，聘请原央视春晚总导演哈文团队打造全国首个巴文化大型情景史诗剧——《梦回巴国》，预计 2018 年 10 月前完成并正式演出。同时，充分借鉴三星堆遗址、金沙遗址等大遗址保护模式，加快建设四川省首个巴文化遗址公园与博物馆，重点推进遗址公园核心组成部分——遗址博物馆的规划建设，使达州成为全国巴文化展示中心。规划建设巴人主题酒店、巴人街、巴人文化艺术墙、巴国城等巴文化产业，积极争取文物保护经费，探索多元化融资道路，坚持保护与开发并重、政府投入与社会投资并举的原则，加大招商引资金力度，鼓励民间资本投资。

（三）“三带”，即打造三条特色乡村文化产业带

结合达州实际，打造历史文化、红色文化、民风民俗三条乡村文化产业带。一是打造以巴人文化、賨人文化为代表的历史文化产业带，依托渠县城坝遗址等巴文化遗址，改造提升渠县賨人谷；整合三国大将王平故里、渠县汉阙等历史文化资源，深度打造汉文化产业园、賨人文化产业园等。规划建设六相祠、唐甄纪念馆，完善提升元稹纪念馆、六相广场，彰显达州历史文化内涵，提升达州文化品味。

二是打造以红军战斗遗址、将军故里为主要内容的红色文化产业带。依托达州红色文化资源，深度打造万源保卫战战史陈列馆、通川区神剑园、宣汉县王维舟纪念馆、达川区石桥列宁街、万源市固军坝起义旧址等红色文化产业圈，创建一批红色文化产业园，做大做强红色文化旅游品牌，辐射带动周边发展。

三是打造以国家级、省级非物质文化遗产保护项目为重点的民俗民间文化产业带，依托以元九登高、石桥火龙、马渡民歌、三汇彩亭、巴山背二哥、

大竹竹唢呐等为主要内容的民间手工艺品和地方特色文化（旅游产品），打造民风民俗文化产业。加大对非遗保护的投入力度，把非遗保护、保存经费列入各级人民政府财政预算，争取设立非遗各级保护名录以及代表性传承人专项基金，给予市级非遗代表性传承人每人每年一定金额的补助支持。

根据"一心一轴三带"乡村文化产业布局，达州市初步建立起一大批文化产业园或文化产业发展基地（见表1），如川东艺术品创作交易中心、宣汉县土家民俗风情苑、宣汉县巴人遗址、賨人文化产业园、四川大竹文化创意产业园、达州诗歌苑、达川区真佛山孝善文化体验区、凤凰山休闲文化产业园、"两弹一星"文化体验园、万源红色文化体验园、渠县刘氏竹编产业园、开江县温泉旅游文化产业园等，推动着达州乡村文化产业全域发展。

表1　达州市重点乡村文化产业布局情况

产业	项目名称	主要内容
乡村文化产业核心区（一心）	全国新农村文化艺术演展基地创意文化产业园（巴渠文化产业园）	在通川区莲花湖畔建设全国新农村文化艺术演展基地，规划建设民俗博览街、美食文化街、莲湖歌坊、婚庆园等文化产业项目
	川东艺术品创作交易中心	以通川区大修当代艺术村、万星拍卖公司为依托，积聚秦巴地区美术、书法、摄影及各类工艺美术品创作、生产、交流，打造达州艺术品创作和交易中心平台
全国巴文化高地建设（一轴）	宣汉县土家民俗风情苑	在宣汉县渡口乡土家族聚居地规划建设土家民俗民风展示厅、生产生活展览厅、风情体验区、民俗文化展示区。科学布局土家腊肉、土家刺绣、土家药材、土家甜酒、土家服饰等设计制作生产区域
	宣汉县巴人遗址	在宣汉县罗家坝科学规划建设罗家坝遗址博物馆、巴人民俗风情园，保护发掘现场，修缮传统建筑；开展体验"文物"发掘与修复，复制生产文物商品、纪念品、巴人服饰等活动；挖掘巴人舞蹈艺术
	賨人文化产业园	依托渠县賨人谷、城坝遗址等文化资源，加大文化遗址保护修复，打造以賨人文化为主题的旅游产业园
历史文化产业带	四川大竹文化创意产业园	在大竹县竹阳镇体育大道、城西乡云雾山和大竹县清水镇建设大竹文化大厦、古賨贡菊文化展览馆、川东民风民俗文化展览馆、川东民间群众艺术展演场、川东特色文化长廊、王母娘娘纪念馆、牛郎织女鹊桥会、清河历史文化古镇、破山禅师纪念堂、禅理茶道碑林、佛教禅茶文化艺术体验山庄等十余个重点文化产业项目

续表

产业	项目名称	主要内容
历史文化产业带	达州诗歌苑	在达川区北山乡打造“中国·达州诗歌文化苑”。以诗风大道为主体工程，开展诗歌符号景观（如“六艺”景观、诗人会所、诗歌外景）、观光旅游、文化休闲等产业建设
	达川区真佛山孝善文化体验区	在达川区福善镇真佛山风景区规划建设“三教合一”文化区，包括德化寺文物维修和儒家文化苑、道家文化苑、一佛寺佛教文化区等项目；建设凌云古寨文化体验区和莲花庵旅游新村
	凤凰山休闲文化产业园	在通川区凤凰山深度打造元稹诗廊、元稹纪念馆、凤凰楼、红军亭、六相祠、巴人文化广场等文化设施和旅游景点，建成集文化、旅游、演艺、休闲、餐饮于一体综合性文化产业园
红色文化产业带	“两弹一星”文化体验园	在通川区罗江镇规划建设“两弹一星”博览园、“两弹一星”文化苑和“两弹一星”文化广场。
	万源红色文化体验园	以万源保卫战战史陈列馆陈列布展改造为依托，规划打造红军纪念广场、体验区道路、红色文化标志景点、红色文化专题陈列室、红军战场互动式体验模拟场景和万源保卫战红军纪念碑
民风民俗文化产业带	渠县刘氏竹编产业园	投资3000多万元，在渠县东城工业园区建成四川刘氏竹编工艺展示园
	牛山寺文化公园	在开江县新宁镇牛山寺规划建设民俗民间艺术展示馆、修经堂、斋舍、亭台水阁、鬼府、动物园、凉亭、游乐城等。
	根雕奇石艺术产业园	以达州根雕、奇石艺术协会为依托，挖掘现有资源，在达州城区建设集观光、赏析、创作、销售一体的根雕奇石艺术产业园
	犀牛山休闲文化观光园	在通川区犀牛山规划面积200亩，湖泊面积5000平方米，实施集自然风光、文化娱乐、旅游、餐饮、住宿于一体的综合性开发
	开江县温泉旅游文化产业园	在开江县新宁镇规划建设温泉沐浴广场、别墅区、绿色走廊、生态文化园四大工程体系，打造集休闲、旅游、林果、花卉、养殖、加工为一体的综合生态园

通过近几年的发展，达州市乡村文化产业呈现出发展提速、规模扩大、质量提高等良好态势，构建了以市级为骨干、县级为枢纽、乡镇和村（社区）为基础的四级文化公共文化服务网络，共有161个国家三级标准以上

的乡镇综合文化站，19 个省级示范乡镇综合文化站，17 个省级“文化扶贫示范村”，1 个全国民间文化艺术之乡（渠县），16 个省级民间文化艺术之乡，20 个市级民间文化艺术之乡。通过政府购买公共文化服务，每年举办流动舞台进基层文艺演出、巴渠大讲坛、放映农村公益电影、“西部文化下乡演出计划”等各类活动 5000 余场，通川区“文化赶集”、万源市“红色文化活动月”、大竹县“百场文艺下乡”等乡村文化惠民活动品牌影响不断扩大。乡土题材文艺创作兴盛，达川区檀木镇综合文化站演出队、大竹县石河镇吹打乐团、渠县土溪镇民乐团、开江县新宁镇木兰剑表演队、万源太平腰鼓队等多支农民文艺队伍相继建立；巴山作家群、巴渠诗群、巴山摄影人、巴山画派等本土创作团队根植于乡土文化，年均创作生产各类文艺作品 5000 余件。乡村文化旅游不断做大做强，磐石都市农业体验区、碧瑶庄园、马渡关石林、汉亭生态农业观光园、明月川东莲乡、下八米岩花海等建设加快。成功举办省第七届乡村文化旅游节（春季）、省第八届乡村文化旅游节（春季）分会场暨市第六届旅游发展大会、开江县第四届荷花节等活动，乡村文化旅游总收入 160 亿元，同比增长 18%，成为达州市旅游产业支柱。

下一步，达州市将依托厚重的历史文化、巴文化、红色文化、民俗民间文化资源，推动文化产业从外源推动转向内源驱动，从单一产业振兴转向融合发展转变，促进形成“一核一纵两横”空间布局和“4+3”产业布局，重点推动影视传媒、演艺娱乐、出版印刷、文化旅游等四大传统产业转型升级，鼓励发展众创、众包、众扶、众筹新模式，以优秀传统文化资源为核心，培育休闲体育健身、文化创意设计和动漫游戏开发等三大新兴业态，研发体现优秀传统文化、展示达州形象、面向国内国际市场的文创精品。在乡村文化产业发展中，植入中华优秀传统文化因子，推动乡村文化产业与制造业、建筑业、会展业、数字内容产业、特色农业、体育产业等融合发展，形成结构合理、门类齐全、富有创意、竞争力强的现代文化产业体系，力争 2018~2020 年全市文化产业完成重点项目 8 个，概算投资 110 亿元；新增规上企业 20 家，新增从事文化产业企业 30 家，培育 5 个具有较大影响力的节庆会展品牌，文化创意产业增加值突破 45 亿元，占 GDP 的比重达到 3.8%。

（四）其他达州市乡村文化产业的典型案例

1. “石桥火龙”和“甘棠火龙”民俗文化旅游节。石桥火龙和甘棠火龙，是指产生在四川东北部石桥古镇、甘棠镇等一带的民间纸扎工艺和元宵群众性文化活动。“烧火龙”活动作为一种民风民俗文化在石桥古镇、甘棠镇代代传承，成为达州市著名的民间民俗文化活动之一。2008 年石桥镇被文化部命名为中国民间文化艺术之乡，2009 年 7 月石桥火龙纳入四川省非物质文化遗产保护名录，2010 年以后中央电视台《走遍中国》《中国新闻》《新闻直播间》《朝闻天下》《北纬 30 度 · 中国行》等栏目先后 7 次报道石桥火龙盛况。2018 年春节、元宵节期间，石桥镇、甘棠镇共有火龙队伍十余支参与表演，引发相邻巴中、平昌等地的民众驱车前来观看，观看“烧火龙”的人数达 20 万，创下历史之最，拉动当地餐饮、住宿、特色产品销售等旅游收入 3 亿元。

2. 渠县刘氏竹编手工业产业。渠县刘氏竹编是在渠县渠江镇一带盛行的一种传统民间竹编工艺美术，曾 60 余次荣获国际国内各种奖项，被评为四川省优质产品，荣获中国工艺美术百花奖，并被四川省人民政府连续三届授予“四川名牌”称号。2003 年，文化部命名渠县为四川省竹编艺术之乡。渠县刘氏竹编技法精妙，可将平面竹编、立体竹编等有机结合，特别是双面竹丝编、竹编字画、提花瓷胎竹编、竹编台屏等系列竹编工艺名扬海内外，成为我国竹编工艺美术的一大创举。目前，渠县刘氏竹编出口国家和地区达到 40 多个。渠县成立了“中国竹编艺术之乡”发展项目领导小组，精心制订了《竹编产业振兴规划》，《规划》提出建设竹编生产基地、竹子博览园、艺术博物馆、竹文化旅游购物接待中心等设施，扶持和培育一批骨干竹编生产企业，建成竹产业聚集区和竹编销售市场。

3. 红中电商。四川红中电子商务有限公司是四川根据地酒业股份有限公司董事长赖一世等在达州建立的一家融合 B2C、F2C、O2O 模式的现代化电子商务企业，于 2017 年 4 月 5 日正式成立，公司注册资本 2980 万元，涵盖物流、金融、健康、影视、旅游等产业门类。该公司依托达州红色文化资源，主推“互联网+红色文化”产业模式，建立了川陕革命老区龙头电商平台——新长征商城，现有达州市政府菜篮子工程、好汉子酒业、四川省根据地酒业股份有限公司、川汉子灯影牛肉、兄弟牛排、广东沛脉科技有限公司等加盟商家50余家，带动川味牛排、川汉子牛肉等农特产品销售逐年增加。该公司出品的电影《一路川囧》即将在爱奇艺等主流媒体上展播。

三　达州发展乡村文化产业的三点启示

达州市作为贫困山区和革命老区，在经济欠发达的情况下，乡村产业发展蓬勃发展，取得良好成效，主要有以下经验。

（一）因地制宜、就地取材是乡村文化产业发展的基础

与发达地区和省内其他市州相比，达州作为川陕传统革命老区和经济欠发达地区，文化产业发展资金匮乏、人才资源稀缺、文化供求矛盾凸显，动漫、电影、手游等高投入的新兴文化产业处于起步阶段。因此，达州注重因地制宜、就地取材，挖掘本地历史文化、红色文化、民风民俗文化，将文化产业发展与脱贫攻坚、乡村振兴战略等深度融合、同步实施，特别是将乡村文化基础设施建设落到实处，建立乡文化站、村文体活动中心、文化院坝。全国新农村文化艺术展演相关基础设施的建设，为连续举办全国性新农村文化活动提供了硬件条件，助推了全市乡村文化发展，也助推了乡村文化产业的蓬勃发展。

（二）农耕文化、文艺创作是乡村文化产业发展的引擎

达州在全省率先提出了乡村文化振兴“十乡百村”试点行动，在文艺创作方面，通过不断挖掘乡村文化内涵，引导优质文艺资源向基层倾斜，激发乡村文艺精品创作。达州市文艺工作者“下基层体验生活”“下基普及文艺知识”活动，以及“艺术发现乡村”“艺术走进乡村”“艺术融入乡村”等主题活动，寻找乡村里的民歌、族谱、农具、老宅、手工艺等，将其

“清洗”“打磨”，让这些掉色的瑰宝重新换发生机，让农耕文明回归本位。同时，达州市通过艺术的手笔，将“孝善仁义”“耕读传家”“水墨乡村”等内容融入村容村貌的打造中，将和谐宜居的美丽环境与彰显特色的传统文化有机结合，使乡村呈现生态之美、人文之美。通过《达州市文艺精品项目资助暂行办法》等一系列措施，达州本土文艺作品创作生产得到了动力，乡村文艺作品逐年活跃，大批反映乡村文化产业发展的音乐舞蹈、网络剧、微电影、微视频作品如雨后春笋般成长，出现了贺享雍《乡村志》系列小说、李明春脱贫攻坚小说《山盟》等具有全国影响力的好作品，为乡村文化产业发展提供了力量源泉，实现了社会效益和经济效益“双赢”的良好效果。

（三）人才培养、能力提升是乡村文化产业发展的关键

无论是设施建设还是文艺创作、文艺表演、产业发展，其推动、创新和落实最终要归结于人的力量，人才仍然是制约影响产业发展的关键因素。达州作为革命老区和经济欠发达地区，始终立足于用好本地文艺人才，统筹用好文艺院团、大中专文艺院校系、民营文化企业及自由文艺工作者等资源，多渠道发现培养文艺人才，深入实施基层文化队伍培训计划。近年来，达州建立和完善了文艺人才奖励机制，设立三年颁发一次“巴渠文艺奖”，第一批评选了 10 名文艺大师、30 名文艺名师，形成了梯队人才建设规划，充分激活了达州人才资源。达州的文艺作品创作、文化活动、基层文化建设在某种程度上已超越其经济发展水平，被誉为经济欠发达地区发展公共文化服务的先进典型。乡村文化产业不仅助推了新农村建设，也提升了达州经济、社会等其他事业加快发展、科学发展。

B.16 攀枝花：文化创意产业与康养产业融合发展

熊锦成　刘　斌　王中伟　纵华勇*

摘　要： 攀枝花市加快推进文化强市战略，打造区域文化高地，加快建设中国“阳光花城·康养胜地”。文化创意产业与康养产业有效融合是实现这一目标的重要路径，也是实现攀枝花市“四个加快建设”发展战略和“四区驱动”发展布局的重要结合点。本报告总结了近年来攀枝花市文化创意产业的发展成效，研究存在的问题和不足，提出了促进文化创意产业和阳光康养产业融合发展的七条对策建议和“十三五”重点项目建设规划建议。

关键词： 攀枝花　文化产业　康养　融合发展

文化创意产业，是以创造性转化和创新性发展为根本手段，以文化内涵、创意成果和知识产权为核心价值，以理念创新和高新科技为重要支撑，为社会公众提供文化产品的新兴产业，具有高知识性、高增值性和低能耗、低污染等特征，也是促进经济增长、优化产业结构的重要途径。经济全球化

* 熊锦成，中共攀枝花市委宣传部副部长，研究方向为文化体制改革和文化产业发展、区域经济；刘斌，攀枝花市文化广电新闻出版局副局长，研究方向为文化创意产业、文化治理和社会发展；王中伟，中共攀枝花市委宣传部文艺教育科科长，研究方向为文化产业、基层公共文化服务；纵华勇，攀枝花市文化广电新闻出版局文化产业科科长，研究方向为文化产业发展、文化市场管理。

背景下，文化创意产业正逐步成为衡量一个国家和地区经济社会发展水平的重要标志。

当前，攀枝花市正大力推进产业转型、城市转型和社会转型，加快建设中国“阳光花城·康养胜地”。文化创意产业与康养产业有效融合是实现这一目标的重要路径方法，也是实现攀枝花“四个加快建设”发展战略和“四区驱动”发展布局重要结合点。首先，文化创意产业是产业转型的新引擎，能够培育形成新的经济增长点，促进创业创新和人才集聚。其次，文化创意产业是优化空间的新切口，通过对城市空间置换，实现城市更新。最后，文化创意产业是社会转型的新动力，不仅提供了更加丰富多彩的精神文化产品，而且能引导和激发市民共同参与打造城市人文生态，创造生活美学，留住城市最真实的记忆，从而使文化得以创新和传承。积极探索文化创意与阳光康养相关产业的融合促进，提升经济贡献率，加快创建中国阳光康养产业发展试验区，具有重大意义。

一　攀枝花市文化创意产业发展情况

党的十八大以来，市委、市政府高度重视文化产业发展，先后出台了一系列政策性文件，在财政、税收、金融、土地等方面提供了具体的政策支撑，每年设立 100 万元专项资金用于培植本地重点文化产业，行业发展环境得到明显改善，苴却砚（石）、文化创意钛产品、文化娱乐、电影放映、文化旅游等产业取得了长足发展。

（一）特色文化产业项目建设有序推进

高起点、高标准谋划“攀枝花文创小镇”项目建设，委托张艺谋团队核心成员、北京人民艺术剧院国家一级舞美设计易立明，美国麻省理工学院建筑系原主任、国际著名建筑师张永和等专家团队负责项目总体策划和概念性规划设计工作，建设以“两区一桥”（文化艺术区、康养活动区、花之桥）为核心载体、以“世界当代舞蹈”为主题的文化旅游创意小镇，打造

“文化之城、康养之城、运动之城、园圃之城”，培育独具特色的城市文化品牌和亮点。阿署达花舞人间景区、普达阳光国际康养度假区、“渡口记忆”三线文化创意旅游特色街区、金海苴却砚文化旅游街区、红格温泉旅游度假区、米易新山傈僳情韵文化旅游区等一批特色文化项目加快建设。攀枝花中国三线建设博物馆建成开馆，其是目前国内面积最大、展陈最全、藏品最丰富的三线建设主题博物馆，也是四川省两家以“中国”冠名的博物馆之一。自2015年正式对外免费开放以来，博物馆共接待国内外各类观众达90万余人次，先后被授予首批“四川统一战线中国特色社会主义教育基地”、首批“全国中小学研学实践教育基地”和“中国三线建设博物馆论坛基地”“中国三线建设研究基地”称号，已成为攀枝花市最亮丽的文化名片和最有影响力的文化阵地。

（二）本地重点文化企业逐步成长壮大

太阳鸟文化传播有限责任公司打造的苴却砚“千砚工程”被列为四川省文化厅藏羌彝文化产业走廊36个重点项目之一，攀枝花市敬如石艺有限责任公司被评为“四川省苴却砚雕刻技艺传习基地”。积极推进数字影院、乡镇出版物数字发行网点建设，全市三区两县共投资建设8家影院，实现县城数字影院全覆盖，年均票房收入达3900万元。攀枝花市阳光诗社文化传播有限公司研发的“攀枝花故事”钛系列产品及文化旅游纪念品填补了攀枝花市的行业空白，其特色创意文化产品在2015中国国际旅游交易会（昆明）中国特色旅游商品评选活动中荣获金奖、在2017中国特色旅游商品大赛中获得银奖。

（三）苴却砚文化产业品牌影响力、知名度不断提升

中国苴却砚博物馆建成开馆，苴却砚文化产业园区加快建设。由省文化厅主持编撰的《至美宝藏——中国苴却砚》画册已正式出版，将苴却砚作为四川省两个重点宣传的特色文化产品面向全国推介。定期举办全国性苴却砚文化艺术节等文化交流活动，积极组织苴却砚企业参加2017意大利米兰手工艺展、全国文房四宝艺术博览会、2017中国—东盟博览会文化展、中

国（深圳）国际文化产业博览交易会等具有行业影响力的国际化、专业化、高水平文创展，不断提升苴却砚的知名度。在 2017 年第十三届中国（深圳）国际文化产业博览交易会上，攀枝花市选送的苴却砚作品《万山红遍》荣获“中国工艺美术文化创意奖”金奖。在中华炎黄文化研究会砚文化联合会举办的 2017 第六届精品砚台评选及第四届砚雕师评选活动中，攀枝花市四名工艺美术大师设计制作的七方砚台，均获得“手工雕刻制作类”砚台“一等奖精品砚”称号。2017 年 8 月、11 月，由中国工艺美术大师曹加勇制作完成的 4 方两套“南极砚”“北极砚”，分别随中国“雪龙号”科考船、中国极地科考队开始了南北极的“游历”，将苴却砚文化留在了地球两端。攀枝花苴却砚还先后取得“中国苴却砚之乡”“中国地理标志保护产品”“四川省文化产业示范基地”等荣誉称号，并成功申报为四川省非物质文化遗产，仁和区被省文化厅推荐申报“四川省民间文化艺术之乡”。

二　推进攀枝花文化创意产业发展的主要举措

（一）理顺工作机制，聚焦产业发展

建立了市、县（区）两级文化产业发展工作领导体系，调整、扩充 20 个市级文化体制改革和发展工作领导小组成员单位，5 个县（区）全部建立工作领导小组。提高县（区）党委、市级部门文化工作考核分值，对文化工作进行专项考核。以“应统尽统”为原则，完成文化产业名录登记工作，将所有文化产业企业全部纳入名录库，进行实时、动态监测，进一步壮大文化产业实力。

（二）坚持政策引导，扶持产业发展

相继出台了《攀枝花市委、攀枝花市人民政府关于加快全市文化产业发展的若干意见》《攀枝花市人民政府关于进一步加快推进文化产业发展的意见》《攀枝花市人民政府关于进一步加快建设区域文化高地的意见》《攀枝花市人民政府关于加快推进苴却砚文化产业发展的实施意见》《攀枝花市

推进文化创意和设计服务与相关产业融合发展专项行动计划（2014－2020年）》《攀枝花市文化广电新闻出版“十三五”发展规划》等文件，建立了涵盖财政、税收、投融资、土地、人才等内容的扶持优惠政策体系。

（三）深化体制改革，促进产业发展

推动国有文艺院团转企改制，组建攀枝花市艺术剧院有限公司，增强综合实力和竞争力。推动文化主管部门由办文化向管文化、由管行业向管社会转变，通过政策优惠、项目资金等加快培育民营骨干企业和扶持小微企业。积极引导歌舞娱乐、网络经营企业连锁经营，创造条件鼓励小微企业、文化个体户向产业园区集中，集聚发展。文化行政许可审批事项全部实行集中办理，积极推进文化市场规范化建设工程，持续加大综合执法改革力度。

（四）搭建融合平台，助推产业发展

贯彻落实“阳光花城·康养胜地”战略部署，打造“金沙放歌”“攀枝花市民讲坛”等特色文化活动品牌，提升康养产业文化内涵。加大演艺娱乐、互联网上网服务、艺术品经营等传统行业提升改造力度，积极推进以苴却砚、钛工艺品等为代表的文化创意和设计服务与相关产业融合发展。推动文化产业与旅游产业深度融合，打造文化旅游项目，有效拉动旅游消费。2017年，全市实现旅游总收入279.31亿元，同比增长15.13%。接待过夜游客662.92万人次，占总接待人数的28.61%，占攀西经济区的比重是34.77%。

（五）培养文化人才，支撑产业发展

加大文化产业人才培养力度，连续多年与中国传媒大学、四川干部函授学院、浙江大学等合作举办文化产业干部人才专题培训班。先后出台《攀枝花市宣传文化系统“四个一批”人才选拔培养管理工作实施办法》和《关于设立攀枝花市宣传文化系统“四个一批”人才工作室的实施意见》，在全市宣传文化系统范围内选拔首批“四个一批”文化人才16人，设立“‘四个一批’人才工作室”6家，每年按照人均1万元的标准安排培训经费，按照

1 万 ~5 万元的标准给予项目补助经费，积极发挥“四个一批”人才在推动文化产业发展方面的示范引领作用。

三　攀枝花市文化创意产业发展存在的不足

攀枝花市是川滇交界区域性经济和文化中心，移民文化、三线文化、大工业文化、民族民俗文化、苴却砚文化等在这里汇聚交融，其发展文化创意产业具有深厚的文化基础和独特的资源优势。经过多年培育和发展，攀枝花文化创意产业初步形成，虽然取得了一些成绩，但还存在诸多问题。

（一）文化创意产业发展起步晚、底子薄

攀枝花市的文化产业出现于 20 世纪 80 年代，到 80 年代中期以“攀枝花”作为城市名称整体对外开放后，文化产业方开始形成。攀枝花市的文化产业在 20 世纪 90 年代中期较为繁荣，文化市场、新闻出版市场规模不断壮大，共有各类文化企业 2000 余家。伴随着文化体制改革的积极推进，近年来文化企业在数量上有所缩减，质量上有所提升，但总体发展仍然不足。2017 年攀枝花市规模以上文化产业单位有 39 家，当年主营收入 12.83 亿元，营业利润 3847.6 万元，营业收入上亿元的企业有 2 家，较上年增长趋缓，营业利润下降且仍然以工业为主。传统文化产业比重过大且集中在文化制造业，以数字化、信息化为核心的新兴产业如软件业、影视音像业、出版业等发展缓慢。各县（区）之间发展水平不一，规模以上文化产业单位数量和单位规模差距较大，最多的是东区，规上文化产业企业有 28 家；西区有 6 家，仁和区有 3 家，米易县有 2 家，盐边县则是空白。缺乏文化创意产业发展赖以依存的基础和平台，政府主导、企业参与、多渠道投入的产业平台搭建没有完成。龙头企业带动、打造知名品牌也不太成功。

（二）缺乏浓厚创意氛围，市场需求尚不成熟

一个城市有自身的文化品牌和定位。建市初期，攀枝花以资源开发为城

市发展主要手段，但城市发展到一定阶段，旧的增长方式必须改变。文化产业作为朝阳产业，以智慧、创意、绿色、和谐方式促进社会、经济发展，逐步替代资源动力的模式已成为城市发展的必由之路。资源有限，创意无限的“大文化产业”发展意识应成为各级领导、各级部门高度重视的问题。然而，攀枝花市产业结构长期以钢铁工业为主，产业产品单一，这导致全市许多企业不重视创意设计，创新意识和能力不足，产品设计制造以模仿改良为主，缺乏核心竞争力。另外，攀枝花市地理位置相对偏远，对优秀创意设计人才的吸引力不够，加上本地消费者对文化创意的需求不高，限制了文化创意产业的健康发展。

（三）特色文化发展具有比较优势，但文化产品品牌影响力和带动力不足

苴却砚文化产品是攀枝花市文化产业的一张名片，攀枝花苴却石被誉为“文化精粹”“砚中奇品”“国之瑰宝”，目前攀枝花市拥有苴却砚研究所、公司、作坊、门市等近130家，专业从事雕刻人员2000余人，从业人员近万人，年产值近亿元。攀枝花市包装装潢印刷产业依托大工业和攀枝花市特色水果生产的发展壮大，在西南地区拥有较大的市场份额及唯一性。本土文化旅游品牌正在形成。近年来，攀枝花市“苴却砚”“国胜茶”“红格温泉”“攀枝花故事”钛制品、“格萨拉”“阿署达”等一批本土文化旅游品牌生机勃勃，但企业规模较小、实力偏弱、产量小、产值低、社会认知度不高，无论产品和企业均未在省内外、国内外形成足够的知名度和影响力。需加强引导，力争形成集地方特色餐饮、阳光休闲度假、生态农业观光旅游、地方特色农产品开发、民族风情文化展现等于一体的综合性产业。

（四）经济贡献率较低，特色产业发展不足

攀枝花文化产业GDP比重偏小。现有统计资料显示，2016年攀枝花市文化及相关产业增加值为9.99亿元，在四川省排第18位，占GDP的比重为0.98%，在四川省排第20位，对地区经济贡献率较低，与成都、绵阳、宜宾乃至凉山、阿坝等市州相比存在明显差距。攀枝花文化产业与传统产业

及新兴产业关联度较小，三线文化、移民文化等特色文化理念未真正渗透到文化创意与设计服务、旅游、康养等文化消费和创意生产领域，没有形成新的价值分配链条。攀枝花市与周边人文和旅游资源相对丰富的凉山州、楚雄州、丽江市等地相比，在旅游资源禀赋和人文环境上都缺少独有性，在文化创意产业发展方面以特色资源、三线建设文化等为主，以民族文化产业项目为辅，产业集聚程度还比较低，整体规模小、龙头企业少。

（五）与全市经济发展水平和满足人民对美好生活的文化需要不相匹配

近年来，攀枝花阳光康养产业风生水起，在国内外品牌树立和知名度大幅提升，但康养产业缺乏本地文化支撑和知识内涵，在持续推进中乏善可陈。本地居民文化消费投入比重偏低。2016 年，攀枝花市城镇居民人均消费性支出 20745 元，人均教育、文化和娱乐支出 1414 元，仅占城镇居民人均消费性支出总额的 6. 82%，用于文化的消费比 2016 年全国人均 1915 元的消费水平还要低很多，反映出全市居民文化消费习惯氛围还不浓厚，文化消费水平还不高。

四　新时期文化创意产业在攀枝花的外延和内涵

国内文献认为，从产业名称和产业链的角度来看，文化创意产业也属于文化产业，但其与城市化进程和地方产业升级息息相关，更符合当前国情且更具时代感，是新科技下的内容产业。基于攀枝花产业升级和城市转型的实际，我们提出的文化创意产业是指以高新技术产业和文化产业有机融合为重要支撑，以创新创意、文化内容和知识产权为核心价值，体现各行各业的产品和服务，能够有力推动攀枝花社会经济发展和就业增加的产业。

依据国民经济行业分类标准，比照国内发达城市文化创意产业经济实践和发展条件，基于新时期攀枝花城市化水平、创意氛围和公共产品供给程度，我们将攀枝花的文化创意产业分为以下几类：（1）文化艺术（如三线文化博物馆、群众文化服务、人文科研等)；(2) 旅游、休闲娱乐（如旅行社、旅游风景管理、体育、游乐园等)；(3) 文化创意与设计服务（如创意服务、建筑设计、专业设计等)；(4) 广播电视电影（如广播电视服务、电影制作发行放映等)；(5) 新闻出版发行（如新闻业、书刊报制作发行等)；(6) 广告会展及商务咨询（如广告服务、会议展览、知识产权中介服务等)；(7) 文化信息传输和互联网服务（如数字内容、多媒体动漫等)；(8) 辅助服务（如苴却砚制作、乐器玩具生产销售等)。需要说明的是，上述分类仅作为政策讨论、研究和统计操作，随着产业的持续发展和创新，上述分类需要进行动态的扩充和调整。

从上述分类可以看出，文化创意产业是经济、技术和文化的结合体，和传统第一、第二、第三产业相互渗透，将传统产业的产品植入文化元素便可以有效延长原有产业生命周期，带来高附加值和高利润。

五　攀枝花市文化创意产业发展趋势分析

当前，文化全球化趋势日益明显，从《国家“十一五”时期文化发展纲要》提出发展文化创意产业以来，全国各地掀起了文化创意产业发展的热潮，对于正处于产业转型升级和增长动力转换攻坚期的攀枝花来说，加快发展文化创意产业必将大有可为。

（一）发展文化创意产业比较优势明显

国内外文化创意产业融合发展的成功实践证明，文化创意产业不再是单一的产业振兴，而是通过与工业制造、旅游休闲、体育运动、建筑装潢、农业生产、数字服务等传统产业和新兴产业的融合发展，带动产业链升级和产品价值增值。近年来，攀枝花市逐步形成了以文化旅游业为主体，以苴却砚等工艺品生产业、演艺娱乐业、印刷复制业等为支撑的文化产业体系，产业规模不断壮大，城市文化软实力不断提升。当前，攀枝花市正紧紧围绕省第十一次党代会确立的“国家战略资源创新开发试验区”和“全国阳光康养旅游目的地”定位，充分做好钒钛、阳光两篇文章，大力推进中国钒钛之都、中国阳光花城、中国康养胜地、四川南向门户“四个加快建设”，积极挖掘传承以三线建设精神为核心的城市文化内涵，建设打造了“渡口记忆”文化特色街区、阿署达花舞人间景区、普达阳光国际康养度假区、金海苴却砚文化旅游街区、红格温泉度假特色小镇等一批文化旅游景点，先后举办了“欢乐阳光节”“苴却文化艺术节”“攀枝花诗会”等特色旅游文化活动，推出了苴却砚（石）工艺品、钛文化创意产品、国圣茶、盐边菜等一批具有地方特色的文化旅游创意产品。“十三五”期间，攀枝花市要进一步强化融合发展理念，将文化创意产业发展作为推动地方经济创新发展的重要抓手，把文化创意产业推向新高度、新层次。

（二）发展文化创意产业的要素齐备

从文化创意产业的内涵和外延来看，攀枝花市已经具备较高的经济水平、丰富的文化资源、良好的社会环境和积极的政策支撑。在攀西经济区甚至川滇黔十市州，各地因赶超跨越需要争抢文化产业平台和战略高地，攀枝花有独特的区域经济资源，如人均 GDP 位居全省前列，有较高的城镇化水平和文化层次，还有三线文化、移民文化和民族民俗文化汇聚交融。再加上相对较高的居民整体生活水平和工业、科技水平，攀枝花具备了比较优势和文化创意产业的孵化土壤。

（三）努力成为地方经济支柱和先导产业

文化创意产业强调创意作为产业形式及其对整个经济增长和产业结构的影响，可通过对攀枝花传统制造业、农业休闲观光，特别是康养产业等行业进行技术创新，为产品注入特定的文化内涵，赋予其新的文化意义，实现产品附加值增加；通过文化概念对产业进行跨界融合与创新，加强横向联动，产生新的产业链结构和价值形式；通过文化品牌打造树立攀枝花市城市文化形象，改变居民生活方式和城市发展方式，形成集聚效应，从而进行资源转化、结构优化，促进经济增长方式转变。

六 攀枝花文化创意产业和阳光康养融合发展的主要思路

阳光康养属于现代服务业范畴，是攀枝花市通过深入挖掘光热、气候、生态、运动、卫生、花果蔬菜农产品、文化等资源优势，把握养生养心养老、旅游康体等关键产业，融合联动相关产业，构建复合型产业体系，形成的多产业统合发展的产业布局概念，是加快攀枝花城市转型升级和产业结构调整的重要抓手，是促进攀枝花文化创意产业孵化发展的重要载体。

（一）文化创意支撑和提升阳光康养产业发展

在推动攀枝花市文化创意产业与阳光康养产业融合发展过程中，要特别注重对阳光康养产业的文化元素、文化内涵的植入打造，充分发挥攀枝花“阳光花城”城市形象、“三线建设”移民文化和民族民俗文化的资源优势，系统梳理挖掘城市文化脉络和精神内核，提高文化创意产业市场集中度。重点打造三线建设主题文化旅游项目、米易新山傈僳族文化旅游产业项目、颛顼文化产业集群和苴却砚文化创意产业集群，形成产业集聚效应和规模效应。

（二）阳光康养产业为文化创意产业发展提供平台

通过大力推进阳光康养，不断提高攀枝花市文化及其相关产业发展水平，推动康养文化休闲设施建设，以地域特色文化和康养文化为核心，建设示范性康养文化休闲街区、康养主题公园等，丰富图书馆、文化馆、专题类博物馆等文化设施，推进建设阳光康养示范村和社区、社会福利养老机构，规划建设综合体育馆等，为市民和游客提供丰富多元的文化休闲场所和文化发展软环境。

（三）新形势下推进产业融合发展的途径

产业融合是当前实现产业长远健康发展的必然趋势。文化创意产业提供文化产品和文化体验服务，可直接满足社会公众的精神文化需求，还可为各产业提供服务和智力支持，属于中间投入行业，在与康养产业的融合发展中，可通过以下途径相互促进。

1. 进一步提炼攀枝花文化内涵，实现经济价值和文化价值统一。依靠技术创意对阳光康养产业进行优化，发掘特色文化和历史文化资源，强化竞争优势。依据攀枝花市文化资源分布状况和县（区）经济社会发展水平、文化产业发展基础，加强分类分区域规划指导，突出比较优势，以县（区）历史、民俗、旅游、运动、农业等特色文化资源为依托，挖掘文化内涵，扶持打造一批具有攀枝花特色文化的康养产业项目，进一步加强标志性文化基础设施的建设，通过文化整合促进现有康养产品升级换代，实现“二次创业”。

2. 进一步加强要素统筹，通过技术融合、产品融合、业务融合和市场融合，以集群化发展方式整体推进文化创意和阳光康养。“十三五”期间，要抓好新兴文化产业培育，完善文化配套设施建设，发挥集聚规模相应，突出发展优势主导产业。集中力量建设打造一批文化和康养融合发展的重大产业项目，培养一批骨干领军企业，使文化创意和阳光康养成为吸引投资的重要板块和产业发展的新兴增长点。鼓励和支持各县（区）根据自身优势打造各具特色的产业带和集聚区，实现产业规模化、集聚化发展。

3. 进一步推进文化产业供给侧结构性改革，强调质量突出创新。发挥制度政策导向作用，遵循康养市场规律和文化需求特征，努力提高产品的科技含量、文化品位和创意水平，鼓励生产创造适销对路的康养产品和服务内容，不断满足市场康养消费需求。通过文化供给侧结构性改革的要求，增强产品供给的有效性和针对性，根据产业创意化、符号渗透、创意和康养组合的融合，提升阳光康养魅力，营造丰富的内容、多元的主体和动态发展的框架。

4. 围绕“阳光花城·康养胜地”建设，探索重新构建文化。为了更易于对接市场，更好地结合攀枝花优势旅游资源，延伸产业链，可将包含康养、运动在内的休闲文化作为攀枝花文化重新构建的重要方向，其他文化作为观光、购物、娱乐、餐饮等旅游要素构建的重要支撑。积极树立文化品牌，开发富含文化底蕴的深度旅游产品。比如，将文化创意元素与工业制造相结合，积极打造富有地方文化特色的苴却砚（石）工艺品、三线建设主题文化钛制工艺品等，此举既可以提高产品的文化内涵，又可以带动产业经济效益和社会效益提升。

七　攀枝花市文化创意产业和阳光康养融合发展的对策建议

为更好地推动攀枝花市文化创意产业发展，引领融合阳光康养等产业，优化产业结构并促进经济增长，提出以下对策建议。

（一）夯实基础，提升文化供给和服务能力

加快推进攀枝花城市艺术中心、攀枝花图书文创中心、攀枝花传媒中心等重大公共文化设施规划建设，对未达标的县（区）文化馆、图书馆、广播电视台、发射台、监测台、数字影院和乡镇综合文化站、广播站进行新建、改（扩）建，推进数字电视“户户通”、应急广播“村村响”建设，推进乡镇数字电影固定放映点的建设，推动市、县两级公共图书馆、文化馆达到文化部颁三级以上标准，乡镇（街道）综合文化站建设达到《乡镇综合文化站建设标准》的要求，切实提升阳光康养产业发展文化供给和服务能力。

（二）创新举措，深化文化体制改革

贯彻落实中央、省、市关于文化体制改革工作总体部署和要求，完成攀枝花市广电节目广告中心、攀枝花市有线电视信息中心改革任务，深化国有文艺院团改革，积极培育市场主体。探索市级媒体资源整合改革，推进政事企分开，组建攀枝市文化传媒集团（公司），打造文化创意企业品牌。推进公共设施社会化管理改革，公共图书馆、博物馆、文化馆要建立法人治理结

构，组建理事会，进一步调整完善管理体制和机制，提升服务能力，解放和发展生产力。

（三）加强统筹，构建文化创意产业服务体系

一是建立健全推动文化创意和阳光康业产业融合发展的体制机制，充分发挥市文化体制改革和发展领导小组的地位和作用，积极培育各类文化及其相关产业协会、中介服务机构，提高公共服务水平。二是围绕各类文化创意产业园区建设，搭建信息、技术、人才公共服务平台，支持创业孵化、产权交易、企业融资等的市场建设。三是通过设立专项基金、扶持资金等形式，奖励扶持重大文化产业项目、重点骨干企业，引导金融机构开发相关金融服务产品，有力推动文化创意产业有序健康发展。四是规范文化及其相关产业统计口径，建立地方文化企业特别是规模以上文化企业名录库，将其纳入国民经济发展统计范围，做到应统尽统，不断壮大文化产业规模。

（四）科技支撑，注重文化创意人才引进培养

推动科技和文化有机融合、内涵式发展，要更加重视科技、重视人才，从而形成集聚效应。在重视文化事业发展的基础上，既立足本土，建立全市文化艺术人才、文化产业人才、康养产业人才数据库，又放眼全国，加强高素质创意人才和创业项目的引进培养。进一步加大财政投入，充分发挥人才政策的激励保障作用，不断充实攀枝花市文化创意和阳光康养产业融合发展的人才基础、科技支撑，着力培养和造就一批文化康养产业领军人物。

（五）优化结构，提高文化创意产业发展水平

围绕文化创意产业和康养相关产业的深度融合，增强产业渗透性和延长生命周期，积极支持文化创意领域的科技创新研发，促进科研成果转化应用，推动规上企业、高新技术企业发展，提高文化创意产业发展水平。进一步完善文化、交通、网络和通信等公共基础设施，提高全民文化消费意识，优化文化消费环境，营造有利于文化产业发展的社会环境。

（六）打造品牌，切实增强城市吸引力创造力竞争力

品牌就是旗帜、品牌就是竞争力。品牌文化是攀枝花市文化创意产业重要的发展目标。要向北京798创意园区、成都东郊记忆音乐公园、云南《丽水金沙》《七彩云南》《云南印象》等优秀文化产业案例学习，发掘并树立攀枝花文化创意品牌，拓展相关产业链，积极扶持相关文化企业和产业发展。整合市广播电视台、攀枝花日报社、市属国有文化企业等资源力量，探索组建市文化传媒（集团）公司，建立以国有资本为主导的投资主体多元化、投资方式多样化、投资机制市场化的平台，鼓励和扶持个体、私营、外资等经济成分参与兴办文化企业。积极推进三线文化国家级品牌打造，增加攀枝花中国三线建设博物馆的功能，力争创建4A级旅游景区，争创国家级爱国主义教育基地。大力挖掘民族、民间文化资源，着力打造苴却文化、康养文化、颛顼文化、苏铁文化等一批文化品牌。

（七）抓好项目，推进文化创意与阳光康养产业基地建设

重点推出和支持一批基础型、引导型重大项目，加快推动苴却砚文化产业示范园区、攀枝花文创小镇、阿署达花舞人间景区、普达阳光国际康养度假区、“渡口记忆”文化旅游特色街区、米易新山傈僳情韵文化旅游区等一批特色文化项目规划建设，支持集群化发展。通过重大项目和产业基地建设，广泛聚集生产要素，推动企业交流合作，此举既能有效降低企业生产成本，也能推动企业持续创新，从而促进区域经济和产业整体创新能力的全面提升。

八　攀枝花市文化创意产业和阳光康养融合发展重点项目

“十三五”期间，结合攀枝花文化资源现状和产业发展趋势，建议策划包装一批基础性、引导型文化创意和康养融合重大项目，统筹整合各方资源力量，切实强化项目建设落地落实，充分发挥重大项目的支撑和引导性作用。

（一）苴却砚文化产业园区

该项目位于仁和区，项目是苴却砚（石）产品和苴却文化的集中展示区，整体、系统地呈现了苴却砚（石）产品的种类、发展历史、文化底蕴和艺术内容，培育打造集苴却砚艺术创作、展示销售、文化传播、教育培训于一体的体验示范区，切实提升区域文化软实力。

（二）“渡口记忆”文化特色街区

该街位于东区大渡口，南临东区政府、北接渡口大桥、西临攀枝花大道中段、东与攀钢大渡口生活区交界，以大渡口街为中轴，南北长约800米、东西延伸50米至100米，占地面积175.5亩，净用地127.5亩，总投资3亿元。该项目依托原渡口商场、十三栋、邮局、电影院、渡口建设指挥部等渡口建设遗址，挖掘大三线建设丰富的文化内涵，打造集旅游、三线文化、文物展示及工艺品、书画美术作品、创意产品销售于一体的特色旅游文化创意街区，形成攀枝花的一大文化旅游景点和文化名片。

（三）攀枝花文创小镇（花城新区）

项目位于花城新区，以若干可变形态的小剧场表演艺术空间，组合打造出一个以当代身体艺术为主题的城市艺术中心（攀枝花大剧院、攀枝花文化馆等）。通过合作举办攀枝花国际身体艺术节，引进国内外优质舞蹈、戏剧等身体艺术资源，快速吸引全世界的关注。引进外智，组织创作一批以攀枝花康养产业为基础的文学作品、诗歌、歌曲、电视剧等文化作品。着力构建“由山到花再到建筑物”的攀枝花独特建筑模式，主打阳光经济，结合康养理念，逐步完善文创小镇文化业态和产业业态，打造城市文化品牌。

（四）三线建设河门口文创小镇

该小镇以三线建设历史文化元素为核心，利用河门口、席草坪等区域在三线建设中以建材、电力为主的工业生产遗迹，实现对原河门口三线建设历史建筑的保护利用。推动老工业区产业结构转型、生态环境保护、区域经济合作，将三线记忆河门口文创小镇打造成工业遗址文化康养旅游综合体。

（五）傈僳情韵康养文化旅游项目

该项目充分利用米易县新山乡傈僳族独有的民族风情和自然风光优势，结合傈僳族约德节、舞蹈斑鸠吃水、织布技艺等省市级非物质文化遗产名录，打造在川内乃至国内独一无二的傈僳族文化旅游目的地，形成川内旅游重点精品亮点线路

（六）攀枝花康养文化电视频道

在攀枝花电视台、广播电台、网络新媒体等开设攀枝花康养文化频道、微信平台等，宣传养身、养心等康养知识，宣传攀枝花阳光康养产业，培育城市文化创意价值体系。

（七）三线文化休闲旅游特色体验街区

结合老工业基地和旧城改造，深度挖掘三线文化，以攀枝花市的红星街、二街坊、弄弄坪、枣子坪等建市初期的红砖房特色街区为平台，深度挖掘三线建设文化，打造三线文化休闲旅游特色街区。

（八）奥林匹克中心文化创意园区

通过现有奥林匹克中心体育公共服务基础设施建设，发展健身休闲、新媒体影视、数字音乐、设计服务等行业，增添文化创意因素，建设特色文化商业街、艺术画廊、音乐欣赏创作、文化创意园、电子商务、动漫基地等。

（九）攀枝花印务产业园区

新建以印刷、广告、设计、出版、软件开发及动漫设计为主体的文化创意产业聚集区，充分发挥龙头企业的引领带动作用，着力提升产业集中度和集约化程度，建设一批印厂示范项目。主动深化管理体制改革，革新生产技

术装备，鼓励以数字信息技术为核心，推动产业向“绿色化、数字化、智能化、融合化”转变发展，实现产业供给能力的提升，推动印刷包装产业发展走市场化、产业化、规范化、集约化道路，打造“现代出版、绿色印刷”。

（十）攀枝花棋牌主题公园

棋牌运动是老少皆宜参加的运动，全国各式各样棋牌运动种类繁多。攀枝花是移民城市，各类棋牌种类和各式玩法在这里汇聚，以此建设棋牌主题公园，展示棋牌运动历史，开展群众文化活动，组织各类棋牌赛事。

（十一）攀枝花芒果音乐主题公园

依托攀枝花芒果特色产业优势和知名度，嫁接音乐文化艺术，增添民俗文化、休闲文化元素，强化建筑设计和统筹规划，增添康养、旅游、休闲娱乐服务设施，带动康养服务业发展。

（十二）攀枝花文化创意孵化园区

依托攀枝花学院等高校资源，建设攀枝花文化创意孵化园区，搭建文化创业产业综合信息服务平台，孵化相关产业项目。同时面向公众设立文化创意产品展示展览区、创意体验中心和创意交流中心，开展文化创意培训等。

（十三）渡口三线建设秘境一日游

攀枝花市的前身是渡口市。取名渡口就是为了当时的保密需要，以此为文化背景，开发攀枝花开发建设纪念馆、大田会议旧址、攀钢弄弄坪厂区、503 地下电厂、米易湾丘五七干校等旅游景点，打造一日游旅游项目，展示攀枝花前期建设历史、背景以及老一辈无产阶级革命家对攀枝花开发建设所做的重大贡献。

B.17
雅安：生态文化旅游一体化

刘映艳　唐茂文*

摘　要： 按照国家生态文化旅游融合发展试验区总体布局，雅安坚持以文化为灵魂、以科技为手段、以金融为杠杆、以旅游等相关产业为载体的融合发展理念，重点打造以熊猫文化、茶马古道（茶）文化、红色文化为内涵的文化产业项目和特色文化产品，积极推进中国·雅安熊猫（发现地）文化产业核心区建设和“雅安茶马古道文化旅游经济带”“雅安红色文化旅游经济带”两条文化旅游经济带的建设。

关键词： 雅安　文化产业　生态文旅融合

雅安市辖六县两区，面积1.53万平方公里，总人口157万，处于青藏高原向成都平原的过渡地带，是长江上游重要的生态屏障和水源涵养地，距成都市区120公里，是古代南方丝绸之路的重要门户和必经之地，也是茶马古道川藏线的起点和重要节点，素有“川西咽喉”“西藏门户”“民族走廊”之称。全市有4个少数民族待遇县，18个民族乡，有汉、藏、彝等39个民族，是国家藏羌彝文化产业走廊的辐射区，也是国家生态文化旅游融合发展试验区。

雅安是四川省历史文化名城，早在旧石器时代晚期就有人类活动，先秦

---

* 刘映艳，雅安市文体广电新闻出版局产业科科长，研究方向为生态文旅融合产业；唐茂文，雅安市荥经县文化新闻出版和广播影视局工作人员，研究方向为文化创意产业。

时代就已纳入中央政府管辖。雅安是世界上第一只大熊猫的科学发现地、命名地，也是最早向西藏输送的茶叶的原产地。据文献记载，公元前53年巴人吴理真在蒙顶山种植茶树，雅安成为有史料记载世界上人工种茶最早的地区。优越的自然资源、优良的生态环境、深厚的文化底蕴为发展文化旅游产业提供了得天独厚的条件。

一　基本状况

雅安文化资源丰富，但长期以来由于交通落后、经济欠发达，文化产业基本处于散而小、自然生长的局面。近几年来市委、市政府高度重视文化旅游产业发展，充分抓住4·20芦山地震灾后恢复重建的机遇，推进了文化产业的起步。文化产业呈现出快速发展的良好势头，主要表现在以下三个方面。

（一）文化产业规模逐步壮大

据《2017年四川文化及相关产业统计概览》，雅安市2016年文化产业增加值为10.38亿元，增长8.1%。截至2016年底，雅安有规模以上文化产业企业法人单位19家，从业人员1759人，同比增长25.7%；资产总计13.7亿元，同比增长40.4%；实现营业收入10亿元，同比增长18.7%；实现营业利润8527万元，同比增长16.6%。

（二）传统文化产业稳步发展

2017年全市有网吧390家、娱乐场所193家，工艺品工厂70余家、砂器生产商家30余家，数字影院9家，印刷企业32家，国家级文物保护单位10处，省级文物保护单位44处，市县级文物保护单位136处，野外珍贵文物2479个，馆藏文物3万余件，馆藏珍贵文物1627件，国家级非遗项目3项、省级非遗项目19项、市级非遗项目30项、县（区）级非遗项目83项，国家级项目代表性传承人1人、省级项目代表性传承人21人、市级代表性传承人38个、县（区）级代表性传承人173人。

（三）特色文化产业创新发展

近几年来，雅安文化产业处于优化调整、升级改造、创新发展的阶段，出现文化产业与旅游、农业、电子商务等相关产业融合发展的新型文化业态。如，利用非物质文化遗产合理开发、理性创意、综合拓展，形成雅安藏茶、芦山乌木、荥经砂器等新型文化业态。目前，我市南路边茶文化、乌木根雕文化、荥经黑砂工艺与酒店文化、餐饮文化、家装设计等领域的相互融合已初见成效。中国首家茶文化主题酒店西康大酒店用南路边茶砖厂建成“茶语屋”，研发了以藏茶文化创意产品茶枕为代表的“茶之韵”“西康物语”系列产品，推出了“红茶猪手”“绿茶水晶鸭舌”“南路边茶酥”“茶健康滋补调理膳食”等系列菜品佳肴，还有特色“茶韵全席”。雅安金步文化发展有限公司也推出了系列传统非遗手工技艺软包皮拖鞋；荥经县庄王砂器有限公司开发了黑砂茶具系列、陶瓷艺术品；芦山县根雕产业发展有限责任公司选用芦山当地出产的阴沉金丝楠木，采用传统工艺与现代技术结合的设计理念，推出款式多样的实用性和观赏性乌木根雕作品。

（四）生态文旅融合产业初具形态

经过4·20芦山地震灾后恢复重建，雅安市文体旅游产业基础设施建设不断完善、产业规模初具形态，对经济发展起到了一定促进作用。

一是非遗文化及其创意产品在旅游发展中正成为亮点。目前，我市的荥经砂器、藏茶、芦山木雕等非遗文化产品（创意）已在龙苍沟、蒙顶山、藏茶村、上里古镇等重点景区开拓市场，逐渐融入旅游产业发展链条。

二是体育竞赛、文化表演市场逐渐成长。近年来，雅安市积极探索市场化运作模式，初步形成体育竞赛表演市场运行机制，多次成功承办国际国内高水平体育赛事，形成了业余联赛、商业比赛、单项竞赛和综合性运动会组成的体育竞赛表演市场。2016年4月至2017年7月，我市举办了大型益智魔幻儿童舞台剧《蓝世界》、国盛2017熊猫音乐节、2016国盛二期荷花时代群星演唱会、十里原湾群星演唱会、国盛·雅安国际商贸城一期建材五金交易中心盛大开业、正黄·金域名座“亮相活动”等7场较大规模的营业性演出活动。雅安文化艺术中心也不断尝试引进新剧目，如，《家》《熊猫PANDA归来》等，在满足市民观赏高水平体育竞赛、文艺演出需求的同时，提升了城市的知名度，取得了一定的经济效益和社会效益。

三是体育旅游市场和体育用品销售业起步发展。随着全民健身活动深入开展和人民生活质量不断提高，“花钱买健康”的体育消费理念正在逐步形成。体育休闲旅游、体育传媒、体育健身器材、体育品牌服装等服务企业起步发展，经营范围逐步拓宽，从业人员逐年增多。体育旅游市场和体育用品销售业的兴起，为雅安体育旅游产业发展注入了新的活力。

四是体育旅游服务体系正在形成。结合雅安自然资源优势和体育旅游产业发展基础，设计规划雅安具有竞争优势的体育旅游项目。主要在积极发展山地户外健身休闲旅游、重点发展水上健身休闲运动项目、开发汽摩自驾和自行车运动精品线路、规划建设冰雪运动基地和实施武术健身养生工程等方面下功夫。不断引进群众基础好、影响力大、商业价值高的国际、国内大型体育赛事入驻雅安，发展赛事旅游。初步积累了龙苍沟森林马拉松赛、环汉源湖自行车赛、青衣江龙舟赛、万亩生态观光茶园自行车赛等自主品牌赛事的办赛经验；着力培育体育旅游产业市场主体，扶持体育旅游企业加速发展，壮大各类体育社会组织，为体育旅游产业领域起步发展创造条件。

二　发展优势

雅安有着丰厚的文化旅游资源，汉文化、茶马文化、红色文化、民俗文化底蕴丰厚，为文化产业的发展带来独特的区位优势和资源优势。但由于雅安市文化产业刚刚起步，较其他地方相对滞后，还存在诸多问题。

（一）政策机遇

十九大报告中关于“推动文化事业和文化产业发展”表述、《四川省人民政府办公厅印发关于进一步扩大旅游文化体育健康养老教育培训等领域消费实施方案的通知》（川办发〔2017〕61号）以及《四川省人民政府办公厅关于加快发展休闲健身产业的实施意见》（川办发〔2017〕72号）等相关文件为文旅产业融合发展提供政策指引。同时，深入贯彻国家关于“稳促调惠”和“放管服”的决策部署，积极响应文化部关于推动上网服务营业场所和文化娱乐行业转型升级工作，扩大文化消费，深度引导推进网咖和娱乐场所转型升级，推动行业健康有序发展。

（二）市场导向机遇

国民文体消费需求增长，创新发展文体消费，稳住文体广新领域传统消费、积极扩大文体广新领域新兴消费、挖掘文体广新领域潜在消费，丰富服务种类、增加服务供给、提升服务品质，不断扩大新兴消费，激发潜在消费需求，充分发挥文体消费对经济增长的基础性作用，促进服务业发展和经济转型升级，培育经济发展新动能。

（三）发展机遇难得

从2008年到2014年，雅安走过5·12汶川特大地震抗震救灾和恢复重建艰辛历程，又直面4·20芦山强烈地震、特大暴雨山洪泥石流的严峻考验。当前雅安市正处在4·20芦山地震灾后恢复重建的关键历史时期，灾后重建既是雅安市面临的艰巨历史任务，也是雅安市经济社会发展的重大历史机遇。2013年7月国务院批复的《芦山地震灾后恢复重建总体规划》中明确提出在芦山地震灾后恢复重建中，建设国家生态文化旅游融合发展试验区，促进生态文化旅游融合发展。雅安市委、市政府紧紧抓住并用好灾后重建机遇，以文化为魂、为引领，抓特色生态文化、抓项目规划建设，抓政策保障，抓品牌宣传，整合发掘历史和民族民俗文化资源，创新特色文化品牌，拓展生态文化旅游发展的产业链，推动文化转型升级。

（四）资源天赋异禀

雅安是汉藏、汉彝文化融合地，是茶马古道川藏线的起点和南方丝绸之路上少数民族的物资集散地，拥有着深厚的历史底蕴和文化资源，是中国西南民族经济文化交流的走廊。雅安是大熊猫的故乡，已建成全国最大的碧峰峡大熊猫科研繁育基地。雅安是世界茶文化发源地，有古今史料最早的人工种茶记录和产量最大的藏茶生产基地。雅安市拥有高颐阙、樊敏阙、何君阁道碑等汉代遗存精华、以“雅雨、雅鱼、雅女”为代表的“三雅”民俗文化、宝兴硗碛多声部民歌、荥经砂器烧制技艺和南路边茶制作技艺。红军长征在雅安境内创造了夜袭安顺场、强渡大渡河、翻越夹金山、激战百丈关等历史壮举。具有地域特征的大熊猫文化、茶文化、女娲（三雅）民俗文化和历史底蕴的富林文化、汉文化、民族文化、长征文化在雅安交相辉映，多彩的民族风情与浓郁的现代气息相映成趣。生态文化优势是雅安最突出的优势，如何围绕这一优势大力发展生态文化旅游产业，把特色产业做大做强，如何将这些难得的固有资源转化为发展资源，将资源优势转化为发展优势，是雅安市文化产业长期而艰巨的任务。

（五）发展空间较大

2013 年，四川省内成都、绵阳、乐山等市文化产业增加值占 GDP 的比重约为 5%，与他们相比，雅安市文化产业发展差距还比较大。据四川省统计局对雅安市文化产业主要统计指标数据审核评估领导小组审定后公布数据显示，截至 2013 年 12 月底，雅安市文化产业法人单位数 492 个，从业人员 0.55 万，法人单位增加值 12.28 亿元，占 GDP 比重为 2.94%，比 2010 年增加了 1.65 个百分点。差距意味着潜力。当前，雅安市正在依托雅安丰富的文化资源和广阔的市场空间，转变文化发展方式，着力打造一批具有鲜明雅安特色的重点文化产品，建成一批具有强大集聚效应的重点文化产业项目，培育一批具有明显比较优势的骨干文化企业，并积极推进文化产业与其他产业融合发展，吸引民间资本进入文化产业领域，从发展潜力上看是无穷的，上升空间还比较大。

三　存在问题

（一）文化资源丰富但挖掘整合不够

雅安熊猫文化、茶文化、红色文化、藏羌彝文化、历史名城名镇、传统村落等民族民俗文化丰富多彩，但在挖掘文化资源内涵上，文化服务、文化创意产品的开发设计上深度不够，本体资源开发各自为政，能力不强，资源综合利用不足，缺乏有效整合。特别是在文化旅游资源融合过程中存在短板，文化资源周边的道路交通、河道整治、旅游基础设及配套设施尚未完善，在沿途也缺少相应的旅游标识，未能给旅游者提供便利的服务和舒适的环境。文化资源成为孤点，文化元素难以融入旅游，没有形成一条完整的文化旅游产业链，没有起到共融互促的效应，严重阻碍了生态文化旅游深度融合的发展。

（二）重大文化产业项目区域运营模式行政化

雅安产业链存在行政化趋势，在“一手抓公益性文化事业，一手抓文化产业发展”的同时，常常把产业项目事业化。政府在产业发展中占主导地位，弱化了民营企业在产业链中所占比重，不利于产业的运营管理，给项目实施造成困难。目前，从雅安在建的 10 个产业灾后重建项目来看，只有中国乌木根雕艺术城和东拉山房车营地项目是市场化运作的，民营企业占主要地位，其他 8 个项目都存在行政化现象，民营企业所占比重低。

（三）产业种类较多但缺乏高端特色文化产业

雅安市文化产业经营主要集中在地方特色资源传统开发行业以及网吧经

营、歌舞娱乐、游艺娱乐、电影放映、印刷、复印打印、图书报刊、艺术品等传统领域，缺乏动漫生产、游戏开发、创意策划等高端特色文化产业。艺术品开发、设计水平不高，手工工艺较粗糙，缺乏科技含量和艺术价值。

（四）文化产业缺乏龙头企业带动

目前，雅安市没有国家或省级文化产业示范基地，存量文化企业规模不大、实力不强，基本处在“自我发展”初级阶段，市场竞争力和抗御风险能力不高，未能形成具有规模效应的龙头企业，不能有效起到辐射带动作用，带领同行业、同领域产业蓬勃发展。

（五）文化人才匮乏

雅安文化产业发展才刚起步，急需引进文化产业发展的复合型人才，文化创意、文化经营管理等方面优秀人才。近年来，省、市政府部门不断加大相关人才的培训力度，支持举办各类研修班、培训班，不断提升文化产业人才素养。如，2015 年 5 月，国家人力资源和社会保障部在雅安举办了一期 4・20芦山地震灾区生态文化旅游融合发展高级研修班；2015 年 6 月，四川省文化厅组织开展“藏羌彝文化产业走廊（四川区域）专题工作培训班”；2017 年 10 月，雅安市委宣传部组织开展了宣传文化干部文化发展与繁荣培训，但短期培训仍不能解决当前人才需求问题。

（六）文旅融合产业项目运营管理体制亟待创新

目前已建成的公共文体设施、文化产业项目的运营管理主要依靠行政管理模式，社会化、市场化程度还不够，文体企业、文化体育类社会组织等非政府组织参与运行管理的程度不高，未能形成政府、社会力量、企业和个人等多方参与，多元联动的运行管理新模式。现有运行管理机制相对落后，未形成针对不同类型的公共文体设施，形成不同的管理和运行机制，缺乏应有的生机与活力，影响和制约文旅融合中文体基础设施作用的发挥。

（七）文化体育旅游业消费未形成共识

雅安文化体育旅游业总体尚处于起步阶段，其根本原因是消费观念和消费水平限制了文体旅游业的发展，文化体育旅游消费市场培育任重道远。

（八）现有制度约束文化产业发展

产业扶持政策的缺失和现行国家对行政事业单位的规定不利于民众积极性的调动，严重制约我市文化产业的发展。一是如何解决事业单位公益文化（体育）场馆闲置资产，引进经营性产业，实现事业与产业互动成为我市文化产业发展的一个关键环节。二是我市茶产品、砂器产品、木雕产品、石雕产品仅仅局限于工业产品，能纳入文化产业范畴的不多，亟待扭转一般企业“重制作技艺，轻产业业态”的现状。三是转变观念，“放水养鱼”，引导更多的社会资本进入文体产业领域。四是文化精品活动、精品体育赛事、精品文艺演出以及体育休闲项目打造不足。五是缺乏文化旅游经营高端管理人才、创意人才，加之地方配套建设人才队伍的组织保障不足，人才引进政策缺乏吸引力，难以留住专业人才。

四　工作措施及成效

（一）以政府为主导，积极推进文化产业改革创新

为进一步推动文化产业发展，近年来雅安市立足实际，突出政府主导地位，从几个方面进行了改革创新。

1. 充实完善文化体制改革和文化产业发展领导小组。建立健全市、县（区）两级文化产业发展领导小组（领导小组办公室设在宣传部），确定专人负责文化产业日常工作。从 2016 年开始，将文化产业发展纳入了对县（区）政府的年度考核。

2. 积极培育国有文化企业。2011 年 11 月 1 日，由雅安电视台、四川印

象电广传媒有限公司、雅安市演出公司、雅安金熊猫院线放映有限公司以及雅安市博物馆五个法人股东发起，成立了雅安文化产业投资开发有限公司。2013 年 1 月 9 日，在市委、市政府积极组织筹建下，雅安文化旅游发展有限责任公司挂牌成立。2014 年 12 月，雅安文化产业投资开发有限公司收归雅安文化旅游发展有限责任公司管理。通过大力推进文化产业的战略重组，提升管理水平和经营业绩，通过资产重组整合文化企业资源，做强文化企业。

3. 积极支持民营文化企业和中小文化企业发展。进一步转变政府职能，提高对民营文化企业的服务水平。支持组建了四川省民营文化产业协会雅安分会。截至 2017 年，雅安市有各类文化（体育）行业团体 20 余家。

4. 大力培育骨干文化企业。从雅安市文化企业实际状况来看，中小民营文化企业仍是雅安市文化产业发展的主力军。为了发展新兴文化业态，延伸产业链，雅安市积极鼓励各类文化企业走文化创意和科技创新之路，在资源配置、政策配套、对外营销等方面给予支持。目前，一批立足特色文化资源、在传承中创新发展的文化企业正在逐步壮大。

5. 加强项目挖掘，加大对外营销和招商力度。精心筛选文化产业项目，强化策划包装，大力开展网上推介、新媒体推介、会展推介以及组团招商等多种形式的招商活动。通过中国（深圳）国际文化产业博览交易会、成都文化创意周等各种展会，开展文化产业招商引资。

（二）以灾后重建为契机，引领助推文化产业发展

雅安市结合雅安实际，在充分调研论证的基础上，制定《雅安市国家生态文化旅游融合发展试验区建设实施方案》，提出了试验区建设的总体要求、重点任务和保障措施等。文化部门以抓大项目、重点项目为切入点，重点推进 10 个灾后文化产业重建项目。这些项目均为国家生态文化旅游融合发展试验区的重点项目，规划总投资 65910 万元，分别是：中国 · 雅安熊猫（发现地）文化产业区、雅安廊桥、中国乌木根雕艺术城、宝兴县石雕文化产业基地、夹金山红色文化体验区、天全石头寨、名山茶马古城、雅安藏茶村、荥经砂器（中国黑砂）文化产业博览苑、东拉山房车营地。

（三）以“一核两带”为统揽，主打区域资源品牌

紧紧围绕文化优势资源布局文化产业，按照国家生态文化旅游融合发展试验区总体布局，重点发展和打造以熊猫文化、茶马古道（茶）文化、红色文化为内涵的文化产业项目和特色文化产品。积极推进中国 · 雅安熊猫（发现地）文化产业核心区建设和“雅安茶马古道文化旅游经济带”“雅安红色文化旅游经济带”两条文化旅游经济带的建设。

（四）以公共文化为载体，促进文旅融合发展

一是抓好公共文化服务与生态旅游服务的融合，推动文化基础设施建设。引导县（区）将重大公共文化基础设施向景区边缘、向人口聚集区布局，促进产事互动，提升人气，发挥更好功能。已恢复重建图书馆 7 个，文化馆 7 个，美术馆 1 个，博物馆（纪念馆、文物库房）13 个，乡镇综合文化站 93 个，新建雅安市文化艺术中心。二是抓好文化遗产保护利用与旅游经济发展的融合。以灾后重建为契机，在全市范围内全面开展以景区景点、历史名城名镇、传统村落为重点区域的文化遗产抢救保护工作，保护修缮中立足保护，合理利用，为文化旅游业发展提供了更多的特色和亮点。

（五）加大扶持力度，为文体旅游产业发展营造良好环境

1. 落实文化体育旅游产业发展相关政策。一是积极争取文化产业政策扶持。参照省上文件精神，研究制定雅安市文化产业扶持政策，制定出台促进雅安市文化产业成为国民经济支柱性产业的政策措施，并积极推动政策落地落实，包括产业组织政策、投融资政策、财政税收政策、分配激励政策、用地政策。二是制定鼓励非公有制经济和股份制企业创办体育旅游产业的政策。三是明确体育开放领域的市场准入标准，准入程序及管理监督办法，降低体育旅游产业准入的门槛。四是各级政府重视体育旅游项目建设，在项目策划、包装储备和招商引资等方面要优先安排，加快培育完善一批投入大、效益好的体育基建项目。五是国家有

关政策明确规定，城市居住小区在建设时，应将体育设施纳入配套设施建设。雅安市规划、城建部门严格把关，将体育设施纳入配套设施建设指标，同步建设、同步投用。

2. 加强文化体育产业人才培养，夯实产业经营管理队伍建设。将文化体育产业经营人才培训活动纳入年度培训计划，不定期组织文化体育产业经营培训活动，加强业务培训，增强发展能力，选聘一批德才兼备的懂经济、会管理的人才充实文化体育产业队伍。

3. 宣传引导全民健康意识，推动体育健身大众化。全市体育健身消费氛围的形成需要各有关部门共同造势和带动，新闻媒体可在统一谋划的基础上做好系列主题宣传等，大力宣传推广适合各类人群的体育活动，丰富群众的体育文化生活，以体育活动的普及带动体育产品需求的增加。

五　意见建议

（一）明确发展思路

结合当前建设“国家生态文化旅游融合发展试验区”和“藏羌彝文化产业走廊”的要求，坚持以文化为灵魂、以科技为手段、以金融为杠杆、以旅游等相关产业为载体的融合发展理念，依托雅安自然、文化、旅游生态资源优势，找准文化服务和文化消费的增长点，通过打造1～2个精品文化品牌，创新文化供给激活和释放文化创造潜力，促进文化服务和生产的新技术、新产品、新业态、新商业模式不断涌现，实现以文化带动旅游经济的发展，使老百姓在旅游中学习体验文化、欣赏文化，达到文化乐民、文化富民、奔康致富的目标。

（二）推进生态文旅融合发展

1. 设立雅安市文化产业发展扶持资金，实行预算管理和总量控制，细化财政（金融）支持文化旅游产业项目发展的各类实施意见，扶持建立一批文化产业园区、文化创意园区和一批有实力、有竞争力的骨干文化企业，积极发展灵活多样的小微文化企业。

2. 出台指导性的雅安文化产业发展相关政策。制定印发《关于进一步鼓励和引导民间资本投资文化产业发展的若干政策》，充分发挥民间资本在盘活文化资源、创新文化发展等方面的重要作用。特别要完善城市规划布局与土地政策，合理规划城乡文化产业、体育设施用地。

3. 制定创新产业经营人才引进机制。鼓励企业给人才发高薪，建议按引进人才的个人所得税返还奖励给企业，从传统的“奖人才”变为“奖企业”，构建更加开放、更加灵活的人才引进机制，吸引体制外的高层次人才进入文化产业队伍。

4. 出台产业人才队伍建设的重大举措，加强文化产业人才队伍和行业指导能力建设，加强发改委、城建、文化、旅游管理人员综合轮训，提高产业管理人员日常业务素养和基本文化产业常识。

5. 探索放宽国有事业单位从事经营性活动的有关管理办法。鼓励利用公共文化体育场馆设施开展场地经营服务、文化教育培训、文化娱乐休闲、文化艺术品生产经销、图书报刊音像制品经销、广告印务服务，因地制宜发展配套餐饮和商业服务，进一步拓展文旅融合发展空间。

（三）寻找生态文旅融合发展突破点

1. 创新思路，合理利用，让物质和非物质文化遗产成为旅游的文化元素、符号、品牌。一是延伸博物馆、文化馆、图书馆、体育馆等公共文体设施的“触觉”，组织开展雅安本土特色文化 LOGO 设计赛、文化遗产创意设计赛，指导博物馆衍生品的研发，推动物质和非物质文化遗产资源在与产业和市场的结合中实现传承和可持续发展。开发具有雅安地域特色和民俗民族风味的文化创意产品、旅游演艺精品和旅游商品。二是让非遗项目进景区，鼓励和支持非遗传承人在景区建立工作室进行展示、展演，为旅游增加文化内涵。三是将非遗场所（传习所、传统作坊、展示厅）纳入旅游线路，成为旅游的景点，同时增加非遗活态展示和体验项目，让游客留下。四是非遗旅游产品的开发，可以通过文创大赛、与高校结合，进行创新，开发出新颖别致非遗旅游产品让游客带走。五是保护传统手工制作技艺，相比机械化生产线，传统手工制作生产线产量较低，但是手工制作具有创造性，能够出精品，可以走高端定制之路。六是加强雅安元素本土文艺作品创作，既是对雅安很好的宣传展示，也是以文艺方式向外推介雅安、提升雅安对外旅游影响力的良好途径。

2. 深度挖掘雅安特色文化，精心打造精品文化品牌，提升雅安旅游形象。一是精心打造“四川雅安熊猫灯会”和“四川雅安熊猫音乐周”品牌。二是在雅安主要5A级旅游景区打造精品文艺演出，拉动旅游经济发展。三是打造一批优秀的体育俱乐部、示范场馆和品牌赛事，打造一批具有地方特色、民间特色、民族特色的节庆活动和群众活动，促进产业和事业，文化和旅游的互促互动、相互融合，实现公共文化资源效益最大化。四是以文化为内涵、符号、表达，依托文化遗产保护，打造以安顺场红军强渡大渡河遗址及纪念馆等一批文博单位为依托的文物旅游品牌；打造石棉环山鸡节、硗碛上九节等一批民族传统节日庆典成为地方旅游产业特色名片和民族民俗文化品牌，带动石棉蟹螺乡、宝兴硗碛乡等旅游景区上档升级，拓展生态文化旅游产业链。五是在全市范围内全面开展以景区景点、历史名城名镇、传统村落为重点区域的文化遗产抢救保护工作，保护修缮中立足保护，合理利用，为文化旅游业发展提供了更多的特色和亮点。六是支持和引导有条件的旅游景区拓展体育旅游项目，鼓励旅行社结合雅安文化产业资源、健身休闲项目和体育赛事活动设计开发旅游产品和路线，形成雅安可持续开展的特色文化体育体验旅游项目。

3. 扩大文体广新领域消费。一是整合图书馆、博物馆、文化馆、体育馆、科技馆、体育中心以及青少年活动中心等场馆资源，办好“第二课堂”，带动相关文化衍生产品和服务的体验与消费。在市内重要旅游景点景区创办文创及动漫体验之旅，打造一批创意生活体验点。二是推动城市文体旅游消费试点，培育消费市场。探索建立全市“文体旅游消费一卡通”，给予价格优惠，以此推动文艺演出、电影、网吧、歌舞娱乐、体育赛事、旅游景区、酒店、餐饮等文体旅游的消费。三是举办特色文化主题活动、文艺展演出，丰富体育赛事、活动。以竞赛表演为重点，加强与国际、国内专业机构的交流合作，积极引进高水平文艺展演、体育赛事、活动、培训来雅举办，在满足市民观赏高水平文艺演出、体育竞赛需求的同时，吸引外地游客来雅旅游，提升城市的知名度。四是培育新的消费增长点。培育体育健身休闲理念，刺激体育用品消费，逐步形成“花钱买健康”的体育消费理念。

六　下一步工作措施

（一）继续争取落实市级文化产业发展专项引导资金

配套出台《雅安市市级文化产业发展引导资金使用管理办法》，明确每年文化产业发展专项资金具体扶持范围和管理使用办法，推进符合全市文化产业发展要求、相关政策的文化产业重点项目和基础设施建设，积极培育骨干文化企业和文化品牌。

（二）研究制定鼓励和引导民间资本投资文化产业发展的相关政策

从税收、金融、土地、人才等方面给予文化企业发展若干优惠政策。对《雅安市加快发展以生态文明为显著特征的文化产业若干政策措施》（雅府发〔2012〕48号）予以修订完善。

（三）制定措施强化文化产业统计监测，切实落实并及时形成文化产业年度报告，为及时准确反映全市文化产业发展状况，制定完善文化产业发展规划、实现产业结构调整提供重要依据

报告应包括每年及时统计完成全市文化及相关产业规上和规下企业的数量、文化产业占全市GDP比重等主要指标。

（四）推动文化产业转型升级

改造提升雅安藏茶、芦山乌木、荥经砂器、宝兴石雕、文化娱乐、体育

等传统文化产业，加快发展文化创意设计等新型文化业态，推进文化产业与旅游、农业、电子商务等相关产业融合发展，促进产业结构优化升级，推动商业模式创新，打造一批国际性、区域性品牌体育赛事，实现社会效益与经济效益融合统一。

（五）发挥重点产业引领作用

落实推进供给侧结构性改革，深化国有文化企业改革，培育壮大国有文化旅游发展公司，持续增强国有文旅公司龙头示范作用，促进全市文化产业结构优化重组，支持鼓励民营文化企业、各种形式的小微文化企业发展，扶持文化产业领域创新创业，培育雅茶、木雕、砂器、石雕等具有雅安地方特色优势文化产业的成长。

（六）加快特色文化产业发展

实施区域差异化文化产业发展战略，合理规划、引导实施一批具有地方特色、民族特色的文化产业项目，推出一批如“南门坎”“高颐阙”“九襄阳光康养”“熊猫古城”等优势突出的特色文化品牌项目，推动文化产业政策先行先试，为全市文化产业发展探索路径，做出示范。

（七）努力扩大文体消费

强化全民文化艺术体育教育宣传，提高市民人文素养，提升文体消费水平，探索扩大文化消费的新途径，探索建立扩大文体消费的惠民补贴制度。通过培育文体消费需求，调整文体产品的供需结构，促进由投资驱动转为消费驱动，增强文化产业发展的内生动力。

（八）搭建服务通道

依托四川省藏羌彝文化产业走廊平台线上宣传推广雅安特色优势文化产品，依托区域内各级文化产业示范园区基地，建设中小文化企业创业孵化基地，指导区域内文化企业参与“一带一路”建设推广平台体系。

附　　录

Appendix

B.18
2017年四川文化产业大事记

闫现磊　邱明丰*

1月1日　内江市出台《关于支持地方戏曲传承发展的实施意见》，对该市地方传统戏曲的保护、传承、推广、振兴提出了明确要求。

1月6日　由国务院侨办主办、省外事侨务办承办的2017年“文化中国·四海同春”访演活动全球首演在日本名古屋开场。

1月9日　由文化部主办，山东省文化厅、广东省文化厅、四川省文化厅、陕西省文化厅共同协办的第15届香港国际授权展中国内地馆于当日在香港会展中心3层大会堂盛大开展。本次展会，成都博物馆、成都金沙遗址博物馆、成都杜甫草堂博物馆、成都华珍藏羌文化博物馆和成都懒拖拖动漫

* 闫现磊，文艺学在读博士，四川文化产业职业学院、文化产业发展研究中心助理研究员，研究方向为文艺学、文化产业；邱明丰，文学博士，四川文化产业职学院副研究员，四川省社会科学重点研究基地——文化产业发展研究中心特约研究员，研究方向为文化研究。

设计有限公司、四川弘耀文化传播有限公司、成都牧造文化传播有限公司、成都三庆汇文化传播有限公司等19家四川省知名文博、文创、动漫领域品牌机构受邀参加、观摩此次国际授权展。

1月9日 成都文交所艺术品交易中心线上交易平台启动仪式在博瑞·创意成都举行。该平台交易模式采取原作托管承保、限量发行衍生品实物挂牌的方式，通过线上交易系统公开发售。此平台将互联网与艺术品、金融相融合，搭建起艺术品发行人与投资者之间的合作通道，将大大降低艺术品交易门槛，方便艺术品走进“寻常百姓家”。

1月10日 由中国人民对外友好协会主办，四川省政府新闻办公室、省人民对外友好协会、自贡市人民政府承办的全国友协2017年新春招待会暨自贡灯会全球推介活动在京举行。自贡发布环球灯会行动计划，其中，G20论坛期间，自贡彩灯将点亮德国汉堡。

1月11日 全省宣传部长会议在成都召开。会议深入学习贯彻习近平总书记系列重要讲话精神，传达贯彻全国宣传部长会议精神和省委书记王东明关于宣传思想文化工作的指示要求，总结2016年工作，分析当前形势，研究部署2017年工作。

1月16日 四川省政府办公厅印发《四川省“十三五”文化发展规划》（以下简称《规划》）。《规划》明确，“十三五”期间，四川省文化发展主要指标要进入全国第一方阵，如期实现文化小康目标，基本建成文化强省。依照《规划》，为配合五大经济区建设，四川省将在成都平原经济区打造“互联网+公共文化创意示范区”，在川南经济区打造“公共文化+产业整合示范区”，在川东北经济区打造“公共文化+资源开发融合发展示范区”，在攀西经济区打造“公共文化+工业化融合发展示范区”，在川西北生态经济区打造“公共文化+生态旅游融合发展示范区”。此外，到2020年，文化产业将成为四川支柱性产业之一，1~2家企业进入全国“文化企业30强”，资产过百亿元文化企业达5家以上，文化产业增加值占全省GDP比重5%以上。到2020年，对外文化贸易额超过10亿美元，初步建成西部内陆开放型文化高地。四川还将重点推进新型文化业态打造，形成涵盖创意设计、动漫游戏、出版、影视、音乐等现代门类的产业体系，同时构建以文化旅游、演艺娱乐、动漫游戏、创意设计为核心的高端产业集群。

1月20日 中国博物馆协会官网发布消息，自贡盐业历史博物馆顺利通过第三批国家一级博物馆定级评估，自贡盐业历史博物馆成功晋级国家一级博物馆，是四川唯一入选的博物馆。

1月21日 由四川省文化厅指导，四川省文化产业商会和四川省民营文化企业协会主办的第七届四川文化消费节在四川南丝绸之路起点锦门文化产业园启幕。

1月22日 由自贡市人民政府、四川省文化厅主办，华侨城全程协办总冠名的第二十三届自贡国际恐龙灯会在四川自贡开幕，本届灯会以“多彩新丝路、最炫中国风”为主题，设置“多彩新丝路”“最炫中国风”“大美巴蜀情”“时尚光影湖”“南北彩灯汇”“吉祥中国年”六大板块，共展出130余组大、中型彩灯。

2月19日 从文化部网站获悉，2016年度戏曲剧本孵化计划日前公布评审结果，共评出大戏、小戏项目各30部。四川省共有4个项目入选，分别为成都市锦江区梅花川剧演艺中心的《秀兰改嫁》和《端阳雨》、壤塘县藏戏传习所的《智美更登》、四川庞氏文化传播有限公司的《老子儿子孙娃子》。

2月23日 全省推进媒体深度融合工作座谈会在成都召开，会议要求认真落实中宣部推进媒体深度融合工作座谈会精神和省委要求部署，推动媒体融合各项任务落地见效，奋力开创新闻舆论工作新局面。会上，成都市委宣传部、四川日报报业集团、四川广播电视台、成都市广播电视台、封面传媒和省社科院专家学者围绕推进媒体深度融合进行了交流研讨。

2月28日 由国务院台办交流局指导，四川省台办和绵阳市人民政府主办，四川省文化厅支持，绵阳市台办和梓潼县人民政府承办的第三届海峡两岸文昌文化交流活动在文昌帝乡梓潼举行。

3月3日 “百部看四川——微视工程”最新一批作品上线，《恐龙博物馆奇妙夜》《我为杜甫修草堂》《好“呲皮”的四川竹琴》《乡愁里的牛灯舞》4 部作品生动有趣地为观众呈现出不一样的四川文化。

3 月 6 日　文化部、教育部“中国非物质文化遗产传承人群研修研习培训计划”四川大学第三期、第四期普及培训班，在四川大学艺术学院正式开班。培训班培训内容为荥经砂器、会理绿陶、安岳石刻、百花石刻、攀枝花苴却砚等中国非物质文化遗产传统技艺门类。

3 月 9 日　文化部办公厅公布了 2017 年度参与中国非物质文化遗产传承人群研修研习培训计划的 78 所高校名单。四川大学、西南民族大学、成都纺织高等专科学校入选。

3 月 16 日　省文化厅、发展改革委、财政厅、文物局联合印发《关于推动文化文物单位文化创意产品开发的实施意见》（以下简称《意见》）。《意见》提出推动四川文化文物单位深入发掘文化资源、促进文化创意产业发展等激励措施，包括试点以文化创意作为知识产权入股、允许提取净收入不低于 70% 的比例用于奖励等。《意见》鼓励具备条件的相关单位依托馆藏资源推进文创开发，并与社会力量深度合作，提升文创开发水平，发挥各类市场主体作用，完善文创产品营销体系，促进文创产品开发的跨界融合。《意见》鼓励试点先行、逐步推进。四川省力争到 2020 年培育 5 家以上文化创意产品开发领军单位，创建 5 ~ 10 个文化创意产品开发示范基地，打造 10 ~ 15个拥有自主知识产权且在全国具有一定影响力的文化创意品牌，力争全省文化创意产品种类达 1000 种。

3 月 16 日　四川省正式启动实施四川历史名人文化传承创新工程。四川省将成立四川历史名人文化传承创新工程领导小组，统筹指导相关工作。纳入四川历史名人文化传承创新工程的，领导小组将全程指导，并根据实际情况给予人才、政策、资金支持。

3 月 20 日　四川省文物考古研究院宣布，2017 年 1 月开始的彭山江口沉银水下考古在两个多月后取得重大进展：出水文物超过 1 万件，实证确认了“张献忠江口沉银”传说。

3 月 29 日　由四川省文化厅指导，四川省歌舞剧院、四川交响乐团联合打造的大型音乐剧《我是川军》在成都锦城艺术宫深情首演。

3月30日 2017年全省文化工作会在成都召开。会议总结了2016年四川文化建设成效，强调2017年全省要围绕三项重点开展文化工作：关于公共文化服务体系建设方面，要完善体系建设、提升服务效能、提升服务效能，体现公共文化服务体现均等性和公益性核心；关于文化产业发展方面，要加快音乐产业发展、聚焦供给侧用劲加力、不断扩大文化消费，重点突出优势、做强品牌；关于强化工作保障方面，要强化组织领导、推动规划落实、加快体制改革，让领导重视、责任落地。

3月30日 2017年全省文化局长会在成都召开，会议公布，四川省将以实施文化产业倍增计划为目标，到2020年，将文化产业打造成为全省支柱产业。在整体文化产业布局上，在已有的“一核四区”的基础上，四川省将充分发挥成都文化产业发展核心区带动作用，打造成德绵文化创新示范带。在具体产业类型上，将大力加强文化内容生产，运用高新技术加速产业升级改造，推动文化产业与旅游、体育、教育、信息、物流、广告等产业融合，形成涵盖创意设计、动漫游戏、出版发行、印刷复制、版权、影视、音乐等现代门类的产业体系，构建以文化旅游、演艺娱乐、动漫游戏、创意设计为核心的高端产业集群。大力发展音乐产业，打造四川音乐品牌，建设在全国乃至世界有影响力的音乐创作生产地、乐器集散地、版权交易地和演出集聚地，推动传统音乐、演艺与网络视听、移动多媒体、数字音乐融合发展，并将成都打造成为中国西部创意文化中心和音乐之都。

4月17日至20日 由四川省文化厅（省文物局）主办、四川艺术职业学院承办、成都博物馆协办的“全省博物馆创新发展培训班”在成都顺利举办。此次培训课程内容围绕博物馆的创新发展，既包括对国家宏观政策的深刻解读，也广泛介绍了国内外博物馆开展公众文化服务、文化创意产品开发以及“互联网+文博”等方面的诸多案例，紧密结合了四川省博物馆工作实际。

4月20日 由国家西部旅游人才培训基地、四川省旅游培训中心主办的全国“互联网+”旅游培训创新研讨会在成都市召开。此次研讨会围绕“互联网+旅游人才培训”，以“网络教学资源共享”为主题，旨在适应社会经济发展新环境、新形势，满足新时代旅游产业快速发展对旅游人才的迫切需求，摸索创建“互联网+”新形势下对旅游业人才的创新培养模式，大力开展旅游网络培训教学和课程资源共享。

4月26日 四川省数字文化馆总分馆制建设战略联盟框架协议签署仪式在乐山举行，省文化馆与21家市（州）文化馆以及21家区（县）文化馆签署协议，将共同建设全省性的数字文化馆大联盟，推进公共文化资源共建共享。这也是全国率先成立的全省性的数字文化馆联盟，并将在2020年之前覆盖全省。

4月26日 龙泉驿区召开洛带镇文化暨文创工作大会，启动实施文化暨文创“六大工程”15个具体项目，同时，设立500万元文创产业专项基金，对引进文创业态促进文化产业发展进行扶持，对古镇商家以文创化手段促进转型升级进行引导鼓励，多措并举加快把洛带建成西部客家文创小镇。

4月26日至28日 在四川省文化厅、中国文化娱乐行业协会、四川省文化创意产业研究院指导下，由四川省演出娱乐行业协会主办的“2017成都动漫游艺游戏游乐博览会”在世纪城新国际会展中心隆重举办。四川有13家企业参展，共计参展面积600平方米。

5月3日 自2017年2月四川省正式启动实施四川历史名人文化传承创新工程后，21市（州）的申报工作近日已经结束，共推荐申报首批四川历史名人144人。

5月5日至8日 第六届中国四川国际茶业博览会暨天府龙芽茶文化节在成都世纪城国际会展中心举办。

5月10日 以“汇智创新，开放共享”为主题的2017年成都全球创新创业交易会在蓉开幕。在“突出国际化、突出高端化、突出创新、突出交易、突出展示体验”的基础上，本届创交会围绕当前国家重大战略和四川省、成都市重点工作，举办2017“一带一路”中欧（成都）创新合作峰会、国际创业孵化峰会等活动。

5月11日 第十三届中国（深圳）国际文化产业博览交易会开幕。四川参展团以“文荟四川，辉洒丝路”为主题，参展项目超过30个，主要分为非物质文化遗产、文化创意、动漫音乐、文化旅游以及文化科技等几个板块。特色传统文化+先进现代科技，成为此次四川参展团的一大亮点。

5月15日 第十三届中国（深圳）国际文化产业博览交易会圆满落幕。四川展馆荣获优秀组织奖和优秀展示奖。本届为期5天的展览中，四川展团通过“文化+”的新业态，展现独特四川文化魅力和文化产业发展成绩。

5月15日 由中国文联、四川省政府联合主办，以“乡村大舞台·幸福新农村”为主题的第六届全国新农村文化艺术展演在达州市开幕。

5月18日 四川博物院和力方国际数字科技集团签约共建文创研究基地，双方将合作成立专家团队和技术研发团队，通过数字化手段，让珍贵文物“活”起来。

6月1日 由四川省文化厅、南充市人民政府、国际木偶联会亚洲太平洋委员会主办的第二届南充木偶艺术周拉开帷幕。南充国际木偶艺术周是四川省和南充市落实“一带一路”倡议，实施“中华优秀传统文化传承发展工程”的国际性文化交流活动，现已纳入联合国教科文组织国际木偶联会活动名录，是《四川省国民经济和社会发展第十三个五年规划纲要》确定的对外文化开放交流重点项目，每三年举办一届，2014年举办首届。

6月2日 省委宣传部、省文化厅、省振兴川剧领导小组办公室在成都举办“振兴川剧”35周年座谈会。这次座谈会是四川省深入贯彻落实习近平总书记系列重要讲话精神和中共中央《关于繁荣发展社会主义文艺的意见》《关于实施中华优秀传统文化传承发展工程的意见》，国务院办公厅印发《关于支持戏曲传承发展的若干政策》以及四川省人民政府办公厅《关于支持戏曲传承发展的实施意见》精神，更好地弘扬和传承中华优秀传统文化，纪念省委发出“振兴川剧”号召35周年，总结35年来振兴川剧实践经验，展示35年来振兴川剧丰硕成果，积极探索推进文化体制改革、振兴川剧事业的新思路、新措施，推动全省文艺事业繁荣发展的具体举措。

6月3日 四川省十二届人大常委会第三十三次会议举行的全体会议上，表决通过了《四川省非物质文化遗产条例》（以下简称《条例》）。《条例》自2017年9月1日起施行。

6月5日 古蜀文明早期遗址调查——穿越龙门山脉考古行动在茂县启

动。此次考古行动，是四川省“十三五”文化发展规划中的重点课题——古蜀文明传承创新体系中的一个子课题。它的目的是希望通过田野调查等考古形式展开长期研究，以解决古蜀文明传播的途径问题。

6月9日 广汉三星堆博物馆与成都金沙遗址博物馆签署《三星堆与金沙共同推动“申遗”合作协议》，就遗产申报与研究、陈列展览、宣传推广等方面达成合作。

6月10日至18日 由文化部、四川省人民政府、联合国教科文组织和中国联合国教科文组织全国委员会主办，成都市人民政府、四川省文化厅、中国非物质文化遗产保护中心、联合国教科文组织亚太地区非物质文化遗产国际培训中心和文化部民族民间文艺发展中心承办的第六届中国成都国际非物质文化遗产节暨2017年“文化和自然遗产日”文化部主场活动（简称第六届非遗节）在成都成功举办。本届非遗节以“传承发展的生动实践”为主题，遵循“走进生活、活态活力”的理念，以“世界风、中国节、中国戏、中国艺”为主线，举办了开幕活动、国际会议和国际论坛、传统表演艺术和民间节气展演、国际非遗大展、非遗竞技成果展、中国传统表演艺术进社区和主题分会场活动、非遗传播推广等一系列活动。非遗节共有1100个非遗项目参展，设立了非遗节9个分会场及326个社区活动，56支国内外表演队伍演出共588场。来自112个国家（地区）的300多名外宾、34个省（市）自治区的5800多名代表、300多万游客和群众参与了非遗节各项节会活动。非遗产品销售和意向订单总额达8100多万元，现场登记非遗版权作品2000余件。3000多万人次通过互联网等新媒体平台观看收听了非遗节盛况。本届非遗节突出创新创意，充分展示了人类多彩多姿的非物质文化遗产，增进了国家间、地区间非遗传承保护的交流与互鉴，展示了非遗在当下社会传承发展的生动实践，在诸多方面体现出特色和亮点，取得了新的突破。

6月14日 由四川省人民政府新闻办公室主办，马德里市文化局协办的“古蜀文明全球巡展——神秘的古蜀王国”西班牙站主题活动在马德里皇家丽池公园开幕，29件来自四川三星堆博物馆、金沙遗址博物馆的艺术品呈现在西班牙公众面前，为他们揭开古蜀文明的神秘面纱。本次活动是四川响应“一带一路”倡议提出的中华优秀文化“走出去”而举办的一次文化艺术盛宴。

6月15日 由四川省社会科学联合会、四川省教育厅指导，四川文化产业职业学院、四川省社会科学重点研究基地——文化产业发展研究中心联合主办的“非物质文化遗产活态传承与发展·高峰论坛”暨文化产业发展研究中心2017年学术研讨会在四川文化产业职业学院举行。

7月4日 实施四川历史名人文化传承创新工程领导小组召开第一次会议，对首批四川历史名人复选名单进行了审议，最终确定以大禹、李冰、落下闳、扬雄、诸葛亮、武则天、李白、杜甫、苏轼、杨慎为首批十位四川历史名人。

7月5日 四川省正式印发《关于进一步扩大旅游文化体育健康养老教育培训等领域消费的实施方案》，通过多项举措，围绕旅游、文化、体育、健康、养老、教育培训等重点领域，引导社会资本加大投入力度，通过提升服务品质、增加服务供给，促进服务业发展和经济转型升级，把“幸福产业”培育为经济发展新动能。

7月6日 第十三届中国国际动漫游戏博览会在上海开幕，四川动漫展团共6家企业参加此次盛会。本届博览会持续5天，展会期间，四川省参展企业开展了影片播映、版权贸易、特许授权、招商引资等系列活动。

7月10日 由遂宁市人民政府、四川省旅游发展协会主办的第十届遂宁观音文化旅游节“观音故里·禅林神韵”主题文艺晚会在中国皇家禅林广德寺举行。

7月12日 四川省人民政府办公厅印发《四川省“十三五”会展业发展规划》（以下简称《规划》）。根据《规划》，四川省将推动会展业创新发展，全面提升会展业的综合竞争力，力争把四川建设成为“辐射中西部、服务全国、具有较强国际影响力”的会展业强省。

7月13日 由四川省文化厅主办，四川省文化厅剧目工作室承办的四川省2018年国家艺术基金项目申报宣传动员会暨国家艺术基金四川项目管理工作办公室授牌仪式在成都举行。

7月26日 由四川省人民政府、中国投资协会、国际投资促进会共同举办的第三届中国（四川）国际旅游投资大会在成都召开。

7月28日 由四川省旅游发展委员会、中共四川省委农村工作委员会、四川省农业厅、乐山市人民政府、四川省旅游协会主办，乐山市旅游和体育发展委员会、沐川县人民政府承办的四川省第八届乡村文化旅游节（夏季）在沐川县湿地公园开幕。

7月28日 “2017成都国际友城青年音乐周”在成都东郊记忆音乐公园开幕，500余名海内外青年音乐人齐聚成都“以乐会友”，给蓉城市民带来一场多元化的视听盛宴。本届音乐周共邀请了来自31个国家41个城市48支海外艺术团队齐聚成都，与国内30余支艺术团体一同“以乐会友”。

7月29日 由自贡市人民政府主办，市文化广电新闻出版局、市投资促进委员会承办的“全国老工业城市转型升级示范区·自贡市文化产业（浙江）推介会暨项目签约仪式”在浙江省桐乡市举行，此次，自贡市对中国井盐文化旅游康养产业园、自贡大剧院等18个重点文化产业项目进行了推介，现场签约2个项目，总投资额达70亿元。

8月2日 成都市文广新局近日公布2017年成都市促进川剧发展第一批13项立项扶持项目，涉及川剧剧本创作，新创川剧剧目或提升、复排剧目，川剧演出活动等六大门类，累计投入扶持资金300万元。

8月9日 四川省文化厅（四川省文物局）在成都召开非国有博物馆馆长座谈会。成都、乐山、宜宾、眉山等市文化（文物）局有关负责同志，18家非国有博物馆馆长参加座谈。

8月15日至16日 全省旅游产业转型升级现场（培训）会在都江堰召开。本次会议以省第十一次党代会精神为指导，旨在贯彻落实省委关于“实施‘绿色四川’旅游行动计划，大力发展全域旅游，建设世界重要旅游目的地”的决策部署，推进全省旅游供给侧结构性改革，助推四川省由旅游资源大省向旅游经济强省和世界重要旅游目的地建设。

8月16日至18日 由四川省文化厅主办，四川艺术职业学院（全国文化干部培训基地）承办，龙泉驿区文化体育局协办的2017年全省文化产业工作会暨业务工作培训会在成都洛带文化产业园召开。

8月22日 由四川省文化厅主办，四川省文化馆承办的浓缩千年历史的“2017四川藏羌彝文化产业走廊影像展”在香港艺术中心正式启动。

8月22日 以“发展生态康养旅游、全力助推脱贫攻坚”为主题的第二届四川生态旅游博览会在素有“养生天堂”之称的朝天区曾家山镇举行。

8月22日至25日 全省文化惠民扶贫专题培训班在四川省干部函授学院（四川文化产业职业学院）举行。

8月23日 从省文物局获悉，首批十位四川历史名人将全部建立博物馆（纪念馆）。

8月25日 省委办公厅、省政府办公厅联合印发《关于传承发展中华优秀传统文化的实施意见》（以下简称《意见》），提出传承发展的主要目标，并梳理出17个传承发展优秀传统文化主要项目。《意见》明确，要着力构建优秀传统文化传承发展体系，其着力方向包括研究阐发、保护传承、创新发展与交流合作四大部分。《意见》提出四川省传承发展优秀传统文化的主要目标：在2020年，优秀传统文化传承发展体系初步形成，研究阐发、保护传承、国民教育、宣传普及、创新发展、传播交流等方面协同推进并取得重要进展；到2025年，优秀传统文化传承发展体系基本形成，弘扬中国精神、体现四川特色的文化产品更加丰富，文化软实力明显提升。

8月25日至9月5日 由四川省文化厅指导，四川省歌舞剧院、四川交响乐团、四川文化院团联盟等单位共同发起的“锦绣四川·好戏连台”四川省优秀剧目展演暨2017年当代艺术演出季与观众见面。

8月26日 南丝路国际文化旅游节暨2017年成都首届七夕国际情歌节在邛崃平乐古镇平沙落雁音乐广场启幕。

9月6日至7日 由四川省旅游发展委员会、科技厅和绵阳市人民政府主办，游仙区人民政府、绵阳市旅游发展委、绵阳市科知局承办的四川省旅游业新技术应用大会在绵阳市顺利召开。

9月7日 以“军民融合·科技创新·开放合作”为主题的第五届中国

（绵阳）科技城国际科技博览会启幕。

9月9日 “创意热岛：四川视觉艺术创意展”在悉尼中国文化中心成功开幕。此展以呈现四川艺术与文创产业发展状态为题，旨在通过崭新的视角向澳大利亚民众传递四川文化的魅力以及当代中国文化创意的发展水平。

9月13日 由成都市人民政府和中国作协诗歌委员会指导，成都市文学艺术界联合会、成都市文广新局联合主办的“2017 首届成都国际诗歌周”活动在成都电视台演播厅正式拉开了帷幕，来自全世界 32 个国家的近百位诗人汇聚成都，共谈“天府诗韵”。

9月13日 联合国世界旅游组织第 22 届全体大会在成都隆重开幕。国家主席习近平向大会致贺词。联合国秘书长安东尼奥·古特雷斯向大会致贺信。国务院副总理汪洋出席开幕式，宣读习近平主席致大会的贺词并致辞。联合国世界旅游组织秘书长瑞法依，省委书记王东明，大会上届主席、哥伦比亚旅游部长霍华德泰勒分别致辞。国家旅游局局长李金早主持开幕式。

9月15日 第二届中国西部国际博览会进出口商品展暨中国西部（四川）国际投资大会中国西部国际博览城国际展览展示中心隆重开幕。搭建中国西部国际博览会进出口商品展暨国际投资大会这一对外开放新平台，是四川着眼服务“一带一路”倡议、加强投资贸易合作、促进互利共赢采取的务实举措。自首届举办以来，得到国际国内各方面积极响应，已成为促进中国西部与世界深化合作、传承友谊的重要桥梁和纽带。

9月17日 以“旅游交易·开放合作—旅游引领绿色发展”为主题的第四届四川国际旅游交易博览会在峨眉山市举行。本届旅博会主宾国为澳大利亚，主题市为广安市，举办了旅游双创体验、旅游产品交易和峨眉高峰论坛等活动。

9月20日 “成都音乐文化产业基金”合作协议签字仪式在成都天府新城会议中心举行。北京北大青鸟有限责任公司、成都市产业引导股权投资基金有限公司和华夏文冠资产管理有限公司达成设立总规模 50 亿元成都音乐文化产业基金的合作协议。

9月25日 四川省剧场院线暨四川省演出娱乐行业协会剧场专业委员

会（筹）成立大会在成都召开，力图打通四川及周边省市戏剧与院线的共享资源渠道，让“文化奢侈品”以更亲民的价格接近观众，尤其是直达四川二级城市观众。

9月26日 在四川省文化厅、成都市文广新局指导下，四川省演出娱乐行业协会、成都市娱乐行业协会在成都举行“2017四川省娱乐场所转型升级系列活动”启动仪式。

9月26日 由成都市人民政府、四川省文化厅指导，成都市文化广电新闻出版局、成都市音乐产业推进办公室、广东演艺设备行业商会主办的2017首届成都国际音乐（演艺）设施设备博览会开幕式暨成都市音乐产业招商投资推介会在成都举行。据悉，本次推介会达成意向合作项目投资金额共计突破220亿元。

9月29日至10月8日 第十四届成都美食旅游节暨第七届国际慢食全球大会在成都举行。本届成都美食旅游节以“天府成都慢食之都”为主题，重点突出“2+3+10”。两个主会场：大邑安仁美食主会场、香格里拉慢食主题会场；三大主题活动：锦江宾馆“天府盛宴”，四川旅游学院硅谷名厨PK川菜大师和支付宝口碑网上美食节；全城设立十大体验区。

10月16日 由省林业厅、省旅游发展委员会、巴中市人民政府主办，南江县人民政府承办的2017四川红叶生态旅游节暨第十五届四川光雾山红叶节在南江县光雾山镇开幕。

10月26日 由四川省林业厅、绵阳市人民政府主办，主题为“熊猫家园森林绵州风情平武”的2017中国·四川大熊猫国际生态旅游节在四川绵阳平武县盛大开幕。

11月2日至4日 第十四届四川电视节在成都举行，来自世界45个国家和地区及各兄弟省区的2152家机构报名参展，近6000名来宾参加，参与群众达5万人次。经过3天的交易，截至11月4日 各项交易活动达成意向性协议金额36.58亿元人民币，较上届增长8.2%。本届电视节与第54届亚洲太平洋—广播联盟大会协同召开，国务院副总理刘延东出席开幕式并致辞。本届电视节的主要成果集中体现在：金熊猫”国际纪录片传媒制作人论坛、国际影视暨视听节目交易、国际视听设备展览、媒体融合发展产业高峰论坛、“智慧广电”论坛、超高清与云平台发展论坛、国际主题日七个方面。

11 月 10 日 由四川省文化厅、南充市人民政府主办，四川省文化馆、南充市文化广电新闻出版局等承办的四川省第二届农民艺术节在南充开幕。本届艺术节是集“演、展、销、讲、游和文化遗产保护”于一体的多功能、开放性的节庆活动。艺术节主要活动采取“1 + 3”的模式展开：一场农民文化艺术节主题演出。“三大板块”活动，一是农民文化艺术展示展演和“一带一路”沿线国家民族特色文艺展演；二是四川脱贫攻坚成果展览和“脱贫攻坚”主题文艺巡演；三是“一带一路”沿线国家民族特色农产品、食品展览展销和四川省非物质文化遗产、特色农产品展览展销。

11 月 10 日至 13 日 由成都市人民政府主办，市文广新局、市经信委、市商务委、市旅游局、市新经济委、市博览局承办，以“汇聚文创功能，发展天府文化”为主题的第四届成都创意设计周在成都世纪城新国际会展中心举行。活动期间举办了金熊猫文创设计奖、成都创意设计产业展览会、iF 成都国际设计论坛三大主体活动，以及第三届全国版权示范城市联盟年会、第四届中国研究生智慧城市技术与创意设计大赛两项配套活动。本届展会首次设立“一带一路”国际文创主题馆，188 件 iF 设计奖 2017 获奖作品在现场展出。

11 月 12 日 四川省文化产业转型发展专题研讨班在全国干部教育培训浙江大学基地开班，专题研讨班是 2017 年初省委确定的年度重点培训项目之一，由省委组织部、省委宣传部共同主办，旨在通过培训，进一步提高宣传文化系统干部人才专业能力、培养专业精神，加快推动文化事业和文化产业发展，着力增强优质文化产品和服务供给。

11 月 15 日 四川省新闻出版广电局组织专家对全省出版单位申报的 2018 年重点出版项目专项补助的 59 个图书项目、20 个音像电子项目、3 个网络出版项目及《发展振兴四川出版重点图书规划（2017 ~ 2021 年）》的 864 个项目进行了评审。

11 月 15 日 由乌兰巴托中国文化中心、中外文化交流中心、四川省非物质文化遗产保护中心共同主办的“四川故事”——非物质文化遗产展览展示活动在蒙古国中央省宗莫德市开幕。此次活动旨在对外展示四川灿烂丰富、弥足珍贵的非物质文化遗产，并借展示加大与周边国家在非遗保护上的交流、探讨非遗的保护和传承。参加此次展示的四川非遗项目包括成都皮影戏、川剧、绵竹木版年画、成都糖画以及平武剪纸。

11 月 16 日 由四川文化创意产业研究院、西华大学美术与设计学院、四川大学锦江学院、四川省图书馆、四川省文化馆、四川省群众文化学会共同主办的 2017“传统工艺与现代设计学术交流会”暨“巴蜀工坊—传统工艺与现代设计优秀作品展”在四川省图书馆举行。

11 月 17 日至 20 日 由四川省人民政府主办，中共四川省委农工委、四川博览局、农业厅、林业厅、商务厅、省投资促进局承办的第五届四川农业博览会在中国西部国际博览城举办。本次农博会主题为“全面开放合作，助推农业供给侧结构性改革”，主题国为马来西亚，主题省为黑龙江，主题市为眉山市。

11 月 22 日 中共四川省委宣传部、四川省文化厅、四川省财政厅联合印发《四川省戏曲进乡村工作方案》。方案明确了戏曲进乡村的目标任务：2017 年，广泛动员部署，各市（州）重点在国家扶贫开发工作重点县等先行先试；2018 年，总结推广试点经验，在更大范围推动戏曲进乡村工作开展；至 2020 年，在全省范围实现戏曲进乡村制度化、常态化、普及化。

11 月 30 日 以“新使命、新视界、新动能”为主题的第五届中国网络视听大会在四川成都召开。大会开展了高峰论坛、网络视听产业峰会、新视听创新峰会、媒体融合发展峰会等 30 余场活动，内容覆盖媒体融合发展、精品网生内容制作、版权保护、人工智能、视听“鲜科技”、国漫创作、互联网电视产业、知识付费等全行业热点，探讨中国网络视听行业的新使命、新动能与未来蓝景。

12 月 22 日 中国人民大学创意产业研究院和四川文化创意产业研究院联合发布了“中国西部省市文化产业发展指数（2017）”和“中国西部文化

消费指数（2017）”。中国西部省市文化产业发展指数（2017）和中国西部文化消费指数（2017）结果皆显示四川省位列第一。

12 月 28 日 大禹研究中心、李冰研究中心和李白研究中心等 10 个四川首批历史名人文化研究中心成立大会在绵阳师范学院召开。

皮书起源

“皮书”起源于十七、十八世纪的英国，主要指官方或社会组织正式发表的重要文件或报告，多以“白皮书”命名。在中国，“皮书”这一概念被社会广泛接受，并被成功运作、发展成为一种全新的出版形态，则源于中国社会科学院社会科学文献出版社。

皮书定义

皮书是对中国与世界发展状况和热点问题进行年度监测，以专业的角度、专家的视野和实证研究方法，针对某一领域或区域现状与发展态势展开分析和预测，具备原创性、实证性、专业性、连续性、前沿性、时效性等特点的公开出版物，由一系列权威研究报告组成。

皮书作者

皮书系列的作者以中国社会科学院、著名高校、地方社会科学院的研究人员为主，多为国内一流研究机构的权威专家学者，他们的看法和观点代表了学界对中国与世界的现实和未来最高水平的解读与分析。

皮书荣誉

皮书系列已成为社会科学文献出版社的著名图书品牌和中国社会科学院的知名学术品牌。2016 年，皮书系列正式列入“十三五”国家重点出版规划项目；2013~2018 年，重点皮书列入中国社会科学院承担的国家哲学社会科学创新工程项目；2018 年，59 种院外皮书使用“中国社会科学院创新工程学术出版项目”标识。

中国皮书网

（网址：www.pishu.cn）

发布皮书研创资讯，传播皮书精彩内容
引领皮书出版潮流，打造皮书服务平台

栏目设置

关于皮书：何谓皮书、皮书分类、皮书大事记、皮书荣誉、
皮书出版第一人、皮书编辑部

最新资讯：通知公告、新闻动态、媒体聚焦、网站专题、视频直播、下载专区

皮书研创：皮书规范、皮书选题、皮书出版、皮书研究、研创团队

皮书评奖评价：指标体系、皮书评价、皮书评奖

互动专区：皮书说、社科数托邦、皮书微博、留言板

所获荣誉

2008 年、2011 年，中国皮书网均在全国新闻出版业网站荣誉评选中获得“最具商业价值网站”称号；

2012 年，获得“出版业网站百强”称号。

网库合一

2014 年，中国皮书网与皮书数据库端口合一，实现资源共享。

S 基本子库
UB DATABASE

中国社会发展数据库（下设 12 个子库）

全面整合国内外中国社会发展研究成果，汇聚独家统计数据、深度分析报告，涉及社会、人口、政治、教育、法律等 12 个领域，为了解中国社会发展动态、跟踪社会核心热点、分析社会发展趋势提供一站式资源搜索和数据分析与挖掘服务。

中国经济发展数据库（下设 12 个子库）

基于“皮书系列”中涉及中国经济发展的研究资料构建，内容涵盖宏观经济、农业经济、工业经济、产业经济等 12 个重点经济领域，为实时掌控经济运行态势、把握经济发展规律、洞察经济形势、进行经济决策提供参考和依据。

中国行业发展数据库（下设 17 个子库）

以中国国民经济行业分类为依据，覆盖金融业、旅游、医疗卫生、交通运输、能源矿产等 100 多个行业，跟踪分析国民经济相关行业市场运行状况和政策导向，汇集行业发展前沿资讯，为投资、从业及各种经济决策提供理论基础和实践指导。

中国区域发展数据库（下设 6 个子库）

对中国特定区域内的经济、社会、文化等领域现状与发展情况进行深度分析和预测，研究层级至县及县以下行政区，涉及地区、区域经济体、城市、农村等不同维度。为地方经济社会宏观态势研究、发展经验研究、案例分析提供数据服务。

中国文化传媒数据库（下设 18 个子库）

汇聚文化传媒领域专家观点、热点资讯，梳理国内外中国文化发展相关学术研究成果、一手统计数据，涵盖文化产业、新闻传播、电影娱乐、文学艺术、群众文化等 18 个重点研究领域。为文化传媒研究提供相关数据、研究报告和综合分析服务。

世界经济与国际关系数据库（下设 6 个子库）

立足“皮书系列”世界经济、国际关系相关学术资源，整合世界经济、国际政治、世界文化与科技、全球性问题、国际组织与国际法、区域研究 6 大领域研究成果，为世界经济与国际关系研究提供全方位数据分析，为决策和形势研判提供参考。

法律声明

“皮书系列”（含蓝皮书、绿皮书、黄皮书）之品牌由社会科学文献出版社最早使用并持续至今，现已被中国图书市场所熟知。“皮书系列”的相关商标已在中华人民共和国国家工商行政管理总局商标局注册，如LOGO（）、皮书、Pishu、经济蓝皮书、社会蓝皮书等。“皮书系列”图书的注册商标专用权及封面设计、版式设计的著作权均为社会科学文献出版社所有。未经社会科学文献出版社书面授权许可，任何使用与“皮书系列”图书注册商标、封面设计、版式设计相同或者近似的文字、图形或其组合的行为均系侵权行为。

经作者授权，本书的专有出版权及信息网络传播权等为社会科学文献出版社享有。未经社会科学文献出版社书面授权许可，任何就本书内容的复制、发行或以数字形式进行网络传播的行为均系侵权行为。

社会科学文献出版社将通过法律途径追究上述侵权行为的法律责任，维护自身合法权益。

欢迎社会各界人士对侵犯社会科学文献出版社上述权利的侵权行为进行举报。电话：010-59367121，电子邮箱：fawubu@ssap.cn。

社会科学文献出版社